AF235658

Cabo Blanco
Mit Ernest Hemingway in Peru

von
Wolfgang Stock

Cabo Blanco

Mit Ernest Hemingway in Peru

von Wolfgang Stock

2. Auflage, 2022
© Dr. Wolfgang Stock, 82211 Herrsching am Ammersee.
Alle Rechte vorbehalten.
Kontakt zum Autor: wolfgang@stockpress.de
Dieses Buch ist mit Hilfe der Autorensoftware *Papyrus Autor* erstellt.
Herstellung und Verlag: BoD – Books on Demand, Norderstedt
Cover-Gestaltung: Hans Winkens, Wegberg
Printed in Germany

ISBN: 978-3-7519-7256-7

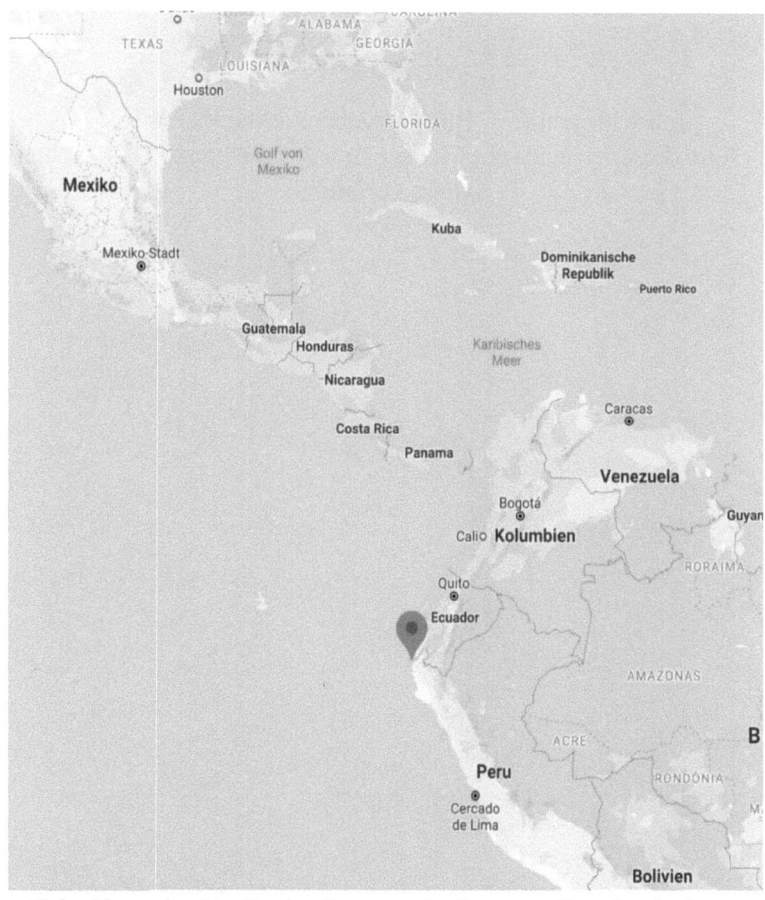

Cabo Blanco liegt im Norden Perus, an der Grenze zu Ecuador, direkt am Pazifik. Das Fischerdorf ist so winzig, dass es nur in wenigen Landkarten verzeichnet wird.

Ich widme dieses Buch Severin Fassbender Weck.
Ohne diesen prächtigen Menschen wäre die ganze Geschichte
anders verlaufen.

Inhaltsverzeichnis

1. Abflug

Mr. und Mrs. Hemingway in aufgeräumter Stimmung.
Miami International Airport, am 15. April 1956.

Der Nobelpreisträger lächelt. Selten genug. Sanft umfasst die kräftige Hand des Autors Marys zierlichen Oberarm. Seine Ehefrau schaut liebevoll auf zu ihm, während sie seine Krawatte zurechtzupft. Ernest trägt nur ab und an einen Schlips, höchstens bei offiziellen Anlässen oder auf wichtigen Reisen. Der Schriftsteller hat seine blaue Krawatte mal wieder viel zu kurz gebunden, trostlos baumelt das gute Stück vor seinem karierten Tweed-Jackett. Auch Mrs. Hemingway kann sich ein Schmunzeln nicht verkneifen. Das Ehepaar wirkt wie aufgekratzt, denn die beiden zieht es von Neuem hinaus in die Ferne.

An diesem Sonntagabend legen der amerikanische Autor und seine Ehefrau Mary Welsh einen Zwischenstopp auf dem *Miami International Airport* ein. Das Ehepaar ist aus Kuba, wo die Hemingways auf einer Finca in der Nähe von Havanna ihren Wohnsitz halten, herüber nach Florida geflogen. *Smiling Ernest Hemingway gets a final touch-up from his wife Mary, just before leaving Miami Sunday night for Talara, Peru,* so wird die lokale Tageszeitung, der *Miami Herald*, unter das Foto schreiben, das den Schriftsteller in bester Laune zeigt.

Ein lächelnder Ernest Hemingway erhält von seiner Frau Mary eine letzte Nachbesserung, kurz bevor das prominente Paar an diesem Sonntag Florida verlässt, Richtung Talara in Peru. Der Schnappschuss im Flughafen von Miami strahlt eine innige Vertrautheit und Zuneigung aus, vielleicht ist die Liebe des prominenten Ehepaares ja doch noch nicht ganz und gar aufgebraucht.

Die beiden leben zu diesem Zeitpunkt seit zehn Jahren zusammen und bislang sind keine unschönen Meldungen aus ihrem Ehealltag nach außen gedrungen. Höchstens ein paar boshafte Gerüchte, wie sollte es anders sein, bei einem Mann, der zum vierten Mal verheiratet ist.

Immer wenn es ans Meer geht, hellt sich die Gemütslage des Nobelpreisträgers auf. Der Kalender zeigt den 15. April des Jahres 1956. Aus dem Lautsprecher in der Airport-Lounge tönt die Stimme des Sängers Perry Como mit einem ungewohnt hämmernden Rhythmus, *Oh! Jukebox Baby, my Jukebox Baby.*

Diese neuartige Musik, die mit dem ruppigen Beat des *Rock
'n' Roll* gegen die alte Spießigkeit aufbegehrt, verkörpert ein
neues Lebensgefühl, das Ernest Hemingway jedoch irgendwie
fremd geblieben ist. Auch im Kino hat James Dean vor einigen
Monaten in dem Filmstreifen *Rebel Without a Cause* den Pro-
test der Halbstarken gegen die biedere Welt der Eltern in das
brave Amerika hinausgebrüllt. All dies ist an den Hemingways
mehr oder weniger vorbeigegangen, weil das Ehepaar zurückgezogen lebt auf einer tropischen Farm im kubanischen Dorf
San Francisco de Paula, weitab von Gut und Böse.
Mr. und Mrs. Hemingway steigen in Miami in ein Flugzeug
um, das sie über Nacht nach Peru bringen wird. Genauer gesagt
nach Talara, in den Norden des Andenlandes, und von dort geht
es mit dem Auto die Panamericana entlang nach Cabo Blanco,
einem winzigen Fischerdorf am Pazifik. Der *Black Marlin
Boulevard,* ein fischreicher Küstenstreifen südlich der Äquatoriallinie, gilt unter Hochseeanglern als legendenumrankte Destination.
Ernest Hemingway, seine Ehefrau und einige Freunde
werden 36 Tage und Nächte – vom 16. April bis zum 22. Mai
1956 – im *Cabo Blanco Fishing Club* residieren, in unmittel-
barer Nähe zum Meer. Der Schriftsteller wird das Pazifiknest in
diesen fünf Wochen kein einziges Mal verlassen – außer zu
seinen Angeltouren.
Auch wenn das Leben des Ernest Hemingway bis in kleinste
Winkel hell ausgeleuchtet ist, so weiß man über die Episode in
Peru nicht allzu viel. Seine Wochen in Cabo Blanco, so sie denn
überhaupt Beachtung finden, bleiben in den Biographien und
Abhandlungen über den bärtigen Autor seltsam konturlos. Viel-
leicht weil diesmal sein Ziel weit ab vom Schuss liegt. Ernest
Hemingway ist dafür bekannt, dass er die ganze Welt mit einem
Riesen-Tamtam bereist.
Das *Café de Flore* in Paris, die Lagune von Venedig, der
encierro beim Bullenrennen in Pamplona, die Steppen Ostafri-
kas – alles im vollen Scheinwerferlicht. Aber Cabo Blanco?
Was zum Teufel sucht der Nobelpreisträger, dieser vorwitzige

Abenteurer und umtriebige Schürzenjäger in einem verlorenen Kaff wie Cabo Blanco?

Peru bleibt, es mag erstaunen, das einzige Land Südamerikas, das Ernest Hemingway jemals bereist hat. Er kennt die gesamte Karibik wie seine Hosentasche, von den unbewohnten Inseln der *Florida-Keys* über seine Wahlheimat Kuba bis hin zu den Bahamas. Außerdem hat der Schriftsteller mehrmals Mexiko besucht, doch südlicher ist er niemals vorgestoßen. Dieser Kosmopolit und Weltenbummler hat sich nie das ausschweifende Rio de Janeiro angeschaut, nicht das betuliche Montevideo und auch das frühlingshafte Buenos Aires muss auf ihn verzichten.

Hingegen begibt er sich wochenlang nach Cabo Blanco, in ein trostloses Küstendorf mit ein paar ärmlichen Bretterbuden an einer staubigen Straße. Der berühmte US-amerikanische Autor, zwei Jahre zuvor hat man ihm den Nobelpreis für Literatur verliehen, reist in ein doch ziemlich vergessenes Eckchen dieses Erdballs.

Dabei wird der Aufenthalt in Cabo Blanco bedeutsam sein für den Schriftsteller. In seinem Spanien-Roman *Gefährlicher Sommer* gibt er seinen Lesern einen Fingerzeig. *Von Ende Juni 1954 bis August 1956 waren wir auf Kuba und arbeiteten. Ich war in schlechter Verfassung. Bei Flugzeugabstürzen in Afrika hatte ich mir schwere Rückenverletzungen zugezogen und versuchte, wieder auf die Beine zu kommen. Niemand wusste genau, was aus meinem Rücken werden würde, bis wir das Ganze vor Cabo Blanco in Peru auf die Probe stellten, als wir für den Film ‚Der alte Mann und das Meer‘ einen riesengroßen Marlin fischen mussten.*

Der Mittfünfziger hat sich viel vorgenommen in Peru. Er befindet sich seit einiger Zeit in einem anhaltenden Tief, aus dem er nicht herausfindet. Er hat schmerzhafte Unfälle hinter sich und seit vier Jahren kein Buch mehr veröffentlicht. In Cabo Blanco will der Schriftsteller endlich wieder voll auf die Beine kommen, körperlich wie mental. Und, wenn es irgendwie geht, auch als Schreiber.

Für Herausforderungen solcher Art ist Nordperu wie geschaffen. Im Ozean vor Cabo Blanco findet man den schwarzen Marlin, einen gigantischen Fisch von *over fifteen hundred pounds*. Es ist jener Riesenfisch, der in Hemingways Erfolgsroman *Der alte Mann und das Meer* neben dem alten Mann Santiago und dem Jungen Manolín die Hauptrolle spielt.

In Cabo Blanco sollen die Außenaufnahmen für die Hollywood-Verfilmung von *Der alte Mann und das Meer* gedreht werden. Der Schriftsteller will diese Dreharbeiten auf dem Ozean ein wenig überwachen, zugleich hat er vor, selber den schwarzen Marlin zu jagen. Mit dieser Kraftprobe möchte er einschätzen, wie es gesundheitlich wirklich um ihn bestellt ist. Ob sein Körper ein solches Abenteuer aushält, ob er noch genug Mumm aufbringt, einen Gegner wie den gigantischen Schwarzmarlin zu besiegen.

Im Grunde will Ernest Hemingway wissen, ob noch genügend Kraft verbleibt für ein Hemingway-Leben, für diesen Trubel und Triumph, den alle Welt von ihm erwartet, er an erster Stelle. Auch das süße Leben soll in Peru nicht zu kurz kommen, die Rechnung geht a conto der Filmgesellschaft *Warner Bros.* in Hollywood.

Auf Kuba hat der Amerikaner aus Chicago sich über die Jahre sehr an einen kreativen Müßiggang gewöhnt, er benötigt die Sonne, die Schwüle der Tropen und er braucht vor allem das Meer, um überhaupt schreiben zu können. So will der angeknackste Ernest Hemingway sich in Peru ein wenig vergnügen, den stürmischen Pazifik erkunden, mit den Freunden herumalbern, gut essen und sich des Abends an der Hotelbar die Kante geben.

Insofern mag sich das raue Fleckchen im Norden Perus mit den paar hundert Bewohnern gar nicht so schlecht einfügen in den behaglichen Tropenkosmos des Ernest Hemingway. Vor allem weil er im *Cabo Blanco Fishing Club* nur einen Steinwurf von seinem geliebten Meer entfernt wohnen wird. *Die Welt ist so voll von so vielen Dingen, dass ich sicher bin, wir sollten alle glücklich sein wie die Könige.* Doch, gerade diese Frage möchte

13

er sich in Cabo Blanco beantworten, wie ist es um das Glück des Königs wirklich bestellt? Ob sich in unseren Tagen noch Spuren des Ernest Hemingway in Cabo Blanco finden lassen? Auf Huldigungen an diesen amerikanischen Autor stößt man ja in aller Welt, nicht nur an einem Ort wie bei anderen, sondern verstreut über Länder und Kontinente. In Madrid und Ronda, in den Dolomiten, im österreichischen Montafon oder gar im tiefen Schwarzwald, in Key West, in den Rocky Mountains oder in Kenia und Tansania. Auch wenn die Hommage oft bloß an der Oberfläche kratzt, die Verehrung für diesen Mann bleibt ein Phänomen, dieser Schreiber aus Oak Park bei Chicago hat sein Wirken weit und tief gestreut.

Der fortwährende Radau um seine Person zeigt, Ernest Hemingway lebt, obwohl er doch schon so lange tot ist. Literarisch ist dieser Mann deshalb nicht kleinzukriegen, weil die Melodie und der Rhythmus seiner Texte die Gefühlslage vieler Lesergenerationen auf den Punkt genau getroffen hat. Doch noch etwas Ungewöhnliches kommt hinzu: Dieser Literat hat zudem, wie ein Popstar unserer Tage, ein kunterbuntes Leben vorzuweisen.

Nun kann man seine Person von seinem Werk nicht trennen. Dieser Mann lebt wie eine seiner Romanfiguren und er stirbt auch so. William Faulkner, der Nobelpreis-Kollege, meint denn, wohl ein wenig neidisch: „Den wenigen, die ihn gut kannten, war er als Mann fast so viel wert wie die Bücher, die er geschrieben hat."

Auf den einen oder anderen Beobachter, insbesondere auf Frauen, mag Ernest Hemingway mit seinem Riesen-Ego manchmal aufgeblasen wirken, wie der Idealtypus eines Macho-Mannes. Kriegsreporter, Schürzenjäger, Schnapsbruder, dieser Kerl tut einiges für sein Image. Aber Obacht, der Mann mit dem grauen Bart ist kein Blender oder Aufschneider. Verletzungen hat er zuhauf erlitten, er selbst ist kein Unschuldslamm, die Narben seiner Seele versucht er mit starken Sprüchen zu verbergen.

Die Qualität seiner Werke ist unbestritten. Selbst bei seinen Kritikern gilt Hemingway als ein bienenfleißiger und pingeliger Schreiber. Dieser Autor muss um seinen Ruhm kämpfen wie ein Löwe, ihm ist nichts in den Schoß gefallen, nicht in der Literatur und auch nicht im Leben. Und der Preis, den er letzten Endes für seinen Weltruhm zu zahlen hat, der erweist sich als hoch. Aus diesem Grund bleibt die Frage berechtigt: Wie ist es um das Glück des Königs bestellt? Mehr und mehr ziehen dunkle Wolken auf im Alltag des Mittfünfzigers, er ist vom Jahrgang 1899. Wenn er in den Spiegel schaut, dann erblickt er einen verbrauchten Mann. Die wilden Jahre liegen schon lange zurück. Die üblichen Zipperlein des Alters – von Diabetes über Erektionsstörungen bis hin zu den Hämorrhoiden – haben ihn befallen, das kaputte Bein und den maladen Rücken schleppt er seit Jahrzehnten mit. Ganz schlimm sieht es in seinem Kopf aus. Er kann sich schlecht konzentrieren, sein Gedächtnis ist hundsmiserabel, auch das Schreiben fällt ihm schwer.

Der Nobelpreisträger versucht, Halt zu finden im Leben. Er klammert sich wie ein Ertrinkender an jeden Rettungsring. An die Erinnerungen, die wegfliegen wollen. An die Kraft, die Tag für Tag abnimmt. Und an die Hoffnung, die immer weiter schrumpft. Die Stimmung des Schriftstellers wird in Cabo Blanco etliche Male Achterbahn fahren.

Die Fragen, die er sich seit Jugendtagen stellt, schießen auch in Peru hoch. Was bedeutet das Leben? Kann man die große, die reine Liebe auf dieser Welt finden? Bin ich, dem die Kriegskugeln und die Flugzeugabstürze nichts anhaben konnten, bin ich, der unverwüstliche Ernest Hemingway, wirklich unsterblich?

Der Gedanke an die eigene Endlichkeit macht sich seit geraumer Zeit in ihm breit, und er kann die Unruhe nicht mit dem Whiskey wegspülen. Depressionsschübe bemächtigen sich seiner in immer kürzeren Abständen. Auch diese Frage treibt ihn um: Was bleibt von all dem Ruhm am Ende des Tages? Was ist, wenn die Träume alle ausgeträumt sind?

So in etwa mag man seine Gemütslage umreißen, im Frühjahr 1956. Er selber macht sich schon lange nichts mehr vor, das Beste liegt hinter ihm. Und wann immer er auf das schaut, was da kommen kann, es bessert seine Laune nicht. Doch kapitulieren will Ernest Hemingway nicht. Das Handtuch werfen ist nicht Sache des Haudegens.

Er hat seinen Standpunkt unmissverständlich in *Der alte Mann und das Meer* niedergeschrieben, sein Credo wird sogar auf T-Shirts und Kaffeebechern gedruckt. *„Aber der Mensch darf nicht aufgeben", sagte er. „Ein Mensch kann vernichtet werden, aber nicht besiegt."* So lautet seine energische Botschaft an alle, die tapfer gegen die Widrigkeiten des Schicksals kämpfen. *A man can be destroyed but not defeated.* Auch er will kämpfen, solange noch Hoffnung da ist.

Dieser Hüne ist eine Kämpfernatur. Unzählige Male hat er Courage und Draufgängertum bewiesen. Schon als junger Ambulanzfahrer im Ersten Weltkrieg, wo an der Front im Veneto sein Leben am seidenen Faden hing. Und später ist er überall dabei gewesen, wo es gekracht und gescheppert hat. Im Hürtgenwald beim zweiten großen Krieg, in Spanien, wo sich Brüder und Freunde massakriert haben und auf Kuba, wo seit Jahren Rebellen gegen die korrupten Machthaber ins Feld ziehen.

Ernest Hemingway ist kein Literat für den Elfenbeinturm. Ohne Bodenhaftung fühlt sich dieser kernige Naturbursche nicht wohl, ebenso wenig beim Plausch innerhalb der intellektuellen Crème de la Crème. Nahe dem Meer hingegen findet er den Balsam für seine Seele, mitten unter bescheidenen Fischern, zünftigen Schankwirten und bodenständigen Ladenbesitzern. Am Golf von Mexiko, vor den Keys, in Barcelona und Andalusien, in Venedig, Hauptsache irgendwo nahe dem Ozean. Nur dort wirkt dieses urwüchsige Mannsbild ausgeglichen und bei sich.

Das Meer hat es ihm angetan, am Wasser sucht Ernest Hemingway nach den Antworten auf seine Fragen, er grübelt nach über die wichtigen Themen seiner Welt: Über die Lust am

Leben und über die wahre Liebe. Hier macht er sich ebenso seine Gedanken über das Sterben. Die Liebe, das Leben und der Tod – es sind Herausforderungen, die jeden umtreiben. Und es sind die Themen seiner Bücher. Diese Vertrautheit zum Individuum und zu dessen Nöten mag erklären, warum dieser Nobelpreisträger solch enorme Spuren hinterlassen hat, während man sich an die Namen anderer Nobelkollegen jener Jahre kaum mehr erinnern kann.

Und, auch dies ist außergewöhnlich in der Weltliteratur, Ernest Hemingways Erzählungen werden gerade auch von einfachen Menschen mit großer Hingabe verschlungen. Selbst Leute, die sonst keine Leseratten sind, kennen und schätzen ihn, erliegen der Faszination seiner Stories und Romane. Ernest Hemingway, der sich von Freunden gerne *Papa* rufen lässt, ist nicht unbedingt ein Schreiber für die gebildete Hautevolee. Im Gegenteil.

Ernest Hemingway mag die einfachen Menschen, das ist unüblich in diesem distinguierten Gewerbe, und die einfachen Menschen mögen ihn. Wie ist die wechselseitige Nähe dieses Literaten zum gemeinen Volk zu erklären? Wohl zu allererst weil Ernest Hemingway seine Helden nahe der Wirklichkeit laufen lässt. Seine Plots wirken nicht konstruiert, dieser Autor greift voll hinein ins Leben, er holt den Leser ab in seiner Welt. Die Gefühle von Hemingways Helden sind dem Leser nicht fremd. Denn es ist das tatsächliche, das wirkliche Leben, über das hier geschrieben wird: die Suche nach Liebe und Anerkennung, das Aufplustern vor der Bedrohung, die Tapferkeit vor dem mächtigen Gegner, die Selbsttäuschung als Sieger und dann doch wieder die Pleite.

Es ist diesem Ernest Hemingway wie keinem anderen gelungen, die Zerrissenheit der menschlichen Existenz zu erkennen und verständlich zwischen zwei Buchdeckel zu pressen. Die hehren Ideale der Jugend und die kleinen und großen Wünsche an das Erwachsenenleben, vor allem die Gier nach Liebe und den Erhalt der Selbstachtung. Auch über die Unsicherheit und die Bedrängnis des Menschen hat dieser hemdsärmelige Amerikaner geschrieben und darüber, dass wir am Ende doch mit leeren Händen dastehen. Von all dem Schönen und von all den Widrigkeiten eines Menschenlebens erzählt dieser Ernest Hemingway auf seine gefällige und eindringliche Art und Weise.

Wie kein anderer Autor beherrscht er die Kunst des knappen Satzes. Jene schnörkellose Prosa, die sich kurz und flott liest, die jedoch hinter jeder Zeile mehr meint, als im bloßen Text gesagt wird. Diese zugeknöpfte Kühle der Sprache passt nicht nur zu Hemingways einsamen Helden, sondern drückt zugleich das Lebensgefühl vieler Menschen im tagtäglichen Daseinskampf aus, wo auch immer auf diesem Globus.

In der persönlichen Begegnung mit Frauen und Männern hat Ernest Hemingway solch einen nachhaltigen Eindruck hinterlassen, dass es aus den Zeitzeugen nur so herausprudelt, wenn man sie antippt. Trifft man Menschen, die den Nobelpreisträger gekannt haben und mit ihm zusammen gewesen sind, so reden diese Personen wie ein Wasserfall, über den Autor, über seine Eigenarten, über sein Werk. Sie hören gar nicht mehr auf zu plaudern, sie breiten Intimes und Innerstes aus, obwohl man sich erst seit ein paar Minuten kennt.

Das macht den Unterschied zu anderen aus, auch mit seiner Lebensgeschichte hat uns dieser Erzähler gepackt. Deshalb hat man seine Botschaft verstanden, nicht nur der Literaturprofessor, sondern auch Menschen wie du und ich. Das Stichwort *Ernest Hemingway* wirkt wie ein mentaler Türöffner, wie ein Stimulus, man kann Stunde um Stunde mit Menschen über diesen Mann reden. Und irgendwie weiß man nicht so recht, ob man nun über den bärtigen Literaten, über dessen Verklärung oder in Wirklichkeit gar über die eigenen Wünsche und Träume fabuliert hat.

Ein Leser, der sich auf Ernest Hemingway einlässt, der spürt nach einer Weile, dass sich hinter der Fassade des Boxers und Trunkenboldes, des Schwerenöters und Wüterichs ein feinfühliger Schreiber allererster Güte verbirgt. Ein Purist der Wörter und der Sätze, eine empfindsame Seele, die weiß, wie die

Gefühle des Lebens zu Papier gebracht werden. Diese Mischung aus rabaukenhafter Oberfläche und humaner Seelentiefe spricht den Leser direkt an, weil auch wir in unserem Gefühlschaos nicht selten so empfinden. Ein ganz sensibler innerer Kern wird von Ernest Hemingway in uns berührt, hier kennt jemand unsere eigentlich unergründlichen und widersprüchlichen Empfindungen.

Und – das macht ihn einzigartig unter allen Kollegen – Ernest Hemingway belässt es nicht beim Erzählen. Er fantasiert in seinen Büchern nicht einfach wild drauf los, sondern er stellt dem Publikum als Beleg die Zerrissenheit der eigenen Biografie in das Schaufenster der Welt. Eigentlich schreibt er nicht nur für uns, er lebt uns auch noch alles vor. Überspitzt gesagt, dieser Mann schreitet so kraftvoll durchs Leben, wie wir es uns manchmal für uns wünschen würden. Selbstverständlich nicht so rabiat wie er und wahrscheinlich auch nicht gar so lasterhaft. Aber solch ein forsches Auftreten mit Ecken und Kanten, so selbstbestimmt, so erlebnisreich und so konsequent wie das seine, davon darf man träumen, ab und an.

Fast alle Lebensstationen des Ernest Hemingway – und Cabo Blanco allemal – haben mit dem Meer zu tun. In Peru auf Entdeckungstour gelingt es möglicherweise, die Faszination und das Geheimnis dieses Jahrhundertautors ein wenig zu enträtseln. Nicht auszuschließen, dass wir über seine Leidenschaft zum Meer diesem merkwürdigen Literaten und vor allem diesem schillernden Charakter ein bißchen näher rücken.

Ernest Hemingway, fünf Lebensjahre sollten ihm noch bleiben, will in Peru die großen Fische jagen. Und er wird in der Abgeschiedenheit von Cabo Blanco auf sein Leben schauen, auf seine Träume und auf seine Werte. Im besten Fall ist die Annäherung an den Schriftsteller und an den Menschen in diesem Sinne dann nicht nur ein Buch über Ernest Hemingway. Sondern auch ein Buch über uns, über unsere Wünsche und über unsere Sehnsüchte, ebenso wie über unsere Schwächen und Grenzen. Ein Buch, wenn man so will, über den Hemingway in uns.

2. Aus heiterem Himmel landet Ernest Hemingway in Talara

Der Meister schwebt ein. Talara in Nordperu, am 16. April 1956.

Am frühen Morgen des 16. April 1956, es ist ein Montag, landet die vierpropellerige *Douglas DC-7B* auf dem Flughafen von Talara. Um kurz vor halb acht Uhr rollt die silbergraue Maschine der Fluggesellschaft *Panagra* unter dem ohrenbetäubenden Gedröhne der Motoren und mit dem monotonen Klackern der Propellerblätter auf der schlichten Landebahn im Norden Perus aus. *Panagra*, ein Tochterunternehmen der US-amerikanischen *PanAm*, hat sich auf Passagier- und Frachtflüge nach Südamerika spezialisiert.

Viermal in der Woche bedient die Airline die Strecke von Miami über Panama und Lima bis hinunter nach Santiago de Chile und Buenos Aires. Eine Verbindung, deren erste Etappe, von Florida nach Peru, über Nacht durchgeführt wird. Die *Panagra* fliegt auf ihrer Südamerika-Route auch kleine Flughäfen wie jenen von Talara an. Die Provinzstadt liegt im Norden Perus, direkt an der Pazifikküste, nicht weit von der Grenze zu Ecuador entfernt.

Beim Anflug auf Talara erkennt man aus den Fensterluken des Flugzeuges hinter weichen Nebelschleiern einen endlos grauen Teppich vor dem blauen Meer, eine knochentrockene Wüstenlandschaft, soweit das Auge reicht. Eigentlich gehört der Flughafen, den die US-Marines gebaut haben und den die Einheimischen *El Pato* nennen, der *International Petroleum Company*, einem Ölmulti, der im Pazifik vor Talara riesige Erdölfelder ausbeutet. Weil die Bonanza nach dem schwarzen Gold Arbeitskräfte und Glücksritter aus dem ganzen Land anzieht, wächst die Region in Riesenschritten.

Ein paar Tage zuvor hat die US-amerikanische Nachrichtenagentur *UP* die Visite des Nobelpreisträgers angekündigt. Mit dem Datum 13. April 1956 kabelt der *UP*-Korrespondent aus Havanna eine 40 Zeilen-Meldung an Zeitungen in aller Welt. „Der Schriftsteller Ernest Hemingway und seine Ehefrau Mary werden am Sonntagnachmittag nach Peru fliegen und dort auf die Jagd nach einem 700 Kilogramm Blaumarlin gehen. Die Filmaufnahmen davon werden für die Verfilmung seines Romans *Der alte Mann und das Meer* verwendet." Und weiter

21

heißt es in der kurzen Meldung der *United Press*: „Der Schriftsteller gab der Hoffnung Ausdruck, den Fisch in drei oder vier Wochen fangen zu können. In zahlreichen Monaten des vergangenen Jahres konnte ein Fisch von einer solchen Größe nicht in den Gewässern vor Kuba geangelt werden."

Einen peinlichen Patzer leistet sich *Reuter*, die renommierte britische Nachrichtenagentur, die von dem deutschen Exilanten Paul Julius Reuter gegründet wurde. Die Londoner Agentur schmeißt die Länder durcheinander. *Hemingway for Persia*, kabelt *Reuter* am 15. April 1956 an die ihr angeschlossenen Medienhäuser. *Ernest Hemingway plans to leave his home tomorrow and fly to Persia with his wife to catch fish for use in filming his Nobel Prize winning novel ,The Old Man and the Sea'.*

Doch der prominente Schriftsteller reist nicht nach Persien, sondern nach Peru. Die meisten Tageszeitungen drucken die korrekte Meldung ab, gleichwohl geben die zahlreichen Medien den Sachverhalt nicht akkurat wieder. Für den Film soll kein Blaumarlin, vielmehr ein schwarzer Marlin gefangen werden, der größte Fisch aus der Familie der Marline. Denn einen blauen Marlin hätte man, mit etwas Anglerglück, auch im Golf vor Kuba erlegen können.

Die Filmgesellschaft aus Los Angeles hat vielerlei Überlegungen angestellt, wie mit den Außenaufnahmen des Filmes am besten zu verfahren ist, denn im Meer rund um Kuba hat man keine imposanten Fische aufnehmen können. In einem Vorführraum der Repräsentanz von *Warner Bros.* in Havanna hat man sich erste Sequenzen angeschaut, die im September im kubanischen Golfmeer gedreht worden sind. Doch die Szenen erweisen sich allesamt als nicht brauchbar. Ob man statt dessen bestehendes Material nicht einfach in den Film hineinschneiden sollte?

In der *Warner*-Niederlassung begutachten Regisseur Fred Zinnemann, Produzent Leland Hayward und die Hemingways historische Filmaufnahmen von Alfred C. Glassell. Auf diesen Dokumenten ist zu sehen, wie der texanische Sportangler einen

Riesenfisch vor Cabo Blanco fängt. Doch diese kurzen Sequenzen finden ebenfalls keinen Zuspruch. Auf ihnen ist deutlich die dünne Angelleine der Sportfischer auszumachen, während die Handlung des Buches vielmehr dicke und schwere Handleinen erfordert, die im Kampf des Fischers mit dem wuchtigen Tier Santiagos Hände einreißen.

Zum guten Schluss hat die Produktionsgesellschaft beschlossen, ein Team nach Cabo Blanco zu schicken, um eigene Aufnahmen zu produzieren. Der schlaue Ernest wittert ein Abenteuer und jede Menge Angelspaß. Er hebt bei Produzent Leland Hayward den Finger. Sowohl die Jagd nach dem schwarzen Marlin, ebenso wie die Filmaufnahmen zu seinem nobelgekrönten Buch möchte der bekannte Autor in Peru höchstpersönlich anleiten und überwachen. Und auch dies, Ernest Hemingway, das alte Schlitzohr, möchte auf Kosten der *Warner Bros.* Filmgesellschaft ein paar schöne Urlaubstage in Cabo Blanco verbringen.

Was vielen Tageszeitungen weltweit lediglich eine knappe Notiz wert ist, elektrisiert Öffentlichkeit und Presse im entlegenen Peru wie kaum eine andere Nachricht. Der berühmteste Schriftsteller dieser Jahre – noch dazu ein Weltenbummler, ein Großwild-Jäger und bekanntlich auch ein notorischer Schwerenöter – beehrt das südamerikanische Land. Einen solch illustren Gast begrüßt man in den Gefilden von Peru nicht alle Tage, der Aufenthalt des Nobelpreisträgers ist für das arme Andenland nahezu ein historisches Ereignis. Die wichtigsten Zeitungen der Hauptstadt stehen Kopf und schicken ihre Reporter von Lima in den Norden nach Talara, um über die Ankunft des namhaften Autors zu berichten.

Insgesamt mehr als zwölf Stunden hat der Flug des Ehepaares Hemingway von Miami nach Talara gedauert, nicht zuletzt weil eine Zwischenlandung in Balboa am Panamakanal eingelegt worden ist. Die Ankunft von *Panagra 333* hat sich in der Provinzstadt schnell herumgesprochen. *Panagra*, der Name der US-amerikanischen Fluggesellschaft steht als Abkürzung für *Pan American Grace Airways*, und dieses *Grace*, eigentlich ist es der Name der Gründerfamilie, meint übertragen ja so viel wie *Grazie* oder *Anmut*. Und mit Grandezza schwebt an diesem wolkenlosen Aprilmorgen, zarte Sonnenstrahlen haben sich über den Landstrich gelegt, tatsächlich der weltbekannte Gast in Talara ein.

Doch wer eigentlich ist dieser Mann, der da zu Besuch kommt? Ein *gringo, pero no un gringo cualquiera*, wie einer der Journalisten aus Lima nach der Ankunft schreiben wird. Ein *gringo* besucht Peru, aber eben nicht irgendein gewöhnlicher *gringo*. Die Bezeichnung *gringo* gilt in jenen Jahren als ein hässliches Schimpfwort in Peru, jedoch sei dieser *gringo* wohl kein typischer Vertreter von Hochmut und Kolonialgehabe nordamerikanischer Prägung. Dieser *gringo* ist renommiert und weit gereist, ein Autor mit Millionenauflage. Nobel-Ehre obendrein. Und, der US-Amerikaner hat dies stets betont, er ist ein Freund der hispanischen Welt.

Der Aufenthalt in Peru sollte das erste Mal – und in seinem Leben im Übrigen das einzige Mal – sein, dass der Schriftsteller aus Chicago seinen Fuß auf südamerikanischen Boden setzt. Und diese Ehre gewährt Ernest Hemingway dem – nach Brasilien und Argentinien – flächenmäßig drittgrößten Land in Südamerika. Einem Staat, über den in den Medien der Welt wenig berichtet wird, vielleicht auch, weil es nicht allzu viel zu berichten gibt.

Die fahlen Nebelschwaden haben sich rasch verzogen an diesem Montagmorgen, die Luft riecht leicht salinisch und nach Kerosin. Am Horizont deutet sich über dem Meer heiter ein Regenbogen an. Gegen halb acht Uhr kommt die silbrige Maschine mit dem schwungvollen Schriftzug *El Inter Americano* schließlich vor dem schmucklosen Hangar zum Stehen. Eine fahrbare Flugzeugtreppe wird an den Flieger herangeschoben und die Tür des Flugzeugs öffnet sich.

Eine Stewardess in der grünen *Panagra*-Uniform mit weißem Hemdkragen, über der linken Brust eine Ansteckbadel der Fluggesellschaft, das schwarze Haar streng unter einem Hütchen vergraben, schaut sich lächelnd um. Alsdann lässt sie die Passagiere aussteigen. Als ersten erblickt man den schlanken Peruaner Enrique Pardo Heeren, den Präsidenten des *Cabo Blanco Fishing Clubs*.

Nach ihm kommt als zweiter ein älterer Herr aus dem Flugzeug, eher von der Statur eines Grizzlybärs, überaus wuchtig im Erscheinungsbild, mit breiten Schultern und kräftigem Körperbau. Der Mann ist groß, *6 ft.* steht in seinen Ausweispapieren, diese 6 Feet sind umgerechnet etwa 1,83 Meter. Das Gewicht wird im Reisepass mit *220 lbs.* beziffert, diese 220 Pound des angloamerikanischen Maßsystems rechnen sich auf 99,79 Kilogramm um. *Braune Haare* und *braune Augen* steht zudem in den Personalpapieren des graubärtigen Mannes.

An diesem Morgen trägt der berühmte Besucher ein dickes grünliches Jackett, darunter ein helles Hemd, eine blaue Krawatte, dazu eine graue, ein wenig zu kurz geratene Hose. Seine festen Schuhe sind ungeputzt, fällt dem peruanischen Reporter Manuel Jesús Orbegozo auf. Ein schlimmer Fauxpas in diesen Breiten, wo gutes und sauberes Schuhwerk als Ausweis von Vornehmheit gilt.

Überhaupt erscheint der Mann dem Äußeren nach als ein wenig nachlässig, die Haare sind ungewaschen und wuschelig, aber möglicherweise ist diese Ungepflegtheit dem langen Flug geschuldet. Vom Alter mag man ihn, grauhaarig und irgendwie zerknittert, so um die 60 Jahre schätzen. Die Gesichtshaut des Gastes wirkt auffallend rot, wahrscheinlich von zu starker Sonnenstrahlung.

Diesen Kopf gleichwohl, mit der rundlichen Brille und dem ergrauten Vollbart, den erkennen die Umstehenden sogleich. Sie haben die Fotografie dieses Mannes in den Zeitungen und in den Büchern schon etliche Male gesehen. *Ernest, Ernest, Ernest*, schallt es laut über die Landebahn. *Prensa, prensa*, hört man dann rufen, wir sind von der Presse.

Der ältere Mann bleibt oben auf der engen Gangway stehen, mit beiden Händen hält er eine längsgeknickte Zeitschrift, und nun lächelt der Besucher freundlich. Hinter ihm erscheint eine Frau, eine vom Aussehen nicht mehr ganz junge, dennoch aparte Schönheit mit kurzen blonden Haaren, wesentlich kleiner als er, die den Wartenden verbindlich zuwinkt.

Besonders drei Journalisten, die schon seit sechs Uhr in der Früh warten, schreien dem Vollbart aus dem Flugzeug ein launiges und vor allem lautes Willkommen zu. Manuel Jesús Orbegozo von *La Crónica*, Mario Saavedra-Pinón Castillo für *El Comercio* und Jorge Donayre Belaúnde von *La Prensa* machen unüberhörbar auf sich aufmerksam. Das Reporter-Trio aus Lima, die drei Redakteure sind Ende zwanzig, Anfang dreißig, wirkt an diesem Montagmorgen wie aufgedreht.

Ernest Hemingway, in seinem hellgrünen Jackett mit der immer noch viel zu kurz gebundenen blauen Krawatte und einer weißen Baumwoll-Kappe auf dem Kopf, geht nun schleppend die Gangway herunter. Vorsichtig und bedächtig stützt er sein Gewicht am Geländer der mobilen Rolltreppe ab. Ursache seines behäbigen Ganges ist eine schlimme Splitterverletzung am rechten Bein. Er hat sich die Verwundung vor 38 Jahren durch eine Mörsergranate in Fossalta di Piave, in Norditalien, am Ende des Ersten Weltkrieges zugezogen und sich nie richtig davon erholt.

Nach Ernest Hemingway und seiner Frau Mary Welsh entsteigen jetzt auch die Freunde des Nobelpreisträgers dem Flugzeug. Der Schriftsteller schart gerne Gleichgesinnte um sich, seine Großzügigkeit als Gastgeber ist weithin bekannt. Unter den Getreuen befindet sich wie meist Gregorio Fuentes, der kubanische Kapitän von Hemingways Yacht *Pilar*, der seit vielen Jahren ein enger Begleiter und auch ein guter Freund ist. *El Viejo*, der Alte, nennt Ernest Hemingway ihn liebevoll, diesen treuen Sancho Pansa aus dem Fischerdorf Cojímar.

Von Bord kommt ebenfalls Elicio Argüelles II, ein jugendlich wirkender Rechtsanwalt und bekannter Sportangler aus Kuba, sein Vater in Havanna ist ein enger Freund des Schriftstellers. Mit dem durchtrainierten Elicio trifft sich der Autor oft zum Tontaubenschießen im *Club de Cazadores del Cerro*, im Jagdclub von Rancho Boyeros außerhalb der Hauptstadt. Der drahtige, gut aussehende Elicio, er mag Mitte vierzig sein, soll

Ernest Hemingway in Peru bei der Jagd nach dem schwarzen Marlin zur Hand gehen.

Enrique Pardo Heeren, ein *limeño* mit dünngerahmter Brille und streng zurückgekämmtem Haar auf der Halbglatze, begrüßt zuerst den Verwalter des *Fishing Clubs* und dann die Fahrer der Wagen, die alle Ankömmlinge nach Cabo Blanco bringen werden. Zygmunt Plater, der Klubverwalter, stellt sich den Hemingways vor. Leicht grummelnd schaut der Schriftsteller nach dem anstrengenden Nachtflug auf den ganzen Rummel. Ernest Hemingway mag es, im Mittelpunkt zu stehen, aber er kennt auch Momente, da möchte er einfach nur seine Ruhe haben. Und manchmal, da weiß er selber nicht so recht, was er eigentlich wirklich will. *Was bin ich für ein merkwürdiger alter Mann.*

Der bärtige Autor am Fuße der Flugzeugtreppe steht fest und aufrecht, zwei junge Stewardessen der *Panagra* in ihren adretten Uniformen nehmen den berühmten Fluggast in die Mitte und posieren für ein Erinnerungsfoto. Ernest mag es, von hübschen Frauen umgeben zu sein, doch nach dem anstrengenden Flug ist er zu erschöpft, um daran Gefallen zu finden. Und er merkt in diesem Augenblick, dass er für das glutheiße und trockene Klima der Wüste am Nordpazifik Perus mit seinem festen Jackett und der langen Hose viel zu dick angezogen ist.

Als der Schriftsteller sich ein wenig vom Flugzeug entfernt, beschleicht manch Umstehenden ein unangenehmes Gefühl. Ernest Hemingway bewegt sich erkennbar gebrechlich auf seinen Füssen. Zudem scheint sein Rücken beim Gehen ein wenig gekrümmt, und es hat bisweilen den Anschein, als ob der berühmte Besucher einen Stock oder eine andere Art der Gehhilfe benötige. Auf irgendeine Art und Weise passt das Macho-Charisma, das diesem Autor in der Öffentlichkeit vorausgeht, nicht so recht zu seinem hölzernen Auftreten.

Nun schlurft Ernest Hemingway auf die Redakteure zu. Seine Korpulenz und die leichte Lahmheit im Bein lassen seine Schritte ein wenig aussehen, als würde er den Gang eines Menschenaffen nachahmen. Wie ein Gorilla, flüstert ein Journalist

27

den anderen frech zu. *Hola colegas!* Gut gelaunt bleibt der Nobelpreisträger dicht bei den drei Reportern aus Lima stehen. Der Schriftsteller hat die Despektierlichkeit mitbekommen, er bläst die Wangen auf wie ein Hamster und alle lachen herzlich. Dann geht er auf die vorlaute Bemerkung mit dem Gorilla ein. Na, entgegnet der Amerikaner den Redakteuren, ich kümmere mich nicht mehr groß um die Taubheit im Bein oder um irgendwelche Gepflogenheiten, wie ich mich anzuziehen habe. Leute, am besten, man schaut gar nicht mehr in den Spiegel. Trotz des langen Fluges zeigt sich der Nobelpreisträger aus den USA in aufgewühlter Stimmung. Er freue sich, so teilt er den Reportern mit, auf die Tage in Peru. Der Schriftsteller möchte das neue Meer, den wilden Pazifik vor der peruanischen Küste, kennenlernen. Er sagt es und er hat es überdies in einem Artikel angekündigt: Er möchte lernen von diesem fremden Meer.

3. Hollywood hat einen Plan für Peru

Das Begrüßungskomitee für die Hemingways im peruanischen Talara:
Mario Saavedra, Jorge Donayre und Manuel Jesús Orbegozo.
Flughafen ‚El Pato‘, am 16. April 1956

Ein kleines Empfangskomitee hat sich in Talara eingefunden, die drei Journalisten aus Lima, Angestellte des Flughafens, ein paar Schaulustige. Für gewöhnlich ist Ernest Hemingway, seit zwei Jahren mit den Würden des Nobelpreises gesegnet, anderes gewöhnt. Jedoch befinden wir uns in Peru, an der nördlichen Spitze eines rassisch und sozial tief gespaltenen Landes. Die Geschäftigkeit spielt sich in den Reichenvierteln der amerikanisierten Hauptstadt ab und alles, was in den entlegenen Provinzen geschieht, wo überwiegend Indios und Mestizen leben, wird nicht so recht zur Kenntnis genommen.

So gut wie nie verirrt sich solch ein illustrer Gast in diese trostlose Gegend. Doch Hollywood hat sich für Peru einiges einfallen lassen. Die *Warner Bros.*, der Leinwand-Gigant aus Los Angeles, konnten sich für viel Geld, man munkelt über 300.000 Dollar, die Filmrechte an Hemingways Erfolgsroman *Der alte Mann und das Meer* sichern. Dieser Geldregen ist ein Vermögen in den 1950er Jahren, um die heutige Kaufkraft zu berechnen, muss man den Betrag mit dem Faktor 8 vervielfachen.

Nach frühen Hungerjahren in Paris ist Ernest Hemingway ein fürstlich bezahlter Schreiber. Vor allem ein glücklicher Umstand lässt sein Bankkonto rapide anwachsen, er braucht nichts zu tun: Zu seinen Lebzeiten werden elf seiner Romane und Kurzgeschichten von Hollywood verfilmt. Der bärtige Amerikaner ist mit solchen *Windfall Profits* einer der bestbezahlten Schriftsteller überhaupt, mit den Filmtantiemen verdient er in manchen Jahren mehr als mit seinen Büchern. Der Autor ist materiell ein gemachter Mann, vielfacher Millionär, erstaunlich für eine Branche, in der sich sonst eher die Überlebenskünstler tummeln.

Der Hollywood-Manager Leland Hayward ist eigens nach Havanna geflogen, um Ernest Hemingway das Filmprojekt und die Vorgehensweise der Produktionsfirma persönlich vorzustellen. Mit Peter Viertel hat er einen jungen, dennoch erfahrenen Drehbuchautor im Schlepptau. Fünf Jahre zuvor hat der in Dresden geborene Viertel – als Achtjähriger ging er 1928 mit den

Eltern nach Kalifornien – das Skript zu *African Queen* geschrieben, dem Erfolgsfilm des Filmemachers John Huston.

Dem aufstrebenden Drehbuchschreiber, Sohn einer Schauspielerin und eines Regisseurs aus Deutschland, obliegt die Bürde, Hemingways weihevolle Sprachmelodie von der Novelle auf die Leinwand zu übertragen. Ernest und Mary haben Peter Viertel das erste Mal im Jahr 1948 während eines Skiurlaubs im Sun Valley getroffen, der Schriftsteller hat augenblicklich Gefallen an dem umtriebigen Kerl gefunden. *Pete* ist ein Typ ganz nach seinem Gusto: Im Zweiten Weltkrieg bei den *Marines* im Südpazifik ist er verwundet worden, später hat er für den US-Geheimdienst gearbeitet. Zwischen den beiden Männern entsteht rasch eine enge Freundschaft.

Die eindrucksvollen Angelszenen des Films, die für die Handlung so wichtig sind, will das Hollywood-Studio auf dem peruanischen Ozean vor Cabo Blanco drehen. Man hat dafür diese Gegend gewählt, weil sich rund um die Äquatorlinie die größten Fische auf diesem Planeten finden lassen. Ernest Hemingway wendet sich an seinen alten Kumpel Kip Farrington, den er seit den 1930er Jahren von zahlreichen gemeinsamen Angeltouren in der Karibik her kennt.

Der Schriftsteller fragt seinen Freund Kip um Rat und bittet ihn, die Filmaufnahmen mit seinem fachmännischen Know-how anzuleiten. Es ist dieser Angel-Crack Kip Farrington, der den Aufenthalt in Cabo Blanco vorschlägt und der die Exkursion anschließend auch organisieren wird. Der New Yorker Sportangler, Jahrgang 1904, wird zehn Tage bei seinem Freund Ernest in Peru bleiben und ihm auf der Jagd nach dem schwarzen Marlin zur Seite stehen.

Die Filmleute aus Los Angeles sind bereits zwei Tage zuvor in Talara eingetroffen. Die Hollywood-Firma hat Könner ihres Fachs nach Nordperu entsandt. Neben dem Produktionsleiter Allen Miner gehören zur Film-Crew William Classen, ein angesehener Grip-Aufbautechniker, die Kameraleute und Tontechniker Joseph Barry, Louis Jennings, Stuart Higgs und John Dany. Besonders Allen Miner, der den Dokumentarstreifen *The*

Naked Sea gedreht hat, gilt als Fachmann für Aufnahmen auf hoher See.

Die Mitarbeiter aus Los Angeles gehören zu jener Abteilung, die man im Film-Business *Second Unit* nennt. Damit ist jene schlagkräftige zweite Garnitur gemeint, die parallel zur *First Unit* dreht und der meist die besonders kniffligen Szenen aufgebrummt werden. Der Plan der *Second Unit* ist, mit drei wendigen Schiffen weit hinauszufahren, die schwarzen Marline mit Hilfe der einheimischen Bootsleute im Pazifikmeer auszumachen und die wuchtigen Tiere anschließend einzukreisen. Die peruanischen Fischer sollen die Marline dann an den Haken nehmen, die Kameramänner würden alsdann versuchen, die Pirouetten der Riesenfische im Todeskampf auf Zelluloid festzuhalten. Die Schwarzmarline sollen schließlich erlegt und an Bord gezogen werden. Soweit die Theorie der Amerikaner.

Nachdem die Hollywood-Leute in Cabo Blanco die Dreharbeiten vorbereiten, ist nun auch Ernest Hemingway auf peruanischem Boden eingetroffen. Der Schriftsteller wird von einem halben Dutzend Personen begleitet. Alle Teilnehmer der Expedition eint das Ziel, sie möchten in Cabo Blanco einen mindestens tausend Pfund schweren *Black Marlin* fangen. Und die tollkühne Jagd nach dem Monsterfisch soll für die ganze Welt auf einen Filmstreifen gebannt werden.

Einen Großfisch solchen Ausmaßes hat weder Ernest Hemingway, noch sein kubanischer Bootskapitän Gregorio Fuentes mit eigenen Augen gesehen. Weder vor der Küste Kubas, noch bei den Bahamas und ebenso nicht im Ozean um die Keys in Florida, die allesamt zu seinen bevorzugten Angelrevieren gehören. Der Fang eines Schwarzmarlins ist aus diesem Grund für den erfolgsverwöhnten Schriftsteller eine noch nicht dagewesene Herausforderung.

Für den Trip ins ferne Peru werden die Dreharbeiten in Cojímar und bei Boca de Jaruco auf Kuba unterbrochen, an beiden Schauplätzen läuft eh nicht alles zum Besten. Umso mehr hofft der Nobelpreisträger, dass in Cabo Blanco die Außenaufnahmen des Streifens, die Fisch- und Meeresszenen, zügig in den Kasten kommen. Der Film darf nicht missglücken, dafür mag der Autor das Buch zu sehr. Ernest Hemingway hält *Der alte Mann und das Meer* für sein bestes Werk, das Nobelpreiskomitee hat es bestätigt. *The Old Man and the Sea*, auf Englisch von einem US-Amerikaner geschrieben, kann eigentlich als kubanischer Roman durchgehen. Die Novelle handelt von Kuba und spielt sich auf dem Meer vor Kuba ab, die Romanfiguren sind allesamt Kubaner. Und vielleicht ist ja auch die Weisheit des Buches kubanisch. Alles an dieser Erzählung ist kubanisch, merkwürdigerweise nur ihr Autor nicht. *Der alte Mann und das Meer* ist ein Kurzroman, der Titel sagt eigentlich alles, über den Menschen und das Meer. Nobelpreis-Kollege William Faulkner meint kurz nach Erscheinen geheimnisvoll, mit diesem Roman und just an diesem Ort auf Kuba habe Ernest Hemingway sich Gott genähert. „Da ist der große Fisch. Gott erschuf den großen Fisch, der gefangen werden muss. Gott erschuf den alten Mann, der den großen Fisch fangen muss. Gott erschuf die Haifische, die den großen Fisch fressen müssen. Und Gott liebt sie alle."

Die Novelle steht für des Menschen Schicksal: den tagtäglichen Überlebenskampf aufgenommen, erneut dem Zusammenstoß mit einem mächtigen Gegner ausgeliefert, tapfer gekämpft wie ein Löwe und letztlich dann doch die Niederlage, wie so oft im Leben. Sowohl die Kritiker als auch die Leserschaft zeigen sich angetan von dieser Erzählung, sie loben die präzise Sprache des Romans. Die ganze Welt ist von der tiefsinnigen Menschlichkeit hingerissen, die sich hinter Hemingways Zeilen verbirgt. „Die Zukunft wird zeigen, dass dies das beste Stück Literatur ist, das beste von uns allen wohlgemerkt", fügt William Faulkner euphorisch hinzu.

Als *The Old Man and the Sea* – Ernest Hemingway hat die Erzählung um die Jahreswende 1950/1951 geschrieben – auf den Markt kommt, da schlägt die Story in den USA ein wie kein Buch zuvor. Am 1. September 1952 erscheint der kurze Roman zunächst im Magazin *LIFE*, die Zeitschrift zahlt dem Schriftsteller 30.000 Dollar für den Vorabdruck, und sorgt prompt für einen Auflagenrekord: Innerhalb von zwei Tagen werden 5,2 Millionen Hefte verkauft. Wenig später liegt dann die Buchausgabe von *Charles Scribner's Sons* in den Läden, mit 127 Seiten, zu drei Dollar das Stück. Die Erstauflage von 50.000 Exemplaren ist im Nu ausverkauft, das Werk wird im US-Buchklub zum *Book of the Month* gekürt.

Das Publikum in den USA hat die Erzählung von dem alten Fischer Santiago und dem Fisch schnell ins Herz geschlossen. Über 3.800 Briefe erhält der Schriftsteller zur *Finca Vigía*, von Lesern, die seine Novelle verschlungen haben und ihm nun danken. Und weil bei einer Anzeige für *Ballantine*-Bier seine Adresse auf Kuba zu erkennen ist, werden Tausende Briefe nicht an den Verlag in New York, sondern direkt nach San Francisco de Paula geschickt.

In seiner Wahlheimat druckt die Illustrierte *Bohemia* die Erzählung *El Viejo y el Mar* ab, bevor sie dann auch auf der Insel als Buchausgabe erscheint. *Bohemia* bietet dem Schriftsteller mit 5.000 Dollar ein üppiges Honorar und Ernest Hemingway schlägt ein, unter zwei Bedingungen. Die Übersetzung soll in den Händen seines guten Freundes Lino Novás Calvo liegen. Und zweitens soll das Geld dem *Leprosorio del Rincón* außerhalb von Havanna als Spende zukommen, für Fernsehgeräte und elektrische Hilfsmittel zur Linderung der Seuche in der Leprakolonie.

Der schmale Band sollte Ernest Hemingways Leben grundlegend verändern, mit diesem Roman steigt er endgültig auf den Thron im Schriftsteller-Olymp. Das Werk wird überall als Meisterwerk gewürdigt, es sei Literatur in höchster Blüte und mit einer ausgereiften Stilistik. Mit *Der alte Mann und das Meer* befindet sich Ernest Hemingway auf dem Höhepunkt seiner Schaffenskraft, der bärtige Amerikaner steigt auf zum bekanntesten Autor seiner Zeit.

Am 4. Mai 1953, das Ehepaar weilt auf der *Pilar* und fischt in der Nähe der Insel Cayo Médano de Casiguas, da hören Ernest und Mary im Bordradio, dass *Der alte Mann und das*

Meer mit dem Pulitzer Preis ausgezeichnet wird. Ein Jahr später folgt der Nobelpreis für Literatur. Der Roman, diese einfache und ehrliche Liebeserklärung an den Fischer und das Meer, wird weltweit zu einem gigantischen Triumph.

Als Ernest Hemingway sein Manuskript bei *Scribner's* einreicht, schreibt er seinem Lektor Wallace Meyer eine kurze Notiz: *I know that it is the best I can write ever for all of my life.* Das Werk ist die Krönung seines Literatenlebens, besser geht es nicht. Ernest Hemingway wurde geboren, um diesen Roman zu schreiben. Gleichzeitig jedoch, und damit ist die Tragik dieses Mannes umrissen, wird *Der alte Mann und das Meer* das letzte Buch sein, das er zu seinen Lebzeiten veröffentlichen sollte.

Die Verfilmung dieses literarischen Welterfolges soll Hemingways Ruhm nun noch mehren. Dafür soll der amerikanische Starregisseur Fred Zinnemann sorgen, ein österreichischer Emigrant, der vier Jahre zuvor mit *High Noon* – dem Western *Zwölf Uhr mittags* – einen packenden Plot als eine Art filmisches Kammerspiel grandios inszeniert hat. Die Rolle des alten Fischers Santiago wird Spencer Tracy angetragen, einem der ganz großen Charakterdarsteller Hollywoods.

Während in Talara das Gepäck aus dem Frachtraum entladen wird, stehen die Besucher an der Landeposition neben dem Flugzeug. Der Schriftsteller bleibt umringt von Neugierigen und den Vertretern der Presse. Die kubanischen Freunde wollen Ernest Hemingway nach dem langen Flug schonen und von den Journalisten wegziehen. Doch der Autor hebt die Hand, lacht und zwinkert den Zeitungsleuten zu. Ich ergebe mich, ich bleibe bei euch, sagt er ihnen.

Ob man nicht in den *CORPAC*-Terminal des Flughafengebäudes gehen wolle, fragt ein Umstehender. Ich bleibe lieber hier, meint Ernest Hemingway daraufhin, ich hasse es, zu sitzen. Aber bringt mir von der Bar im Flughafen einen Whiskey Soda. Der Flug sei doch ziemlich anstrengend gewesen, nur bei der Zwischenlandung in Panama habe man sich eine knappe Stunde die Beine vertreten können. Ansonsten habe er stundenlang gekauert in dem engen Sitz, in einem Ungeheuer wie diesem, und Ernest Hemingway deutet mit dem Kopf zum Flugzeug. Und dann merkt der Schriftsteller noch etwas an. Ich bin nicht müde. Ich werde niemals müde. Ausruhen kann ich mich immer noch in der Kiste, meint der US-Amerikaner trotzig und schießt seinen Worten ein dunkles Feixen hinterher. Es ist ein wenig geschwindelt, der bärtige Schreiber will sich seine Müdigkeit und die Erschöpfung, so gut es eben geht, nicht anmerken lassen.

Nach dem strapaziösen Flug, der mit Zwischenlandungen insgesamt zwölf Stunden gedauert hat, hellt sich Ernest Hemingways Laune in Talara allmählich auf. Der Autor kommt seinem Ziel näher, der beschwerliche Aufenthalt in dem engen Flugzeug gerät rasch in Vergessenheit. Er freut sich auf die Tage in Peru, er ist gespannt auf das Meer, auf den Pazifik. Der Schriftsteller ist neugierig auf Cabo Blanco, von dem sein Freund Kip Farrington in höchsten Tönen geschwärmt hat. Er kann es kaum erwarten, im *Fishing Club* einzutreffen.

Cabo Blanco und der *Fishing Club* sind eine große Nummer in jenen Tagen. *Swordfish, Black Marlin and Striped Marlin – all at one place?*, fragt die *PanAm* reißerisch in einer Zeitungsanzeige, die für die Destination in Nordperu wirbt. Und die Fluggesellschaft liefert in ihrer Werbung gleich die Antwort mit: *The first fishing grounds in the world with all 3 big game fish are now open!*
Für genau 487,80 Dollar, die man für den Hin- und Rückflug hinblättern muss, ersteht der Enthusiast eine Eintrittskarte zum Abenteuerspektakel auf hoher See mit den drei Monsterfischen. An einem Ort der Welt. Und nur hier. Das Fliegen ist ein Vergnügen, das sich in jenen Tagen nur Wohlbetuchte leisten können. Auf großem Fuß leben in den USA die wenigsten, im armen Peru eh nicht.

Das Klima in Cabo Blanco sei *delightful*, schreibt die *PanAm* in ihrer Farbanzeige. *No fog. No rain.* Das Wetter dort sei entzückend. Kein Nebel. Kein Regen. In etwas mehr als 11 Stunden sei man in diesem Paradies der Sportangler. *YES.* Ein lautes JA in Versalien. *YES. Fabulous Cabo Blanco.* JAWOHL. Das legendenumwobene Cabo Blanco am peruanischen Pazifik, an dem größten und tiefsten aller Weltmeere.

Der *Black Marlin Boulevard* ist ein Abenteuer, das sich Ernest Hemingway nicht entgehen lassen möchte. Der Schriftsteller liebt die Ferne und die Exotik. *‚PanAmerican‘ und ich sind alte Freunde,* so hat der Weltenbummler im selben Jahr mit seinem Portraitfoto auf einer doppelseitigen Anzeige für die Fluglinie geworben. *Jede Generation von Amerikanern sollte Europa neu entdecken. Weil du das Schicksal deines Landes klarer siehst, wenn du deinen nächsten Urlaub im Ausland verbringst.*

Das Etappenziel Talara ist erreicht. Der Nobelpreisträger ist guter Dinge bei der *The Old Man and the Sea Expedition.* So hat er das Projekt, eine Mischung aus Entdeckungsreise und Feldforschung, für sich getauft. Ein Fisch soll gefangen werden. Ein großer Fisch. Für Hollywood, für einen großen Film und für einen großen Roman. Alles soll groß sein, wie immer bei ihm. Ernest Hemingway ist in seinem Element.

4. Alles um ihn herum war ein Lächeln

Als Erster holt sich ein ehrfürchtiger Mario Saavedra von ‚El Comercio'
ein Autogramm des Nobelpreisträgers. Talara, am 16. April 1956.

Eifrig haben die drei peruanischen Zeitungsjournalisten aus Lima die ersten Eindrücke von der Ankunft des amerikanischen Nobelpreisträgers vermerkt und seine Satzfetzen in ihre Notizblöcke gekritzelt. Das Zusammentreffen an dem spartanischen Airport von Talara bleibt auf beiden Seiten ein wenig verkrampft, unschlüssig und abwartend verharren die Redakteure in gebotenem Abstand zum prominenten Besucher am Fuße der Flugzeugtreppe. Der Respekt.

Aus dem Reporter-Trio stößt als Erster der junge Mario Saavedra-Pinón vom feinen *El Comercio* vor, beherzt nähert er sich Ernest Hemingway und spricht den amerikanischen Schriftsteller von Angesicht zu Angesicht auf Spanisch an: „Ich soll Ihnen Grüße von einem gemeinsamen Freund überbringen", sagt der Peruaner, hält kurz inne und fährt dann fort, „von Edward Murrow." Der bekannte US-Radioreporter besitzt in der Medienwelt Amerikas den Status einer journalistischen Legende.

This is London, so begann Edward Murrow auf *CBS* seinen täglichen Kriegsbericht für das Publikum an den Radiogeräten in den USA. Es war im Winter 1940, auf die englische Hauptstadt fielen die Bomben der deutschen Luftwaffe. *This is London* war stets Ed Murrows *Opener*. Und keiner bekam den Anfang so hin wie er. Nach dem ersten Wort *This* setzte er eine winzige Kunstpause, und prompt war das unverkennbare Markenzeichen dieser kraftvollen Radiostimme geboren.

Edward Murrows Reportagen aus dem Zweiten Weltkrieg endeten jeweils mit einer Redewendung, die dann noch populärer wurde: *Good night, and good luck.* Gute Nacht und viel Glück. Dieser Wunsch klang dramatisch, an einem Abend, an dem man hoffte, dass genug Glück vorhanden sein würde, dem Terror der braunen Bomben zu entkommen. Am 15. April 1945, der Krieg lief auf sein Ende zu, schilderte Murrow seinen Zuhörern, was er nach der Befreiung des KZ Buchenwald bei Weimar vorgefunden hatte. Die Leichen dort im Krematorium seien *stacked up like cordwood*, aufgestapelt wie die Holzscheite.

Mario Saavedra-Pinón traf auf Edward Murrow im Jahr 1955, als dieser beruflich Peru besuchte. Der US-Amerikaner wollte über Pedro Beltrán berichten, den Verleger der Tageszeitung *La Prensa*, den der rechtsgerichtete Präsident Manuel Odría nach einer politischen Intrige ins Gefängnis gesteckt hatte. Mario Saavedra und Ed Murrow hatten im *Club Nacional*, das war damals der Treffpunkt der Bänker und Aristokraten in Lima, zu Mittag gegessen und der Peruaner hatte sich mit dem berühmten Kollegen angefreundet.

Mit dem Hinweis auf die *CBS*-Ikone hat der Redakteur von *El Comercio* auf dem Flughafen von Talara das Eis bei Ernest Hemingway auf Anhieb gebrochen. Danke sehr, antwortet der Schriftsteller, und umarmt den jungen Reporter. Als nächster wird Jorge Donayre Belaúnde und als letzter Manuel Jesús Orbegozo von *La Crónica* mit einem *abrazo* geherzt. In seiner Hochstimmung bittet Mario Saavedra-Pinón, noch etwas zurückhaltend, den Nobelpreisträger um ein Autogramm.

Ernest Hemingway und die drei Redakteure verstehen sich immer besser. Besonders der 27-jährige Berichterstatter des *El Comercio* bekommt nach kurzer Zeit einen guten Draht zu dem weltbekannten Autor. Mario Saavedra – Spross einer angesehenen Familie – ist von den dreien zwar der Jüngste, jedoch bereits mit allen journalistischen Wassern gewaschen. Kein Wunder, dass er von den drei Reportern in Talara formell den höchsten Rang innehat.

Saavedra ist trotz seiner jungen Jahre bereits *Jefe de Información* bei seiner renommierten Zeitung, eine Position, die in etwa einem Ressortleiter entspricht. Doch Ernest Hemingway versteht sich nicht nur mit dem Mann des *El Comercio* gut, sondern ebenfalls mit dem sieben Jahre älteren Jorge Donayre Belaúnde von *La Prensa* und mit Manuel Jesús Orbegozo von *La Crónica*. Der prominente Autor drückt die drei peruanischen Journalisten an seine breite Brust, als ob er sie bereits ein halbes Leben kennen würde. Und ganz so, wie in Südamerika ein *abrazo*, eine Willkommensumarmung, unter Freunden üblich ist.

„Er hat ständig seine Hamsterbacken aufgeblasen und hat wieder und wieder gelächelt", erinnert sich Manuel Jesús Orbegozo, der an diesem Morgen am lautesten *Ernest, Ernest* gebrüllt hat. „Alles um ihn herum war ein Lächeln." Gerade Manuel Jesús Orbegozo, ein durch seine breite schwarze Hornbrille jovial dreinschauender Peruaner aus Otuzco, der einen guten Kopf kleiner ist als Ernest Hemingway, wirkt nach der Umarmung durch den Nobelpreisträger wie aufgedreht. Der Redakteur aus Lima, er ist mit einem luftig weißen Hemd gekleidet und trägt eine helle Kappe aus Baumwolle, zeigt sich beeindruckt von der Offenheit und der Umgänglichkeit des hochgestellten Autors. Seit langem verehrt er den Amerikaner als größten Schreiber überhaupt.

Mehr als von den Erzählungen schwärmt Manuel Jesús Orbegozo, der mit seinen 33 Jahren älter und erfahrener wirkt als seine Kollegen, vom journalistischen Stil Hemingways. Die Qualität seiner Romane bewundert er ebenso. Diese Kürze und Klarheit im Stil, und insbesondere die Genauigkeit in der Dialogführung, das macht dem Nobelpreisträger weit und breit so schnell keiner nach.

Auch als Abenteurer schätzt der Peruaner den Schriftsteller. Er sei ein Mann von Welt, im besten Sinne des Wortes, meint er. Dass der Amerikaner so ziemlich jedem Rock hinterherläuft, gereicht ihm in diesen Breiten gleichfalls nicht zum Nachteil. *Hemingway ist großartig*, wird Manuel Jesús Orbegozo seinen Artikel in *La Crónica* beginnen, *ganz gegen alle Vorurteile. Er begegnete uns leutselig und ohnegleichen. Dies lässt das Pendel hin zur uneingeschränkten Sympathie ausschlagen.*

Mario Saavedra zeigt sich ebenfalls vom Wohlwollen des weltberühmten Schriftstellers hin und weg. Der *limeño* umschreibt den Nobelpreisträger in *El Comercio* voller Gefühl: *Ernest Hemingway strahlt eine kraftvolle außergewöhnliche Sympathie aus. Wenn man sich mit ihm unterhält, meint man, ihn schon das ganze Leben lang zu kennen.*

Nur Jorge Donayre, ein Mann aus der Provinz Ica vom Jahrgang 1922, zeigt sich in *La Prensa* als einziger wenig galant.

41

Ernest Hemingway angekommen; Er ist ein bekennender Trinker, Sportfischer und Abenteurer, lautet am 17. April 1956 der fette Aufmacher auf der Titelseite. *Trinker, Sportfischer und Abenteurer.* Aha. Man beachte die Reihenfolge. Irgendwie scheint Jorge Donayre an diesem Tag mit dem falschen Fuß aufgestanden zu sein, denn die Bezeichnung *Schriftsteller* oder *Nobelpreisträger* in der Überschrift will ihm nicht in den Sinn kommen.

Auch der darauf folgende Text von Donayre liest sich ziemlich ungehobelt. *Er ist ein korpulenter Mann, nicht so groß wie er auf Fotos erscheint, mit einer rosa Gesichtsfarbe, sein Gesicht wirkt fast rot, mit gestutztem Bart und längerem grauen Haar, er trägt eine dünne Brille und auf seinem Kopf sitzt eine Jockey-Kappe.*

Mit solch einer schrulligen Charakterisierung leitet der erfahrene Journalist sein Portrait des Nobelpreisträgers ein. Korpulent, nicht gerade groß, langes graues Haar – der Mann von *La Prensa* zahlt das liebenswürdige Zugehen des Amerikaners auf die einheimischen Reporter mit kleiner Münze zurück.

Nicht gerade feinfühlig, wie der Redakteur auf Ernest Hemingways Pigmentstörungen anspielt, die dem Schriftsteller auf der empfindlichen Gesichtshaut so zu schaffen macht und die Grund seines vollen Bartwuchses sind. Warum bloß schmückt Jorge Donayre seinen Artikel mit solchen Bosheiten aus? Es sollte nicht sein einziger Ausrutscher bleiben, auch in den nächsten Tagen wird der Mann von *La Prensa* in Cabo Blanco noch unangenehm auffallen.

Die Stimmung zwischen den Reportern und dem Nobelpreisträger hat sich nach den *abrazos* zunehmend gelockert. Unbefangen steht der gefeierte Autor mit den drei Zeitungsjournalisten aus der Hauptstadt am Rande der Landebahn zusammen. Ernest Hemingway ordnet seine Jacke, kratzt sich am Bart, vorhin hat er die Peruaner als *Kollegen* angesprochen, und nun tut er in Richtung der Redakteure kund: *Ich habe nie aufgehört, mich als Journalisten zu sehen, das bleibt in meinem Blut.*

Die drei Zeitungsleute aus Lima fassen seine letzte Anmerkung als Erlaubnis auf, ihm – von Kollege zu Kollege sozusagen – ein paar Fragen zu stellen. Prompt zücken die Reporter abermals Stift und Notizblock. Und dann prasselt Frage auf Frage auf den Nobelpreisträger. Auf Spanisch. Bei manchen Äußerungen bittet der US-Amerikaner um eine Wiederholung. Mario Saavedra bekommt den Eindruck, dass es nicht die fremde Sprache ist, die Ernest Hemingway zu schaffen macht, sondern dass der Autor nicht besonders gut hören kann. Wo haben Sie sich befunden, als Sie die Nachricht vom Nobelpreis erreichte?, fragt ein Redakteur zuerst. *Ich erinnere mich noch sehr gut daran, es war der 28. Oktober. Ich war zu Hause, auf Finca Vigía bei Havanna. Ich musste bei der Neuigkeit Lachen und Weinen zugleich. Das Geld vom Nobelpreis ist allerdings ausgegeben,* sagt der Autor, denn er sei ein Mensch, der gut und gerne lebe.

Und was sehen Sie als Ihre größte Leistung an? Ernest Hemingway überlegt einen Augenblick. *Überleben.* Und er fügt an: *dass ich noch da bin.* Auf Englisch sagt er gerne: *First of all, one must endure.* Am wichtigsten ist, es auszuhalten, es zu ertragen. Er meint das Leben. Wenn der Schriftsteller einen guten Tag erwischt, dann nimmt er für seine Botschaft die Kurzform. *First: last.* Dass ich all das überstehe, dass ich Bestand habe. *Nach all den Kriegen und Unglücken, die ich erlebt habe. Mein größter Erfolg ist, dass ich bis heute 56 Jahre geschafft habe. Viele Male war mir der Tod sehr nahe, aber ich habe immer Glück gehabt.*

Ernest Hemingway wirkt bei seinem letzten Satz ein wenig nachdenklich und auch gedrückt. Der Tod ist ihm in der Tat oft zu nahe gekommen. Mit einem Mal senkt der Schriftsteller seinen Kopf ein wenig, so als würden seine Gedanken aus der Ferne ins Hier und Jetzt zurückfinden. Die Journalisten aus Lima bemerken, dass sie ein heikles Thema angeschnitten haben und haken nach: Was bedeutet der Tod für Sie? Der Amerikaner zögert eine Sekunde. *Der Tod,* antwortet der Nobelpreisträger dann mit ernstem Gesichtsausdruck, *ist wie eine alte*

Hure an einer Bar. Ich kann ihr einen Drink spendieren, aber ich gehe nicht mit ihr aufs Zimmer. Just als Ernest Hemingway seine Bemerkung vom Tod und der Hure hat fallen lassen, schmeißt der *Panagra*-Silbervogel seine vier Propeller zum Weiterflug nach Chiclayo an und verursacht einen Luftstrom, der Hemingways Kappe fortzuwehen droht. Im letzten Augenblick kann der Autor seine Baseball-Cap mit der Hand auffangen. *Dieses verdammte Flugzeug!*, schimpft er halb ernst, halb amüsiert.

Der silberfarbene Flieger rollt zur Startbahn und das Thema des Todes lässt Ernest Hemingway nicht los. *Der Tod jedes Lebewesens macht mich kleiner*, sagt der Schriftsteller ungefragt zum Abschluss, *weil ich Teil dieses Kosmos bin. Deshalb mag ich es eigentlich nicht, wenn jemand fragt, wem schlägt die Stunde.* Und urplötzlich hört man den bärtigen Autor ein wenig wirr zu allen Umstehenden ausrufen: *Sie schlägt für dich!* Und der Nobelpreisträger schaut die Journalisten unbeirrt an.

Die Redakteure wirken von der überspannten Exklamation des Amerikaners innerlich ein wenig erschrocken. Ob er gerne einen über den Durst trinke, versucht Jorge Donayre Beláunde das Gespräch auf einen unverfänglichen Sachverhalt zu lenken, es scheint das Lieblingsthema des *La Prensa*-Reporters zu sein. Der berühmte Besucher nimmt den Versuch nur halb an. *Wir Journalisten müssen trinken*, gibt Ernest Hemingway zur Antwort, *denn wir müssen so viel ertragen, dass uns nur der Whiskey wieder besänftigt.*

Die Zeitungsreporter sind hingerissen von dem prominenten Schriftsteller und von dem Umstand, dass der illustre Gast frei Schnauze redet und keiner Frage aus dem Weg geht. In *La Prensa* schwärmt selbst der sonst eher nörgelnde Jorge Donayre, welch unkomplizierten Menschen man da vor sich habe. *Der Mann ist von einer fesselnden Sympathie. Er braucht kein Protokoll und keine Zeremonie.*

Das Gepäck ist in die Fahrzeuge verladen und Ernest Hemingway will sich nun auf den Weg machen nach Cabo Blanco. *Muchas gracias, colegas, eso es todo*, bedeutet er den drei Redakteuren aus Lima. Vielen Dank, Kollegen, das war's. Seit geraumer Zeit wartet Mary Welsh geduldig neben dem Auto, das sie und ihren Ehemann an die Küste bringen wird. Doch bevor die Amerikaner losfahren, dreht sich Hemingways Ehefrau den Journalisten zu und meint in einem vorzüglichen Spanisch: „Ernest es un buen muchacho!" Damit keinerlei Zweifel aufkommen, vielleicht hat er ja im Gespräch vorhin wieder ein wenig Unsinn geredet. *Un buen muchacho*. Ernest ist ein guter Kerl.

Die Hemingways steigen in einen der ersten Wagen ein, in einen dunklen Chevrolet. Ernest setzt sich neben den Chauffeur auf den Beifahrersitz, auf der Rückbank nehmen Elicio Argüelles und Mary Platz. Eine halbe Stunde nach dem Eintreffen ihres Flugzeuges macht sich die Gästeschar auf den Weg und der schwarze *Chevy* fährt los. Drei, vier Autos folgen ihnen. Es geht die Panamericana am Pazifik entlang in den Norden, bis an ihr Ziel, den *Cabo Blanco Fishing Club*.

45

5. La mar – so sanft und so zart fühlt sich das Meer an

Am Meer wird Ernest Hemingway ein anderer Mensch, vielleicht wird er hier erst so richtig zum Menschen. Cabo Blanco, im April 1956.

Eine knappe Stunde fährt das Ehepaar Hemingway mit dem schwarzen Chevrolet die Panamericana hinauf bis nach El Alto. Dort biegen die Besucher in Richtung Westen ab und schlängeln sich die staubigen Serpentinen hinunter zur Pazifikküste. Kurz vor der Ortseinfahrt zu Cabo Blanco geht es einen unbefestigten Sandweg hinein in eine wüstenartige Landschaft. Hinter ein paar Kurven erblicken die Amerikaner auf einer Anhöhe vor dem Meeresufer den *Cabo Blanco Fishing Club*.

Der Konvoi bewegt sich sachte einen breiten Anfahrtsweg hinauf, der alle drei, vier Meter auf beiden Seiten gesäumt wird von mannshohen Holzpfosten, auf denen jeweils die abgehackte Flosse eines Marlins aufgespießt ist. Diese Zufahrtsallee erinnert an eine surreale Inszenierung, der Phantasie einer alten Wikinger-Saga entsprungen. Es scheint, als ob man an der Auffahrt zum *Fishing Club* das Entree zu einer Sagen- und Märchenwelt passieren dürfe. Das Klubgelände selbst liegt zwei Kilometer von Hafen und Dorfkern entfernt, es ist das einzige Gebäude weit und breit.

Kurz nach 9 Uhr am Vormittag nähert sich die Auto-Kolonne dem Eingang des zweigeschossigen *Cabo Blanco Fishing Clubs*. Der Schriftsteller steigt als einer der ersten aus, die Angestellten des Klubhotels eilen herbei, um die Koffer auszuladen. Der Nobelpreisträger hat zunächst kein Auge für das weitläufige Anwesen, sondern wird überwältigt von dem unendlichen königsblauen Meer, das am Horizont fließend in das gleißende Blau des Himmels übergeht. Der azurblaue Ozean liegt dem *Fishing Club* unmittelbar zu Füssen, es sind keine hundert Meter und man ist von der Veranda des Klubhauses, eine kurze Anhöhe hinunter, direkt am menschenleeren Sandstrand.

Die zwei Fußballfelder große Hotelanlage ist in einer länglichen Form gebaut, in der Mitte ergänzt durch den breiten zum Meer laufenden Gemeinschaftsraum. Im nördlichen Flügelbau findet man die Gastzimmer, im Süden liegen die Wirtschaftsräume mit Empfang, Küche und Verwaltung. Der gesamte Komplex verfügt über zehn Gästezimmer, fünf in Parterre, weitere fünf gleich große im Obergeschoss, allesamt mit bodentiefen Verandafenstern, die einen freien Blick auf den Pazifik erlauben.

Der Schriftsteller erhält das Gästezimmer mit der Nummer 5, es ist das Zimmer am Ende des schmalen Ganges in Parterre. Ehefrau Mary schläft direkt nebenan, in der Nummer 4. Getrennte Schlafzimmer sind bei dem Ehepaar Hemingway seit einigen Jahren Usus, Ernest schnarcht laut und steht nächtens gerne auf, er geht umher, schreibt Briefe, arbeitet an Manuskripten, oder er holt sich einen Drink. Seit langem schon schläft der Autor nicht gut.

Mary hingegen verfügt über eine natürliche Nachtruhe und versucht, wenn es nur irgendwie geht, durchzuschlafen. So verhält es sich bei den Hemingways, Ernest und seine Ehefrau übernachten in getrennten Zimmern, auch auf *Finca Vigía*. Allerdings wollen böse Zungen berichten, nicht das Schnarchen trage daran die Hauptschuld, vielmehr krisele es bedenklich in der Ehe der beiden.

Die Gastzimmer im *Fishing Club* sind nicht gerade geräumig, nüchtern betrachtet fallen sie sehr klein aus. Wenn die zwei engen Betten darin stehen, ist bereits mehr als der halbe Raum ausgefüllt. Auch kann man die Kammern nicht gerade als luxuriös bezeichnen, dennoch sind sie für diese Breiten zweckmäßig eingerichtet. Das Zimmer von Ernest ist – wie alle anderen auch – quadratisch geschnitten, die schmalen Wände sind weiß gestrichen und der Boden wurde mit dünnem dunklen Paneelholz verkleidet. Neben dem Eingang findet sich *en suite* ein winziges Bad mit Klosett und Dusche, dazu zur Rückseite des Gebäudes eine rechteckige Luke, die für Frischluft im Abort sorgt.

Blickfang des Schlafzimmers ist eine an der rechten Wand in Brusthöhe angebrachte Jugendstil-Lampe aus schwarzem gusseisernen Metall mit einem ballgroßen Leuchtkörper in weiß. Ansonsten sucht man vergeblich nach Extravaganzen. Vorne hinaus ist der Raum von der Decke bis zum Boden verglast. Eine Flügeltür, eingefasst von zwölf quadratischen Glasscheiben gibt den Ausblick frei nach draußen auf die schmale

Veranda vor dem Zimmer. Hinter einer hüfthohen Einfriedung aus Pollern mit zwei hellen Streben beginnt danach die breite Terrasse des Klubhauses.

Jalousien und bodentiefe Gardinen schützen die Räumlichkeit ein wenig vor den sengenden Sonnenstrahlen, die sich von der Mittagszeit bis in die Abendstunden in den kleinen Raum hineinbohren. Die Gästezimmer, ebenso wie die Gemeinschaftsräume, erscheinen sauber und gepflegt, den gehobenen Ansprüchen der Besucher entsprechend, soweit man in dieser Einöde Anforderung zu stellen vermag.

Trotz all der Reisestrapazen fühlt sich Ernest Hemingway mit einem Mal nicht mehr abgekämpft und müde. Es grenzt an ein Wunder, denn der Schriftsteller hat die letzte Nacht im Flugzeug kein Auge zutun können. Doch hier am blauen Pazifik scheint die Müdigkeit wie von Geisterhand weggewischt. Am Meer, an solchen Plätzen wie Cabo Blanco, erwacht in Ernest eine neue Energie und das Verlangen, den eigenen Körper zu spüren und den Übermut auszuleben.

Für das Meer besitzt dieser Mann ein Faible, weit mehr, er empfindet für den Ozean eine tiefe Leidenschaft. Sein Wunsch ist immer und überall, nahe dem Wasser zu wohnen. Deshalb liebt er die *Keys*, das Veneto, ebenso wie Andalusien und Kuba, Länder und Landstriche, die ohne das Meer nicht vorstellbar sind. Der Autor sieht sich angenommen in den Städten am Ozean, in Venedig, in Key West, in Havanna. In diesen Rückzugsorten am Wasser, die ihre eigene Tradition hochhalten und dennoch den neugierigen Brückenschlag in die Fremde wagen, fühlt er sich rundum wohl. *Ich bin ein Mann des Meeres*, pflegt er zu sagen und man hört diesen Satz oft von ihm.

La mar. Für Ernest Hemingway ist *el mar*, wie der spanische Artikel korrekt, nämlich maskulin, lautet, immerzu *la mar*. Das Meer muss feminin sein, als ob es sich um eine schöne Frau handle. Der Schriftsteller aus Chicago befindet sich mit dieser Sichtweise in guter Gesellschaft. Umgangssprachlich nennen die meisten Fischer in Lateinamerika das Meer *la mar*, wie eine gute Mutter, die einen nährt und wie eine Liebe, die man anbetet. Der Fischer Santiago, so schreibt Ernest Hemingway in seinem Meisterwerk, *dachte an die See immer an „la mar", so nennt man sie auf Spanisch, wenn man sie liebt. Der alte Mann dachte immer an sie als etwas Weibliches, als etwas, was große Gunst gewährt oder vorenthalten kann, und wenn sie wilde oder böse Dinge tat, geschah es, weil sie nicht anders konnte.* Ernest Hemingway liebt das Meer mit all seinen Sinnen. Er mag den Geruch nach Salz und Algen, er hört die krachenden Laute der Sturzwellen, vor allem jedoch liebt er den blauschimmernden Farbton des Wassers. *Everything about him was old except his eyes and they were the same color as the sea and were cheerful and undefeated.* In solch gefühlvoller Art und Weise beschreibt Ernest Hemingway seinen Protagonisten, *den alten Mann* Santiago, direkt zu Anfang seines Romans. *Alles an ihm war alt, nur seine Augen nicht, und die hatten die gleiche Farbe wie das Meer und waren heiter und unbesiegt.*

Blaue Augen, heiter wie das Meer. Und unbesiegt. Das Meer, ebenso wie die Augen eines anständigen Menschen, bleibt unbesiegt. Unbesiegt bleibt das Meer so oder so. Denn wer, so will man fragen, soll das gewaltige Meer besiegen? Der kleine Mensch kann es nicht, er hat darüber geschrieben, es würde auch keinen Sinn ergeben.

Der Mensch, so denkt Ernest Hemingway, sollte das Meer vielmehr als einen guten Freund gewinnen. Denn das Meer kann dem Menschen aufzeigen, wo Maß und Mitte zu finden sind und, mit ein wenig Glück, kann das Meer auch den richtigen Weg durchs Leben weisen.

Warum zieht es die Menschen so sehr zum Meer, über Generationen hinweg? Wenn man tief in sich hinein horcht, hilft das Meer, den humanen Kern zu erspüren. Das Meer macht den Menschen menschlicher, Ernest Hemingway hat es beim Verfassen von *Der alte Mann und das Meer* für sich wahrgenommen. Wie von einer Magie weggeblasen, fehlen bei dieser fast alttestamentarischen Parabel über den Menschen und die Schöpfung auf einmal all die Zynismen und Spötteleien, die sich früher in sein Werk eingeschlichen haben.

Am endlosen Meer verspürt Ernest Hemingway Momente der Eintracht, eines inneren Friedens, der brüchig wird, je weiter er sich von der Wasserlinie entfernt. Er braucht diese seelische Harmonie, denn der Schriftsteller schleppt vielerlei Verletzungen mit sich herum. „Hemingway hat Narben vom Kopf bis zur Spitze seines rechten Fußes", meint der Sozialpsychologe José María Gatti aus Buenos Aires. „Man kann sagen, dass die Geschichte seines Lebens auf seinem Körper aufgemalt ist." Nur am Meer findet er Linderung für seine Wunden.

Wunden gibt es seit der Kindheit an diesem Menschen: Da ist die Mutter Grace, die ihn als Kind mit der Bürste prügelt und wie ein Mädchen kleidet. Da ist der Vater Clarence, der sich still und stumm im elterlichen Schlafzimmer erschießt. Es ist der Vater, der ihn früh in die Natur mitgenommen hat und der dem Jungen an den Bächen und Flüssen um den Lake Michigan das Fischen beigebracht hat. Die Hemingways besitzen das Sommerhaus *Windemere* am Walloon Lake im Norden Michigans und die Eltern verbringen dort mit den Kindern die Sommermonate.

An den klaren Gewässern und am weiten Meer fühlt Ernest Hemingway sich der Schöpfung nahe, er empfindet eine tiefere Aufmunterung als in der Großstadt. In der unberührten Natur entdeckt er das Rinnsal einer Quelle, das Wachsen zu einem Bachlauf, der breiter und breiter wird und schließlich in einem Fluss mündet. Der Sohn bestaunt die selbstverständliche Kraft dieses Kreislaufes, so als seien Flora und Fauna von einer unsichtbaren Hand gezogen, die sich durch nichts aus der Ruhe bringen lässt.

Es ist zugleich die Natur, die dem Menschen seine Grenzen setzt. Das Meer zeigt dem auf festem Boden stehenden Menschenkind, dass es bei der Wasserlinie an eine natürliche Grenze stößt. Dass der Mensch zum Meer hin sein angestammtes Terrain verlassen muss, auf dem Ozean kann man wunderbar seine Stärke auf den Prüfstand stellen. Die Natur – das Meer, die Seen und die Wälder – folgt ihren eigenen Regeln, sie lässt sich um keinen Preis bändigen.

Ernest Hemingway weiß um diese höhere Ordnung, denn er hat das Gleichnis von Mensch und Natur auf Papier verewigt. *Er war ein alter Mann, der allein in einem kleinen Boot im Golfstrom fischte, und er war jetzt vierundachtzig Tage hintereinander hinausgefahren, ohne einen Fisch zu fangen.* Die Natur, so lieblich sie an manchen Tagen erscheinen mag, markiert den Schlagbaum für den Menschen, und letzten Endes auch sein Scheitern.

Der Mensch muss um ihre Gunst betteln, mehr bleibt nicht, denn selbst nach größter Anstrengung erweist sich jeder Sieg als vergänglich. Ob vierundachtzig Tage oder vierundachtzig Jahre, die Auseinandersetzung mit der Natur bedeutet einen ständigen Daseinskampf. *In den ersten vierzig Tagen hatte er einen Jungen bei sich gehabt. Aber nach vierzig fischlosen Tagen hatten die Eltern des Jungen ihm gesagt, dass der alte Mann jetzt bestimmt für immer ‚salao' sei, was die schlimmste Form von Pechhaben ist.*

Das Meer, wo auch immer, bietet Menschen wie Ernest Hemingway eine geheimnisvolle Medizin für die Seele. Es ist kein Zufall, dass dieser Autor nach seinen Lehrjahren in Paris, die Großstadt meidet. Dieser Naturbursche zieht es vor, nahe dem Meer zu leben. Auf *Finca Vigía*, die nicht weit von Cojímar und dem Golfstrom liegt, in Key West umgeben vom Wasser oder nun in Cabo Blanco, wo der Pazifik nur einen Steinwurf von seinem Zimmer entfernt liegt.

Wenn Ernest Hemingway am unendlichen Ozean weilt, dann fliegen die finsteren Gedanken weg und er lebt auf. Das Meer bedeutet für ihn das unbeschwerte Leben. Erst als es ans Sterben gehen sollte, da befindet er sich weit ab von seiner Liebe. Das Meer ist der Ausgangspunkt des Lebens, ebenso wie sein Endpunkt.

Die Göttin der Liebe und der Schönheit, Aphrodite bei den Griechen und Venus bei den Römern, entsteigt vollendet den Fluten des Meeres. Das mit Blut und Samen vermischte Meereswasser schäumt auf und gebiert Aphrodite, die auf Kythera an Land geht. Die schaumgeborene Göttin, die Herrscherin über Sexualität und Begierde, sichert von nun an die Fortpflanzung des Menschen.

Die Griechen sahen im Meer die Vollendung der Schönheit. Es ist mächtiger als alles, was es umgibt. Die Menschen kommen und gehen, jedoch das Meer bleibt. Wenn es eine Vollkommenheit auf Erden zu suchen gilt, dann kann man dieses Ideal am Meer finden. Das Meer ist von einer Weite, die das menschliche Auge nicht einfangen kann. Und das Meer wird mit einer Naturkraft ausgestattet, ohne die sich die Erde nicht drehen könnte.

Am Meer geht es auch zu Ende. *Volver al mar*, sagen die alten Spanier, zum Meer zurückfinden, und meinen damit, jetzt geht es auf den Schlusspunkt zu. Oder wie Jorge Manrique schon im Mittelalter wusste, „nuestras vidas son los ríos que van a dar en la mar, que es el morir." Unser Leben ist wie ein Fluss, der im Meer, im Ableben, mündet.

„Sólo la mar!", ruft der wunderbare Poet Rafael Alberti in *Marinero en tierra* im Jahr 1925 aus, nur das Meer zählt! Und der andalusische Dichter von der Mündung des Rio Guadalete fragt verzweifelt: „Porqué me trajiste, padre, a la ciudad?" Warum nur, mein Vater, hast du mich in die Stadt gebracht? Und Rafael Alberti, der Volksbarde aus El Puerto de Santa María in der Bucht von Cádiz, meint damit im Grunde: Vater, warum hast du mich dem Meer entrissen?

Welche Religion und welchen Philosophen man auch fragt, das Meer bleibt ein Mysterium von Werden und Vergehen, ein Mythos, der sich unserem trockenen Denken entzieht. Der Ozean, der keinen richtigen Anfangs- und Endpunkt zu besitzen scheint, hält in höchster Vollendung jenen Kreislauf der Natur am Laufen, aus dem immer wieder das Leben erwächst und der fortwährend den Tod aufnimmt.

Dieses Paradoxon hat der Amerikaner Ernest Hemingway so meisterlich wie nur wenige Autoren aufgenommen, er vermag so trefflich über den Menschen zu schreiben, weil er das Meer verstanden hat. *He was an old man who fished alone in a skiff in the Gulf Stream and he had gone eighty-four days now without taking a fish.* Der schnörkellose Eröffnungssatz von *Der alte Mann und das Meer* verdichtet grandios das ganze Elend jeder menschlichen Anstrengung. Der Mensch in seiner kleinen Schaluppe müht sich ab tagein, tagaus auf dem großen Meer des Lebens, indes vergebens. Neben dieser Unermesslichkeit der Natur steht der Mensch verloren da wie ein jämmerlicher Winzling. Am grenzenlosen Wasser vermag der Mensch sich nicht mehr zu verstellen und sich selbst etwas vorzugaukeln. *Wenn du am Meer bist, kannst du nicht lügen.* Am Meer stehst du nackt da, alle Masken sind abgelegt, das Lametta glänzt nicht mehr und jede Aufschneiderei wird zwecklos.

Zeit seines Lebens wird der Rabauke Ernest Hemingway das Meer über alles verehren und lieben, mehr als alles andere in der Natur. Am Meer wird er ein anderer Mensch, vielleicht wird er hier erst so richtig zum Menschen. *Die Zeit, die ich auf dem Meer vor den spanischen, afrikanischen und kubanischen Küsten verbracht habe, ist die einzige Zeit, die ich nicht verschwendet habe.*

Am Meer findet ein Autor wie Ernest Hemingway das thematische Grundmuster seines Lebens und zugleich seiner Erzählungen wieder. Der Kampf um das kleine Glück, die Tapferkeit und der Wagemut des Menschen. Auch die Erotik, die reine Lebenslust und den unstillbaren Durst nach der wahren Liebe. *El mar* und *la mar.* Männlich und weiblich. Gegner und Freund. Trostlosigkeit und Sehnsucht. Das Meer breitet dem Schriftsteller die Gefühlspole seines Innersten aus.

Die Lust am Leben will die Oberhand behalten: Für einen Menschen, der seine fünf Sinne noch einigermaßen beisammen hat und der mit beiden Beinen im Leben steht, für den erweisen sich die Momente am Meer als Sternstunden für die Seele. Man kann das Meer hören, riechen, schmecken, sehen und mit der Haut ertasten, man kann sich ganz und gar fallen lassen, nahe am Meer, nahe an sich.

Ernest Hemingway hasst diesen aufgesetzten Pathos der Welt da draußen. Als sein Nachbar Frank Steinhart in Francisco de

Paula im April 1948 den Besuch des Duke of Windsor anzeigte und zu einer eleganten Party einlud, da ist der Autor hin, widerwillig und in Shorts und Sandalen. Unter all den Anzugträgern und Smoking-Pinguinen wird der Schriftsteller das Gesprächsthema. Doch der ehemalige König Eduard VIII., der 1936 abgedankt war, um die geschiedene Amerikanerin Wallis Simpson zu heiraten, kommt offen auf Ernest zu. Man unterhält sich freundlich, und der englische Aristokrat legt schließlich Jackett ab und lockert seine Krawatte.

Kaum ist der Schriftsteller in seinem Zimmer des *Fishing Clubs* angekommen, zieht er rasch das viel zu dicke Jackett und sein langärmeliges Hemd aus, entledigt sich der langen Hose, stößt die steifen Schuhe in die Ecke, zieht die Socken aus und feuert die blöde Krawatte in den Koffer. Dann kramt er die weißen Shorts hervor, streift ein kurzärmeliges Baumwoll-Polo über und schlüpft in offene Sandalen. Ernest Hemingway zieht den Vorhang seiner Kammer mit einem festen Ruck auf, so als gelte es, den Blick in ein neues Leben freizumachen. Als Nächstes öffnet der Nobelpreisträger die Verandatür, stampft über die Terrasse und marschiert hinunter zum Strand, an das blaue Meer. Und mit einem Mal wird dieser Mann zu einem anderen Menschen.

Es ist wie ein Blitz, der ihn durchschlägt. Das Meer empfindet er als Gegenentwurf zum Kopfbestimmten. Als Gegenspieler, der die kalte Räson herausfordert. Das Meer und die Tropenhitze weisen Ratio und Intellekt in die Schranken, auch deshalb fühlt sich der Bauchmensch Ernest Hemingway am Wasser so wohl. Solch ein körperlicher Mann erspürt am Meer einen erotisierenden Reflex, das wilde Wasser und die Glut der Sonne kitzeln manch verschüttete Begierde.

Wenn man länger am Meer lebt, dann kann man leicht ausgelassen, bisweilen gar zügellos werden. Dieser Schriftsteller, der am Meer seine Heimat findet, wird eins mit jener so selbstverständlichen Sinnlichkeit, die einem Ort am Meer innewohnt. Man muss nur den Mut aufbringen, sich in diese Körperlichkeit fallen zu lassen.

Der Schweiß perlt ab, die blanken Füße ertasten den feinkörnigen, weißen Sand des Strandes, die klobige Gluthitze des Tages öffnet Tausende Körperporen. Man schlafft ab, die Schweißperlen zwängen sich aus allen Ritzen und Fugen, fast scheint es, als ob das alte Leben wie in einem Saunarium den Körper hinunter rinnt. Und schlagartig bemerken selbst Kopfmenschen das Bedürfnis, all das gespreizte Großstadtgehabe hinter sich zu lassen, die Stirn nicht mehr in Sorgenfalten zu legen, sondern man lässt den Körper über den Geist siegen.

So schön und so zart fühlt sich das Meer vor Cabo Blanco an, der endlose Strand und die kräftige Sonne, zunächst zweifelt man an seinen Sinnen. Später kehrt es sich um, dann kommt man am Ozean erst so richtig zu Sinnen. Mit der Zeit wird man leichtsinnig, auch sinnlich und draufgängerisch, man fühlt endlich wieder den eigenen Körper, und man spürt eine neue, wilde Lust am Leben.

An solchen Orten mag ein Autor seine innere Balance ertrotzen, eine Verständigung von Kopf und Herz entdecken, eine Aussöhnung von Denken und Fühlen. Dies ist ein anderer Kosmos als der im Schreibstübchen, die Sinnlichkeit verpufft nicht hinter Metaphern und Allegorien. Ernest Hemingway hat diese Welt ohne groß nachzudenken begriffen. Der Leichtsinn und der Übermut des Lebens finden am Meer statt, an einem solch prunkvollen Meer wie vor Cabo Blanco. Ernest Hemingway steht auf und wird sich – wie so oft – an *la mar*, an das weite blaue Meer, verlieren.

6. Ernesto, sag einfach Ernesto

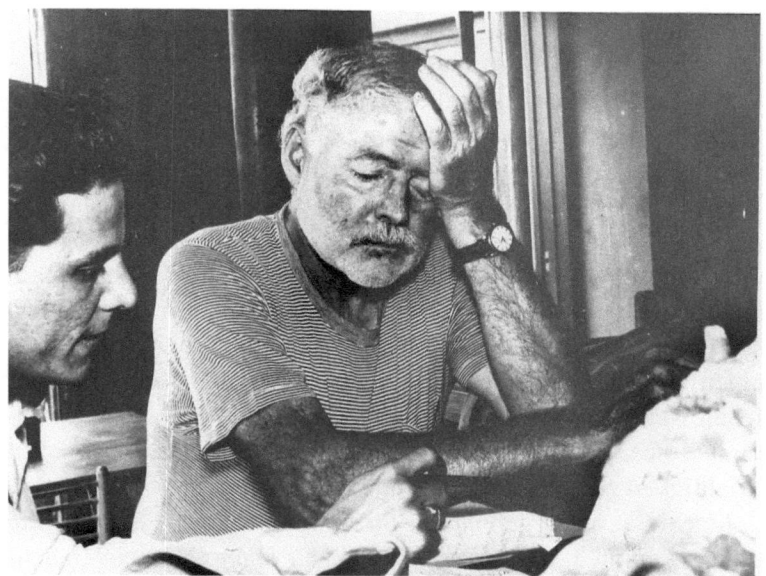

Mit diesem Schnappschuss macht ‚El Comercio' das Interview mit Ernest Hemingway über drei Seiten auf: der Nobelpreisträger mit Mario Saavedra im ‚Fishing Club'. Cabo Blanco, am 16. April 1956.

Besonders pfiffig hat sich Mario Saavedra-Pinón angestellt. Der ehrgeizige Redakteur aus Lima hat die Berichterstattung über den Besuch von Ernest Hemingway in Peru akribisch und wohl auch mit einer guten Portion Reporterlist vorbereitet. Von seinem Chef Luis Miró Quesada, dem Direktor des *El Comercio*, hat er zunächst lediglich den Auftrag erhalten, über die Ankunft des Nobelpreisträgers in Talara zu berichten. Doch der schlaue Mario wittert einen Coup.

Bereits drei Tage vor Hemingways Eintreffen ist der Journalist nach Talara geflogen. Vorab hat er den *Cabo Blanco Fishing Club* aufgesucht und sich ein wenig bei Verwalter Zygmunt Plater eingeschmeichelt. Einen Tag vor der Ankunft des Schriftstellers hat der Reporter in seiner renommierten Zeitung dann einen Vorbericht über den *Fishing Club* veröffentlicht mit einer leicht wahrnehmbaren Schleimspur. Inklusive eines großformatigen Fotos, auf dem der Klubverwalter Plater in seiner ganzen Wichtigkeit zur Geltung kommt.

Mario Saavedra gelingt es, für einige Tage im *Fishing Club* unterzukommen. Der rührige Redakteur kann ob seiner Bauchpinselei vom Verwalter ein Zimmer auf der unteren Etage des Klubhauses ergattern, ein paar Türen von den Hemingways entfernt. Jorge Donayre und Manuel Jesús Orbegozo, die beide eh einem tiefenentspannten Lebensbild zuneigen, müssen hingegen mit einem Hotel im abgelegenen Talara vorliebnehmen und gehen dort zum Ausgleich erst einmal in den Puff.

Trotz seiner jungen Jahre hat es Mario Saavedra weit gebracht als Journalist in seinem Heimatland. Angefangen hat er in Ecuador bei *El Telégrafo de Guayaquil*, einer Tageszeitung, die sein Großvater mütterlicherseits, José Abel Castillo, begründet hat. Dort steigt der Enkel rasch zum *Director del suplemento semanal* auf, er ist damit für die wöchentliche Beilage verantwortlich. Später schreibt Saavedra für die US-amerikanische Nachrichtenagentur *Associated Press*. Und nun *El Comercio*, das Blatt aus Lima gilt als eine der bedeutenden Zeitungen des Kontinents. *Independencia y veracidad* steht in ihrer Kopfzeile, Unabhängigkeit und Wahrhaftigkeit, seit dem

Jahr 1839 erscheint das feine Blatt in der peruanischen Hauptstadt.

Als das Ehepaar Hemingway vom Flughafen in Talara nach Cabo Blanco fährt, ist Mario flugs in eines der Begleitfahrzeuge des *Fishing Clubs* gesprungen. Der eifrige Reporter des *El Comercio* wird in den nächsten Tagen an Ernest Hemingways Schuhsohle kleben, er kommt dem Nobelpreisträger so nahe wie kaum ein anderer Journalist. Nur der letzte Ritterschlag, mit hinausfahren zu dürfen auf der *Miss Texas*, zur Jagd auf den schwarzen Marlin, dies wird dem Redakteur nicht vergönnt sein. Doch auch so lässt es sich nicht vermeiden, dass Ernest Hemingway und Mario Saavedra sich im Klubhaus des Öfteren über den Weg laufen. Von dem berühmten Schriftsteller kommt dann ein freundliches *Hola Mario*, meist verbunden mit der Einladung auf einen Whiskey.

Eigentlich mag Klubmanager Zygmunt Plater keine Journalisten im Haus, weil Diskretion zur Gepflogenheit des Klubs gehört und der Verwalter zudem stets um Muße für die illustren Gäste bemüht bleibt. Deshalb hat er zunächst angeordnet, dass keine weiteren Reporter in den *Cabo Blanco Fishing Club* hinein gelassen werden. Diese Kerle müssen draußen bleiben, hat Plater als Anweisung allen Angestellten eingetrichtert, wir brauchen hier kein Theater.

Als Ernest Hemingway von der Aussperrung der Journalisten erfährt, setzt er sich für die Kollegen ein. So werden schließlich auch Jorge Donayre und Manuel Jesús Orbegozo eingelassen und dürfen sich auf dem exklusiven Gelände frei bewegen. Während Donayre und Orbegozo nach zwei, drei Tagen dann wieder nach Lima zurückkehren, bleibt Mario Saavedra acht Tage im *Fishing Club*, rechnet man sein frühes Eintreffen am 13. April mit ein, dann werden es elf Tage.

In *El Comercio* erscheinen in jenen fünf Wochen insgesamt knapp 30 Berichte über Ernest Hemingway in Cabo Blanco. Interviews, Reportagen, längere und kürzere Meldungen, allesamt aus der Feder von Mario Saavedra. Die letzten Rapporte über den bärtigen Nobelpreisträger in Nordperu schreibt er, zurück in der Redaktionszentrale, von seinem Schreibtisch in Lima aus. *Hemingway llegó a Talara con su esposa,* so überschreibt Mario Saavedra seinen Artikel in *El Comercio* vom 17. April 1956. Hemingway kam mit seiner Ehefrau in Talara an. *Talara, den 16. April,* steht als Verweis da, darunter die Anmerkung *por teléfono* – per Telefon übermittelt. Und anschließend kann man in Limas hochwertigster Tageszeitung Folgendes lesen: *Ernest Hemingway, der berühmte US-Schriftsteller, kam heute Morgen um 7,25 Uhr in dieser Stadt an, begleitet von seiner Ehefrau Mary, dem Bootskapitän Gregorio Fuentes, der Hemingways Yacht Pilar betreut, und in Begleitung des Sportsmannes Elicin Argüelles.*

Und stolz berichtet Mario Saavedra seinen Lesern in ganz Peru dann von seinem ersten Husarenstreich: *Der Nobelpreisträger für Literatur des Jahres 1954, einer der berühmtesten Schriftsteller Nordamerikas unserer Zeit, gewährte El Comercio ein Interview, keine halbe Stunde, nachdem er in Cabo Blanco angekommen war.* Der ausgefuchste Mario hat seine Chance beim Schopf gepackt, ein Knüller scheint sich für den jungen Journalisten abzuzeichnen.

Mit seinem Hinweis auf den gemeinsamen Freund Edward Murrow hat der Reporter aus Lima von Beginn an die Sympathien des prominenten Besuchers gewonnen. Da Mario Saavedra als Gast im *Fishing Club* zudem leichten Zugang zu den Hemingways erhält, bekommt er das erste von den zwei Interviews zugesprochen, die der Schriftsteller in Cabo Blanco gestatten wird. Und das zweite Interview gewährt er ebenfalls dem Mann des *El Comercio.*

An sich geizt der bärtige Autor mit der Vergabe von Interviews. Er mag es nicht, sich den neunmalklugen Fragen von Journalisten zu unterwerfen. *Ich kann mich nicht darauf einstellen, Fragen zu beantworten. Ich habe es versucht, aber ich kann es nicht.* Ernest Hemingway widerstrebt es, vor der Presse sein Empfinden und sein Innerstes auszurollen und in Zeitungen oder Zeitschriften Intimes breitzutreten. *Was ich zu sagen habe, es steht in meinen Werken. Ich bin kein Philosoph. Mit Reden habe ich nichts mitzuteilen.* Doch Mario Saavedra in Cabo Blanco hat Glück. Der Schriftsteller, obwohl ein wenig müde, ist in bester Laune und gewährt ihm ein langes Interview.

Es ist gegen zehn Uhr am Vormittag, der peruanische Reporter und der weltberühmte Literat unterhalten sich eine gute Stunde. *Der Autor von ‚Der alte Mann und das Meer‘, er ist etwa sechs Feet groß* – das sind knapp 1,83 Meter –, *er zeigt sich sehr vital und seine Gesichtszüge werden von einem Lächeln gezeichnet. Er hat eine von der Sonne gebräunte Haut.*

Und er spricht ein fast perfektes Spanisch, so leitet Mario Saavedra-Pinón sein Interview für *El Comercio* ein, das am nächsten Tag über drei volle Zeitungsseiten gedruckt werden wird. In der Tat spricht Ernest Hemingway ein passables Spanisch. Der Schriftsteller aus Chicago lässt sich auf seine Wahlheimat Kuba ein mit Haut und Haaren. *Here, in the house,* schreibt der Autor im Jahr 1950, *we talk Spanish always.* Hier bei uns im Haus wird Spanisch gesprochen. Immer. *Castellano we call it.* Eigentlich ist es ein kastilisches Spanisch. Der US-Amerikaner müht sich redlich in der fremden Sprache. Wenn der Nobelpreisträger sein Spanisch radebricht, dann behilft er sich gerne mit Füllwörtern wie *pues* oder *claro.* Oft greift er auf populäre Redewendungen zurück, *no hay remedio,* zählt zu seinem festen Repertoire. In Cabo Blanco wird anerkannt, wie sehr der *gringo* sich in der Landessprache zu verständigen sucht.

Südamerikanische Schreiber pflegen in ihren Artikeln eine blumige Sprache, der Redakteur vom *El Comercio* bildet da keine Ausnahme. *Hemingway sieht aus wie ein alter Seebär, mit einem breiten Lächeln und einem kräftigen Händedruck,* fährt Mario Saavedra in seiner Zeitung fort, bevor er schließlich mit seinen Fragen loslegt.

Und der Journalist aus Lima setzt an zu einer *Tour d'Horizon* durch eine breite Themenpalette. Zu Anfang will der Peruaner wissen, welchen Stellenwert der US-Amerikaner den südamerikanischen Autoren beimisst. *Señor Hemingway, was halten Sie eigentlich von der Literatur Lateinamerikas?*

Mit *Señor Hemingway* spricht der Reporter den berühmten Besucher bei diesem ersten Treffen zu zweit überaus förmlich an. Doch der junge Mario kommt nicht weit damit. *Señor Hemingway, Señor Hemingway*, äfft der Nobelpreisträger ihn ein wenig nach und fällt ihm dann gutmütig ins Wort, *Ernesto, sag einfach Ernesto.*

Und die Literatur Lateinamerikas? *Lateinamerika hat unerschöpfliche Möglichkeiten, mit seiner großen Geschichte und seinem Sprachreichtum*, antwortet der bärtige Nordamerikaner. *Über die Jahre sind viele bemerkenswerte Schriftsteller aufgetaucht und es werden sicherlich noch mehr kommen. Ich habe von Ciro Alegría ‚El Mundo es Ancho y Ajeno' gelesen, das ist ein Klassiker. Er ist sehr bekannt in den Vereinigten Staaten. Ich lese gerne Rómulo Gallegos und bewundere Gabriela Mistral, auch weil ich Gedichte liebe.*

Ernest Hemingway entpuppt sich als Kenner der lateinamerikanischen Literatur, er hat über die Jahre einiges gelesen, seine Bibliothek auf der tropischen *Finca Vigía* bei Havanna besteht aus Tausenden Büchern. Der Amerikaner aus Oak Park, einem Stadtteil von Chicago, mag die sprachliche Opulenz und den Phantasiereichtum vieler Romane aus dem Süden des Kontinents. Doch Hemingways Liebe zu den hispanoamerikanischen Literaten beruht nicht immer auf Wechselseitigkeit.

Er sei ein Autor von minderer Qualität, hat beispielsweise der brillante Jorge Luis Borges gelästert, bloß ein Journalist mit einer gewissen Fingerfertigkeit, jedoch einer mit kleinem Verstand. Hemingway habe sich schließlich umgebracht, weil er gemerkt habe, dass er literarisch kein großes Licht sei, meint der hochgeistige Argentinier giftig.

Diese Klarsicht rette ihn in seinen Augen, so Borges, ein wenig zumindest. Nun kann man sich zwei gegensätzlichere Autoren kaum vorstellen. Der US-Amerikaner aus dem Mittleren Westen, der das Schreiben über das Erleben und das Tun definiert, und der *porteño* Borges, der sich als Großmeister der Imagination gefällt. Und so hat Hemingways Konter nicht lange auf sich warten lassen.

Am 13. März 1950 hat Hemingway aus Havanna seinem argentinischen Krittler eine deftige Postkarte geschickt. *Dear Jorge, mein kubanischer Freund Lino Novás Calvo gab mir ‚The Aleph' im ‚El Floridita', in der Kathedrale des Daiquirí. Klar, das ist ein verdammt gutes Buch. Die Leute um mich sagen, Du wärst der beste spanische Schreiber. Aber Du kannst mir mal den Arsch küssen, denn Du hast in Deinem Leben noch nie einen Ball aus dem Spielfeld geschlagen. Du siehst das Schreiben zu salbungsvoll. Das richtige Leben hast Du viel zu spät entdeckt. Am besten kommst Du hier zu mir runter und wir machen das in einem Kampf unter Männern aus, mit einem alten Knaben wie mir, von 50 Jahren und mit einem Gewicht von 95 Kilo, der denkt, Du bist ein Stück Scheiße, Jorge, und ich würd' Dir hier den Arsch aufreißen. Da bleibt Dir die Spucke weg, mein Herr. Mit besten Grüßen, Papa.*

Über solch harte verbale Scharmützel hinweg – zu mehr kommt es glücklicherweise dann doch nicht – darf nicht vergessen werden, dass Ernest Hemingway ein Autor bleibt, den die Lateinamerikaner verehren und innig lieben. Und der weltberühmte US-Amerikaner liebt seine Süd- und Mittelamerikaner nicht minder. Trotz des wortreichen Geplänkels dieser beiden Literatur-Titanen ist es vielleicht ja auch so, dass die bunten Geschichten des Ernest Hemingway ebenso zum Leben des Menschen gehören wie das gedankenreiche Fabulieren eines Jorge Luis Borges.

In Cabo Blanco spricht Mario Saavedra nun mit dem Nobelpreisträger über dessen Anfänge als Schreiber. *Ich bin Journalist seit meinem 17. Lebensjahr, seit dem ‚Star' in Kansas City. Mit den Jahren wurde ich Kriegskorrespondent, ich war Zeuge des Spanischen Bürgerkrieges als Korrespondent der Agentur ‚NANA' und auch für die ‚New York Times' habe ich geschrieben.*

Was ist die beste Nachricht in Ihrem Leben gewesen, fragt der neugierige Redakteur aus Lima weiter. *Die beste Nachricht in meinem Leben war Paris. Die Befreiung von Paris. Ich kam mit den Truppen von General Patton in die Stadt.*

Dann kommt, etwas zu salopp vielleicht, die Frage: Trinken Sie gerne einen? Doch Ernest Hemingway ist kein Mann, der solchen Fragestellungen ausweicht. *Als ich zum Journalismus kam, da ging's schon los mit meiner Leidenschaft für den Whiskey. Ein gutes Glas hat mir noch nie geschadet. Aber nicht während der Arbeitszeit, am liebsten am Abend.*

Es bereitet dem Nobelpreisträger sichtlich Freude, dem jungen Gesprächspartner seine Philosophie des Trinkens auszubreiten. *Write drunk, edit sober,* sagt der Schriftsteller zu Mario Saavedra nun auf Englisch. Beim Schreiben darfst du ruhig besoffen sein, beim Redigieren jedoch solltest du nüchtern sein. *Und* – Ernest Hemingway blickt den Reporter aus Lima wohlwollend an – *wir Schreiber können ja einiges vertragen.*

Ernesto, hebt der peruanische Journalist dann an, die Anrede klingt befremdlich, er wäre lieber bei *Señor Hemingway* geblieben. Ernesto, fragt Mario Saavedra, wie lange haben Sie gebraucht, um *Der alte Mann und das Meer* zu schreiben? *Achtzig Tage benötigte ich, um den Roman in die Schreibmaschine zu hauen. Und 27.000 Wörter. Aber 13 Jahre habe ich die Idee mit mir herum getragen. Santiago, die Figur des alten Mannes, gefällt mir mehr als alle anderen literarischen Gestalten, die ich geschaffen habe.*

Und dann fängt Ernest Hemingway an, von dem Hollywood-Streifen zu erzählen, der gedreht werden soll. *Jetzt wo wir den Film machen, haben wir neben Santiago auch die Rolle des kleinen Jungen, der zweiten Person in dem Roman, besetzt. Er heißt Felipe Pazos und ist 12 Jahre alt. Ich wollte, dass ein kubanischer Junge diese Rolle spielt. Und die dritte Person, den dicken Marlin, möchte ich hier finden, im Meer vor Cabo Blanco.*

Ernesto, fragt Mario Saavedra-Pinón anschließend, und der Journalist beginnt, so langsam an der Anrede Gefallen zu finden, wie lautet das Rezept für einen guten Roman? *Du musst eigentlich nur leben und ein wenig erfinden*, antwortet Ernest Hemingway darauf knapp. Und wie geht das, erfinden?, hakt der junge Peruaner wissbegierig nach. *Du musst die eigene*

Erfahrung niederschreiben und mit ein wenig Phantasie anreichern. Wenn man dies bedenkt, will Mario Saavedra dann wissen, wie viel Wirklichkeit und wie viel Phantasie steckt in Ihrem Werk, in *Wem die Stunde schlägt*, zum Beispiel? *Nun, ich habe den Spanischen Bürgerkrieg erlebt, vom Anfang an und auch am Ende. Da kann man sich selbst ein Urteil bilden.*

Wie schaffen Sie es – und jetzt schmiert Mario Saavedra dem Schriftsteller ein wenig Honig um den Bart – wie schaffen Sie es, sich Ihre Kraft und Jugendlichkeit zu erhalten? *Nun, ich bin fast 57 Jahre alt und ich bin vollkommen überzeugt, dass man die eigenen Prinzipien achten sollte und seine Denkweise auch leben sollte.* Dies ist eine interessante Antwort auf eine scheinbar banale Frage.

Wohin wird Sie Ihr nächstes Abenteuer führen?, fragt der Redakteur des *El Comercio* hierauf. *Llegan solas*, antwortet Ernest Hemingway lässig auf Spanisch. *Die Abenteuer kommen schon von ganz alleine. Das Abenteuer wird auf mich zukommen.*

Wie denken Sie über die internationale Lage und die Politik Ihres Landes?, erkundigt sich Mario Saavedra nun, und dies sind genau jene Sachverhalte, über die Ernest Hemingway nicht so gerne Auskunft gibt. *Im Allgemeinen enthalte ich mich bei Fragen solcher Art, denn ich bin apolitisch.*

Sind Sie Demokrat oder Republikaner?, der Peruaner lässt nicht locker. *Weder das eine, noch das andere. Mein verdammter Großvater, das war ein in Wolle gefärbter Republikaner, der hat sich nie mit einem Demokraten an einen Tisch gesetzt.*

Wie erklären Sie sich, dass Sie all diese gefährlichen Abenteuer und die schrecklichen Unfälle überstanden haben? *Ich hatte einfach Glück. Zwei schwere Flugzeugunfälle habe ich überlebt, im Jahr 1954, da haben mich manche Journalisten schon für tot erklärt.*

Als der Reporter aus Lima auf den Nobelpreis zu sprechen kommt, redet Ernest Hemingway seltsamerweise nicht über Literatur, sondern merkt an: *Das Geld für den Nobelpreis ist*

65

nicht mehr da, aber auf der anderen Seite habe ich auch keine Schulden.
Was sind Ihre nächsten literarischen Pläne? *Im Augenblick schreibe ich an einem neuen Roman, der in Afrika spielt. Ein Kontinent, den ich ein paar Mal besucht habe. Aber das Buch ist noch nicht fertig.*
Danach kommt der Journalist des *El Comercio* auf ein anderes Thema zu sprechen. Welchen Spielfilm, der auf einem Ihrer Werke fußt, mögen Sie am meisten? Da braucht der Schriftsteller nicht lange zu überlegen. ,*The Killers*'. *Da spielen Ava Gardner und Burt Lancaster mit.*
Und dann verrät Ernest Hemingway seine Pläne für die nächsten Wochen. *Ich freue mich, in Ihrem Land zu weilen. Ich werde hier in Cabo Blanco einen Monat bleiben, genug Zeit, um einen Marlin zu fangen. Es ist gut möglich, dass ich einen Abstecher nach Lima mache, um die Stadt kennenzulernen. Auch möchte ich dort gerne den Botschafter der USA, Ellis O. Briggs, begrüßen, einen alten Freund. Ich habe ebenso den Wunsch, nach Machu Picchu zu reisen.*
Mario Saavedra zeigt sich angetan von dem Interview und dem amerikanischen Schriftsteller. *Hemingway ist unerschöpflich und es ist ganz einfach, sich mit ihm zu unterhalten. Er ist stets neugierig, immer wieder stellt er Fragen zu unserem Land, zu Peru.* Der Journalist merkt, er befindet sich in einer Glanzstunde seiner beruflichen Laufbahn. Der Nobelpreisträger gibt sich dem Reporter gegenüber betont höflich. Denn er ist selber einmal Zeitungsjournalist gewesen. *Ich weiß sehr zu schätzen, wie viel Arbeit Sie sich mit mir machen*, verabschiedet sich Ernest Hemingway fürs Erste. Und knufft den jungen Mario jovial: *Adiós colega!*
Zwei Stunden braucht Saavedra-Pinón, um das Interview per Telefon an seine Redaktion zu übermitteln. Die Leitung zwischen Cabo Blanco und Lima ist schlecht, so dass alle Umstehenden hören, wie der Journalist seine Sätze ins Klubtelefon hinein brüllt. All seine Artikel muss der Berichterstatter per Fernsprecher weitergeben, die Post wäre viel zu langsam. Die

Foto-Negative schickt der aufgeweckte Reporter mit Hilfe einer *Faucett*-Stewardess vom Flughafen in Talara zur Hauptstadt. Kabelübertragung oder *Wirephotos*, all die neuen Errungenschaften der Datenfernübermittlung, daran ist in der Wüste von Sechura nicht zu denken. Mario Saavedra ist der Einzige der drei Schreiber, der eine Fotokamera mit sich führt. Aus diesem Grund veröffentlicht *El Comercio* dann nicht nur seine Berichte und Interviews aus der Abgeschiedenheit im Norden Perus, sondern zudem zahlreiche vorzügliche Bilder. Da er sein Material und die Fotografien zeitig auf den Luftweg nach Lima bringt, die Maschine braucht dafür zwei Stunden, erscheinen Marios Artikel und Fotos bereits am nächsten Morgen in seiner Zeitung.

Das Interview mit Ernest Hemingway ist schon ein großer Wurf. Doch die Ausgabe des *El Comercio* enthält noch eine Rarität. Für die Leser der Tageszeitung verfasst der US-Amerikaner eine kurze Widmung, die an diesem 17. April 1956 unter dem Interview – im Format einer Postkarte – abgedruckt wird. *A el El Commercio de Lima. Un saludo al Peru, Ernesto Hemingway*. Das liest sich sehr hübsch. *Un saludo al Peru*, ein Gruß an Peru und an die Peruaner.

Jedoch merkt man, dieser Ernest Hemingway wirkt ein wenig unkonzentriert, vielleicht wegen des heißen Klimas oder des langen Fluges. Die Einleitung der Widmung gerät grammatikalisch etwas schief und *El Comercio* schreibt der US-Schriftsteller falsch als *El Commercio* mit Doppel-M, wie es bei diesem Begriff im Englischen üblich ist. Trotz der Schnitzer, *Un saludo al Peru* bleibt ein freundlicher Gruß eines dankbaren Gastes an seinen Gastgeber.

Von den kleinen Patzern abgesehen, bringt *Ernesto* ein feines peruanisches Spanisch zu Papier. In dem Andenland findet üblicherweise mit *el* Peru der bestimmte Artikel Verwendung, die meisten Länder kommen ja artikellos daher. Und deshalb heißt es, wie Hemingway richtigerweise festhält, *un saludo al Peru*. Ein Nichtkenner der Gepflogenheiten hätte wahrscheinlich *un saludo a Peru* formuliert. Möglicherweise hat ihm der Peruaner

Mario bei dieser feinen Umschreibung ja ein wenig die Feder geführt.

Nach dem ausführlichen Interview und einem leichten Mittagessen packt Ernest Hemingway seine Angelsachen und lässt sich zum Hafen von Cabo Blanco fahren. Er ist voller Neugier auf den fremden Ozean. Wenn es denn geht, möchte der Schriftsteller noch an diesem ersten Tag, trotz der Übermüdung, hinaus auf den Pazifik. Gegen 14,30 Uhr schaut sich der Amerikaner im Hafen die Boote des *Fishing Clubs* an, mit denen der schwarze Marlin gefangen werden soll, und er lernt bei dieser Gelegenheit die peruanische Besatzung kennen.

Spontan entschließt man sich, den Nachmittag zu einer verkürzten Ausfahrt zu nutzen. Gut 15 Meilen fährt der Nobelpreisträger mit Gregorio Fuentes, Elicio Argüelles, Kip Farrington und der einheimischen Crew unter Kapitän Jesús Ruiz More auf der *Miss Texas* hinaus. Um halb sechs kommt das Boot zurück in den Hafen von Cabo Blanco. Mit zwei mittelgroßen Adlerfischen und einem hundemüden Ernest Hemingway. *Mit etwas mehr Glück hätte ich einen großen Marlin gefangen*, haut der ausgelaugte Autor dennoch auf den Putz.

Morgen um acht Uhr in der Früh beginnt der erste echte Versuch. Heute Abend ist er platt, noch ein, zwei Whiskey an der Bar und dann ins Bett. Denn er braucht Kraft, Kraft für das Meer. *Good luck, old man.* Ernest Hemingway braucht die Kraft für den großen Fisch.

7. Der große Fisch, der das kleine Cabo Blanco berühmt macht

Das Fischerdorf Cabo Blanco am peruanischen Pazifik, genügsam und arg verschlafen, ein vergessenes Kaff so ziemlich am Arsch der Welt. Ein kleines Paradies also.

Wenn man dieses abgeschiedene Fleckchen am Ende der Serpentinenstraße zum ersten Mal erblickt, so kommt Cabo Blanco dem Betrachter ein wenig verloren und vergessen vor. Das ärmliche Dorf erweckt den Eindruck, als sei jede Betriebsamkeit an ihm vorbei gezogen. Die Modernität fängt, mit etwas Wohlwollen, sechs Kilometer weiter oben an, auf dem Plateau bei El Alto, wo auf der Panamericana die Busse und Lastwagen in Richtung Ecuador vorbeidonnern.

Hinter dem blauen Ortsschild *Playa Cabo Blanco* hat sich der Alltag über die Jahrzehnte hinweg auf eine gemächliche Taktung eingestellt, mit kleinem Handel, kleinen Dienstleistungen und mit dem Fang kleiner Fische. Die Möglichkeiten scheinen begrenzt, die *costeños* sind gewohnt in bescheidener Größenordnung zu denken. Die meisten Bewohner Cabo Blancos sind arm, leben jedoch nicht im Elend. Denn solch ein kärgliches Fischerdorf kann sich zur Not vom Fischfang selber ernähren und hat möglicherweise aus diesem Grund mit der Hektik da draußen nicht allzu viel am Hut.

Der Fischfang ermöglicht dem Städtchen eine spartanische Autarkie, es braucht nicht viel, um an der Pazifikküste Perus über die Runden zu kommen. Die bauernschlauen Einwohner des Ortes wissen sich aller Unbill, die ihnen die störrische Natur, korrupte Provinzbeamte oder sonstige Schurken eingebrockt haben, standhaft zu erwehren. Man findet im Dorf viele großartige Menschen, tüchtige Indios und Mestizen, die stolz sind auf ihren Fischerberuf und die Meisterung des beschwerlichen Alltags.

Als Eigentümer eines schlichten Häuschens mit kleinem Garten mag man sich hier alles in allem wohlfühlen und geschützt sein vor der fieberhaften Rastlosigkeit in der Provinzstadt. Die schmucklose Kapelle, drei uneitle Restaurants und die grellbunten Häuser leuchten keck und widerspenstig unter dem azurblauen Himmel, auch wenn hier und da der Lack und der Putz ein wenig zerbröseln wollen.

Cabo Blanco ist ein Dorf ohne echten Dorfkern. Ein schmaler länglicher Streifen die Küste entlang, mit schlichten Gebäuden aus Lehm, Stein oder Holz. Unmittelbar hinter der Häuserzeile geht es fast senkrecht den schlammigen Bergrücken empor, auf der anderen Seite der staubbedeckten Straße liegt das große Meer. Fast scheint es so, als drohe Cabo Blanco zwischen Wasser und Bergmassiv zerdrückt zu werden.

Zu Fuß hat man den Ort von Norden nach Süden in zehn Minuten abgeklappert, 500 Bewohner leben hier, und möglicherweise ist diese Zahl noch ein wenig geschönt. Heute bestimmen die Alten und die Rentner das Bild des Dorfes, viele, hauptsächlich die Jungen und die Kräftigen, sind gegangen, in die Großstadt, weil der Ort für sie kein Auskommen bereithält. So mag denn Cabo Blanco aussehen wie ein vergessenes Nest mit ein paar Bretterbuden an der Küstenlinie unterhalb der Panamericana. Doch wenn der Besucher genauer hinschaut, Stunden und Tage im Dorf verbringt, dann beginnt er über kurz oder lang die behagliche Unberührtheit zu schätzen, die diesen Ort kennzeichnet.

Die wohltuende Zurückgelassenheit des Fleckchens und die aus der Zeit gefallene Lebensweise entfalten nach und nach ihren Charme und irgendwann möchte man sich nur noch treiben lassen von der Unbeschwertheit dieses einfachen Lebens. Wer die Ruhe, die Abgeschiedenheit und das Ursprüngliche mag, wer Abstand sucht zu dem neumodischen Firlefanz, der wird dieses Cabo Blanco am Pazifik rasch in sein Herz schließen. So bedarf es keiner großen Phantasie, um sich vorzustellen, wie das Dorf vor sechzig Jahren ausgesehen haben mag, denn viel wird sich über die Jahrzehnte nicht verändert haben.

Man darf sich Cabo Blanco nicht als hochsommerlichen Wundergarten vorstellen, mit sprießenden Mangrovenwäldern und leuchtenden Palmbäumen, mit feinkörnigen Sandstränden, die in einem türkisen Wassertraum enden. Solch ein grünes Tropenparadies wird man in der rauen Topographie des peruanischen Nordens vergeblich suchen. Vielmehr rückt die staubtrockene Wüstenlandschaft unmittelbar bis kurz an den Pazifischen Ozean. Schroff fallen die grauen Hügel direkt ins Meer, vom Berg bis zum Wasser bleiben oft keine fünfzig Meter.

71

Die ausgedörrte Vegetation bleibt dem spröden Klima geschuldet, es regnet viel zu wenig in diesen Breiten. Tagsüber feuert die Sonne ihre glühenden Hitzewellen, die trockene Luft beißt sich hart in die Lunge und wenn der Wind weht, legt sich ein feiner Staub auf die Landschaft wie ein blasses Tuch. Das wüstenartige Klima mit seinen brennenden Sonnenstrahlen haut selbst zähe Mannsbilder um, die abends so angeknockt ins Bett fallen, als hätte der Gegner ihnen ein Bügeleisen vor den Kopf geknallt.

Obwohl man für diesen heißen Landstrich, gut 400 Kilometer südlich des Äquators, das ganze Jahr über eine Sonnengarantie ausrufen kann, wird man Cabo Blanco nicht in Hochglanz im Reisekatalog finden. Andererseits ist es ein Glück, dass die peruanischen und internationalen Touristen den Liebreiz des Dorfes noch nicht richtig mitbekommen haben. Die nächste Großstadt liegt fast eine Stunden entfernt, und man kann nicht behaupten, dass in Talara der Bär steppt.

Und so unterscheidet sich in Cabo Blanco ein Tag nicht groß vom anderen. Der Fischer und sein Tagewerk bestimmen den Alltag, die Bewohner haben ihr Leben auf den gemächlichen Rhythmus der Tropen abgestellt. Ebbe und Flut sind die Höhepunkte des Tages, ansonsten laufen die Stunden ohne großen Geltungsdrang ab. Alles wirkt sehr tiefenentspannt, und es passiert das, was am Arsch der Welt halt passiert.

Ins Deutsche übersetzt bedeutet Cabo Blanco *weißes Kap*. Zwar dominiert ein kräftiges Grau als Farbton in dieser Wüstengegend am Pazifik, den Namen haben sich die Kolonialspanier ausgedacht, wegen der weißen Guano-Exkremente der Seevögel, die hier in Scharen umher fliegen. So kann selbst stinkender Vogelschiss für einen klangvollen Namen sorgen, für einen Ortsnamen, der heute Rumflaschen und T-Shirts ziert oder als Titel eines in Mexiko gedrehten Charles Bronson-Films dient.

Auch wenn der Alltag im pittoresken Cabo Blanco geruhsam ausfällt, so hat sich doch Aufregendes jenseits der Wasserlinie abgespielt. Die Connaisseure des sportlichen Hochseefischens haben den Küstenstreifen schwärmerisch *Black Marlin Boulevard* getauft. Nirgends auf diesem Globus haben sich größere Marline und andere Großfische fangen lassen als im Meer vor Cabo Blanco. Der pazifische Ozeanabschnitt im Norden Perus wird berühmt dafür, Weltrekorde wie am Fließband zu vermelden.

Den *All Time Record* hält Alfred C. Glassell jr., ein wohlhabender Ölmagnat aus Houston. Der Texaner, ihm gehörte die *Transcontinental Gas Pipe Line Corp.*, seine Firma legte die erste Gasleitung von Texas nach New York, hat es im Hochseeangeln zu Heldenstatus gebracht. Alfred Glassell, *one of the biggest names in big game fishing*, wird so berühmt, dass er in der Zeitungsreklame für *Hiram Walker*-Whiskey auftritt, *for men among men*, in einer Phantasieuniform mit Marlin und Thunfisch am Revers.

Und Alfred C. Glassells unglaubliche Siegergeschichte wird in Cabo Blanco geschrieben. Es passiert am 4. August 1953. Die Hakenwaage im Hafen schlägt bei 1.560 Pound aus, umgerechnet aus dem angloamerikanischen Maßsystem bedeutet dies 708 Kilogramm. Viereinhalb Meter Länge misst der Riesenfisch. „Was für ein Monster!", ruft der Texaner verzückt, als der schwarze Marlin am Kran hängt. Die Zeitungen und Illustrierten in den USA drucken die Fotos des spektakulären Fangs auf ihren Titelseiten.

Es ist der größte Fisch, der jemals von Menschenhand mit einer Angelrute und ohne Hilfe von Maschinen aus dem Wasser gezogen wird. Vier Stunden hat der Kampf auf hoher See gedauert, bis der Monsterfisch aufgibt. Der schwarze Marlin baumelt am Kran im Hafen von Cabo Blanco, das Foto geht noch immer um die Welt. Denn der Weltrekord von Alfred Glassell steht bis heute, er scheint für die Ewigkeit, kein Angler hat die Marke jemals überboten.

Fortan wird Alfred C. Glassell jr. wie ein Säulenheiliger in Cabo Blanco verehrt. Die *Miss Texas*, das Hauptboot des *Fishing Clubs* wird nach Glassells Heimat benannt und der Texaner höchstselbst nimmt die Taufe vor. Pate einer Bootstaufe zu sein, gilt als hohe Ehre unter den Sportfischern. Das andere Boot des Klubs, die *Petrel*, tauft Jaime Llavallol aus Buenos Aires und Joe Gale, der Captain des *United States Sharp Cup* Team, obliegt die Taufe der *Pescadores Dos*.

Cabo Blanco, durch den Triumph von Alfred Glassell in der Welt der Hochseeangler nun ein fast mythischer Ort, entwickelt sich zu einem Jahrmarkt der Weltrekorde. Besonders in Sachen schwarzer Marlin, von den anderen Fischarten gar nicht zu sprechen. Das Dorf ist der einzige Flecken auf der Welt, an dem man im Meer drei Schwarzmarline von über 1.500 Pfund Gewicht fangen konnte.

Zehn Bestmarken im Sportfischen hält allein der *Fishing Club*. So bekommt die US-Amerikanerin Kimberly Wiss in Cabo Blanco den größten Marlin zu fassen, den je eine Frau gefangen hat, 1.525 Pfund. Ein Thunfisch, ein *atún de ojo grande*, ein Großfisch von 435 Pfund, gefangen von Russell Lee im April 1957, auch dieser Weltrekord aus Cabo Blanco gilt bis heute. Cabo Blanco, die Fama und der Klang, zaubert ein Leuchten ins Auge jedes Salzwasser-Anglers auf der Jagd nach Rekorden.

Die Gewässer in Perus Norden mit ihrem nahrhaften Plankton bieten vor allem den kleinen Fischen ein reichhaltiges Nahrungsreservoir. Ein mächtiger Unterstrom vor Cabo Blanco schwemmt die Nährstoffe aus der Tiefe an die Oberfläche. Schwärme von Anchovis, den Sardellen, oder auch viele Thunfische werden davon angezogen.

Die Kleinfische wiederum locken die großen Fische wie den schwarzen Marlin, die Wale oder den Speerfisch auf ihrer Suche nach Nahrung an. Die Fische werden so dicht an die Küstenlinie gezogen, dass man bereits nach sieben oder acht Meilen den ganz großen Arten nahekommt. Ein *merlín negro*, so heißt der schwarze Marlin in Peru, soll hier einmal 300 Meter vom Strand entfernt gefangen worden sein. „Von allen Plätzen der Welt, an denen ich geangelt habe", so lässt der legendäre Sportfischer Alfred Glassell verlauten, „ist Cabo Blanco der allerbeste gewesen."

Im Meer vor Cabo Blanco prallen zwei Meeresströmungen des Pazifischen Ozeans aufeinander. Von Süden kommt der kalte Humboldt-Strom, auf über 200 Kilometern Breite, aus Norden drücken die tropischen Gewässer Ecuadors. Im Tiefenwasser sorgt eine dritte Strömung, der Cromwell-Unterstrom – auch *Equatorial Undercurrent* genannt – für Auftrieb. Diese drei Strömungen verwirbeln sich im Meer just vor Cabo Blanco. Der nach Norden ziehende Humboldt-Strom ist trübe, kalt und tief, die Äquatorial-Strömung hingegen zeigt sich blau, warm und klar. Die kleinen Fische schwimmen am liebsten bis an den Rand des Warmwassers, wo ihnen die großen Fische, die aus dem Kaltwasser kommen, dann auflauern.

Am Knotenpunkt dieser drei Strömungen hat sich eine Vielfalt an Meeresgetier ausbilden können. Große und kleine Fische, die man sonst nirgends auf diesem Planeten finden kann. Die Großfische vor Cabo Blanco nennen die Einheimischen *picudos* oder *gladiadores*, die Amerikaner verfügen über die Bezeichnung *billfish*. Die *picudos* in Peru umfassen die vier Fischarten *merlín negro*, *merlín rayado*, *pez espada* und *pez vela*. Den schwarzen Marlin, den Streifenmarlin, den Schwertfisch und den Segelfisch.

Jeder Fischer vor Ort kann die Namen auch der mittelgroßen Fische herunter rattern wie ein Gedicht. Der *atún de ojo grande*, das ist der Thunfisch, der vor Cabo Blanco einige hundert Pfund schwer werden kann. Dazu finden sich der Mako-Hai, der *fortuno*, die *dorada* oder *perico*, ein *róbalo*, der *mero de ojo chico*, ein *lenguado*, die *corvina*, die *pluma*, der *ojo de uva*, der *sierra*, der *bonito*, der *barrilete* oder der *albacora*. Die Naturkapriole mit den drei Strömungen vor Cabo Blanco beschenkt die Fischer so großzügig wie sonst nirgends auf diesem Kontinent.

Darüber hinaus gilt der Ozean in Nordperu als einer der wenigen Plätze der Welt, wo die Saison der Fischer und Sportangler an allen zwölf Monaten des Jahres stattfinden kann. Als ertragreichste Zeit gelten die Monate von Dezember bis hin zum März, da ist in Peru Sommer. Während der Hochsaison kann, wenn man den einheimischen Fischern Glauben schenkt, selbst ein ausgemachter Trottel die großen Fische ohne Mühe aus dem Wasser ziehen.

Als früher Entdecker des Angler-Hotspots Cabo Blanco gilt der Kanadier Thomas G. Stokes. Im Jahr 1935 besuchte er, angezogen von märchenhaften Erzählungen um die großen Fische, das kleine Dorf und kehrte mit einem 601 Pfund schweren Schwarzmarlin zurück nach Lima. Im Jahr 1939 kam der New Yorker Ted Seeley nach Cabo Blanco, zwei schwarze Marline von 704 und 718 Pfund waren seine Ausbeute. Im Jahr 1940 organisierte Michael Lerner, der Präsident der einflussreichen *IGFA,* eine erfolgreiche Expedition für das *American Museum of Natural History* nach Nordperu. Im selben Jahr fing Hans Hinrichs aus New York als erster Sportangler in Cabo Blanco einen Streifenmarlin.

Seine Blütezeit erlebte Cabo Blanco dann in den späten 1940er und in den frühen 1950er Jahren. Der Zweite Weltkrieg mit all seinen politischen und wirtschaftlichen Zerrüttungen hatte zuvor den Aufschwung des Sportangelns gebremst, im Jahr 1948 ging es dann richtig los: Der Peruaner Enrique Pardo Heeren erjagte in Cabo Blanco einen Schwarzmarlin von 824 Pfund und löste bei der *upper class* aus Lima eine Hausse aus. Für das Sportangeln ausgelegte Boote wurden aus Miami geordert, die Pier am Hafen wurde ausgebaut, kleine Herbergen öffneten die Pforten. Vor der Errichtung des *Cabo Blanco Fishing Clubs* mussten angereiste Sportangler aus den USA oder Lima mit Hotels in Talara vorliebnehmen, andere wurden in Gästeräumen der *International Petroleum* untergebracht. Erst mit der Goldgräberstimmung entwickelte sich nach und nach die Infrastruktur im entlegenen Norden.

Als schließlich spektakuläre Angel-Wettbewerbe in Cabo Blanco ausgefochten wurden, gelangte das kleine Fischerdorf zu weltweitem Ruhm. Spätestens im Jahr 1951, der *United States Sharp Cup* wurde erstmals in Nordperu ausgetragen, dominierten die US-Amerikaner das Geschehen. Die Mannschaft mit Alfred C. Glassell in ihren Reihen erwischte prompt den größten Schwertfisch weit und breit, 670 Pfund schwer. Mit seinen Heldentaten sorgte der Texaner dafür, dass der Nimbus des peruanischen Wunderdorfes bis hin in den kleinsten Angelklub der Vereinigten Staaten getragen wurde. Wenn es ihm irgendwie möglich war, versuchte Alfred C. Glassell jr. einmal im Jahr hinunter nach Cabo Blanco zu fliegen. Der Mann aus Houston kam zu Freunden. Die auffälligste Plakette im Gesellschaftsraum des *Cabo Blanco Fishing Clubs*, die von den märchenhaften Anfängen berichtet, hat man Alfred Glassell gewidmet. Unter der Holzreplika eines Marlins ist eine weiße Tafel angebracht:

First Thousand Pounder
Black Marlin
Taken by
Alfred C. Glassell, jr.
Cabo Blanco, Peru
April 4, 1952
Cruiser Miss Texas
CAPT. „Red" Stuart
Weight 1025 Pounds

In Scharen machten sich die Hochseefischer aus aller Welt Anfang der 1950er Jahre auf den Weg nach Peru, Sonderflüge brachten die angelwütigen Passagiere aus den USA und Kanada in die abgeschiedene Region. Der *Black Marlin Boulevard*, dieser gut sechzig Küstenkilometer lange Streifen von Lobitos im Süden bis nach Máncora im Norden, entstand und erwuchs zur vollen Blüte.

Bei all den Rekorden wundert es nicht, dass sich die Zeitungen und Zeitschriften in den USA mit Erfolgsmeldungen und faszinierenden Reportagen aus dem exotischen Landstrich überschlugen. Den Bildern aus Cabo Blanco fiel dabei eine entscheidende Rolle zu: Es sind diese atemberaubenden Fotografien mit den am Kran hängenden Riesenfischen, die für den Weltruf des kleinen peruanischen Fischerdorfes sorgten. Frank Scherschel, einer der großen Fotografen des Jahrhunderts, kam eigens nach Nordperu und dem *LIFE*-Mitarbeiter gelangen in Cabo Blanco stimmungsvolle Fotos auf dem Ozean und an Land.

Als in den 1950er Jahren schmissige Dokumentationen über dieses Angelparadies gedreht und in den Filmtheatern und im Fernsehen der USA ausgestrahlt wurden, wuchs der Tourismus der Angler aus dem amerikanischen Norden rasant. Das ärmliche Cabo Blanco wurde zum Traumziel eines jeden Sportanglers mit Mumm in den Knochen und ein paar Dollar im Portemonnaie.

Auch Ernest Hemingway träumt von Cabo Blanco. Die Filmaufnahmen für *Der alte Mann und das Meer* sind ihm schon wichtig, doch dieser ganze Hollywood-Hokuspokus dient dem Nobelpreisträger letzten Endes als Kulisse. Der Ehrgeiz des Macho-Mannes geht ein gutes Stück über den Kintopp hinaus. Der Schriftsteller will eine Trophäe erringen, die ihm in seiner Sammlung fehlt. Ernest Hemingway, so hat er sich vorgenommen, will im Pazifik vor Cabo Blanco den größten schwarzen Marlin aller Zeiten fangen. Plus Foto.

8. An einer Bar trinken und auf die Welt schauen

*Ernest Hemingway in Shorts an der Bar des ‚Fishing Clubs'.
Hinter dem Tresen: Barkeeper Pablo Córdova.
Cabo Blanco, im April 1956.*

An seinem ersten Abend im *Cabo Blanco Fishing Club* geht Ernest Hemingway an die Bar der Hotelanlage. Der Bar-Bereich befindet sich in Parterre, in dem weitläufigen Gemeinschaftsraum, in dem auch gegessen und am Morgen das Frühstück eingenommen wird. In einer dem Meer zugewandten Nische haben die Betreiber des Klubs eine kleine Ecktheke aus Holz einbauen lassen. Der mit Bambusrohr geschmückte, in Rotbraun gehaltene kurze Tresen bietet Platz für vier oder fünf Personen. Links neben dem Bartresen hängt unter Glas die Stecktafel mit den Rekordhaltern des *Fishing Clubs*. Daneben sieht man über dem Kamin in Kopfhöhe eine Siegestrophäe, die verkleinerte Holz-Replik des 1.560 Pound schweren schwarzen Marlins, jenes Rekordfangs, der von Alfred C. Glassell jr. im August 1953 aufgestellt wurde. Der offene Kamin unter dem Holzfisch taucht an kühlen Abenden den Raum in eine angenehme Wärme. Denn im Juli oder August, dem meteorologischen Winter in Peru, kann in Cabo Blanco das Klima verrückt spielen. Tagsüber beißt die Sonne wie in der Sahara und mit der Dunkelheit wird es dann Knall auf Fall so bitterkalt, als befinde man sich inmitten der sibirischen Steppe.

Ernest Hemingway setzt sich auf einen der schlichten, mit braunem Leder gepolsterten Barhocker und fragt als erstes den Barkeeper, wie er heiße. Pablo Córdova Ramírez, entgegnet der überraschte 22-jährige Peruaner förmlich. Pablo stammt aus dem Hochland von Alto Piura im Osten, aus dem Landstrich, wo der Río Piura den Ausläufern der Anden entspringt. Vor kurzem ist er an die Küste nach Cabo Blanco gezogen, weil hier bessere Arbeitsmöglichkeiten bestehen. Pablo Córdova ist es nicht gewohnt, sich mit den Gästen zu unterhalten, denn meist wollen die Besucher des Klubs unter sich bleiben.

Der junge Barkeeper hat in der kurzen Zeit schon einige Berühmtheiten aus dem Ausland im *Fishing Club* erlebt. Er entsinnt sich an James Stewart, das war so ein schlaksiger Langer. Anglerglück allerdings hat der Schauspieler keines gehabt, erinnert sich Pablo, keinen einzigen Fisch hat er gefangen. Mit dem Mann aus Hollywood hat er damals kein Wort gewechselt.

Aber dieser *Señor Hemingway* verhält sich so ganz anders als die *gringos*, die sich sonst in Cabo Blanco blicken lassen. Ein müder Ernest Hemingway starrt hinaus in die Dunkelheit. Rechts von der Bar geben sechs fast bis zum Boden reichende Fensterflügel den direkten Blick auf die Terrasse und auf das dahinter liegende Meer frei. Zu dieser späten Stunde sieht man nur das Schwarz der Nacht, die in den Tropen früh beginnt und den Tag von einem Moment auf den anderen beendet. Der Einbruch der Dunkelheit vollzieht sich am Äquator so rasch, als ob jemand einen Lichtschalter umlegen würde.

Der vollbärtige Amerikaner liebt es, auf einem Barschemel zu hocken, seinen Whiskey zu trinken und zu reden. In der Bar des *Ritz* in Paris oder in *Harry's Bar* an der Piazza San Marco von Venedig, in der *Cortina* dort um die Ecke fühlt er sich zuhause. Oder im *Sloppy Joe's* von Key West, in der feinen *El Floridita* von Havanna, in der lasterhaften *Bar Marsella* im *Barrio Chino* von Barcelona oder die Ramblas weiter aufwärts in der gepflegten *Boadas*.

Der Nobelpreisträger mag das einfache Leben, und er mag die einfachen Menschen. Am liebsten trinkt er mit Fischern, Boxern, Wirten, mit ganz normalen Leuten, Literaten und Intellektuelle sieht man in seinem Dunstkreis eher selten. Am Tresen einer Bar erschafft sich Ernest Hemingway seine private Theaterkulisse, eine Aufführung vor Publikum, und er gibt den Autor und Hauptdarsteller in einer Person. Es sind Ein-Mann-Stücke, die aufgeführt werden, kein Thema einer aufregenden Lebensreise wird ausgespart.

Die Bars muten an wie Oasen des Innehaltens. In zwei, drei Stunden, schaut Ernest Hemingway zurück auf sein Leben und versucht, die Zeit ein wenig zum Stillstand zu bringen. Am Tresen sitzt er oft mit Freunden, häufig auch mit wildfremden Menschen, vor sich ein Glas Amarone oder Veronese-Wein, wenn er in Italien weilt. Anderswo eher ein Gin oder Scotch, auf Kuba meist den Daiquirí.

Und Ernest Hemingway lässt an der Theke einer Bar seinen Gedanken freien Lauf. Oft gibt er kleinere und größere Aufschneidereien zum Besten, er kommt schnell ins Fabulieren und erzählt von Gott und der Welt. Er umreißt am Bartresen seinen ureigenen Kosmos, von Krieg bis Koitus, und mischt reale Erlebnisse, Wünsche und bunte Phantastereien wild durcheinander. In New York oder Wien legt man sich auf die Couch, Ernest blickt an der Bar tief ins Glas und in sich hinein. Oft entwirft er am Tresen das Vorspiel zu seinen Erzählungen. Geistesblitze notiert der Autor flugs in sein *Moleskine*-Büchlein und manch seiner Prahlereien an der Bar finden sich später in einem seiner Bücher wieder. Sein Notizbuch mit dem dunklen Ledereinband trägt er immer bei sich, als sei es ein Körperteil von ihm. *I belong to This Notebook and This penil*, er gehöre diesem Notizbuch und diesem Bleistift.

Ernest Hemingway mag die karge Zweckmäßigkeit der Bar im *Cabo Blanco Fishing Club*. Dieser Bartresen ist nicht das *Ritz*, hier pulsiert nicht das Leben wie in Paris, doch die Bar ist, wie jede gute Bar, offen und ehrlich. Der Peruaner Pablo vermag wunderbare Margaritas zuzubereiten. Die Laune des Schriftstellers hellt sich auf, die Müdigkeit des Fluges und der kurzen Spritztour auf dem Pazifik scheint wie verflogen, und Ernest Hemingway zeigt sich an diesem ersten Abend an der Bar in aufgeräumter Stimmung.

Nach dem ersten Glas kommt der Nobelpreisträger ins Schwadronieren. Er spricht über die Jagd, das Fischen, über den Krieg, die Corridas in Spanien, über den Boxkampf, über die Frauen, er redet über alles, was er auf dem Herzen trägt. Dieser Mann lebt auf, er fühlt sich angenommen an der Bar. Trinken an einer Bar, das bedeutet für ihn, auf das Leben zu schauen, die verkümmerten Gefühle heraus zu lassen, das Innere für einen Augenblick nach Außen zu kehren.

Über Bücher und Literatur spricht der Nobelpreisträger an den Bars so gut wie nie. Ebenso wenig über Politik und Religion. *Politics and Religion are two things I never discuss. If my books don't make it clear how I feel about both, then I've failed in my Life's work.* Er mag ungern darüber diskutieren. Als Schriftsteller würde er sich als gescheitert ansehen, wenn seine

Bücher über diese Themen nicht ausreichend Auskunft geben würden.

Ernest Hemingway liebt bescheidene Plätze wie Cabo Blanco, Dörfer mit staubigen Straßen, die zum Meer führen, er mag diese kleinen Fischerhäfen, denn ihm gefallen Genügsamkeit und Subsistenz dieser Orte. Solch einfache und doch stolze Landstriche sucht er überall, und oft findet er sie. In Andalusien, im Veneto oder beim Golfmeer vor Key West und Kuba. Hier leben die Bewohner eine Ungezwungenheit vor dem Neumodischen aus, das Getue und Geblubber der Großstadt liegen weit weg. Ernest hasst die Luftblasen der intellektuellen Eliten, ein belangloses Gefasel, das meist nur den Verdruss und die Selbstzweifel zukleistern soll.

Manhattan und London sind ihm nach 17 Jahren auf Kuba unvertraut und kalt geworden. Geborgen fühlt er sich an Plätzen wie Cabo Blanco, hier verspürt er am eigenen Leib jene Unverfälschtheit, die ihn an seine Kindertage am Michigan See erinnert. Nur in der Urwüchsigkeit und in der Zurückgezogenheit der Natur kommt seine Seele für eine Weile zur Ruhe. Möglicherweise, so denkt Ernest Hemingway manchmal an diesen Orten, verbirgt sich hinter der Großartigkeit der Berge, der Wälder, der Flüsse und des Meeres ja eine Art Geheimtext, den ein Schriftsteller zu entschlüsseln hat.

Pablo, du kennst Italien nicht, wendet sich der Nobelpreisträger an den jungen Barkeeper. Das Land ist wie eine Oase. *Here people know how to live*, sagt er dann auf Englisch. Die Menschen wissen das Leben zu genießen, weil sie die Natur wertschätzen. Und die Natur schenkt ihnen das Urvertrauen für ihr Leben, wie eine gute Mutter.

Weißt du, an der Piave, das ist ein Fluss bei Venedig, hätten mir die dummen Österreicher in Fossalta fast die Beine weggeschossen. Hier im rechten Bein – und Hemingway, in einer weißen Shorthose bekleidet, hebt sein nacktes rechtes Bein leicht an – spüre ich noch heute die Splitter der Schrapnellkugeln. Ich war ja ein Junge. Erster Weltkrieg. Aber, scheiß drauf Pablo, es wäre kein schlechter Platz gewesen, zum Sterben.

Ich liebe dieses Land mehr als mein eigenes. In Mailand hat mir Agnes im *Croce Rossa Americana* das Leben gerettet. Eine Krankenschwester und was für ein Weib! Ein wenig älter als ich. Ich muss immer noch an Agnes denken, seit vierzig Jahren bekomme ich sie nicht aus meinem Kopf. Sie lebt heute in New York, mit irgendeinem Pinkel, einem Schnösel von Hotelier, weiß der Teufel. Ich war schrecklich verliebt in Agnes, obwohl ich zu Hause in Chicago Freundinnen hatte.

Frances, hieß ein Mädchen, Frances Elizabeth Coates. Es war eine Schulfreundin, sie war ein Jahr älter als ich und besaß eine wunderschöne Stimme, sie ist später Opernsängerin geworden. Wie habe ich für sie geschwärmt! Aber Frances hat sich nicht groß interessiert für mich. So wie Annette DeVoe, das ist eine andere Klassenkameradin von mir gewesen, der habe ich Liebesgedichte geschrieben. Aber alles kein Vergleich zu Agnes. In Agnes bin ich unsterblich verliebt gewesen. Kennst du das, unsterblich und verliebt?

Ich sei zu jung für sie, hat Agnes gesagt. Welch ein Unsinn, Pablo, die Liebe kennt kein jung und kein alt. Die Liebe, die richtige Liebe, sprengt alle Schranken. Das Alter, ob groß oder klein, wo man herkommt und was man macht. Die richtige Liebe steht immer darüber. Heute bin ich der Ältere, Pablo, und heute mag ich die jungen Frauen. Da gibt es eine, ich nenne sie nur noch „A". Ich sag dir den Namen nur leise, Adriana, eine Prinzessin aus Venedig. Wenn ich ihren Namen nur erwähne, wirft Mary mit dem Küchengeschirr nach mir.

Und der Amerikaner erzählt von Italien. Von Venedig, von Torcello, von der Lagune bei Caorle und von San Gaetano. Ich liebe die Leichtigkeit und die Heiterkeit im Veneto, sie fehlen mir. Italien ist so, als ob du gestorben bist und auf einmal im Himmel aufwachst. Freude am Leben, Pablo, damit tue ich mich schwer, weil ich so viel über das Ende nachdenken muss.

Unvermittelt springt der Schriftsteller, immer noch nicht müde, zum nächsten Thema. Paris, Pablo, das ist es. Es gibt nur zwei Orte auf der Welt, wo der Mensch glücklich sein kann. Die Heimat und Paris. Ich habe mit Hadley in den Zwanzigern über sechs Jahre dort gelebt, zuvor haben wir in Horton Bay, in Michigan, geheiratet. In Paris habe ich als Auslandskorrespondent für den *Toronto Star* geschrieben. Wir waren arm, und wir waren glücklich. In Paris habe ich zum ersten Mal den *joie de vivre* erlebt, die pure Lebenslust, in meiner Heimat gab es dagegen Prohibition und Wirtschaftsdepression. In den Buchläden stöbern, durch den *Jardin du Luxembourg* bummeln oder stundenlang im *La Closerie des Lilas* am Boulevard du Montparnasse bei einem *Café au lait* sitzen, solch ein Glück kannte ich bis dahin nicht.

Die Amerikaner scharen sich in Paris um Gertrude Stein, eine reiche Autorin und Kunstsammlerin aus Pittsburgh. In ihrem literarischen Salon in der Rue de Fleurus findet sich die experimentierfreudige Avantgarde jener Zeitepoche ein: die Maler Pablo Picasso, Henri Matisse und Georges Braque, dazu die Schriftsteller Ezra Pound, Sherwood Anderson, F. Scott Fitzgerald, Ford Madox Ford, James Joyce, die Komponisten Darius Milhaud und Arthur Honegger. Und ein unbekannter Journalist aus Oak Park bei Chicago namens Ernest Hemingway. Der hochgewachsene Mann kommt als Zeitungskorrespondent, mit frisch vermählter Ehefrau, im Dezember 1921 nach Paris, da ist er 22.

Ernest Hemingway fällt auf als ein gut aussehender Amerikaner, der selbstbewusst seinen Weg sucht, als Autor und als Mann. Ein Schreiber mit Talent, das merkt jeder, jedoch auch ein Kerl mit Ecken und Kanten. Mit Anfang zwanzig seinem bigotten Elternhaus entflohen, wird Ernest in Frankreich zum Bonvivant, er genießt das schöne und gute Leben. *Paris is like a mistress who does not grow old*, sagt er auf Englisch zum Barkeeper Pablo am peruanischen Pazifik. Paris ist wie eine Geliebte, die niemals alt wird. Die Metropole an der Seine, sie bleibt für ihn zeitlebens Sturm und Drang, das Wilde, der Hunger auf das Leben.

Nach Paris kamen all die jungen Leute mit ihren verrückten Ideen. Im *Deux Magots*, im *Café de Flore* oder in der *Brasserie Lipp* haben wir die Welt aus den Angeln gehoben. Wir waren die Jungen und wir waren wild. Ich war mit Hadley dort, das ist meine erste Ehefrau, Pablo. Mein erster Sohn John, *Bumby*, hat in Paris seine Kindheit verbracht. Ich habe Hadley sehr geliebt und sie hat mich sehr geliebt und sie hat an mich geglaubt, als ich noch ganz unbekannt war.

Ernests erstes richtiges Buch *The Sun Also Rises*, das er in Paris schreibt, schlägt im Jahr 1926 ein mit einem Paukenschlag. Da tritt ein draufgängerischer Schreiber auf, der mit der verlogenen Charles Dickens-Ehrpusseligkeit der Vätergeneration bricht. Der kernige US-Amerikaner mit seinen lakonischen Sätzen gibt vielen durch Krieg und Depression verunsicherten Männern und Frauen endlich eine ungeschminkte Sicht auf die Wirklichkeit frei. Wegen seiner lebensnahen Themen und dem zeitgemäßen Stil wird Ernest Hemingway von den Lesern wie eine Lichtgestalt empfangen.

Weißt du, einer solchen Frau wie Hadley bin ich nie wieder begegnet. Ich glaube, Pablo, ich liebe sie noch immer. Manchmal telefoniere ich mit ihr, wenn *Miss Mary* nicht in der Nähe ist.

Das *Ritz*, alter Junge, ein großartiges Hotel, du wirst die Bar dort mögen. Ich habe sie entdeckt, zusammen mit *Fitz*, mit F. Scott Fitzgerald. Wenn ich von einem Leben im Himmel träume nach dem Tod, dann spielt sich das immer im *Ritz* ab. Ich sehe eine wunderbare Sommernacht, ich trinke ein paar Martinis an der Bar zur Rue Cambon, anschließend ein Dinner unter dem blühenden Kastanienbaum im *Le Petit Jardin*. Nach dem einen oder anderen Brandy gehe ich dann hoch auf mein Zimmer und schmeiße mich in eines von diesen riesigen Betten des *Ritz*.

Pablo, ich sage dir, wenn du das Glück hast, als junger Mensch eine Zeit lang in Paris zu leben, dann trägst du die Stadt für den Rest deines Lebens in dir, wohin du auch gehen magst, wie reich oder arm du auch sein magst. Diese Stadt gibt dir mehr, als du hinbringst, ein jedes Mal. New York dagegen mag ich nicht. Das ist nicht meine Stadt. Da kannst du nur zur Durchreise bleiben. Pablo Córdova wundert sich ein wenig über den Gast aus den USA.

Denn Ernest Hemingway besitzt eine merkwürdige Angewohnheit, die der Peruaner vorher nie gesehen hat. Der Schriftsteller lässt sich immer zwei leere Gläser geben, das eine füllt er mit Whiskey, das andere mit Mineralwasser. Dann kippt der Amerikaner zuerst den Whiskey hinunter, pur, und anschließend die gleiche Menge Wasser. Erst im Magen soll sich beides mischen, erklärt ihm der Autor.

Dieser *Señor Hemingway* hat seinen eigenen Kopf, denkt der Peruaner, selbst beim Mineralwasser. Der Nobelpreisträger trinkt nur *Perrier*, sein französisches Lieblingswasser, das hat er vorbestellt und der *Fishing Club* am entlegenen Ende der Welt muss genügend Flaschen vorhalten. Beim Trinken besitzt Ernest feste Standpunkte. Ich mag den Whiskey, Pablo, du musst mir jeden Abend einen Scotch bereit halten. Whiskey und Gin sind okay. Rum ist perfekt an einem heißen Sonnentag. Ein guter italienischer oder spanischer Rotwein ebenso, den aber lieber zum Essen. Nur das Bier mag ich nicht, es schmeckt wie Pferdepisse.

Pablo, kennst du das beste Land auf der Welt? Ich verrate es dir: Spanien. *The last good country*, sagt der Amerikaner auf Englisch, es ist das letzte gute Land. Nur Spanien. Aber ohne Franco. Spanien ist wie für mich gemacht, die meisten meiner Freunde kommen von dort. Jede Stadt in Spanien besitzt ihren eigenen *encanto*, wie ihr so schön sagt. Es braucht in Spanien nicht viel, um glücklich zu sein. Die Menschen, der Wein, das Essen. Nimm Córdoba, bei der *Mezquita-Catedral*, in der kleinen Bar von *Doña María,* da kriegst du die besten *boquerones en vinagre* der Welt, nimm dazu einen *Pedro Ximénez* oder einen guten *Montilla.*

Oder Ronda. Wenn du mit deiner Frau nach Spanien kommst, in den Flitterwochen am besten, dann musst du von Málaga nach Ronda fahren. Die Stadt mit ihren weißen Häusern über der Schlucht und die ganze Gegend muten an wie aus einer Traumwelt. Spazierwege fürs Gemüt, großartige Fincas, ein starker Wein, das wunderbare Essen, du wirst nichts Besseres für deinen Seelenfrieden finden als Ronda. Im Jahr 1923 habe ich mit meinem Freund Bill Bird und mit meinem Pariser Verleger Robert McAlmon zum ersten Mal Spanien besucht, es ging auch in den Süden, nach Sevilla, Granada, nach Toledo, Aranjuez und Ronda. Der Stierkämpfe wegen.

Aber so lange Franco in Spanien regiert und meine Freunde im Gefängnis sitzen, kann ich dort nicht leben. Vor drei Jahren hat der Fettarsch mich wieder ins Land gelassen, nach dem Bürgerkrieg durfte ich nicht rein, weil ich für die *Loyalisten* war. Ich hätte nie erwartet, dass ich das Land wiedersehen würde.

Auch Afrika liebe ich über alles. Es ist ein geheimnisvoller Kontinent, der uns Rätsel aufgibt. Die trockene Steppe, der schneebedeckte Kilimandscharo, die Massai in Kenia und Tansania. Seit bald 20 Jahren wohne ich auf Kuba, ich glaube, ich mag die Insel, weil sie eine gute Mischung ist aus Spanien und Afrika.

Weißt du, *Pablito*, wir beide haben etwas gemeinsam. Du und ich – kannst du dir denken, was uns verbindet? Ich verrate es dir, du wirst nicht draufkommen. Ich war keinen einzigen Tag auf einer Universität. Hättest Du nicht gedacht, nicht wahr?

Mich ödet das Geschwätz dieser Klugscheißer von den Hochschulen an. Sicher, du kannst aus Büchern lernen oder auf der Schulbank. Aber um das Leben zu begreifen, musst du in die Welt. Du musst dich umschauen, das Unbekannte ergründen und du musst vor allem zu den Menschen gehen. *In order to write about life, first you must live it*, fällt Ernest Hemingway plötzlich wieder ins Englische. Wie willst du über das Leben schreiben, ohne vorher gelebt zu haben?

Ich schreibe nur über das, was ich kenne, und deshalb schreibe ich wahrhaftig. Ich bin treu und ehrlich, nicht immer in der Liebe und im Leben, aber im Schreiben bin ich es. Ich erfinde nichts, es liegt schon genug verlogene Scheiße in den Regalen der Buchläden. Bücher sollten von den Leuten handeln, die du kennst, die du liebst oder hasst, nicht von Leuten, die du dir erst ausdenken musst. Ernest Hemingway redet sich weiter in Laune und trinkt den nächsten Whiskey.

Ich brauche das pralle Leben, keine Hochschule. Ich glaube nicht an Bildung, Pablo, an Wissen ja, aber nicht an Bildung. Und deshalb brauche ich keine Universität. Im Gegensatz zu den Pissnelken bei der *New York Times*. Lass die ruhig meckern, den Nobelpreis aber, den habe ich, nicht die. Dann fällt der Schriftsteller auf einmal wieder ins Englische. *My aim is to put down on paper what I see and what I feel in the best and simplest way*, sagt er. Sein Ziel sei es, zu schreiben, was er sieht und was er fühlt, bestmöglich und in aller Einfachheit. Und erst die Professoren an diesen Universitäten mit ihren albernen Seminaren. *Ernste Literatur, IV. Kurs*. Ich lach' mich schlapp. Und wenn die Dozenten mir dann ihre gedrechselten Fragen schicken. ‚Mister Hemingway, bitte erläutern Sie uns den sublimierten Todestrieb, wie er in *The Sun Also Rises* seinen Ausdruck findet'. So ein Gesülze! Ich schreibe dann zurück, gerne in der Baseball-Sprache: So sublimiert wie Whitey Fords Todestrieb, wenn er den Ball Ted Williams zuwirft.

Das Schreiben, Pablo, ich sag' es dir, das ist ein einsames und mühseliges Geschäft. Immer wenn ich etwas zu Ende geschrieben habe, fühle ich mich ganz leer. Es überkommt mich dann ein merkwürdiges Gefühl, ich werde glücklich und traurig zugleich, so wie man sich fühlt, wenn man Liebe gemacht hat.

Ernest Hemingway wird so langsam müde. Die Sätze kommen nur schleppend aus ihm heraus, er sucht nach den Begriffen im Spanischen. Das Nachdenken fällt ihm schwer, der Whiskey und das raue Klima. Es gefällt mir gut bei Euch, Pablo, aber das Wetter ist hart. Ich hoffe, es tut *Miss Mary* gut. Und meinem alten Rücken. Ansonsten kann mir eine kräftige Witterung nicht viel anhaben. Weißt du, *muchacho*, wer den Hürtgenwald erlebt hat, den haut nichts mehr um. Etwas Schlimmeres als Hürtgen habe ich nicht mitgemacht.

Übrigens Pablo, es wird dich als jungen Kerl interessieren, weißt du, wo es auf der Welt die hässlichsten Frauen gibt? Ich werde es dir verraten, ich habe sie mit eigenen Augen gesehen. In Deutschland, im Schwarzwald, nach dem Ersten Weltkrieg. Die Männer wollten uns im Gasthof kein Zimmer geben und, ich sage dir die volle Wahrheit, ihre Frauen hatten Gesichter wie die Kamele. Der Schriftsteller löst sich schwerfällig von seinem Hocker. Pablo, *mi amigo*, ich gehe dann mal auf mein Zimmer und zu Bett, morgen wollen wir früh raus fahren aufs Meer, ein dicker Marlin wartet auf mich. *Muy buenas noches, muchacho*. Von nun an sollte Ernest Hemingway oft zum 22-jährigen Barkeeper kommen. Jeden Abend hängt der Nobelpreisträger an der kleinen Theke des *Fishing Clubs*. Er trinkt dann seine Prozente zum Ausklang des Tages, meist einen Whiskey und ab und an einen peruanischen Rum, der hier *Ron Merlín Negro* heißt, Rum Schwarzer Marlin. So wird er es fünf Wochen halten, Ernest Hemingway an der Bar in Cabo Blanco trinkt und redet, bis auch für ihn die dunkle Nacht einbricht.

Nach 22 Uhr macht der Schriftsteller sich auf von der Bar in sein kleines Zimmer mit der Nummer 5, seine Ehefrau Mary nebenan in der Nummer 4 schläft schon. Eine solche Aufführung am Bartresen kann sich auch fünf oder sechs Stunden hinziehen. Denn Ernest Hemingway braucht diese Stunden an der Bar, denn da trinkt er an gegen die Nacht und gegen die Angst. Pablo Córdova Ramírez, der junge Barkeeper aus Alto Piura, der nur ein paar Brocken Englisch versteht und noch weniger spricht, lauscht nun jeden Abend den langen Monologen des Ernest Hemingway.

9. Es stinkt gewaltig im Cabo Blanco Fishing Club

,The Place is costly to reach' meckert ,Sports Illustrated'. Am 19. März 1956 erscheint die Ausgabe mit Alfred Glassell und seinem Fang auf dem Cover.

Anfang des Jahres 1956 schickt das auflagenstarke nordamerikanische Wochenmagazin *Sports Illustrated* ein Reporter-Duo nach Nordperu, es soll eine Titelgeschichte über den *Cabo Blanco Fishing Club* recherchieren und schreiben. Das Resultat kann man Mitte März an den Kiosken in den USA erwerben. Auf dem farbigen Cover der New Yorker Zeitschrift sieht man einen stolzen Alfred Glassell jr. auf dem Landungssteg, neben einem bulligen Schwertfisch, der als Beute vom Kran herab hängt. Im Hintergrund erkennt man die grauen Wüstenhügel vor Cabo Blanco, rötlich koloriert. Die Ankündigung der Story auf der Titelseite macht neugierig. *IN THIS ISSUE: THE FABULOUS CABO BLANCO CLUB IN COLOR.* Was hat es mit diesem sagenhaften *Cabo Blanco Fishing Club* auf sich?

Sports Illustrated ist zwei Jahre zuvor von dem legendären Verleger Henry Luce als Wochenmagazin gegründet worden. Mit *TIME* verlegt Luce, der sich in persona als Chefredakteur von *Sports Illustrated* ausweisen lässt, bereits das einflussreichste Nachrichtenmagazin der Welt. Und nun widmet sich seine neue Zeitschrift dem *Fishing Club* in Cabo Blanco auf ganzen neun Seiten. *George Weller and Cornell Capa visit it in words and pictures*, ist im Inhaltsverzeichnis zu lesen, ein Besuch in Wort und Bild.

Dieser Cornell Capa gilt schon damals als Star seiner Zunft. Der Fotograf ist der jüngere Bruder des Meisterfotografen Robert Capa, weshalb er unter Kollegen *le petit Capa* genannt wird. Cornell Capa, ein gedrungener Enddreißiger ungarischer Abstammung, arbeitet seit 1954 als *Magnum*-Fotoreporter, er hat in *LIFE* veröffentlicht und macht sich als Reportagefotograf in Mittel- und Südamerika einen Namen. Wie klein die Welt ist! Cornells Bruder Robert Capa hat Ernest Hemingway, beide sind gute Freunde, häufig fotografiert. Vor knapp zwanzig Jahren, in Spanien, im Bürgerkrieg oder im Sun Valley, in den Bergen Idahos.

Der Schreiber George Weller ist ebenfalls nicht irgendwer. Als Journalist für die *Chicago Daily News* hat er aus dem Zweiten Weltkrieg in Europa berichtet, später aus Afrika und Asien reportiert, im Jahr 1943 erhält er für seine Arbeit den *Pulitzer*-Preis. Weller ist der erste amerikanische Reporter, der das japanische Nagasaki nach dem Atombomben-Abwurf besucht hat, sein Artikel darüber wird indes vom US-Militär zensiert und nicht zur Veröffentlichung freigegeben.

Enrique Pardo Heeren, Kip Farrington und Cloyce Tippett, der damalige Geschäftsführer des *Fishing Clubs*, schwant bei der Visite der beiden Journalisten nichts Böses. Zumal *Sports Illustrated* weltweit als hoch renommierte Zeitschrift gilt und Kip Farrington höchstselbst ab und an für das Wochenblatt schreibt. Mit offenen Armen werden die Reporter empfangen, bestens gelaunt zeigt man ihnen den *Cabo Blanco Fishing Club* in voller Schönheit. Umso größer ist bei allen Klubverantwortlichen der Schreck, als sie einige Wochen später den gedruckten Artikel in Händen halten.

Denn sie und die Hunderttausenden Käufer der *Sports Illustrated* lesen ein befremdliches Portrait des *Fishing Clubs*. Zeilen voller dunkler Andeutungen wechseln sich ab mit scharfzüngigen Attacken. Neben allerlei Fachsimpelei setzt die Reportage einige schmerzhafte Tiefschläge in die Magengrube. Reporter George Weller lässt kaum ein gutes Haar an dem Klub und macht sich besonders über dessen Exklusivitätsanspruch lustig. *The Place is costly to reach and still costlier to fish.* Hier könne man eine Menge Geld versenken, so die spöttelnde Botschaft, wenn man denn nur dämlich genug sei.

Zunächst lobt Reporter Weller die einheimischen Angestellten, für die US-amerikanischen Mitglieder hingegen findet er ausschließlich sarkastische Umschreibungen. Dieser ganze *Fishing Club* sei *artifical*, künstlich, ein Plastikprodukt. Dass man die toten Marline nach Miami fliegen lasse, zum Ausstopfen, das sage schon alles über diese Herrschaften. In Cabo Blanco seien jedenfalls keine geradlinigen Sportfischer am Werk.

Das Harpunieren der Tiere sei grausam, genauso grausam, wie einen Köder mit Dynamit zu präparieren, so wie man Haie üblicherweise am Great Barrier Reef in Australien zur Strecke bringt. Anständig, so das schroffe Verdikt von George Weller,

93

sei der ganze Klubklamauk jedenfalls nicht. Die meisten Mitglieder des elitären Zirkels seien, so oder so, Schönwetter-Matrosen, die tagelang keinen einzigen Marlin zu Gesicht bekämen. Die 40-Fuß-Boote lägen die allermeiste Zeit ohnedies im Dock. Summa summarum, die Flotte sei zu mickrig, um hier einen sportlichen Ehrgeiz erkennen zu lassen. Im *Fishing Club* werde mehr Seemannsgarn gesponnen als gefischt, so der Reporter. Kurz, Cabo Blanco sei ein Kasperletheater für verwöhnte Bubis. Starker Tobak! Der spitze Ton und die hässlichen Andeutungen erwischen die Verantwortlichen des Klubs eiskalt.

Denn es gilt, den guten Ruf zu wahren, eine Menge Geld steht zudem auf dem Spiel. Cloyce Tippett, ein US-amerikanischer Flugpionier, den alle Welt *Tip* nennt, entschuldigt sich schriftlich bei den verunsicherten Mitgliedern. Doch der Artikel in *Sports Illustrated* wirkt wie ein herber Schlag gegen die gute Reputation des Klubs noch lange nach. Kann da der Besuch eines Literatur-Nobelpreisträgers das angekratzte Image ein wenig aufpolieren?

Das Projekt *Cabo Blanco Fishing Club* startet im Jahr 1951 vielversprechend. Kip Farrington hat mit Enrique Pardo Heeren den Plan entworfen, ein exklusives Klubhotel in den herben Landstrich direkt an der Küste des Pazifiks bauen zu lassen. Kip Farrington hat dafür Ted Bates von der amerikanischen *International Petroleum Company* sowie C. N. Carroll und John Henry von der englischen *Lobitos Oil Company* als Gesellschafter in das Projekt *Fishing Club* eingebunden. Ein kluger Schachzug, denn das Grundstück, auf dem die Klubanlage gebaut werden soll, gehört der *Lobitos Oil.*

Das *schwarze Gold* löst in jenen Jahren einen Rush in den Norden Perus aus. Die *International Petroleum* und die *Lobitos Oil* dominieren fortan die industrielle Wirtschaftsstruktur, ihre unzähligen Bohrtürme vor der Küste sind nicht zu übersehen. Zwar lässt die Offshore-Ölförderung zahlreiche Arbeitsplätze in der sonst eher landwirtschaftlich geprägten Region entstehen, doch beliebt sind die US-Amerikaner und Engländer nicht.

Denn es sind ihre Bohrungen, die das Wasser und die Strände der Umgebung verdrecken.

Das Anwesen des *Fishing Clubs* entwirft der peruanische Architekt José Álvarez-Calderón Flores, monatelang wird in der trockenen Küstengegend gemauert und gezimmert, im März 1954 kann die offizielle Eröffnung des modernen Klubhotels gefeiert werden. Die Immobilie ist zwar einfach gehalten, sie bietet 20 Besuchern in zehn Gästezimmern Platz, verfügt allerdings über einige für die damalige Zeit erstaunliche technische Neuheiten. Zum Beispiel eine autarke Wasserversorgung des Klubs, die mittels eines eigenen Systems der Meerwasseraufbereitung gesteuert wird.

Sicherlich ist das Anwesen nicht mit protzigem Luxus gleichzusetzen, doch es fehlt den meist US-amerikanischen Gästen an nichts. Zumal das Wesentliche unterhalb der Veranda des Klubhauses zu finden ist: das unendliche blaue Meer. Und auch von der intensiven Witterung werden die Touristen das ganze Jahr über verwöhnt. Das Klima in der Region, so schreibt 1955 das erste *Yearbook* des *Cabo Blanco Fishing Clubs*, sei rau, zugleich allerdings gesundheitsfördernd. Noch nie sei ein Besucher in diesen Breiten erkrankt.

Im Nu erlangt der *Fishing Club* unter Anglern in den USA Kultstatus. Ein Sportfischer, der in diesen guten alten Tagen nach Nordperu kommt und genug Geld sein eigen nennen darf, der steigt vorzugsweise in diesem *Cabo Blanco Fishing Club* ab. Auch Frauen sind im Klubhaus willkommen, seien sie nun selbst passionierte Sportanglerinnen oder als Begleitung des angelnden Ehegatten. Etwa zwei Dutzend Mitglieder leisten sich die teure Liebhaberei und halten mit 10.000 Dollar Jahresbeitrag den exotischen Klub am Laufen. 10.000 Dollar, das ist heute viel Geld und damals erst recht. Man kann den Betrag, um die heutige Kaufkraft auszurechnen, locker mit dem Faktor 8 multiplizieren.

Der starke Mann im Klub ist Enrique Pardo Heeren aus Lima. Der langgewachsene Peruaner vom Jahrgang 1905, mit Studium in Cambridge, wird als einnehmender Netzwerker mit einem Hang zu schönen Frauen geschildert. Zweckmäßigerweise gehören dem geselligen Präsident des *Fishing Clubs* eine Großbank im Lande, riesige Zuckerrohr-Plantagen in Tumán bei Chiclayo sowie zahlreiche Industriefirmen.

Der Name Pardo besitzt in Peru einen vorzüglichen Klang. Enrique Pardo ist der Sohn des zweimaligen peruanischen Präsidenten José Simón Pardo y Barreda, sein Großvater, Manuel Pardo y Lavalle, ist ebenfalls Präsident Perus gewesen. In der Pardo-Familie wimmelt es nur so von Staatsoberhäuptern, Ministern und Parteigründern, Enrique Pardo Heeren ist der erste Nachfahre, der nicht für ein Staatsamt kandidiert. Es zieht ihn nicht ins politische Rampenlicht, nicht zuletzt weil seine Vorfahren zu oft aus ihren Ämtern geputscht worden oder einem Attentat zum Opfer gefallen sind. So verlegt sich Enrique Pardo aufs Geldverdienen, was ja auch keine so schlechte Idee ist.

Dieser Enrique Pardo Heeren, während der gesamten Historie des *Fishing Clubs* einziger Präsident, wirft sein Beziehungsnetz aus und legt damit einen soliden Grundstock an Gesellschaftern. Im *Cabo Blanco Fishing Club* findet rasch eine elitäre Gemeinschaft zusammen, die Mitglieder, es sind nie mehr als zwanzig, fünfundzwanzig Personen, bleiben handverlesen. Einem neureichen Millionär, der sich mit 50.000 Dollar einzukaufen versucht, zeigt man die kalte Schulter. Mit Parvenüs möchte man in diesem ausgesuchten Zirkel nichts zu tun haben.

Die *Socios*, die Teilhaber des *Cabo Blanco Fishing Clubs*, wiederum laden allerlei Prominenz in ihr neugebautes Kleinod am Pazifik ein. Politiker, Sportstars, Finanzadel, Hollywood. Die Liste der Gäste ist bunt und lang: Nelson Rockefeller, Gloria und Jimmy Stewart, Gregory Peck, Bob Hope, aus Mexiko kommt der Komiker Mario Moreno, genannt Cantinflas, die mexikanische Schönheit María Félix schaut vorbei, der Stierkämpfer Luis Miguel Dominguín reist aus Spanien an. John Wayne besucht den Klub, mit seiner peruanischen Ehefrau Pilar Pallete, die aus Paita stammt, das liegt praktisch um die Ecke. Die Schönen, Reichen und Berühmten schlagen gerne in

Cabo Blanco auf, meist inkognito und unter dem Radar der Klatschpresse, um ein paar Tage in der Sonne auszuspannen. Und um dem Nervenkitzel auf dem Ozean nachzugehen.

Im kleinformatigen grünen *Yearbook*, das zum ersten Mal im Januar 1955 erscheint, halten sich die Mitglieder des *Cabo Blanco Fishing Clubs* à jour. Auf 32 Heftseiten ist alles niedergeschrieben, was man so wissen muss über den exklusiven Klub. *The World's Best Fishing* wird im Hauptartikel ab Seite 6 die Destination angepriesen. *Some of the Club Members and a few of their Catches* heißt die Überschrift auf den Seiten 16 bis 19. Und es folgt die ruhmreiche Bildergalerie mit einem erlegten Black Marlin, von Tunas oder von einem Roosterfish, die gefangen wurden. Der New Yorker M. C. Gale wird abgebildet, hinter ihm zwei schwarze Marline, der eine 700 Pfund schwer, der andere 710. Beide von ihm per Angel aus dem Pazifik gezogen, am selben Tag.

Die Gesellschafter des *Cabo Blanco Fishing Clubs* bilden einen feinen und erlesenen Personenkreis. Industrieerben, Großunternehmer, Handelsfürsten, Finanzjongleure, alles dabei, es stinkt schon gewaltig nach Geld. Die Liste mit den betuchten Teilhabern samt ihrer Herkunft lässt sich in den Jahrbüchern des Klubs nachlesen:

- Wendell Anderson (Detroit, Mich, USA)
- William K. Carpenter (Fort Lauderdale, Fla, USA)
- Raymundo de Castro Maya (Río de Janeiro, Brasil)
- Allan Christiansen (San Francisco, Cal, USA)
- Jack Christiansen (Miami, Fla, USA)
- Julian T. Crandall (Ashaway, RI, USA)
- Jorge Cuevas (Manero, México)
- Emile F. DuPont (Wilmington, Del, USA)
- Kip Farrington jr. (East Hampton, NY, USA)
- Roger Firestone (Pottstown, Pa, USA)
- Alfred C. Glassell jr. (Houston, Tex, USA)
- Douglas Huston (Buenos Aires, Argentina)
- Tony Hulman jr. (Terre Haute, Ind, USA)

- James M. Hutton jr. (Cincinnati, O, USA)
- Northrup R. Knox (Buffalo, NY, USA)
- Seymour Knox III (Buffalo, NY, USA)
- Chapin Krech (Coral Gables, Fla, USA)
- Jaime Llavallol (Buenos Aires, Argentina)
- William R. Mote (New York, NY, USA)
- John M. Olin (New York, NY, USA)
- Enrique Pardo Heeren (Lima, Perú) – Presidente Honorario
- Joseph D. Peeler (Los Angeles, Cal, USA)
- Dr Webster R. Robinson (Key West, Fla, USA)
- John K. Weeks (New York, NY, USA)
- Ted Bates (Lima, Perú)
- C. N. Carroll (Lima, Perú)
- Max Crawford (Bogotá, Colombia)
- Cloyce J. Tippett (Lima, Perú)

Dieses Mitgliederverzeichnis liest sich wie das *Who is Who* der nordamerikanischen Wirtschaft. Roger Firestone, Autoreifen, James Hutton, der Gründer des Brokerhauses *E F Hutton*, John Olin, der Firmenbaron der *Olin Group* oder Emile DuPont, Gesichtspaste – der Industrie- und Handelsadel der USA mischt Cabo Blanco kräftig auf. In der Aufzählung der Klubpartner findet sich neben der Adresse bei vielen zusätzlich eine Telefonnummer. *Apartado 595, Lima* – steht beispielsweise bei Enrique Pardo Heeren – *Phone 70389*. Man kennt sich, man hilft sich.

Neben dem Gründer Enrique Pardo Heeren gehören nur drei Lateinamerikaner dem erlauchten Kreis an: der Mexikaner Jorge Cuevas, Jaime Llavallol aus Argentinien und der Brasilianer Raymundo de Castro Maya, ein Geschäftsmann und Kunstmäzen aus Rio de Janeiro. Ansonsten *gringos*, weiße US-Amerikaner oder Europäer, auch wenn manche von ihnen unter einer Adresse in Peru residieren.

Jeder neue Teilhaber erhält vom Ehrenvorsitzenden Pardo Heeren ein handgefertigtes Feuerzeug, ein Unikat in Peru-Silber, auf dessen Vorderseite unter dem Relief eines Marlins

98

der Name *Cabo Blanco Fishing Club* eingraviert ist. Auf solche Symbole der Kameradschaft wird in der Mitgliedschaft viel Wert gelegt. Zudem legt der Klub sich ein bildhaftes Signet zu, das der bekannte US-amerikanische Grafiker Richard Evett Bishop entwirft, drei *picudos*, die nach links ihre Bahn ziehen.

Um das runde Logo herum prangt in roten Lettern *CABO BLANCO FISHING CLUB – CABO BLANCO PERU*. Das gefällige Markenzeichen findet man alsdann überall im Klub, auf den Trophäen-Tellern, als Koffersticker bis hin zu den Aschenbechern. Die treuen Fans lassen sich das kreisförmige Logo auf die Kleidung nähen, dort wo ein General normalerweise seine goldenen Ordenssterne trägt.

Der *Cabo Blanco Fishing Club* gefällt sich als ein nobler Schuppen, der sich überdies ein Büro in New York leisten kann, in der eleganten Park Avenue – Hausnummer 247, im Room 1616. Es ist schon eine verschworene Gemeinschaft, die sich im ärmlichen Cabo Blanco am peruanischen Pazifik einfindet, eine Elite, die von Erlesenheit und Verschwiegenheit zusammengeschweißt wird.

Die Seelenverwandtschaft der Gesellschafter fängt zuallererst beim Geldbeutel an, alle Teilhaber gelten als reich, die meisten sind steinreich. Und der Korpsgeist setzt sich auf dem Meer fort, denn alle Mitglieder gelten als begeisterte Sportangler. In diesem Punkt irrt *Sports Illustrated*, im *Fishing Club* geht es schon richtig zur Sache. Tony Hulman beispielsweise fängt drei schwarze Marline an vier aufeinander folgenden Tagen. Auch dies ein Weltrekord.

Ohne Frage zelebriert der *Cabo Blanco Fishing Club* ein Macho-Vergnügen, das Meer am peruanischen Pazifik ist kein Gewässer für Warmduscher, da ist allein das Klima vor. Alles in allem schießt der spöttische Artikel der *Sports Illustrated* seine scharfe Munition virtuos am Ziel vorbei. Der *Fishing Club* ist kein Dorf Potemkins und seine Besucher sind keine Pappkameraden. Nein, in Cabo Blanco wird wirklich gefischt und richtig geangelt, wie sonst wäre die lange Liste der Weltrekorde zu erklären?

Während auf dem Meer die Rekorde purzeln, kommt der arme Mann an der Informationstafel mit den Änderungen kaum nach. Im Gemeinschaftsraum neben dem offenen Kamin werden die Rekordmarken penibel gepflegt. Sieben Spalten lang sind der Name des Anglers, das Fanggewicht und das Fangdatum mit weißen Steckbuchstaben festgehalten. Die stolzen Sporthelden fliegen nicht mit leeren Händen zurück in die Heimat. Es gibt Pokale zuhauf, kleine und große, und Gravurteller in Silber als Ehrenpreise für Wettbewerbssieger. Und ein jeder Angler, der einen Marlin, einen Schwertfisch, einen Thunfisch oder einen *róbalo* gefangen hat, bekommt eine Medaille überreicht. Mit der jeweiligen Fischart auf der Vorderseite.

Im Klubhaus sind die Angestellten angewiesen, den wohlsituierten Gästen jeden Wunsch von den Lippen abzulesen. Die peruanischen Kellner, jeder in ein helles Sakko gesteckt, dazu mit einer schwarzen Fliege zurechtgemacht, bedienen emsig die meist weißen Besucher. Die US-Amerikaner erwarten von den Einheimischen eine Verständigung auf Englisch, die Peruaner wiederum gleichen diesbezügliche Defizite durch ein sichtbar zu devotes Verhalten aus.

Man redet leise und zurückhaltend in den Räumen des *Fishing Clubs*, so als sei man im New Yorker *Harvard Club*. Mit spürbarem Selbstgefallen drehen sich alle Gespräche nur über ein Thema. Wer hat den Längsten, den Größten, den Schwersten? Ein Fotograf steht allzeit bereit, um den kapitalen Fang eines jeden Anglers zu dokumentieren. Im Klubhaus am peruanischen Pazifik wird in Superlativen gedacht, so wie die Gäste in ihrem Berufsalltag den Umgang mit den Superlativen gewohnt sind.

Trotz aller Distinktion erscheint die Einrichtung des Klubhotels an sich nicht übermäßig extravagant. Der Anlage selbst fehlt jedes touristische Brimborium und ihr geht auch jede architektonische Pfiffigkeit ab. Das Projekt, auf staubigem Wüstenboden gebaut, besteht aus einer schlichten Kubus-Konstruktion, die, außen wie innen, ohne erkennbaren Glanz auskommen muss. Das gesamte Anwesen des *Cabo Blanco Fis-*

hing Clubs kann man, bleiben wir höflich, als zweckmäßig bezeichnen. Es lässt sich nur wenig finden, wofür ein Mensch, der noch ganz bei Trost ist, 10.000 Dollar Beitrag im Jahr abzudrücken bereit wäre.

Das Interieur wird nahezu bescheiden und ausgesprochen strapazierfähig von Luz Álvarez-Calderón de Bates designt, die Peruanerin ist die Ehefrau von Ted Bates und die Schwester des Architekten des *Cabo Blanco Fishing Clubs*. Ernest Hemingway signiert ihr am 17. Mai 1956 ein Exemplar von *Death in the Afternoon*, voller Sympathie mit *wishing her all good things always*. Die peruanische Innenarchitektin hat sich für einen zeitlos funktionalen Stil entschieden.

In den weitläufigen Gesellschaftsraum hat man kompakte Holztische hingestellt, an denen vier Personen eher mühsam als bequem Platz finden. Das gesamte Mobiliar zeugt von einer nüchternen Bauweise, die Schränke, die Seitenboards und die Sesselstühle müssen ohne schmückendes Beiwerk auskommen. Die breiten Sessel und die Couch vor dem Kamin wurden mit grobem Braun- und Schwarzleder überzogen, der robuste stahlblaue Teppichboden mag sich in ähnlicher Ausprägung in norwegischen Jugendherbergen wiederfinden. Von der kalkweißen Decke hängen schwarze Jugendstil-Leuchten mit jeweils vier Lampen herab, die ein wenig Pariser Flair vorspielen möchten.

Der gesamte Gesellschaftsraum, die Lobby im Klubjargon, bleibt vergebens um ästhetischen Chic bemüht, in den Außenbereichen ist dieser Anspruch eher von Erfolg gekrönt. Die Terrasse ist fein gepflastert, gepolsterte Liegen und bequeme Sessel laden die Gäste zum Verweilen ein, grüne Pflanzen in Kübeln heitern die Außenanlage auf. Unterhalb der Veranda flimmert der graue Sandstrand menschenleer in der Sonne, es verirren sich nur selten Touristen in die einsamen Gefilde Nordperus.

Der Besucher, dem die Moneten noch nicht die letzten Hirnzellen zerdeppert haben, wird die verschrobene Blasiertheit und den offensichtlichen Dünkel im *Fishing Club* früher oder später wahrnehmen. Eine satte Portion Hochmut weht durch die

Räume des Klubs und sendet immerfort die gleiche Botschaft aus: You are entering the Kingdom of Money, hier beginnt das Territorium der Reichen und Superreichen. Diese unschöne Selbstgefälligkeit liegt hartnäckig in der Luft.

In diesem Punkt hat George Weller in *Sports Illustrated* durchaus recht, es schleicht sich Arroganz ein, wie so oft, wenn viel Geld im Spiel ist. Andererseits bleibt festzuhalten, die Grandezza des *Cabo Blanco Fishing Clubs* liegt nicht einzig und allein im Geld begründet. Vielmehr sind es die abenteuerlichen Eskapaden aus dem geschäftigen Einerlei, dieser intensive Wettstreit auf hoher See und das allseits kultivierte Wir-Gefühl, die als Triebfedern diese Unternehmung in Bewegung halten.

Wie auch immer, im *Fishing Club* machen sich *gringos* breit, man sieht, riecht und fühlt es, hier versammelt sich die Spitze der Spitze. Es steht nicht in der Satzung des Klubs geschrieben und es ist nicht als gerahmte Vorschrift an die Wand genagelt. Aber klar ist, wer im *Cabo Blanco Fishing Club* Einlass sucht, der möge bitte die richtige Hautfarbe, den richtigen Namen oder ein richtig dickes Bankkonto vorweisen, idealerweise gleich alles zusammen.

Am liebsten spricht man in diesem abgelegenen Klubhaus an der rustikalen Küste Perus Englisch, ein Englisch mit starkem US-Akzent. Die blonde Doris Day schrillt aus der Radioanlage, die im Gemeinschaftsraum unter dem Holz-Marlin links neben der Bar und dem Kamin steht. Danach säuselt ein warmer Bariton durch die Lobby:

You make me feel so young.
You make me feel there are songs to be sung,
Bells to be rung,
And a wonderful fling to be flung.
And even when I'm old and gray,
I'm going to feel the way I do today
Because you make me feel so young.

„Capitol Records, Songs for Swingin' Lovers", flüstert der peruanische Moderator in holprigem Englisch voller Ehrfurcht aus dem Radiogerät, „dies ist sein neues Album, die Arrangements stammen von Nelson Riddle."

10. Ich werde Eure Tränen trinken

Ernest Hemingway schärft an Bord der ‚Miss Texas‘ seinen Blick für die Jagd nach dem schwarzen Marlin. Cabo Blanco, im April 1956.

An seinem zweiten Tag in Cabo Blanco erwacht Ernest Hemingway nach einer kurzen Nacht mit dem ersten Morgenlicht. Im Gemeinschaftsraum des *Fishing Clubs* trifft er auf Gregorio Fuentes, den kubanischen Kapitän seiner Yacht *Pilar*, der wie eh und je als Allererster auf den Beinen steht. Noch vor dem Frühstück zündet sich der hagere Skipper aus Cojímar eine lange *Gloria Cubana* an. Der Autor, der dem Rauchen wegen seiner empfindlichen Geschmacksnerven nichts abgewinnen kann, schaut dem Tagesauftakt seines Freundes amüsiert zu.

Nachdem auch *Miss Mary* aufgestanden ist, frühstückt das Ehepaar gut und kräftig, jeder zwei Spiegeleier, Toast mit Butter, dazu viel schwarzer Kaffee. Ohne Zucker, darauf achtet Mary, denn ihr Ehemann plagt sich seit Jahren mit einem leichten, aber hartnäckigen Diabetes herum. Der Schriftsteller wirft während des Frühstücks einen Blick in die Tageszeitungen, die im abgelegenen Klub nur vom Vortag ausliegen. Zuerst schnappt der Amerikaner sich *El Comercio* aus Lima und überfliegt die Seiten. Aus Miami werden ab und an mit der *Panagra* die *New York Times* und der *Miami Herald* mitgebracht.

Mittlerweile hat sich Ernest Hemingway im *Cabo Blanco Fishing Club* umsehen können. Ihm gefällt das entlegene Klubhotel, das durch und durch auf die Großfisch-Jagd ausgerichtet ist. Sicherlich fehlt der in den USA gewohnte Luxus, doch der Nobelpreisträger steht nicht auf stilistische Schaumschlägerei, sondern zieht – wie auf *Finca Vigía* – die karibische Ungezwungenheit vor. Von Prunk und Protz ist im Klubhaus am peruanischen Meer in der Tat wenig zu spüren. Das einzig Luxuriöse im *Fishing Club* sei die Bar gewesen, witzelt Mario Saavedra über das riesige Anwesen, und die ausgezeichnete Küche sollte man ebenfalls nicht vergessen.

Im Gemeinschaftsraum des *Cabo Blanco Fishing Clubs* betrachtet der Schriftsteller nach dem Frühstück die Stecktafel mit den Angelrekorden. *Thousand Pound Club*, der Klub der 1.000 Pfünder, steht dort als Überschrift in Englisch. Hinter einer dünnen Glasscheibe werden mit gesteckten weißen Lettern auf der schwarzen Pinnwand die Namen und die Rekorde chronologisch nach Jahren vermerkt. 1.000 Pfund Gewicht – so hoch liegt die Hürde des Ruhms. Auf dieser Tafel lässt sich die Liste jener Angler nachlesen, denen es in der Geschichte des *Fishing Clubs* gelungen ist, einen Marlin von mindestens 1.000 Pfund Gewicht zu fangen.

Unter dem Datum 4. April 1952 wird die erste Notiz auf der Siegertabelle geführt. Zu diesem Zeitpunkt ist die Unternehmung auf dem Papier durch Enrique Pardo Heeren frisch begründet. Einen Monat zuvor, im März 1952, ist die *Cabo Blanco Fishing Club S. A.* als Aktiengesellschaft im *Registro Mercantil de Lima*, im peruanischen Handelsregister, eingetragen worden, mit einem Grundkapital von 100.000 Dollar. Firmenzweck: *Dedicarse a fomentar la pesca amateur en todos sus aspectos.* Tätigkeit zur Förderung des Amateur-Angelns in all seinen Ausprägungen.

Anfangs musste man die Sportangler in einem Hotel in Talara oder bei der *International Petroleum* unterbringen und jeden Tag die 45 Kilometer nach Cabo Blanco hin und her transportieren. Ab Januar 1953 existierte dann eine provisorische Unterkunft am jetzigen Standort, ein bescheidener Behelfsbau mit fünf Zimmern und zehn Betten. Erst als das glanzvolle Klubhaus im März 1954 fertiggestellt wird, können alle Sportangler unmittelbar sich in Cabo Blanco aufhalten.

Es ist der Texaner Alfred C. Glassell, der auf der Rekordtafel ganz oben steht, *1.025 libras.* 1.025 Pfund. Gefangen am 4. April 1952. Auch Kip Farrington findet man auf der schwarzen Tafel, ebenso wie Enrique Pardo Heeren, Ted Bates oder den legendären H. L. Woodward. Pro Jahr werden etwa zwei Dutzend Rekordfänge verbucht. Die zahlreichen Männer und die vier Frauen auf der Liste des *Thousand Pound Clubs* zählen in Cabo Blanco als die Besten der Besten. Von der Leitung des *Fishing Clubs* erhalten diese Champions einen Anstecker in 14-karätigem Perugold mit der Gravur *1.000 LB – Black Marlin Club,* mit einem silbernen Marlin vor goldenem Hintergrund, und für die Kleidung gibt es einen ovalen Stoffsticker *Black Marlin Club* mit einer gelben Bordüre.

Das angebrochene Jahr 1956 verzeichnet bereits 33 erlegte Marline und fügt die stolzen Bezwinger zur Liste des *Thousand Pound Clubs* hinzu. Ernest Hemingway steht neben der Stecktafel, begutachtet sie neugierig, sein Blick geht die Rekordzahlen rauf und runter. Und prompt wird der Ehrgeiz dieses Naturburschen geweckt, die Messlatte ist gelegt für ihn. Sein Wunsch ist, ebenfalls auf dieser Tafel verewigt zu werden.

Die Laune des Schriftstellers im morgendlichen Cabo Blanco verfinstert sich, ihn ärgert die alberne Vergötzung dieses Alfred C. Glassell junior, dessen Name mehrfach auf der 1.000er-Liste zu finden ist. Zu allem Verdruss trägt das Boot, auf dem der Autor und die Freunde jeden Tag aufs Meer fahren werden, die Benennung *Miss Texas*, zu Ehren des Rekordanglers aus Houston. Dieser Hurenbock von Glassell, brummelt Ernest Hemingway im Frühstücksraum des *Fishing Clubs* in sich hinein, verdammt noch mal, ich muss diesen Hurenbock schlagen.

Der Schriftsteller geht hinaus an die klare Luft und wirft einen Blick auf den Pazifik, der in diesen Morgenstunden sanft erwacht. Auf der Terrasse des Klubhauses steht ein mannshohes Fernrohr auf einem dreifüßigen Stativ, der Schriftsteller wagt einen Blick durch das Okular und dreht den Ausschnitt des Meeres ganz nahe zu sich. Leise liegt der Ozean vor der Küste, nur die Fregattvögel lärmen über der Wasserfläche und stürzen wild auf und ab. Die Hochseevögel mit dem aufblasbaren roten Kehlsack haben ihren Namen wegen der Eigenheit, auch andere Vögel zu attackieren und ihnen die Beute abzujagen.

Durch das mächtige Teleskop auf der Klubveranda beobachten die Daheimgebliebenen jeden Nachmittag die Rückkehr der Boote. Der Verwalter erklärt ihm, dass per Flaggensprache schon von weitem zu erkennen ist, ob die Ausfahrt an diesem Tag von Erfolg gekrönt gewesen ist. Kommen die Angler mit Beute, so wird eine Signalflagge gehisst. Die rote Flagge steht für den schwarzen Marlin, gelb für den Thunfisch und schwarz für den Mako-Hai.

Das Anwesen des *Cabo Blanco Fishing Clubs* liegt ein gutes Stück vom Dorfkern des Fischerdorfes entfernt. Wer von den

Gästen morgens nicht mit hinaus auf den Pazifik fahren will, der wandert jedoch nicht die zwanzig Minuten nach Cabo Blanco oder erkundet die Umgebung. Vielmehr bleiben er oder sie im Klubhaus. Und lümmelt sich in einen der Rattansessel, die praktischerweise ein breites Abstellbrett für die Getränke besitzen. Andere dösen in den Polsterliegen auf der plattierten Veranda, wo ein Sonnenschutz aus Holz ein wenig Schatten vor der gleißenden Sonne bietet. Die zahlreichen Kübel mit Pflanzen, viele Kakteen darunter, verleihen der sonnigen Terrasse eine heimelige Note.

Auf der Klubterrasse fangen Manuel Jesús Orbegozo und Jorge Donayre Belaúnde, den die Kollegen *El Cumpa* nennen, Ernest Hemingway ab. Sie haben sich in aller Früh aus Talara in den *Fishing Club* aufgemacht, wo sie nun zusammen mit Mario Saavedra auf den Nobelpreisträger treffen. Mit einem Geschenk wollen die drei peruanischen Journalisten dem Schriftsteller für seine Offenheit und die Kollegialität danken und ihm Glück für die Angeltouren wünschen.

Bei dieser Gelegenheit schenken die Reporter aus Lima dem Amerikaner eine Flasche *Pisco Vargas*, die *El Cumpa* in Talara gekauft hat. *Oh, piscou!*, freut sich ein vergnügter Ernest Hemingway. Auf das Etikett hat Manuel Jesús Orbegozo einen populären Vers des peruanischen Dichters Domingo Martínez Luján geschrieben:

Mientras lloren las uvas,
yo beberé sus lagrimas.

Solange die Trauben weinen,
werde ich ihre Tränen trinken.

In die Ecke des Etiketts hat Jorge Donayre einen Schwertfisch gemalt und als Widmung großspurig ergänzt: *A Ernest Hemingway, de sus novatos colegas y admiradores peruanos.* Für Ernest Hemingway, von seinen Neulingskollegen und peruanischen Bewunderern. Und alle drei haben darunter ihre Unterschrift gesetzt. Der Schriftsteller nimmt die Flasche mit dem Traubenschnaps in seine Hände, dreht sie, betrachtet die Widmung, und meint anschließend zu den Journalisten gewandt: Ich werde Eure Tränen trinken und die Flasche aufheben.

Ausgelassen gibt Ernest Hemingway dem Reporter Mario Saavedra einen freundschaftlichen Boxhieb auf den Brustkorb und lässt sich mit *pisco* und den drei Redakteuren ablichten. Dann steckt er die Schnapsflasche in den Bastkorb mit den Vorräten.

Im *tackle room*, dem Geräteschuppen, holen sich die Sportangler ihre Utensilien ab, um halb neun Uhr finden sich die Gäste dann auf der Veranda des *Fishing Clubs* ein. Von dort schlendern sie zur weißen *camioneta* vor dem Klubeingang, die alle Angler die zwei Kilometer zur Hafenanlage von Cabo Blanco befördern wird. Eine bunte Mischung aus US-Amerikanern, Kubanern und Peruaner wird in den nächsten Tagen auf der *Miss Texas* die wilde See vor Cabo Blanco erkunden.

Der Schriftsteller ist ein erfahrener Sportangler, doch zu seiner Unterstützung hat er seinen Schiffsführer aus Cojímar mit nach Peru gebracht. Denn in Sachen Angeln kann diesem Gregorio Fuentes keiner so leicht das Wasser reichen. Wenn es auf dem Meer kniffelig wird, dann zündet sich der zierliche Kubaner zunächst in aller Ruhe seine Havanna an und übernimmt dann von dem Schriftsteller die Angelrute.

Neben Ernest Hemingway und Gregorio Fuentes kommen an diesem Morgen fünf Männer auf die *Miss Texas*: der peruanische Kapitän Jesús Ruiz More, der Kubaner Elicio Argüelles, der US-Amerikaner Kip Farrington, der einheimische Maat Máximo Jacinto Fiestas und der Fischer Miguel Custodio. Man kann die Personen an Bord von weitem unterscheiden, denn die Peruaner und Kubaner tragen alle lange Hose, trotz der mörderischen Hitze, die Amerikaner hingegen bevorzugen Shorts. In Peru gilt es seit jeher für gestandene Männer als unschicklich, in kurzen Hosen wie die Schulbuben herumzulaufen.

Ansonsten verstehen sich die Besucher aus den USA und Kuba mit den Einheimischen blendend. Die peruanische Besatzung spricht nur wenig Englisch und so findet die Konversation auf dem Boot meist durch Mimik und mittels Händen und Füssen statt. Für fünf Uhr nachmittags wird heute die Rückkehr der Schiffe geplant. Großen Wert auf Pünktlichkeit legt besonders *Señora Maria*, so wird *Miss Mary* von den Peruanern tituliert. Der Tag der Amerikaner läuft ab wie ein feines Uhrwerk.

Auf seinen Ausfahrten in Cabo Blanco zieht der Schriftsteller mehr oder weniger die selbe Kleidung an wie vor zwei Jahren in Afrika, als er die beiden verheerenden Unfälle mit den Flugzeugen hatte. Er trägt eine helle Safari-Jacke aus etwas zu dicker Baumwolle, die ein Stoffgürtel über dem sichtbaren Bauchansatz zusammen hält. Dazu eine bis zum Oberschenkel reichende Khaki-Hose und Halbschuhe aus leichtem Leder, an Bord zieht Ernest Hemingway es meistens vor, barfuß zu laufen.

Obwohl dem Autor seit längerem Komplikationen an den Augen zusetzen, trägt er in Peru selbst bei prallster Sonnenstrahlung keine schützende Sonnenbrille. Wenigstens zieht der Nobelpreisträger in der sengenden Sonne seine Baumwoll-Kappe an, ohne deren Schutz es in diesen Breiten böse enden kann. Zur Vorbereitung der Reise hat Ernest Hemingway auf *Finca Vigía* akribisch zwei Seiten seines Notizbuches vollgeschrieben.

List Cabo Blanco hat er die Blätter überschrieben mit der Kleidung und den Utensilien, die er mitnehmen möchte: Rods, Rod Case, Headers, Hooks, Gaff, two Harpoons, Lines – das ist das Angelzeugs wie Haken, Angelschnüre und Angelruten. Dann folgt die Auflistung der Bekleidung: Hemden, eine Jacke, Caps, die Windjacke, eine Krawatte, Trenchcoat, Stiefel, eine Flanellhose, Sneakers, Brillen und Fishing Gloves, die Angel-Handschuhe.

Und am Ende der zweiten Seite seines Moleskine steht fett *Books*. Energisch unterstrichen und dann ein dicker Punkt. Auf die Auswahl der mitzunehmenden Bücher möchte Ernest Hemingway wohl ein besonderes Augenmerk legen. Cabo Blanco wird von dem Nobelpreisträger sorgsam vorbereitet, die

110

Reise ist ihm wichtig. Der Hafen von Cabo Blanco, wo die *Miss Texas* verankert liegt, ist nur wenige Auto-Minuten vom Klubhaus entfernt.

Der *Fishing Club* verfügt über vier Boote: die *Miss Perú* und die *Pescadores Dos*, die beide unter der Obhut des Kapitäns Rufino Tume stehen, die *Miss Texas* mit ihrem *capitán* Jesús Ruiz More und die *Petrel*, ein etwas kleineres und wendiges Boot, für das Luis Virgilio Querevalú verantwortlich zeichnet. Der Einsatz der unterschiedlichen Boote ergibt sich aus dem Arbeitsauftrag. Mit der robusten *Miss Texas* fahren die Männer hinaus zum Fang, ebenso wie ein Teil des Filmteams. Die neuwertige *Pescadores Dos* besteigen Mary und die übrigen Kameramänner aus Hollywood. Die *Petrel* mit nur einheimischen Fischern dient den beiden Ersteren meist als Späherboot. Die *Miss Perú* schließlich bleibt als Ersatz im Hafen.

Die Boote des Klubs sind allesamt Qualitätskonstruktionen aus Nova Scotia in Kanada, nichts Aufsehenerregendes für erfahrene Sportfischer, aber technisch und vom Komfort her voll auf der Höhe der Zeit. Brücke, Angelsessel, Kabine, das winzige Bad – all dies erscheint nicht gerade mondän, aber doch zweckmäßig für den rauen Pazifik und die Jagd nach dem Marlin. Zwei Tausendpfünder vermag man bequem mit einem solch stabilen Boot zu fangen und dann zu transportieren.

Die meisten Mitglieder des *Fishing Clubs* schwärmen von den robusten Diesel-Booten mit ihren jeweils beiden Motoren der Marke *Chrysler Crown*. Die grundsoliden Fischerboote erweisen sich als nahezu ideal zum Fischen in den ruppigen und wechselhaften Gewässern vor Cabo Blanco. Gut 16 Meilen pro Stunde schaffen die Barken und sind damit flink genug, um mit einem Großfisch in einen stundenlangen Clinch zu gehen. Gleichzeitig navigieren die Boote so kompakt und wendig, dass sie den Kapriolen der Marline im Todeskampf mühelos folgen können.

Die verschiedenen Boote des *Fishing Clubs* kann man bei der Ausfahrt aus dem Hafen leicht ausmachen, denn der jeweilige Name steht am Heck, dicht über der Wasseroberfläche, gut sichtbar aufgemalt. Darunter findet man als Schriftzug den Heimathafen, *Cabo Blanco*. Für 100 Dollar am Tag – nach heutiger Kaufkraft etwa 800 Dollar – können Hochseeangler aus aller Welt eines der Boote samt Kapitän und Besatzung mieten.

Die *Miss Texas*, eine drei Meter breite und 12 Meter lange weiß gestrichene Barke, ist das Hauptboot des Klubs. Alles in allem gilt sie als ein recht bewegliches kleines Motorschiff, das unkompliziert zu steuern ist. Den hohen Ansprüchen von dem einen oder anderen wählerischen Gast des *Fishing Clubs* genügt die *Miss Texas* allerdings nicht. Vor allem der mangelnde Komfort an Bord wird kritisiert. Keine richtige Kombüse, keine Schlafcouch, ein enges WC. Doch Ernest Hemingway, der mit der *Pilar* in Cojímar ein ähnliches Boot ohne diesen üblichen Chrom-Schnickschnack besitzt, zeigt sich von der *Miss Texas* angetan.

Der Klubpräsident Enrique Pardo Heeren, der die Hemingways bereits von Miami nach Talara begleitet hat und anschließend das Ehepaar persönlich in den *Cabo Blanco Fishing Club* eingeführt hat, entschuldigt sich für die nächsten Tage als anderweitig geschäftlich verhindert. Deshalb bittet er Kip Farrington und den Colonel Cloyce Joseph Tippett, sich um den berühmten Gast, seine Frau und die Begleiter zu kümmern.

Sein guter Freund Kip Farrington, der sich schon seit einigen Tagen im *Fishing Club* aufhält, hat den gesamten Trip der Hemingways nach Cabo Blanco im Hintergrund unaufgeregt organisiert. Der Autor und Kip kennen sich seit 1935, als sie gemeinsam den blauen Marlin und den Thunfisch um Cat Cay in den Bahamas gejagt haben. Schnell hat sich zwischen den beiden Angelkameraden eine tiefe Männerfreundschaft entwickelt. Ernest Hemingway bewundert seinen durchtrainierten Angelfreund, das juvenile Auftreten und dessen burschikosen Elan.

Die Biografie des Freundes ist bunt, dies gefällt dem Schriftsteller. Kip Farrington hat zunächst als Börsenmakler erfolgreich gearbeitet. Später gibt er seine Karriere an der Wall Street auf, um sich seinem Hobby, dem Sportfischen, widmen zu können. Der 52-jährige Kip, der in East Hampton bei New York lebt, gilt als ein Angler, der sich kein X für ein U vormachen lässt. Zudem ist Kip Farrington ein emsiger Sachbuchautor, über zwanzig Bücher hat der schlanke US-Amerikaner veröffentlicht, alle über das Fischen.

Überdies arbeitet Kip als fester Kolumnist für die Jäger und Angler-Zeitschrift *Field & Stream*, die in jenen Jahren eine Auflage von über einer Million Exemplare jeden Monat verkauft. Die Sympathie ist wechselseitig, auch der hochgewachsene Kip verehrt Ernest Hemingway. Nicht nur als Schriftsteller, sondern ebenso als Sportangler und Person. „The finest fishing story ever written", verkündet Farrington, als er *Der alte Mann und das Meer* gelesen hat.

Kip bewundert, wie auf den Punkt genau sein Freund einen solchen Roman zu schreiben vermag, da wo andere Autoren für das gleiche Thema und die gleiche Botschaft Hunderte Seiten gebraucht hätten. Doch der Mann aus Long Island schätzt vor allem den Menschen Ernest Hemingway. „Seine Persönlichkeit ist unvergleichlich. Er ist jovial, geradlinig, voll von Humor und mit einem Funken Spontanität."

Kip Farrington kennt die Gegend um Cabo Blanco wie seine Westentasche. Hier am Pazifik hat der US-Amerikaner im September 1952 einen Marlin von 1.135 Pfund gefangen, das ist zu jenem Zeitpunkt der Weltrekord. Zumindest für elf Monate. Im August 1953 schraubt sich die Marke mächtig nach oben, Alfred Glassell jr. fängt seinen schwarzen Marlin von 1.560 Pound, das sind knapp 708 Kilogramm.

Ein Mann mit solch einem publizistischen Prestige und mit solch einem *Track Record* wie Kip Farrington besitzt einen enormen Anteil an der Entwicklung Cabo Blancos. Dass die Elite des Angelsports aus den Vereinigten Staaten und Kanada ins abgelegene Peru kommt, das ist nicht zuletzt seinem rührigen Tun zu verdanken. In Büchern und zahlreichen Artikeln hat Kip Farrington am medialen Mythos vom *Black Marlin Boulevard* so kräftig gestrickt wie kein Zweiter.

Wenn Kip Farrington über Cabo Blanco und den peruanischen Pazifik schreibt, dann überschlägt der Amerikaner sich vor Begeisterung „Im Atlantik ist man schon froh, einen Marlin von 900 Pfund zu fangen, in Cabo Blanco beginnt der Spaß da erst richtig." Unabhängig von der Jahreszeit könne man in Cabo Blanco sein Angelglück versuchen, bei passendem Wetter und mit ein wenig Glück sei hier alles möglich.

11. Para el frio, gegen die Kälte

Der peruanische Maat Máximo Jacinto Fiestas präpariert für Ernest Hemingway den Köder. Cabo Blanco, im April 1956.

Hola Chico, begrüßt ein bestens gelaunter Ernest Hemingway den Kapitän der *Miss Texas*. Und Jesús Ruiz More aus Cabo Blanco antwortet: Buenos dias, Don Ernesto. Der *capitán de barco* sagt *Don Ernesto*, denn er traut sich nicht, ihn nur mit *Ernesto* anzusprechen, da ist zu viel Respekt. Ernest Hemingway mag diese Titulierung, wie er durchweg angetan ist von der spanischen Sprache mit ihren höflichen Anreden. So wie bei *Don* und *Doña*, eine Annäherung mit feinen Nuancen und zarten Unterschieden. *Mein verehrter Herr Ernest*, solch eine stilvolle Respektbekundung wie *Don Ernesto* lässt sich in anderen Sprachen nicht so recht abbilden.

Der Nobelpreisträger platzt vor Zuversicht an diesem Morgen. Heute werden wir unseren Marlin fangen, sagt der Schriftsteller selbstbewusst, koste es, was es wolle. Sicher, Don Ernesto, erwidert der Kapitän Ruiz More, ganz sicher werden wir ihn heute fangen. Jesús Ruiz More ist ein untersetzter, dicklicher Mann mit einem weißen Hemd und einer viel zu weiten Hose. Mitten in seinem Gesicht klebt die breiteste *Ray Ban*-Sonnenbrille von ganz Peru. Sein lautes Lachen ist weithin zu hören, die Fröhlichkeit des Peruaners wirkt ansteckend auf seine Umgebung. Während die meisten Männer auf der *Miss Texas* eine Baumwollkappe als Schutz vor den beißenden Sonnenstrahlen tragen, erkennt man Jesús Ruiz More auf Anhieb an seiner überdimensionierten Kapitänsmütze.

Como están ustedes?, begrüßt der aufgekratzte Nobelpreisträger die Crew in gutem Spanisch. Wie geht es Euch? Die gesamte peruanische Bordmannschaft erhält vom berühmten Schriftsteller einen Handshake oder zumindest einen aufmunternden Klaps auf die Schulter. Die Besatzung der *Miss Texas* besteht neben dem Kapitän Jesús Ruiz More aus den beiden Einheimischen Máximo Jacinto Fiestas und Miguel Custodio, einem Fischer mit ausgeleiertem Strohhut.

An Ernest Hemingways zweitem Tag in Cabo Blanco, der Kalender zeigt den 17. April 1956, legt die *Miss Texas* morgens um neun Uhr im Hafen ab. Die robusten Boote des *Fishing Clubs* erweisen sich als schnell und bringen die Truppe flott

116

hinaus auf hohe See. Der Nobelpreisträger ist von der Schroffheit des Pazifiks überrascht, frische Winde und zahlreiche Wasserverwirbelungen sorgen für erheblichen Wellengang und unruhiges Fahrwasser. Der Große Ozean vor Cabo Blanco hat so nichts gemein mit dem Meer, das er auf der *Pilar* vor Kuba gewöhnt ist. Im warmen Golfstrom bleibt das Wasser meist ruhig und die Ausfahrten sind beschaulich.

Während Ernest Hemingway und seine Freunde auf der *Miss Texas* hinaus fahren, weilt Mary Welsh auf der *Pescadores Dos*, einem Klubboot, das unter dem Kommando des einheimischen Schiffsführers Rufino Tume steht. Die *Pescadores Dos* ist ein neues Motorboot des *Cabo Blanco Fishing Clubs*, es wird weniger für das Sportangeln genutzt, sondern dient mehr dem Sightseeing und für Exkursionen zur Beobachtung von Walen oder Delphinen. Die *Pescadores Dos* besitzt eine geräumige Kabine mit sechs Bullaugen, eine Kombüse, draußen einen breiten Sonnenschutz, der das Heck vollständig abdeckt. Der lange Vordermast, den man ohne Anstrengung auf halbe Höhe hochklettern kann, ermöglicht eine meilenweite Sicht über das Wasser. Die ganz Verwegenen hangeln sich auf der modernen Yacht bis an die Spitze des Mastbaumes.

Die *Miss Texas* und die *Pescadores Dos* fahren stets gemeinsam aufs offene Meer, meist in einem Abstand von wenigen hundert Metern und die Kapitäne beider Yachten sind bemüht, einander in Sichtweite zu halten. Denn das Filmmaterial soll abstimmt werden, auch wenn es aus unterschiedlicher Perspektive aufgenommen wird. Allzu weit fahren die zwei Fischerboote nicht hinaus, selbst unter normalen Wetterbedingungen und bei stillem Seegang bewegt man sich nicht mehr als zwanzig Meilen von der Küste weg.

Rufino Tume aus Cabo Blanco ist ein ausgelassener und immer zu einem Scherz aufgelegter Zeitgenosse, der sich in jungen Jahren zum Bootskapitän emporgearbeitet hat. Der 25-jährige Peruaner genießt die Ausfahrt mit *Miss Mary* und kann nur Positives berichten. Eine höfliche Person, urteilt Rufino Tume über die Ehefrau des Schriftstellers, sie hat sich überaus freundlich um die Crew gekümmert und um den Proviant. „Manchmal hat sie für uns in der Kombüse gekocht."

Auf der *Pescadores Dos* gibt es ein vorzügliches Mittagessen. Sandwiches, harte Eier, dazu einen frisch gefangenen Fisch. Für die Männer an Bord wird Bier ausgeteilt, Mary Welsh trinkt ab und an mit. „Wir sind fast jeden Tag mit *Señora Maria* rausgefahren, um acht oder neun Uhr ging's los. *Señora Maria* habe ich als eine bezaubernde Person in Erinnerung." Der Kapitän der *Pescadores Dos*, ein Mann des Jahrgangs 1930, erinnert sich mit Hochachtung an die beiden Hemingways. Das Spanisch von ihr sei tadellos gewesen.

Auf der *Miss Texas* kommt der Nobelpreisträger ebenfalls auf seine Kosten. Wie Halbstarke erklettern Ernest und Elicio bei der Ausfahrt aus dem Hafen das Schiffsdach, das von Kapitän Ruiz More als Kommandobrücke genutzt wird. Auf der Plattform können bei ruhigem Wasser drei, vier Personen stehen, auf rauer See ziehen es die Männer vor, vom Bootplafond wieder herabzusteigen. Auf dem offenen Meer klimmen die einheimischen Fischer ab und an bis zur Mitte des Vordermastes empor, wo auf etwa drei Metern Höhe ein dünner Querbalken als Aussichtssitz genutzt wird.

Von dort oben hat die Besatzung freie Sicht auf die Feinheiten des Meereswassers und ein erfahrener Bootsmann kann nicht nur die Fische erspüren, sondern zudem voraussagen, um welche Spezies es sich handelt. Über dem Aussichtbalken steckt am langen Vordermast das Toplicht der *Miss Texas,* darüber weht am Masttop die vertikale rot-weiß-rote Flagge Perus mit dem Staatswappen auf der weißen Fläche.

Am Heck der *Miss Texas* findet sich ausreichend Raum für die Angelfläche. Auf dem drehbaren Angelstuhl, der aus Massivholz gefertigt ist, dienen dünne Sitzkissen der Bequemlichkeit, ebenso wie die breiten Armlehnen. Vor dem Sessel ist in den Schiffsboden die Stahlhalterung für die Angelrute fest montiert, zudem wird die Rute mit Lederriemen an Stuhl und Leib gesichert. Mit der Angelrute in Hebeposition zwischen den Beinen kann der Sportangler auf diese Weise die Angelschnur mit der ganzen Kraft des eigenen Körpers energisch ziehen oder behutsam freigeben.

Vor dem Angelstuhl sind ovale Fußstützen montiert, die mit dem Sessel verschraubt sind, damit der Sportangler sein maximales Gewicht gegen den Großfisch legen kann. Geangelt wird mit den Füssen, sagt Ernest Hemingway immer, und da hat er bei den Riesenfischen recht. Links hinter dem Angelstuhl steht ein weiterer Sessel, mit einem bequemen längsgesteiften Bezug ausgestattet und schmaler gebaut, der als Sitzplatz für die Wachablöse des ersten Anglers dient.

Denn so ein Kampf gegen einen Marlin am Haken ist nichts für die Schnelle, ein solcher Fight kann Stunden dauern. Ergänzt wird die Angelfläche an Heck der *Miss Texas* durch eine rechteckige Holzkiste, in der die Angelutensilien verstaut sind. Geduld und Ausdauer gelten als die höchsten Tugenden eines guten Anglers, direkt gefolgt von einer gewissenhaften Vorbereitung.

Der Kampf gegen den Riesenfisch erfordert vom Jäger darüber hinaus Geschick, Disziplin und Entschlossenheit. Denn es ist ein befremdliches Gefecht, dieser Wettkampf des kleinen Menschen gegen das gigantische Tier. Gegen das größte Lebewesen, das der Mensch mit eigener Kraft zur Strecke bringen kann.

Im Wettstreit mit solch einem gewaltigen Gegner wird Ernest Hemingway, so ist er seit Kindesbeinen geprägt, von einer fieberhaften Erregung gepackt. Das mächtige Tier zu hetzen und zu erlegen, bedeutet zugleich das Regelwerk der Natur zu brechen. Sich über die Schöpfung zu erheben, versetzt diesen Mann in einen Rauschzustand.

An Backbord und Steuerbord sind in luftiger Höhe, an vier Meter langen Masten, jeweils kleinformatige Lampen angebracht, die bei Dunkelheit als Positionslichter dienen. Die Backbordseite wird durch eine rote Laterne gekennzeichnet, die Steuerbordseite durch eine grüne, so dass jedes Boot in der Nacht bei Kollisionsgefahr ohne Probleme ausweichen kann. Die dicken Masten mit den Positionslichtern sind überdies dafür gedacht, mit Hilfe einer Seilwinde die Beute hochzuziehen, und die erlegten Fische an Bord zu wuchten.

Kaum ist die *Miss Texas* aus dem Hafen von Cabo Blanco heraus, greift Ernest Hemingway in den mitgebrachten Bastkorb. An Bord hält der Schriftsteller stets eine Flasche Whiskey oder Gin vor, denn er braucht seine Seelentröster. Er kann nicht auskommen ohne zwei, drei Scotch am Vormittag, sein übliches Pensum bis zum Mittagessen. Schon lange liegt *Miss Mary* ihm in den Ohren, er möge nicht so viel saufen, nun ist seine Ehefrau auf der *Pescadores Dos* außer Sicht, und sie bekommt es nicht mit. Ein Gin, pflegt er zu sagen, heilt die Narben deines Körpers und, wenn er gut ist, auch die deiner Seele.

Mary raucht wie ein Schlot und er trinkt, was also soll das ganze Genörgel? Das Rauchen hat Ernest in jungen Jahren aufgegeben, er hat es mit Zigaretten und der Pfeife versucht, es hat ihm nichts gegeben. Der bärtige Amerikaner holt aus der Basttasche mit den Schinken- und Käse-Sandwiches und den harten Eiern eine Flasche *Johnnie Walker*. Dann zwei Gläser, er füllt sie bis zum Rand auf und reicht ein Glas dem Bootsmaat Máximo Jacinto Fiestas.

Tome Máximo, para el frio, fordert Hemingway auf Spanisch das pausbäckige Crew-Mitglied auf, greif zu Máximo, gegen die Kälte. Es ist das erste Mal, dass Máximo Jacinto Fiestas aus Cabo Blanco einen Whiskey trinkt. Der Fischer Máximo ist mit seinen 33 Jahren ein erfahrener Matrose. Seit seinem neunten Lebensjahr fährt er auf das Meer, der Vater hat ihm das Fischen beigebracht, zu Anfang auf einem bescheidenen Balsa-Boot. Später, bei der peruanischen Marine, kommt er hoch bis nach New Orleans und steuert die ganze Pazifikküste rauf und runter. Máximo Jacinto ist beim Militär *Timonel Señalero* gewesen mit der Aufgabe, Signale von einem Schiff zum anderen zu senden mittels der Flaggensprache.

Máximo Jacinto Fiestas hat in seinem Leben einiges gesehen von der Welt, aber es hat ihn immer wieder zurück in die Heimat gezogen. Er weiß, die Fischer von Cabo Blanco sind einzigartig, aufgrund der klimatischen Besonderheiten und der

Fischvielfalt sind Fertigkeiten vonnöten wie sonst nirgendwo. Die einheimischen Bootsleute vermögen, in die Natur hinein zu horchen. Sie entschlüsseln die Winde, die Strömung und die Gezeiten, sie riechen und schmecken das Wasser und sie erspähen die Fanggründe. Die Fischer vom peruanischen Pazifik, allesamt einfache, aber stolze Menschen mit hoher Reputation in der Region, wissen genau, an welchen Stellen sich der schwarze Marlin tummelt.

Generationenübergreifend haben sich die Kenntnisse über das Große Meer von den Vätern auf die Söhne vererbt. Die meisten Fischer besitzen keinen richtigen Schulabschluss, in Sachen Meer und Fischen kann ihnen jedoch niemand etwas vormachen. Bessere Leute, um *picudos* zu fangen, lassen sich nirgends finden. Der leidenschaftliche Angler Ernest Hemingway weiß das Wissen und die Erfahrung der Einheimischen zu schätzen, denn er spricht von ihnen stets voller Respekt.

Den genauen Abschnitt auszumachen, wo Humboldt-Strom und Äquatorial-Strömung zusammenlaufen, das können die Fischer aus Cabo Blanco hören und schmecken, wo andere gar nichts erkennen oder merken. Sie suchen nach den Streifen, wo das Ozeanwasser seine Farbe wechselt, dort wo die Schneise von kaltem Humboldt-Strom und warmem Äquatorial-Strom liegt. An diesen Striemen trifft man immer wieder auf die Großfische aus dem kühlen Wasser auf ihrer Jagd nach den Kleinfischen, die mit Vorliebe in den wärmeren Gewässern herumwuseln.

Der Besatzung fällt auf, dass Ernest Hemingway sich auf dem Boot redlich bemüht, im Gespräch mit den einheimischen Fischern statt des englischsprachigen Begriffes die peruanische Entsprechung zu lernen. Die *rod*, die Angelrute, wird im Spanischen zur *caña*, eine *reel*, die Spule, heißt in Peru *carrete* und das salzige Meereswasser wird *agua salada* genannt, so wie *agua azul* das US-amerikanische *blue water* meint. Und eine *carnada* bezeichnet am Pazifik Perus den Fischköder. Das sind die Fischer aus Cabo Blanco sonst nicht gewöhnt, normalerweise müssen die Einheimischen die englischen Begriffe benutzen, wenn sie mit *gringo*s hinaus fahren und sich an Bord in der fremden Sprache verständigen.

Allzu groß erscheint das benötigte Vokabular wiederum nicht. Mit gut zwanzig Vokabeln kommt ein Sportfischer passabel über die Runden. Ein *Black Marlin* heißt in Cabo Blanco *merlín negro* oder *pez aguja negro*. *Grandes negros* rufen die Fischer in Peru auf einem Boot, die großen Schwarzen, derart lauten die Jubelrufe an Bord, wenn man einen Schwarzmarlin an den Haken bekommt. *Grandes negros*. Die dicken schwarzen Marline, die Schweren, jene Giganten, die nur hier im Meer vor Cabo Blanco zu finden sind.

Auch wenn die einheimischen Fischer und die US-Amerikaner zwei völlig verschiedenen Welten entstammen, auf hoher See entwickelt sich zwischen *gringos*, Kubanern und Peruanern eine Zusammenarbeit auf Augenhöhe. Der Indio Máximo Jacinto mag den Schriftsteller aus den USA, er hat ihn als ausgeglichen und angenehmen Zeitgenosse kennengelernt, als einen guten Angler obendrein. „Esa persona sencilla y buena gente", charakterisiert der Peruaner den Gast, der Autor sei eine unkomplizierte Person und eben ein prima Kerl. *Buena gente*. Gute Leute, ein anständiger Charakter. Ob mit oder ohne Whiskey, Máximo Jacinto, der auf der *Miss Texas* die Köder präpariert, kommt gut aus mit dem prominenten Besuch aus den USA.

Der einheimische Fischer nimmt auf der *Miss Texas* das ihm angebotene Glas mit Whiskey gerne an. „Hemingway mochte am liebsten *Johnnie Walker*, ich fand auch Gefallen daran. Aber den haben wir uns später nicht oft leisten können, weil er so teuer war", meint Máximo lächelnd. Und der einfache Fischer Máximo Jacinto Fiestas aus Cabo Blanco trinkt im April 1956 zum ersten Mal in seinem Leben einen schottischen Whiskey, gemeinsam mit dem Nobelpreisträger für Literatur Ernest Hemingway. Der Autor leert sein Glas mit zwei raschen Schlucken und legt die Flasche wieder in den Bastkorb.

Das Innere der in dunkelbraunem Ton gehaltenen Bordkabine muss als eher karg bezeichnet werden. Links hinter der Tür steht eine kleine Zweierbank, rechts ein Stuhl. Seitlich befinden sich jeweils drei schmale längliche Fensterscheiben und ein winziges Bullauge. Vor dem Steuerrad geben drei hohe Fenster den Blick auf das Meer frei. Die Außenfläche im Bug ist schmal, hier können sich bestenfalls ein, zwei Personen bewegen. Nach vorne zieht es die Matrosen nur, sobald es der Spur eines Fisches zu folgen gilt oder ein Tier harpuniert werden soll.

Schon am ersten Tag, wenn auch nur nachmittags nach der Ankunft, ist Ernest Hemingway voller Tatendrang hinaus gefahren, er kann jedoch lediglich zwei *corvinas*, das sind kleine Adlerfische, fangen. Am zweiten Tag bleibt die Beute dann ganz aus, nirgends ist die Fährte eines Großfisches auszumachen. Kurz vor 17 Uhr, der Himmel hat sich bereits zugezogen, kommen die Boote zurück in den Hafen von Cabo Blanco, ohne Flagge. Gefischt wurde *nada*. Eine riesige Enttäuschung.

Lediglich zwei balzende Walfische kriegen die Hollywood-Leute vor die Linse und folgen dem Liebespaar einige Meilen. Mich beeindruckt die Sanftheit dieser riesigen Tiere, erzählt Ernest Hemingway beim Abendessen im *Fishing Club*, wie zärtlich sich das männliche Tier in der Balz um das Weibchen müht. Doch um brünstige Wale zu filmen, unterbricht der Schriftsteller ruckartig, sei man nicht nach Cabo Blanco gekommen. Der schwarze Marlin zähle für ihn. Von einem *merlín negro* ist weit und breit allerdings keine Spur auszumachen.

Mächtig geärgert hat ihn, dass sich auf dem Meer ein fremdes Schiff genähert hat und der *Miss Texas* gefolgt ist. Das hat uns an der Arbeit gehindert und die Fische vertrieben, klagt Hemingway. Auf dem Gaffer-Boot kann der Nobelpreisträger den Journalisten Jorge Donayre ausmachen. Der Reporter von *La Prensa* hatte flugs auf einer Werft in Talara ein eigenes Boot gemietet, nachdem Verwalter Plater seinen Wunsch abgelehnt hatte, ihn auf einem Klubboot mitfahren zu lassen.

Der Fährte der *Miss Texas* und der *Pescadores Dos* waren die beiden Journalisten Jorge Donayre und Santiago Tong auf der *Fortuna* gefolgt. Der Fotograf Tong, Sohn eines chinesischstämmigen *cocalero* aus Tingo Maria, ist zur Verstärkung aus Lima abkommandiert worden. Die *Fortuna* erwies sich als flinkes Boot, das mit den starken Motoren der Klubboote gut mithalten konnte. Da man zudem einen gewieften Funktechniker an Bord hatte, dem es gelang, den Funkverkehr abzuhören, glückte es *El Cumpa*, das Hemingway-Boot gegen drei Uhr nachmittags zu orten. Fast zwei Stunden blieb die *Fortuna* den beiden Booten *des Fishing Clubs* auf den Fersen und Santiago Tong schoss aus der Ferne für *La Prensa* einige seltene Schnappschüsse.

Am Hafenkai von Cabo Blanco knöpft sich der erzürnte Ernest Hemingway den Reporter Donayre vor. Der bärtige Amerikaner ist heftig angefressen. Ich mag es nicht, dass ihr unsere Arbeit torpediert, schreit er den Journalisten aus Lima vor versammelter Mannschaft an. Unser Team hat eine Menge Geld verloren wegen eures Dazwischenfunkens. *No picó*, brüllt der Schriftsteller auf Spanisch, er hat nicht angebissen. Kein einziger Marlin an der Angel, nicht eine Szene werden wir in den Film einbauen können. Und Ernest Hemingway, so breitet Jorge Donayre in seinem Artikel in der *La Prensa* später genüsslich aus, stampft erbost davon, „im Gesicht so rot wie nie."

Am Kai von Cabo Blanco, gegen fünf Uhr nachmittags, nutzt Manuel Jesús Orbegozo die Gelegenheit und drückt dem Nobelpreisträger ein Schreiben auf Spanisch in Hand.

Talara, 14 de abril de 1956
Sr. Ernest Hemingway Presente
De mi admiración:
He venido expresamente a esta ciudad para presentarle el saludo de los escritores de mi país, agrupados en el "Círculo de Escritores del Perú", y a la vez, invitarle a visitar la Capitanía de la República y el Cusco, Capital Arqueológica de América.
El "Círculo de Escritores del Perú" aprovechará de esta oportunidad para inaugurar en Lima, en homenaje público de admiración a su talento merecedor, últimamente, del Premio Nobel

de Literatura, un busto suyo, obra del escultor nacional Ccosi
Salas.

Los detalles de su viaje a Lima y del homenaje lo ultimaremos
personalmente.

De usted, atto.

Y S.S. Manuel Jesús Orbegozo.

Der *Círculo de Escritores del Perú* lädt Ernest Hemingway in
die Hauptstadt ein, die Schriftsteller des Landes möchten ihn in
Lima ehren und feiern, und ihm anschließend Cusco zeigen, die
archäologische Wunderwelt in den Anden. Auch möchte der
Círculo einen Festakt organisieren, mit der Einweihung einer
Büste des Nobelpreisträgers, die der peruanische Bildhauer Luis
Ccosi Salas gestaltet hat.

Der US-Amerikaner liest den Brief und lächelt Orbegozo
verlegen an, er fühlt sich ein wenig überrumpelt. Die Einladung
lehnt Ernest Hemingway später höflich ab. Am nächsten Tag
meint *Miss Mary* zu Manuel Jesús Orbegozo, ihr Ehemann
würde schon gerne nach Lima und Cusco wollen, aber vor den
Verehrern habe er mehr Angst als vor wilden Tigern. Ihr Ernest
sei zurückhaltend in solchen Sachen, er sei kein Mann für
Society-Einladungen und das Party-Geplapper der Literatur-
zirkel sei ihm zuwider.

Nach der erfolglosen Ausfahrt und dem Ärger mit dem
Gaffer-Boot hat der Schriftsteller sich im Klubhaus wieder
halbwegs beruhigt und erinnert die Journalisten an ihr Pisco-
Geschenk. Männer, meint der US-Amerikaner amüsiert, eure
Tränen habe ich schon getrunken, und Ernest Hemingway lacht
laut. Die Peruaner staunen nicht schlecht, eine ganze Flasche
Pisco in nur wenigen Stunden. Und wer weiß, was sonst noch.

An seinem zweiten Abend in Cabo Blanco hat der Nobelpreisträger alle in den Gemeinschaftsraum des Klubs gebeten.
Er möchte jeden kennenlernen, die Kameraleute und Techniker
der *Warner Bros.*, ebenso wie die einheimischen Bediensteten
des *Fishing Clubs*. Jeden Anwesenden – vom Kameramann
über die Bootskapitäne bis hin zur Wäscherin – fragt der

berühmte Schriftsteller bei diesem lockeren Zusammentreffen, die Peruaner auf Spanisch, nach dem Namen und nach dem Arbeitsbereich im Klubhaus. Und so erfährt Ernest Hemingway aus erster Hand, wie der *Cabo Blanco Fishing Club* sich organisiert.

Das Anwesen wird in jenen Tagen von Zygmunt Plater bewirtschaftet, er arbeitet seit einigen Jahren dort als Verwalter. Plater ist aus Polen gebürtig, mit dünnem adeligen Blut in den Venen, weshalb ihn Mario Saavedra etwas übereifrig stets mit *Conde* anspricht. Der Pole Plater hat im Widerstand gegen die Nazi-Besatzung seines Landes gekämpft, als Hauptmann einer Panzerkompanie, die schließlich von der Deutschen Wehrmacht aufgerieben worden ist. Er sei dann, so erzählt Plater, nach Peru ins Exil gegangen.

Seine Frau kümmere sich um den Einkauf und die Sauberkeit. Plater selbst ist begeisterter Sportangler, der später im *Thousand Pound Club* einen Eintrag vorweisen wird: im Juni 1957 mit einem schwarzen Marlin von 1.040 Pfund. Ein Dutzend helfende Hände halten den *Cabo Blanco Fishing Club* am Laufen, der Nobelpreisträger lernt sie an diesem Abend alle kennen.

Der bestens ausgerüstete *tackle room*, der Geräteraum mit den zahlreichen Angelutensilien, liegt in der Obhut des Spaniers Juan Matute. Der Koch des Klubs heißt Manuel Morán, der Küchenhelfer Luis Timana, um die Gästezimmer kümmert sich Hilton Córdova, es gibt einen Klubchauffeur namens Eleuterio Clavijo und die Verantwortung für frische Wäsche obliegt Matilde Céspedes. Der 22-jährige Pablo Córdova fungiert im Klubhaus als eine Art Mädchen für alles, vom Kellner über den Laufburschen bis hin zum Barkeeper.

„Pablo, ich möchte, dass hier alles ordentlich läuft", hat der Verwalter Plater seinem Angestellten vor ein paar Tagen eingebläut, „in der nächsten Zeit wird es hier hoch hergehen." Man erwarte einen weltberühmten Gast. Pablo Córdova, der schon einige prominente Besucher aus den USA im Klub hat ein- und ausgehen sehen, merkt an der ernsten Miene des Verwalters, dass diesmal ein wirklich Hochgestellter den Weg nach Cabo Blanco gefunden haben muss.

Der Schriftsteller fühlt sich nach zwei Tagen pudelwohl am Pazifik. Die unbekümmerte Art der Einheimischen liegt ihm, er kennt die Lebensweise von Kuba. Der azurfunkelnde Ozean unter dem königlichen Himmel wecken seinen Erlebnishunger. Diese entfesselte Natur vor Cabo Blanco, das unendliche Meer und die großen Fische, begreift dieser Mann als Herausforderung. Ernest Hemingway ist glücklich in Peru und möchte in den nächsten Tagen sein Glück auf dem Meer erzwingen.

12. Mit der Hand den Himmel berühren

An der Bar des ‚Fishing Clubs' plaudert Ernest Hemingway, ein Glas Whiskey in der Hand, über Gott und die Welt. In der Hauptsache über seine Welt. Cabo Blanco, im April 1956.

Nach dem Abendessen kommt für Ernest Hemingway die Zeit, in der er sich mit Freunden an die kleine Bartheke des *Cabo Blanco Fishing Clubs* zurückzieht. Der berühmte Schriftsteller, diesmal sind die drei Reporter aus Lima dabei, trinkt fröhlich in die Nacht hinein und plaudert über alles, was einem Mann so auf der Seele liegt. Mario Saavedra, der Redakteur des braven *El Comercio,* versucht, beim Saufgelage an der Bar einigermaßen mitzuhalten. Gegen *Ernesto* jedoch scheint in dieser Disziplin kein Ankommen. Nach dem dritten Whiskey sieht der schlanke Peruaner zischende Sternchen und schlingert auf den Beinen, während der bärtige Amerikaner neben der Theke steht wie ein Eichenbaum.

Der junge Redakteur aus Lima hört dem Nobelpreisträger aufmerksam zu. Denn er möchte herausfinden, nicht nur für seine Leser, sondern auch für sich, was einen erstklassigen Schreiber ausmacht. Wisst ihr, sagt Ernest Hemingway, ich glaube nicht an eine Zauberkraft des Schreibens oder so ein Zeugs. Entweder hast du es drin in dir oder du hast es nicht. Einmal war ich in Madrid da drin so voll – und der prominente Autor schlägt zweimal kräftig mit geballter Faust auf seinen Brustkorb –, da schrieb ich *The Killers* und zwei andere Kurzgeschichten an nur einem Tag.

Die Runde an der Bar fabuliert über den Journalismus. Als Erster erhält Manuel Jesús Orbegozo, der Redakteur von *La Crónica*, einen stilistischen Ratschlag: Schreib keinen Absatz mit mehr als 25 Wörtern, meint der Schriftsteller. Das sei der beste Tipp, den er in der Redaktion des *Kansas City Star* als Anfänger bekommen habe. Und Ernest Hemingway erzählt von seinen ersten Schritten als Journalist.

Wie er direkt nach der *Oak Park High School* im Jahr 1917 als Achtzehnjähriger auf Vermittlung eines Onkels eine Laufbahn als Lokalreporter bei der Tageszeitung in Kansas City begonnen hat, wo er dann sechs Monate geblieben ist. Kurze Sätze, Leute, kurze Sätze. Nur in der Genauigkeit liegt die Wahrheit. Geht achtsam mit der Sprache um, verkneift euch all die Schlenker und Abstecher.

Beim *Kansas City Star* hat man den Novizen am ersten Arbeitstag ein *Style Book* in die Hand gedrückt. Dies sei kein *Stil-Buch* gewesen, sondern ein bedrucktes Blatt Papier, auf dem die eisernen Regeln gestanden haben, wie man bei der Tageszeitung die Texte zu formulieren hat. Im ersten Abschnitt ist zu lesen: *Schreibe ein kräftiges Englisch!* Dann: *Sei positiv, nicht negativ!* Und: *Lasse alles Überflüssige weg!* Das war keine schlechte Schule, erklärt der Nobelpreisträger, es sei eine ausgezeichnete Anleitung gewesen, um sich einen guten Schreibstil anzueignen.

Sprachliche Knappheit, das ist wie eine blutige Revolution, sagt er zu den peruanischen Journalisten, denn das Unnütze muss abgesäbelt werden. Schreibt Sätze, als ob man sie Euch auf den Arsch tätowieren würde. Die Redakteure in Cabo Blanco schauen sich ungläubig an bei diesem deftigen Vergleich. Dann, ergänzt Hemingway, werden die Sätze kurz und kommen auf den Punkt.

Die einfachen Regeln, die dem unerfahrenen Reporter beim *Kansas City Star* eingebläut werden, dienen fortan als Grundierung von Hemingways Texten. Im Dezember 1921 siedelt Ernest mit Ehefrau Hadley nach Paris über, für sechs Jahre. Hier kommt der US-Amerikaner mit französischen Literaten in Berührung, die bei ihm einen tiefen Eindruck hinterlassen. Vor allem fasziniert ihn Charles Baudelaires *Les Fleurs du Mal* und Marcel Prousts Großroman *À la recherche du temps perdu.* Die filigrane Kunstfertigkeit der französischen Prosa und Lyrik bestärkt ihn in der Wichtigkeit des *le mot juste,* des richtigen und treffenden Wortes.

In dem literarischen Salon von Gertrude Stein in der Rue de Fleurus 27 und unter dem Einfluss besonders von Sherwood Anderson und des britischen Romanciers Ford Madox Ford perfektioniert der wissbegierige Kerl aus den Vereinigten Staaten seinen journalistischen Romanstil. Vor allen Dingen vervollkommnet er in Paris den hochraffinierten Effekt seiner Handwerkskunst: Ernest Hemingways Wörter und Sätze klingen eingängig und nahezu harmlos, die tiefere Bedeutung hinter dem

Geschriebenen erweist sich jedoch als komplex und vielschichtig.

Ab Mitte der 1920er Jahre ist Ernest Hemingway nicht nur ein guter Autor mit eigenem Stil, sondern auch ein sprachlicher Erneuerer. Seine Art zu schreiben, ist unverbraucht. Seine Sätze klingen frisch, ebenso wie seine Themen nicht gedrechselt wirken. Ernest Hemingway besteigt die Bühne der Literatur wie ein sehnlichst herbeigewünschter Revolutionär, er wird zum Schrittmacher, der einer verunsicherten Generation eine neue Sprache und ein neues Selbstbewusstsein gibt.

Sein Stil ist wegweisend: Kühl reiht der US-Amerikaner Beobachtung an Beobachtung und Dialog an Dialog. Bisweilen wirkt seine Beschreibung der Details arg nüchtern und distanziert, doch genau darin liegt Absicht. Denn die Lakonik der Schilderungen und die Dürre der Dialoge erzeugen einen geschickten Spannungsbogen hin zum dynamischen Geschehen, wie in einem fesselnden Spielfilm.

Jene Autoren, die verschwurbelt schreiben, beweisen nur ihre eigene Unsicherheit, denn nichts ist so schwierig, wie prägnant und auf den Punkt genau zu formulieren. *The most essential gift for a good writer is a built-in, shockproof, Shit detector*, sagt Ernest Hemingway den Journalisten im *Cabo Blanco Fishing Club*. Eigentlich müsste jeder Autor ein *Meldegerät für Textscheiße* – den *Shit detector* – besitzen. All das Gefasel sollte raus aus den Texten und das Wichtige muss übrig bleiben.

Der in Paris schnurbärtige Amerikaner aus dem Mittleren Westen bringt diesen literarischen Lakonismus zu ausgereifter Meisterschaft. Kein Satz-Dompteur beherrscht die karge Prosa so wie er, kein Kollege kann in den Erzählungen ein *und* an das nächste *und* reihen, ohne dass dies platt wirkt. Ernest Hemingways trockener Stil huldigt einem literarischen Schweigen, von Experten *Eisberg-Theorem* genannt, bei dem jenes interessant wird, was unter der Wasseroberfläche liegt und nicht ausgesprochen ist.

Eisberg bedeutet für Ernest Hemingway zunächst, das Nutzlose wegzulassen. Diese Beschränkung erfordert von einem

Schreiber ein gesundes Selbstwertgefühl und eine hohe Kunstfertigkeit. Er muss sich als unaufdringlicher Handwerker verstehen, dessen Vorgabe es ist, knapp und emotionslos zu skizzieren. Er muss sich zurückziehen und darf nur zarte Striche ziehen. Diese Konzentration Hemingways auf das Wesentliche bietet dem Leser eine einmalige Chance: mit eigener Imagination seinen Platz in der Handlung zu finden.

Mit seinen kurzen Sätzen erzeugt Ernest Hemingway einen klaren Sprachrhythmus von großer Wiedererkennung. Durch diesen kurzen Rhythmus – und jetzt wird es spannend – erhalten Hemingways Sätze Tempo. Der Leser wird nicht wie bei der Plauderei anderer Autoren eingelullt, im Gegenteil. Der Leser kriegt kaum Zeit zum Luftholen. Er wird von der Rasanz der Satzmelodie in den Bann gezogen, wie auf einer sprachlichen Achterbahnfahrt. Dem überrumpelten Leser bleibt keine Zeit zum Nachdenken, zum Hinterfragen, zur Opposition. Der Leser liest und liest und findet sich auf einer steilen Text-Rutsche, Stoppen und Aussteigen zwecklos. Widerstand ebenfalls.

Eine solche Lakonik und Zurückhaltung kann allerdings nur bei Exaktheit und Authentizität funktionieren. Sonst gleitet die Sprache ab ins Lapidare und der Text ins Unglaubwürdige. Davor jedoch bleibt dieser Autor in seinen guten Jahren gefeit, weil er seine Sprache fast chirurgisch präzise setzt, dieser fleißige und disziplinierte Schreiber kämpft um jedes Wort. Manchmal grübelt er auf *Finca Vigía* stundenlang über einen Satz. Mein ganzes Leben lang habe ich Wörter betrachtet, als wenn ich sie das erste Mal sehen würde. *All my life I've looked at words as though I were seeing them for the first time.* Die Wörter und die Sätze besitzen etwas Unschuldiges, man muss mit ihrer jungfräulichen Reinheit behutsam umgehen.

Sein Horizont gewinnt während der Jahre in Europa an Weltläufigkeit. Dieser Amerikaner verlässt seine Scholle, er fährt von Frankreich aus nach Deutschland, Österreich und in die Schweiz, er bereist regelmäßig die iberische Halbinsel, Andalusien und das Baskenland haben es ihm besonders angetan, es zieht ihn nach Italien, er schaut sich in Bulgarien und in

132

Konstantinopel um. Später, wieder zurück in den USA, hält er sich monatelang in Kenia, Tansania und Uganda auf. Gerade Afrika weitet seinen Gesichtskreis und das Themenspektrum.

Aus seinen von Ostafrika inspirierten Werken ragt eine *Short Story* von etwa 40 Seiten heraus. In der Kurzgeschichte *Schnee auf dem Kilimandscharo,* die erstmalig im Jahr 1936 im Magazin *Esquire* unter dem Originaltitel *The Snows of Kilimanjaro* erscheint, verarbeitet er seine Safari-Erlebnisse von vor drei Jahren und streut Rückblenden auf die glücklichen Jahre mit Hadley und dem Sohn John in Europa ein. So gut wie alles, was Ernest auf der Seele brennt, begegnet einem in dieser Erzählung in der Gestalt des Schriftstellers Harry, des Alter Ego von Hemingway.

Überdies fängt diese *Short Story* mit der wohl besten Hemingway-Ouvertüre überhaupt an: *Der Kilimandscharo ist ein schneebedeckter Berg von 6.007 Metern Höhe und soll der höchste Berg Afrikas sein. Sein westlicher Gipfel heißt in der Sprache der Massai ‚Ngàje Ngài‘, das Haus Gottes. Nahe am westlichen Gipfel liegt der ausgedorrte und gefrorene Kadaver eines Leoparden. Niemand kann sagen, was der Leopard in dieser Höhe gesucht hat.*

Die Authentizität seiner Themen wird zu Hemingways zusätzlichem Pluspunkt, hier ist nichts erfunden, sondern alles erlebt. Bei ihm kommt das Leben zum Schreiben und das Schreiben zum Leben, dieser Schwerenöter ist glaubwürdig bis auf die Knochen, weil ihm alle Facetten des Lebens sattsam bekannt sind. Er kennt die Sonnenseite ebenso wie die dunklen Angsträume, er hat alle Extreme am eigenen Leib verspürt, erlitten und ertragen. Die Lebensfreude, gleichermaßen wie die Zerrissenheit des Menschen, sie sind seine tagtäglichen Weggefährten und ihm bestens vertraut. Genau aus diesem Grund ist die Person vom Werk nicht zu trennen, bei diesem Autor weniger als bei jedem anderen.

Über die Kunst seines Handwerkens gibt Ernest Hemingway an Kollegen gerne Ratschläge, auch in Cabo Blanco. Erfinde nichts, konstruiere nichts, beschreibe lediglich, erzähle einfach eine Geschichte, erklärt er den drei Reportern im *Fishing Club*. Dann fällt er wieder ins Englische, wie so oft, wenn er einen verzwickten Sachverhalt erläutern muss. *All you have to do is write one true sentence. Write the truest sentence that you know. So finally I would write one true sentence, and then go on from there.* Fangt mit einem wahrhaftigen Satz an, so wahrhaftig wie es nur geht, und dann macht einfach weiter so.

Aber was ist am allerwichtigsten für einen guten Journalisten?, fragt einer der Reporter an der kleinen Bartheke in Cabo Blanco. *As a writer you should not judge*, antwortet Ernest Hemingway auf Englisch, *you should understand.* Verstehen, nicht bewerten! Sich kein Urteil anmaßen, sondern beschreiben. Aufschreiben, was man sieht. Einen Charakter ausgiebig schildern, jedoch nicht einen Charakter benoten. Und wenn Gefühle ins Spiel kommen, beschreibt diese nicht, Ihr müsst sie erschaffen.

Gutes Zuhören sei aus diesem Grund die unerlässliche Grundeigenschaft eines jeden Journalisten. *Listen! When people talk, listen completely. Most people never listen. Nor do they observe.* Die meisten Leute hören einfach nicht richtig zu, und sie schauen auch nicht richtig hin. Ich mag zuhören, meint der Schriftsteller. Ernest Hemingway ist in der Tat sein Leben lang ein aufmerksamer und von Neugier getriebener Zuhörer.

Auch wenn es manchmal anders scheint, es interessiert ihn mehr, von anderen zu erfahren, als von sich zu erzählen. Ich ziehe großen Gewinn daraus, sorgfältig zuzuhören, meint er in Cabo Blanco. Die meisten Leute hören nie zu. *Close observation of life is critical to good writing*, meint der Amerikaner. Ohne die gründliche Beobachtung des Lebens kann es keine gute Literatur geben.

Zuhören und Beobachten alleine genügen allerdings nicht. Beschreibe genau, was du gesehen hast. Beschreibe das Äußere, die Hülle. Und wisst Ihr was: Schreibt im Stehen. Dann kommen die kurzen Sätze schon von alleine. Und nehmt einen Bleistift! Ernest Hemingway nutzt oft eine Schreibmaschine, wenn er einen Artikel schreibt oder einen längeren Brief. Für

Texte jedoch, die ihm am Herzen liegen, verwendet er meist einen Bleistift.

Ernest Hemingway stellt sein Whiskey-Glas auf die Bartheke, um mit beiden Händen seinen nächsten Ratschlag zu untermauern. Mein bester Rat an einen Autor ist dieser: Lebe! Versuche lebendig zu sein! Wenn Du atmest, dann atme wirklich. Wenn Du isst, genieße den Geschmack. Wenn Du schläfst, dann schlafe tief. Versuche bei allem, was Du tust, so gut wie möglich, lebendig zu sein. Der Schriftsteller legt eine kurze Pause ein, nimmt einen guten Schluck aus dem Whiskey-Glas und fährt fort, so als wolle er seinen Gedanken abrunden. Lebendig zu sein, darauf kommt es an!

Die guten Ratschläge des Maestros an der Klubbar in Cabo Blanco finden damit noch nicht ihr Ende, es geht nun um Grundsätzliches. Und noch eins, Orbegozo, hüte Dich vor der Eitelkeit im Schreiben. Die Story ist wichtig, Du bist unwichtig! Es gibt zu viele Erklärer und zu wenig gute Schriftsteller. Glaubt nur nicht, wir Schreiber könnten die Welt verändern. Und Ernest Hemingway schaut die peruanischen Journalisten lange mit einem Stirnrunzeln an. Dieser Glaube ist das Schlimmste, was uns passieren kann, sagt der Nobelpreisträger dann, schlimmer als die Lepra.

Wer denn seine Vorbilder als Schriftsteller seien, wird Ernest Hemingway nun gefragt. Und schon sprudelt es aus dem Amerikaner heraus: Mark Twain, Gustave Flaubert, Stendhal, Johann Sebastian Bach, Leo Tolstoi, Maupassant, Charles Baudelaire, der gute Kipling, Thoreau, Shakespeare, Wolfgang Amadeus Mozart, Quevedo, Pio Baroja, Marcel Proust, Dante, Tintoretto, Hieronymus Bosch, Francisco de Goya, Giotto, Cézanne, van Gogh, Gauguin, Degas, Luis de Góngora – ich kann hier die ganze Nacht lang eine Liste aufzählen. Ich habe auch die Maler eingeschlossen, weil ich von denen genauso zu schreiben lerne, wie von den Schreibern selbst.

Wie man Landschaften zu beschreiben hat, das hat Paul Cézanne als Maler vorgemacht, als junger Mann habe ich seine Bilder in Paris bewundert. *Die Malerei Cézannes lehrte mich, dass das Schreiben einfacher wahrer Sätze bei weitem nicht ausreichte, um den Geschichten die Dimensionen zu verleihen, die ich ihnen geben wollte. Ich lernte sehr viel von ihm, war aber nicht wortgewandt genug, das irgendjemandem zu erklären. Außerdem war es ein Geheimnis.*

Cézanne setzt kräftige Farben ein, um seine Landschaften auszumalen, weniger das Licht- und Schattenspiel. Ich versuche, ihm nachzueifern. Ernest Hemingway leistet sich eine kleine Pause und nimmt abermals aus dem Glas mit dem Whiskey einen langen Schluck, danach dann das Wasser. Ich wünschte, ich könnte schreiben, so wie Cézanne malt, bedauert er schließlich.

Ich mag auch die Musik, sagt der Nobelpreisträger im Anschluss. Als Kind musste ich Cello spielen, eigentlich hätte ich lieber draußen mit dem Ball und den anderen Jungs getobt. Doch zuhause in Chicago haben wir regelmäßig Kammermusik aufgeführt. Meine Mutter spielte Klavier, meine Schwester Marcelline die Violine und ich das Cello. Ohne jedes Talent, was mich anbelangt. Die Journalisten im *Cabo Blanco Fishing Club* zeigen sich mächtig beeindruckt von Hemingways Ausführungen.

Und auch die Komponisten sind mein Vorbild, fährt der graubärtige Autor fort. Du fragst dich bestimmt, wie das sein kann. Ernest Hemingway schaut die ungläubig blickenden Redakteure an. Auch da brauche ich eine ganze Nacht, um dies zu erläutern. Ich muss Dir dann erklären, was man aus einer guten Komposition lernen kann, wie man in der Literatur die Harmonielehre verwenden kann und wo man im Text Stimme und Gegenstimme, den Kontrapunkt, setzt.

Um seine Aussage zu unterstreichen, fuchtelt der Schriftsteller aus Amerika an der Bar des *Cabo Blanco Fishing Clubs* in der Wüste Perus nun mit seinen Armen wie ein unter Strom stehender Operndirigent. Hört Euch mal die *Toccata und Fuge in d-Moll* von Johann Sebastian Bach an, auf einer guten sakralen Orgel, dann bekommt Ihr eine Ahnung davon, wie man schreiben muss.

Unvermittelt nimmt Ernest Hemingway an der Bar aus seiner Jackentasche ein Stück Papier in die Hand und rezitiert seine Lieblingsstelle aus *The Old Man and the Sea*:

He no longer dreamed of storms, nor of women, nor of great occurrences, nor of great fish, nor fights, nor contests of strength, nor of his wife. He only dreamed of places now and of the lions on the beach.

Der Schriftsteller liest in seiner bariton-tiefen Stimme die Stelle auf Englisch, sie gefällt ihm so sehr, weil *der alte Mann* Santiago von der Jugend, von der Kraft und von der Hoffnung träumt.

Er träumte nicht mehr vom Sturm oder von Frauen, noch von großen Ereignissen, noch von großen Fischen oder von Kämpfen und Machtproben, noch von seiner Frau. Er träumte jetzt nur noch von Orten hier und jetzt und von den Löwen am Ufer.

Ernest Hemingway macht eine Kunstpause und fragt schließlich in die Runde: Bemerkt Ihr die Musik in den Sätzen, den Rhythmus der Sprache, das Timing? *Er träumte jetzt nur noch von Orten hier und jetzt und von den Löwen am Ufer.* Eine Melodie aus einfachen Umschreibungen, mit wenigen Adjektiven. Ihr müsst die Wörter über die Tasten gleiten lassen wie eine feine Tonfolge auf einem Klavier. Kurz und deutlich. Staccato nennt man es in der Musik.

Die Löwen am Ufer. Ist dieses Bild nicht paradiesisch? Wollen wir nicht alle ein Löwe am Ufer sein, gesund und kräftig wie in unseren Jugendtagen. Wollen wir alle nicht so stark und mächtig bleiben, dass uns keiner etwas anhaben kann? Vielleicht ist es ein Hirngespinst, *muchachos*, aber es bleibt mein wunderschöner Traum.

Ernest Hemingway mag eigentlich nicht gerne über Literatur reden, da haben die Kollegen in Cabo Blanco eine Menge Glück, normalerweise zieht der Amerikaner andere Themen

137

vor. Stierkampf, Boxen, Frauen. Das Intellektuelle liegt ihm nicht. Er ist kein Kopfmensch, der viel nachdenkt, sondern ein Mann, der aus dem Bauch heraus lebt. Als Person ebenso wie als Literat. Seine Prosa und diese schlichten Sätze, sie wirken schon per se auf irgendeine Art und Weise anti-intellektuell.

Ernest Hemingway genießt die Unterredungen mit den drei Redakteuren im *Cabo Blanco Fishing Club*. Es gibt so viele Leute, die mit ihm sprechen wollen, auf der ganzen Welt. Zu allem soll er seinen Senf dazu geben. Zur Politik, zur Literatur, zu Königen und Kaisern. Manche dieser Plaudereien bereiten ihm Mühe, andere wiederum langweilen ihn. Doch wenn er den Gesprächspartner mag und ihm vertraut, dann muss er nicht lange nachdenken. Es fließt, alles sprudelt aus ihm heraus, sein Denken, seine Wünsche, seine Träume.

Die stundenlange Unterhaltung an der Bar im *Fishing Club* mit seinen Bewunderern aus Lima und mit dem Pazifik an seiner Seite genießt Ernest Hemingway. Im Grunde seines Herzens fühlt er sich verlassen und mutterseelenalleine, die Unterredungen dienen dem Schriftsteller als Einblicke und Selbstanalyse, alles frei von der Leber gesprochen. Sie helfen ihm, Klarheit zu schaffen. Er verrät anderen, vor allem aber sich selbst, was ihn am Laufen hält: das Schreiben und Lesen, das Meer und die Natur, der Wettkampf, seine Lieblingsländer, die Frauen. An der Theke breitet Ernest sein Innenleben aus. Die Gefühle, tief in ihm drin. Sein Leben. Wenn es nur so einfach wäre – das Leben.

Für die Journalisten aus Lima wird die Unterhaltung mit dem Nobelpreisträger zur Sternstunde ihrer beruflichen Laufbahn. Doch weit mehr, Jorge Donayre schreibt in *La Prensa* begeistert: „Diese Persönlichkeit ist einer der größten Erzähler der Menschheitsgeschichte. Aber da steht auch ein unkomplizierter Mann vor uns, ohne Prahlerei und Allüren." Jorge Donayre, merkwürdigerweise neckt er den Schriftsteller in seinen Artikeln hier und dort, sieht in diesem Ernest Hemingway eine herausragende Erscheinung. Ein solch markiger Charakter, so frei von sozialen Vorurteilen, so lebensmutig und bodenständig, sei in seinem Land nicht zu finden. In der feinen Gesellschaft von Miraflores, so schreibt Donayre, würde ein freier Geist wie er rasch in Ungnade fallen.

Manuel Jesús Orbegozo von *La Crónica* wird die Begegnung mit Ernest Hemingway sein Leben lang nicht vergessen. Obwohl er viele Berühmtheiten – von Juri Gagarin über Deng Xiaoping bis Pol Pot – kennengelernt hat, das Zusammentreffen mit dem bärtigen Amerikaner sticht heraus. „Sein Auftreten war überwältigend. Was uns Journalisten am Ende des Tages jedoch am meisten beeindruckt, ist das menschliche Format und nicht nur die Klugheit."

Denn er habe hochgebildete Menschen getroffen, die ihm jedoch völlig gleichgültig geblieben sind. Als Orbegozo zum Beispiel den ecuadorianischen Maler Oswaldo Guayasamín interviewte und ihn nach den weltbesten Malern fragte, antwortete dieser: ‚Picasso, Dalí und ich'. Im Gespräch fand er es noch lustig, beim Redigieren aber bemerkte er den Hochmut. „Ganz anders war da Hemingway, er strahlte auf eine ganz besondere Art und Weise eine große humane Würde aus."

Und in Cabo Blanco, im *Fishing Club* am Pazifik, sagt im April 1956 Manuel Jesús Orbegozo, der sein Herz auf der Zunge trägt, die Begegnung mit dem Nobelpreisträger ist, als ob wir mit der Hand den Himmel berühren. Ernest Hemingway muss lächeln, als Orbegozo ihm diese spanische Redewendung erläutert. *Tocar el cielo con la mano.* Mit der Hand den Himmel berühren.

Der Autor aus Chicago hat diesen Ausspruch schon einmal gehört, damals in Spanien, bei den *castellers* in Barcelona. In weiße Hosen und bunte Hemden gekleidet bauen jeweils bis zu zweihundert Bewohner aus umliegenden Dörfern an Festtagen auf den Rathausplätzen Kataloniens turmhohe Pyramiden aus Menschen, mit bis zu acht Etagen und zwölf, dreizehn Metern empor.

Schnabelflöten und Timbales-Trommeln sorgen mit heiteren Melodien und spitzen Rhythmen für die musikalische Untermalung des Spektakels. Solche *castells*, die hohen Menschen-

türme der Katalanen, sind ohne Willenskraft und Gemein-
schaftsgeist nicht zu bauen.

Und als Höhepunkt der artistischen Darbietung robbt dann
ein kleines Mädchen oder ein kleiner Junge, vielleicht sechs,
sieben Jahre alt, außen an der Pyramide in die Höhe. Oben
angekommen, kniet das Kind sich dann auf die Spitze des Men-
schenturms und streckt eine Hand in Richtung Himmel. Erst
jetzt gilt die Menschenpyramide als vollendet. *Tocar el cielo
con la mano.*

13. Frei sein, wie ein kleiner Vogel

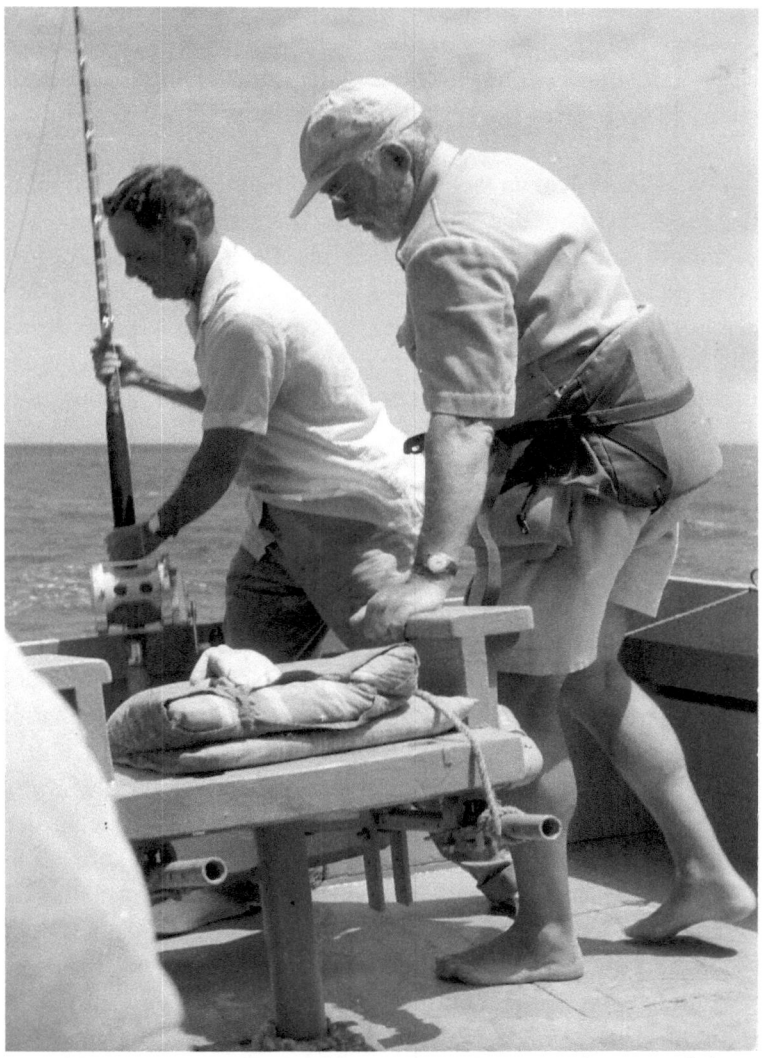

Auf der ,Miss Texas': Ein barfüßiger Ernest Hemingway bereitet sich für den Angelstuhl und die Jagd auf den schwarzen Marlin vor. Cabo Blanco, im April 1956.

Am dritten Tag kommen die Filmleute aus Hollywood abermals mit auf den Pazifik. Aufnahmeleiter Allen Miner, die Kameramänner und Tontechniker Joe Barry, John Dany, William Classen und Stuart Higgs verteilen sich wiederum auf die *Miss Texas* und die *Pescadores Dos*. Aller guten Dinge sind drei, merkt Ernest Hemingway am Morgen voller Zuversicht in die Runde an.

Die Männer wollen sich auf der Jagd nach dem Schwarzmarlin, ebenso wie bei den Dreharbeiten, nicht ablenken lassen und deshalb hat der Schriftsteller auch an diesem Tag die Anordnung erlassen, dass keine Presse mit an Bord darf. Dabei wäre genau dies so sehr sein Wunsch gewesen, doch Manuel Jesús Orbegozo von der Tageszeitung *La Crónica* erhält nicht die Erlaubnis, mit auf Ernest Hemingways Boot zu kommen, auf die *Miss Texas*.

Der Mann aus der Hochlandregion von La Libertad jedoch lässt sich so schnell nicht abwimmeln, er ist ein gewiefter Reporter, der den Knaller seines Berufslebens nicht vermasseln will. Und so versucht der Journalist, es wenigstens auf das Schiff von Mrs. Hemingway zu schaffen, die an diesem Tag mit drei Filmleuten hinausfährt.

Am frühen Morgen des 18. April 1956 schleicht sich Manuel Jesús Orbegozo zur Landungsbrücke im Hafen. Dort schnappt er sich von der Tochter eines Fischers kurzerhand zwei Kühltaschen mit Vorräten und klettert frech an Bord der *Pescadores Dos*, so als sei er Teil des Teams. Auf dem Boot versteckt der *La Crónica*-Reporter sich dann in der winzigen Toilette. Eine halbe Stunde nach Auslaufen kommt Orbegozo aus dem WC und der urplötzliche Auftritt des blinden Passagiers löst auf dem kleinen Schiff sogleich eine gehörige Unruhe aus.

Kleinlaut erklärt der Journalist, zu Mary Welsh gewandt, dass er nichts Böses im Schilde führe. „Was würden Sie machen, gnädige Frau, wenn Ihr Vorgesetzter Ihnen die Anweisung gibt, einen Tag mit Ernest Hemingway auf dem Meer zu verbringen?", versucht der Zeitungsmann ein paar Mitleidspunkte zu machen.

Miss Mary zeigt sich gnädig gestimmt. Ernest Hemingways Ehefrau, an Deck mit einem breiten *sombrero* aus Catacaos gegen die gleißende Sonne geschützt, erkennt Manuel Jesús Orbegozo als einen der Redakteure vom Flughafen. Mary Welsh hat selber lange als Journalistin gearbeitet, sie kennt den Druck, und so darf der Reporter zumindest an diesem Tag an Bord verbleiben.

Gegen 10 Uhr 30 gibt Ernest Hemingway von der *Miss Texas* aus ein Zeichen, dass endlich ein Fisch angebissen hat. Die *Pescadores Dos* nähert sich Hemingways Boot und die Kameramänner Joe Barry, William Classen und Stu Higgs bringen ihre schweren Handapparate in Stellung. Doch Fehlalarm. Als Gregorio Fuentes die Angelschnur zieht, kommt lediglich ein Tintenfisch zum Vorschein. Eine Stunde später gibt es erneut blinden Alarm. Und von Neuem ist die Enttäuschung riesengroß.

Der Journalist Manuel Jesús Orbegozo auf der *Pescadores Dos* nutzt die Gelegenheit, einige Sätze mit Mrs. Hemingway auf Englisch zu wechseln. Wie sich das Paar kennengelernt habe, fragt der Reporter neugierig. In London, bekommt er zur Antwort, als Ernest und ich Korrespondenten im Krieg gewesen sind. Es sei Liebe auf den ersten Blick gewesen. Aber, fügt Mary schnell an, weil sie ahnt, welche Nachfrage jetzt kommen wird, ich habe einen Mann geheiratet, den ich liebe, und nicht einen Schriftsteller, den ich bewundere.

„Schön ist das Meer hier", meint Mary Welsh ausgelassen zu Orbegozo. Und *Miss Mary*, einmal in Fahrt, plaudert munter drauf los aus dem Alltag des Ehepaares. Sie erzählt von London, von Kuba und der *Finca Vigía*, von Afrika, von den beiden Unfällen, die Ernest um Haaresbreite das Leben gekostet hätten. Die Folgeerscheinungen der Flugzeugunglücke, so sagt sie, machen ihrem Ehemann noch immer zu schaffen.

Der Nobelpreis? Mary Welsh wirkt bei diesem Stichwort leicht verschnupft. Ernest, meint sie spitz, ist stets so großzügig. Von den 36.000 Dollar hat er unserem Chauffeur Juan und den anderen Bediensteten auf der *Finca Vigía* zehn Monatsgehälter als Gratifikation gezahlt. Und mir wollte er ein Jagdgewehr in Paris kaufen, nun ja, aber dann hat er mir einen Scheck über zweitausend Dollar ausgestellt.

Bleibt denn noch etwas übrig von dem Nobelgeld, Señora?, fragt Manuel Jesús Orbegozo vorwitzig, ihr Ehemann hat gegenüber Mario Saavedra in dem *El Comercio*-Interview ungefragt eine seltsame Andeutung gemacht. *Miss Mary* nimmt die Frage nicht krumm. Ich habe nichts mehr, lacht Ernest Hemingways Ehefrau spöttisch, ich habe nur noch ihn. Und der Redakteur Orbegozo aus Peru weiß nicht so recht, wie ein solcher Humor unter Ehepartnern gemeint sein soll.

Am Hafenkai von Cabo Blanco ist vielen aufgefallen, mit welcher Mühe und Not der Schriftsteller an Bord gelangt. Ein, zwei Mann müssen Ernest Hemingway unterhaken, damit er von der Landungstreppe auf das etwas tiefer gelegene Boot kommt. Besonders die Schmerzen im Rücken, die ihn seit den Flugunfällen in Afrika plagen, schränken seine Beweglichkeit ein. An Bord wird es nicht besser.

Von der *Pescadores Dos* kann Manuel Jesús Orbegozo aus der Ferne die Silhouetten der Männer auf der *Miss Texas* ausmachen. Der Journalist aus Lima erkennt, wie schwerfällig sich der beleibte US-Amerikaner auf dem anderen Boot fortbewegt. Wie ein Polarbär, denkt der Reporter von *La Crónica* für sich. Der Nobelpreisträger zieht zudem sein rechtes Bein ein wenig nach, seine Bewegungen erscheinen dadurch ungelenk und hölzern.

Ernest Hemingway ist in der Tat nicht gut beieinander, sein Körper hat zu viel durchgestanden in all den Jahren. Mitte November 1955 hat er im Sportpalast von Havanna die *San Cristóbal*-Medaille von der kubanischen Regierung verliehen bekommen. Nach zwei Stunden im brennenden Scheinwerferlicht der TV-Kameras und hinterher in der kühlen Nacht zieht der Schriftsteller sich eine heftige Erkältung zu. Dazu haben ihn noch eine Nierenentzündung und eine Hepatitis befallen, von Ende November bis in den Januar hinein hat er das Bett hüten müssen.

Der prominente Autor leidet außerdem an einer Verfärbung der Pigmentflecken im Gesicht, die unbehandelt zu Hautkrebs führen kann. Der Amerikaner bekommt leicht einen Sonnenbrand und deshalb schmiert er sich eine dicke Creme über die Gesichtspartien und um Arme und Beine, damit er ein wenig geschützt wird. Besonders Ernest Hemingways empfindliche Haut wird in Nordperu auf eine harte Probe gestellt.

Auch wenn ihm sein dichter Bart etwas Schutz bietet, so rötet sich seine Gesichtshaut doch schnell unter der trockenen Wüstensonne des Pazifiks. Sein Gesicht verfärbt sich dann puterrot, wie einer der Journalisten es in Cabo Blanco boshaft umschreibt, so rot wie ein balzender Truthahn. Das liest sich nicht gerade nett, doch die Sache bleibt ernst. Sein Hausarzt auf Kuba, José Luis Herrera Sotolongo, hat ihn vor zu viel Sonnenlicht gewarnt, weil er bereits eine beginnende Melanose diagnostiziert hat.

Doch Ernest Hemingway überhört die Ratschläge seines Arztes und vernachlässigt seine Gesundheit. Er schützt sich zu wenig vor den Sonnenstrahlen und hat für diese Breiten zu dicke Kleidung an. Der viele Alkohol und der schlechte Schlaf machen das Ganze nicht gerade besser, *Miss Mary* macht ihn mehr als einmal darauf aufmerksam. Doch Ernest lässt sich ungern etwas vorschreiben, von Ärzten nicht und von Ehefrauen schon gar nicht.

Gegenüber Freunden klagt der Autor über heftige Kreuzschmerzen, er berichtet zudem von einem Rauschen und Klingeln im Ohr, manchmal quält ihn ein stechender Kopfschmerz und zeitweilig fallen ihm die Namen seiner Gesprächspartner nicht mehr ein. Ernest Hemingway merkt, seine wilden Jahre, die Zeit vor den Hämorrhoiden, wie er zu scherzen pflegt, liegen eine ganze Weile hinter ihm. Er spürt, dass seine Uhr langsam abläuft, sein Gesundheitszustand verschlechtert sich von Monat zu Monat.

Natürlich möchte der 56-jährige Schriftsteller in Cabo Blanco auch herausfinden, ob er noch Kraft genug besitzt für den schwarzen Marlin. Und möglicherweise meint er ja mit dem schwarzen Marlin sein Leben, sein Schreiben, seine Liebschaften. Gibt es weiterhin ausreichend Energie in Ernest Hemingway, für die Lust am Leben, für ein Leben, genau so, wie er es sich vorstellt?

Kann es sein, dass dieses ganze Macho-Getue, wie große Fische jagen und auch hübsche Frauen, ihn womöglich vom Verfall seiner körperlichen Kraft ablenken soll? Der *machismo*, in Lateinamerika eine billige Karikatur aus 500 Jahren Katholizismus und 50 Jahren Hollywood, wirkt ja fantastisch als weiße Salbe auf die Seele geschundener Männlichkeit. Auch Ernest Hemingways bestes Placebo besteht darin, die Probleme zu verdrängen und nicht an sich herankommen zu lassen.

Schon an Land ist das Klima im Norden Perus überaus beißend und ungemein hart, auf offener See wird die Rauheit durch die Wasserspiegelung und den fehlenden Schatten noch verschärft. Manche *gringos* binden sich Tücher ums Gesicht, wie die Spitzbuben bei einem Bankraub, um sich vor der Sonne und dem Salzwind abzuschirmen. Und selbst die Einheimischen tragen trotz der siedenden Hitze dichte Spitzmützen aus Alpaca, die Kopf und Ohren bedecken, wie im kalten Altiplano. Ernest Hemingway belässt es bei seiner dünnen Baumwoll-Cap als Schutz, auf dem Meer vergisst der Amerikaner all die Beschwernisse, die er mit sich herumschleppt.

Doch mit der Marlin-Jagd läuft es nicht so, wie er sich dies vorgestellt hat, gleichermaßen mit den Filmaufnahmen. Die Widrigkeiten häufen sich in Cabo Blanco, vieles ist nicht bedacht worden. Das Filmstudio aus Los Angeles hat ein Team nach Peru entsandt, das noch nie in Salzwasser-Gebiet gefilmt hat.

Auch der Umstand, auf den schwankenden Kleinbooten ausschließlich mit Handkameras aufnehmen zu können, erschwert die Dreharbeiten entgegen den Erwartungen. Zusätzlich muss man mit dem trockenen Tropenklima klar kommen, mit den staubigen Brisen und der stechenden Sonne. Als ob dies nicht schon genug wäre, verschlechtert sich zu allem Pech dann auch das Wetter.

Doch ein Abenteurer lässt sich so schnell nicht unterkriegen, jeden Morgen versammelt sich auf der *Miss Texas* eine Schar zäher Burschen. Es geht locker zu unter diesen sieben, acht Männern und ihre Sprache ist nicht dieselbe wie im Trappistenkloster. Es ist jene Lebenswelt, die Ernest Hemingway gefällt, offen und frei heraus, eine Kameradschaft, die auf ein gemeinsames Ziel ausgerichtet ist. Und der Schriftsteller mit seinem „robusten Charme", wie es sein Freund Kip Farrington umschreibt, passt wunderbar in diesen testosterongesteuerten Männerbund.

An Bord scheint der bärtige US-Amerikaner voll in seinem Element, er erteilt Anweisungen, er setzt sich des Öfteren in den Angelstuhl, er redet und gestikuliert mit der peruanischen Crew. Eigentlich wirkt die Stimmung an Bord gelöst, doch bei den Kameramännern aus Hollywood wächst die Unzufriedenheit, denn sie tun sich schwer, gute Bilder aufzunehmen.

Das Meer vor Cabo Blanco führt hohen Wellengang, bei den Aufnahmen stehen die Kameraleute auf wackeligen Füssen und müssen versuchen, ihre Handapparate ruhig zu stellen. Am Abend, wenn die Kameramänner sich im Klubhotel ihre Filme anschauen, dann stellt sich das allermeiste als unbrauchbar heraus, weil so gut wie alle Szenen sich als verwackelt erweisen.

Hollywood ist wichtig, doch noch mehr zählt für Ernest Hemingway auf der *Miss Texas* die Jagd nach dem schwarzen Marlin. Dieser *merlín negro* ist dem Schwertfisch verwandt und gilt wegen seines großen Gewichtes, seiner Kraft und seiner Schnelligkeit als schwierig zu fangen. Wenn man diesen Monsterfisch einmal an den Angelhaken kriegt, schwer genug, dann kann es schon mal fünf, sechs Stunden dauern, bis sich der Fisch endgültig geschlagen gibt. Über Stunden bedarf es viel Geschick, aber vor allem Kraft und Ausdauer, um einen solchen König des Meeres zu besiegen.

Wenn der schwarze Marlin über der blauen Meeresoberfläche seine Pirouetten springt, dann sehen die Tiere aus wie meisterhafte Artisten der Natur, wie Zirkuskünstler im nassen Element.

Ein unvergessliches Schauspiel erlebt der Betrachter, sobald der Marlin über die Wasseroberfläche gelangt. Wenn ein solch mächtiges Tier aus dem Wasser springt, dann fliegt es in einem hohen Bogen zehn Meter weit. Und wenn der Fisch anschließend auf das Meereswasser klatscht, dann hört sich dies an, als sei ein Eichenbaum umgefallen.

Im Jagdmodus kann ein Marlin mit seinem spitzen Speer voraus mehr als achtzig Kilometer in der Stunde zurücklegen, Marline und Schwertfische erreichen mit ihrem stromlinienförmigen Körperbau unter allen Fischen Höchstgeschwindigkeiten. Obwohl sie als Tiere mit kräftigem Leib durch den höheren Widerstand im Wasser wesentlich mehr Kraft benötigen, um sich fortzubewegen, gleiten diese makellosen Geschöpfe der Evolution ohne Verwirbelung flink durch den Ozean.

Wie von einer magischen Vision geleitet, zieht es Ernest Hemingway hinaus aufs Meer zu den großen Fischen. Unerbittlich jagt er die gigantischen Tiere und will sie töten, obwohl er sie bewundert. *Wir sind noch glücklich dran, dachte er. Dann tat ihm der große Fisch, der nichts zu fressen hatte, leid, aber sein Entschluss, ihn zu töten, wurde durch sein Mitgefühl für ihn nicht geschwächt. Wie vielen Menschen wird er als Nahrung dienen, dachte er. Aber sind sie es wert, ihn zu essen? Nein, natürlich nicht. Es gibt niemand, der es wert ist, ihn zu essen, wenn man die Art seines Verhaltens und seine ungeheure Würde bedenkt.*

Ein Fisch mit riesiger Würde. Der große Fisch bleibt dem Angler ein würdevoller Gegner, so wie ein *torero* eine Hochachtung vor dem wuchtigen Stier mitbringen muss. Ein guter Stierkämpfer tötet nicht aus Not oder Verachtung, denkt er, er tötet aus Liebe. Wie in der Stierkampfarena, so dient das Meer einem Ernest Hemingway als Schauplatz für diesen schizophrenen Kampf. Der Jäger sieht sich gezwungen, jenes Lebewesen zu töten, das er liebt.

Sein Wesen erschließt sich über das Meer. *Das Meer hat mein Schreiben beeinflusst wie nichts anderes*, sagt er. *La mar es la gran influencia en mi vida.* Das Meer habe einen großen

Einfluss auf sein Leben, mehr noch, es sei der große Einfluss auf sein Leben. Ernest Hemingway sagt es dem kubanischen Fernsehreporter Juan Manuel Martínez auf Spanisch, der ihn auf *Finca Vigía* interviewt, nachdem die Nachricht von der Zuerkennung des Nobelpreises verkündet worden ist. *Trato de comprender la mar*, meint der Amerikaner im kubanischen Fernsehen, *ich versuche, das Meer zu verstehen*.

Ein Schriftsteller will das Meer verstehen. Diese Auffassung überrascht, denn die meisten Autoren wollen die Welt verändern oder zumindest den Menschen ergründen. Ernest Hemingway, dieser vierschrötige Abenteurer, will indes das Meer verstehen, schlicht und einfach nur das Meer begreifen. Vielleicht damit er auf diese Weise das Leben und wohl ein wenig auch sich selber verstehen kann.

Das Meer ist in der Welt des Ernest Hemingway allgegenwärtig, er himmelt es in heiligen Worten an. Man bekommt den Eindruck, dort wo andere *Gott* sagen, da sagt Ernest Hemingway *la mar*. Das Meer. Man kann lange suchen und wird doch keinen zweiten Autor finden, der so liebevoll und so zärtlich über das Meer und den Menschen am Meer geschrieben hat wie dieser Kotzbrocken aus Oak Park bei Chicago. Und wen wundert es da, dass dieser merkwürdige Ernest Hemingway die anmutigste Liebeserklärung an das Meer verfasst hat, die jemals Papier gesehen hat?

Der alte Mann und das Meer, eine kurze Erzählung über die Niederlage im Sieg. Eine Parabel auf das Leben vor allem, so wie jene Erzählung von Sisyphos. Auch er ein einsamer Kämpfer, der sich tagein, tagaus schindet, obwohl er weiß, dass sein Kampf im Misserfolg enden wird. Wer mag, der kann in der Person des *alten Mannes* auch eine andere Anspielung erkennen. Vor allem bei jener Momentaufnahme des Santiago, als der alte Fischer, nach der Niederlage mit wunden Händen und dem Mast über der Schulter, des Abends in sein Dorf einzieht.

Er will das Meer verstehen. Das Meer, die Ozeane, die Flüsse und die Bäche, diesen Kreislauf der Natur begreift Ernest

Hemingway als des Menschen Lebenselixier, so wie es auch das Elixier seines Lebens darstellt. Das Meer trägt Geburt und Heilung in sich, jedoch, er ahnt es, auch Untergang und Tod. Die Gesetzmäßigkeit dieser Abfolge der Natur möchte er ergründen und verstehen.

Er möchte einen Blick erhaschen, nach welcher Ordnung die Schöpfung in Bewegung bleibt, um möglicherweise dadurch sein eigenes Sein und seine Vergänglichkeit zu begreifen. In seinem Werk betet er Fauna und Flora an und im richtigen Leben tötet er die Tiere. Warum tastet er die Schöpfung an, die er in seinen Büchern so bewundert? Verzweifelt versucht er, seine Gedanken zu ordnen.

Er weiß, der Fluss und das Meer werden alles überdauern, die Menschen und ihre Geschichten, die Frauen und die Männer, sie werden ihn und Mary und auch die Söhne überleben. Denn in der Natur verbirgt sich ein Kraftfeld, das über allem steht. Da erscheint der kleine Mensch nebensächlich und erst recht hilflos.

Warum sind seine Tage begrenzt? Er möchte daran verzweifeln, dass andere Gewalten mächtiger sind als er. Trotz seiner Hilflosigkeit vermag die Natur ihm Zuspruch und Trost zu gewähren. Genau darüber – über die Kraft der Natur und über die Grenzen des Menschen – schreibt er. Das Leben und der Tod sind das Thema des Schriftstellers Ernest Hemingway. Und die Liebe nicht zu vergessen.

Auf dem weiten Meer kommt Ernest Hemingway schnell ins Träumen. Oft träumt er den immergleichen Traum, auch wenn er mit keiner Menschenseele darüber reden mag, weil dieser Traum für einen Pfundskerl wie ihn möglicherweise ein wenig albern klingt. Aber er hat in seinen Büchern davon geschrieben, und man erfährt mehr über seinen Traum, wenn man aufmerksam seine Zeilen liest.

Und sein Traum lautet so, immer und immer wieder: Ernest möchte frei sein wie ein kleiner Vogel. Er möchte frisch und leicht über den Dingen schweben und sich die Welt entspannt von oben anschauen. *Ich frage mich, wie sieht das Meer von da oben aus? Eigentlich müssten sie gut den Fisch sehen, wenn sie nicht zu hoch fliegen.*

Frei sein, jung und unbeschwert durch den Tag gleiten, das ist der Traum des Ernest Hemingway. Er ist aufgewachsen in einer protestantischen Mittelklasse-Familie in einem Vorort von Chicago. Der konservative Wohngürtel um die Großstadt hat so gar nichts gemein mit dem liberalen Geist der Handelsmetropole. Die liegt nur eine halbe Autostunde von Oak Park entfernt, das Leben allerdings bewegt sich dort mental auf einem anderen Planeten. Im Grunde genommen blicken die Bewohner des Stadtrandes voller Verachtung auf das Lotterleben Chicagos.

Ernest Hemingway wächst in den USA auf mit den strengen calvinistischen Werten des Mittleren Westens. Mit einem tiefen Gottesglauben, mit dem Arbeitsethos von Pflichterfüllung und Entbehrung, mit Naturverbundenheit und mit dem Ehrgeiz, etwas Anständiges aus dem Leben zu machen. Die bigotte Mutter Grace erwartet viel von dem erstgeborenen Sohn und Ernest ist froh, mit achtzehn Jahren aus der Enge der Vorstadt entfliehen zu können.

Mit seinem Optimismus vom frühen Morgen sollte sich der Schriftsteller auf der *Miss Texas* täuschen. Auch am dritten Tag fängt man nichts von Belang. Der Autor selbst bekommt einen *pez sierra*, einen gewöhnlichen Sägefisch, an den Haken. Nichts, womit man groß angeben könnte. Auf der *Pescadores Dos* angelt man ebenfalls an diesem Tag und fängt vier Sägefische, der größte misst einen Meter. Doch ein schwarzer Marlin ist weit und breit nicht zu entdecken.

Missmutig schlurft der ausgelaugte Schriftsteller nach Landung der Boote über den Hafensteg von Cabo Blanco. Am Anfang der Holzmole hält er unversehens inne. Einige Meter von ihm entfernt fletschen zwei verlauste Straßenköter die Zähne.

Gebannt schaut Ernest Hemingway dem Zank der Tiere zu. Er, der im Hürtgenwald der Schneeeifel die Soldaten gesehen hat, die sich gnadenlos niedermetzeln und gegenseitig

151

abschlachten, er, der im Veneto das warme Blut der Toten an seinen Beinen verspürt hat, blickt erregt zu, wie zwei Köter sich grimmig anfauchen.

Etwas geht in ihm vor, er kann es nicht beschreiben und nicht deutlich fassen. Er mag Tiere, er schließt sie wie die Katzen ins Herz, er kümmert sich liebevoll um die Kreaturen. Wenn er auf Kuba ein verletztes Tier sieht, dann nimmt er es mit auf die *Finca Vigía* und pflegt es gesund. Das ist die eine Seite. Die andere Seite ist, er jagt die Tiere – die Fische, die Vögel, die Antilopen – er verwundet sie und er tötet sie. Voller Leidenschaft und ohne jede Not. Ernest Hemingway spürt zwei Wesen in sich, die sich entgegenstehen. Zwei Gestalten in einem Leben, in seinem Leben, und er fühlt tief im Inneren, dass der Zwiespalt ihm nicht guttut.

Ernest Hemingway tötet die Tiere nicht, um Nahrung zu sichern. So wie *der alte Mann* Santiago im Selbstgespräch kundtut, *you killed him for pride and because you are a fisherman.* Du tötest aus Stolz und weil du ein Fischer bist. Wobei Ernest Hemingway im Gegensatz zu dem *alten Mann* nur aus *pride* tötet, wobei man *pride* sowohl als *Stolz* wie auch als *Hochmut* übersetzen kann. „In jedem Geschöpf der Natur lebt das Wunderbare", meint Aristoteles, auch Hemingway ist dies natürlich klar. Im Grunde genommen weiß er, dass er einen barbarischen Fehler begeht.

Der Mensch darf sich nicht über die Tiere erheben, die Schöpfung besitzt ihre eigene Würde und eigene Regeln. Der Mensch als Teil der Schöpfung hat kein Recht, sich zu deren Gebieter aufzuschwingen. Der Mensch darf die Schöpfung nicht antasten, doch gerade diese Herausforderung lockt ihn. *Wenn ein Mensch gegen den Tod rebelliert, so wie ich gegen den Tod rebelliere, macht es ihm Freude, ein Sonderrecht der Götter für sich in Anspruch zu nehmen: die Macht, den Tod zu geben.* Doch Gott, da macht Ernest sich etwas vor, vergibt kein Sonderrecht.

Die beiden kampfeslustigen Hunde trollen sich nun gutmütig hinter einen der riesigen Rundtanks mit Petroleum und ehe sich der Schriftsteller versieht, wird er von einer Horde lärmender Kinder umlagert. Fünfzehn, zwanzig Jungen und Mädchen aus dem Dorf, viele in Lumpen gekleidet, lachen und strahlen den hochgewachsenen Amerikaner an. Barfüßig tänzeln sie am Hafenkai um ihn herum, zupfen an seiner kurzen Hose, und schreien *Mister, Mister*. Ob die Kinder glücklich sind, fragt er sich, so wie die kleinen Vögel? Ernest Hemingway steigt in die *camioneta*, die ihn in den *Fishing Club* bringen wird.

Seine Stimmung verschlechtert sich zusehends, nachts geht er missgelaunt zu Bett. Und trotzdem gibt sich der Schriftsteller des Morgens nach all den Fehlschlägen auf ein Neues zuversichtlich. *Ich weiß es. Mein großer Fisch ist hier irgendwo. Irgendwo hier, irgendwo an meiner Seite.* Die Niederlage kommt für ihn nicht in Betracht, Aufgeben ist eine Sache für Hasenfüße. Wie unter Drogen wird Ernest Hemingway berauscht von der Jagd nach den *picudos*. Er will sie zur Strecke bringen, die großen Tiere. Die ganz großen Tiere.

14. Tanz mit dem Tod

Mario Saavedra und Ernest Hemingway verstehen sich bestens.
Obwohl der Nobelpreisträger für gewöhnlich mit Interviews geizt, ver-
sucht der junge Redakteur des ,El Comercio' erneut sein Glück.
Cabo Blanco, im April 1956.

Als Mario Saavedra beim amerikanischen Autor im *Cabo Blanco Fishing Club* anfragt, ob er für ein weiteres Interview zur Verfügung stehe, diesmal ausschließlich über den Stierkampf, reagiert Hemingway begeistert. Da brauche er nicht nachzudenken, das freue ihn, und der Nobelpreisträger sagt spontan zu. Eine Stunde unterhalten sich die beiden im Speiseraum des Klubs über die Welt der *corridas*, für den Schriftsteller ist es eine wohltuende Ablenkung von den Angelpleiten. Ernest lebt auf, wie immer, wenn er über den Stierkampf reden kann.

Wie ein Teenager kommt der Buchautor ins Schwärmen, als er mit dem Reporter von *El Comercio* über *toros* und *toreros* fabuliert. „Hemingway hatte richtig Ahnung vom Stierkampf", sagt Mario Saavedra. Der Mann aus Chicago und der Peruaner sprechen in Cabo Blanco vor allem über Antonio Ordóñez Araujo, den legendären spanischen Stierkämpfer, der ein guter Freund des Amerikaners ist. Ernest kennt noch dessen Vater, Cayetano Ordóñez, über den er schon geschrieben hat und den man in Spanien *El Niño de la Palma* nennt.

Mario Saavedra ist ebenfalls vom Fach, er zeichnet als *cronista taurino* des *El Comercio*. Im Wechsel mit anderen schreibt er regelmäßig in seiner Zeitung über den Stierkampf in Peru, es ist eine heiß begehrte Position für einen jungen Redakteur. In jenen Jahren finden viele berühmte *toreros* den Weg zur Plaza de Acho in Lima, wo Amerikas älteste Stierkampf-Arena steht, nach der *Plaza de Toros de la Maestranza* in Sevilla die zweitälteste der Welt überhaupt.

Auf einer vollen großformatigen Seite veröffentlicht Mario Saavedra-Pinón in *El Comercio* vom 23. April 1956 sein ausführliches Interview *Charlando de Toros con Hemingway*. Mit Hemingway über Stiere plaudern. In Cabo Blanco treffen sich zwei Liebhaber, deren Passion der Stierkampf ist. „Mit einem Kopf, rot wie eine Tomate, wegen der Sonne", so beginnt der Peruaner nassforsch seinen Artikel, doch dann merkt man schnell, hier haben sich zwei Brüder im Geiste zur Fachsimpelei getroffen.

155

Ich mag den Stierkampf, sagt Ernest Hemingway zu Mario Saavedra, *soy aficionado*. Schon bei seinem ersten Besuch in Spanien, da ist er 23 Jahre alt und kommt mit Freunden aus Paris, erliegt der Mann aus Chicago der Faszination des Stierkampfes. Den ersten Stierkampf, *a good corrida*, sieht er Ende Mai 1923 in Aranjuez, das eine knappe Stunde südlich von Madrid liegt.

Ernest, ein junger Kerl aus dem Mittleren Westen der USA, erkundet diese vollkommen fremde Welt und reist zwei Wochen staunend durch das Land. Es dauert nicht lange, da verliebt er sich in Spanien, in seine Landschaft, in die Gastfreundschaft der Menschen und in die Kultur. In Ronda, in Sevilla, in Granada und in Madrid wohnt er dem blutigen Spektakel mit den Stieren bei.

Das war eine goldene Epoche des Stierkampfes mit toreros wie Joselito, El Gallo, Juan Belmonte und Granero. Bis der Spanische Bürgerkrieg ausbrach, habe ich über 1.600 Corridas besucht. Durch den Krieg ist das abgebrochen. Nach Spanien bin ich dann nicht mehr gekommen, bis vor drei Jahren, im Jahr 1953, und da bin ich direkt wieder zum Stierkampf.

Über 1.600 Corridas besucht? Na, wenn das nicht ein wenig geflunkert ist. All die Aufschneiderei beiseite, ein *aficionado* ist der US-Amerikaner in der Tat, daran bestehen keine Zweifel. Einmal, so wird berichtet, habe er sich sogar selbst als *torero* versucht, denn es gefällt ihm, den *matador* zu spielen. Sein *torero*-Versuch jedenfalls soll sehr zur Belustigung seiner Umgebung beigetragen haben.

Am liebsten mag Ernest Hemingway den Stierkampf, wenn sich eine schöne Frau in seiner Begleitung befindet. Schönheit und Tod, beides fasziniert ihn. So besucht er einige Male mit der engelsgleichen Ava Gardner die *Plaza de Toros*. Die Schauspielerin, obwohl mit Frank Sinatra verheiratet, erlaubt sich mit Luis Miguel Dominguín eine heiße Affäre.

Eine Liebesnacht mit dem schlanken *matador*, vermeldet die Hollywood-Venus, sei so, als ob man eine Nacht mit der gesamten fünften US-Kavallerie verbracht hätte. Die fünfte Kavallerie überrollt, so munkelt man, auch María Félix, Lana Turner, Rita Hayworth und Lauren Bacall.

Neben Lauren Bacall wird der Schriftsteller im Sommer 1959 in Südfrankreich beim Stierkampf sitzen. Die Schauspielerin schwärmt für Luis Miguel Dominguín, in den sie ein wenig verliebt scheint. Hemingways Sympathien liegen eher auf der Seite von Antonio Ordóñez, dem *matador* aus Ronda, Dominguíns ewigem Rivalen. Bei der ersten Begegnung kann Ernest mit der jungen Witwe von Humphrey Bogart nicht viel anfangen, er hält die spröde Schönheit für eine Fehlbesetzung in der Verfilmung seines Romans *Haben und Nichthaben*. Doch dann lernt er Lauren Bacall näher kennen und fängt an, die Schauspielerin zu mögen.

Kurz lauscht Mary Welsh im *Cabo Blanco Fishing Club* dem *torero*-Gespräch ihres Ehemannes mit Mario Saavedra. *Auch meine Frau ist eine Anhängerin des Stierkampfes,* erklärt der bärtige Autor dem Peruaner. *Sie mag besonders den Kampfstil von Girón. Ich glaube, Girón ist ein großer torero, aber er wird nicht Geschichte schreiben. Ihm fehlt das, was die Spanien ‚ángel' nennen.* Mary bewundert diesen César Girón, einen venezolanischen *matador*, der während eines Kampfes in Logroño im September 1956 seine *capa* vor der *barrera* der Hemingways drapieren und dem Ehepaar einen Stier widmen wird.

Gerne schaut der US-Amerikaner die *corridas* in Ronda, in der andalusischen Berglandschaft, an. Die dortige *Plaza de Toros* ist eine der ältesten und sogleich eine der schönsten ihrer Art, die kreisrunde Anlage gilt als Vorbild für zahlreiche Stierkampf-Arenen in der Welt. Die *Plaza* in Ronda wurde in den Jahren von 1783 bis 1789 von dem Architekten José Martin de Aldehuela als Sandsteinbau mit einer auf Säulen ruhenden Arkadengalerie erbaut.

Es ist in Ronda gewesen, wo der *matador* Pedro Romero vor über zweihundert Jahren, zusammen mit seinem Kollegen José Delgado – genannt Pepe Hillo – aus Sevilla, die noch heute geltenden Stierkampf-Regeln festlegte. Ihre *tauromaquia o arte torear à caballo y à pie* gilt als Beginn des neuzeitlichen Stierkampfes. Die *tauromaquia* oder jene *Kunst des Stierkampfes auf Pferd und zu Fuß* wird in Spanien, zwei Jahrhunderte lang, zum weithin anerkannten Kulturgut.

Neben den Romeros stammt die *torero*-Dynastie der Ordóñez aus Ronda, Vater Cayetano und Sohn Antonio. Etwas außerhalb der Stadt liegt eines ihrer Landgüter, das *El Recreo de San Cayetano,* wo in einem trockenen Brunnen die Asche des Orson Welles liegt, auch er ein *aficionado.* Zwischen Ronda mit seiner altehrwürdigen *Plaza de Toros* und dem großen Sevilla hat immer ein Konkurrenzverhältnis bestanden, Ernests Zuneigung liegt auf Seite des kleinen Ronda.

Was zieht Ernest Hemingway am Stierkampf so an? Die meisten Menschen – insbesondere jene aus den modernen Industriegesellschaften Nordamerikas und Europas – wenden sich voller Schauder und Abneigung von diesem mittelalterlichen Spektakel ab. *Von meinem ersten Stierkampf war ich erschüttert und angezogen zugleich*, meint ebenso Hemingway. Als archaische Tierquälerei schlecht beleumundet, versteht man außerhalb der iberischen Halbinsel und Lateinamerikas den Sinn und den Hintergrund des Stierkampfes nur unzureichend.

Ernest Hemingway hingegen, der bärtige US-Amerikaner aus dem biederen Oak Park bei Chicago, hat sich der Philosophie dieser *corrida de toros* intuitiv genähert. Unbewusst vielleicht auch deshalb, weil die Vision seiner Romane unterschwellig der Denkweise des Stierkampfes nachempfunden ist. In seinem Debütroman *The Sun Also Rises* von 1926 – in Europa heißt das Werk *Fiesta* – behandelt der Schriftsteller das Thema zum ersten Mal.

Im Jahr 1932 erscheint dann sein Buch *Death in the Afternoon.* Welch ein genialer Titel für diesen reportageartigen Essay über den Stierkampf! Die deutsche Übersetzung lautet *Tod am Nachmittag* und in dem Werk hat Ernest Hemingway das Ritual des Stierkampfes in alle Einzelheiten seziert und sich tief in das für Mitteleuropäer fremde Denken der Iberer zum Stierkampf eingefühlt.

Ich mag toreros, die tapfer sind, kraftvoll und kunstfertig. Diese drei Eigenschaften vereinen nur die ganz großen. Joselito, Belmonte, Manolete, Ordóñez und Luis Miguel Dominguín. Einer der besten war der Mexikaner Carlos Arruza, verrät Ernest Hemingway dem peruanischen Journalisten Mario Saavedra in Cabo Blanco, und vergisst nicht zu erwähnen, dass er die meisten persönlich kennt und mit vielen befreundet ist.

Ein Stierkampf ist Kunst, eine Tragödie und ein Geschäft, schreibt Ernest Hemingway im März 1930 in dem frisch gegründeten New Yorker Magazin *Fortune*, das eigentlich eine Wirtschaftszeitschrift ist. *Wie gelungen ein Stierkampf in künstlerischer Hinsicht ist, hängt von den Bullen und den Männern ab, die sie töten sollen. Aber Stierkampf ist immer eine Tragödie und immer ein Geschäft.* Die moderne Welt tut sich schwer, sich in die Denkweise des Stierkampfes einzufinden, und sie sitzt in ihrem Urteil nicht nur einem Trugschluss auf.

Der größte Irrtum über den Stierkampf weithin: Die Corrida sei der Kampf ‚Mensch gegen Tier'. Dies erweist sich als eine grundlegend falsche Sicht der Dinge. Der Stierkampf, und hier kommen wir zum Kern des Taurus-Denkens, ist weder Wettkampf noch Sport. Den Stierkampf begreift der Autor Ernest Hemingway richtigerweise als eine Art Theaterinszenierung, als Aufführung unter freiem Himmel, wo alle Tugenden und Eigenschaften vorgeführt werden, die dem Schriftsteller auch in seiner Literatur wichtig sind: die Kraft der Natur, die Auseinandersetzung, die Auflehnung, die Gefahr, der Mut, der Stolz, das Ehrgefühl und der Kampf gegen einen mächtigen Gegner.

Die *tauromaquia* beschreibt seit dem 18. Jahrhundert die Regeln dieses streng arrangierten Schauspiels. Eine *corrida* folgt seitdem einer festen Dramaturgie. Das eigentliche Kampfgeschehen besteht aus drei Teilen, *tercios* genannt. Mit jeweils einem eigenständigen Drittel, das durch Hornsignale von den anderen getrennt wird und meist mit *Paso Doble*-Rhythmen eine musikalische Dramatisierung erfährt.

Doch welche philosophische Tradition steckt hinter dem Stierkampf? Der Stierkampf ist ursprünglich eine Tragödie auf einer Freilichtbühne vor Publikum, mit Akteuren. Neben dem schwarzen Bullen und dem bunten *matador* spielt noch eine dritte Figur mit. Und die ist die wichtigste Figur in dem Drama: der Tod.

Die *Plaza de Toros* ist eine der wenigen Plätze, wo der ritualisierte Umgang mit dem Tod beobachtet werden kann. *Bullfighting is the only art in which the artist is in danger of death.* Der Stierkampf, so Ernest Hemingway, sei die einzige Kunstart, wo der Künstler sich stets am Rande des Todes bewege.

In der Arena, mitten im Herzen der Stadt, trifft das bunte Leben auf den schwarzen Tod und der schwarze Tod auf das bunte Leben. Im Grunde verbirgt sich hinter einem Stierkampf der Kampf ‚Leben gegen Tod'. Eine Corrida symbolisiert die Konfrontation mit dem Tod, es gilt, den Tod in aller Öffentlichkeit herauszufordern. Der Mensch, in Gestalt des kunterbunten *toreros*, hänselt den tiefschwarzen Stier, seinen eigenen Tod, er spielt mit ihm, macht sich lustig, zwar nicht ohne Respekt, aber doch mit vergnügter Leichtigkeit.

Im Stierkampf tritt uns indes kein allegorischer oder metaphorischer Gevatter Tod entgegen wie sonst im Theater und in der Literatur. Nein, im Stierkampf kommt der Tod ohne lang gestrecktes Gewand und ohne dunkle Maske daher, der richtige Tod betritt die Bühne und am Ende des dritten *tercios* wird jemand wirklich tot sein. Meist der Stier.

Die Sympathien des Ernest Hemingway liegen beim *matador*, aber auch der schwarze Stier, ein Zuchtbulle von etwa 500 Kilogramm Gewicht, erhält Respekt und, ja, Zuneigung. *Der einzige Ort, wo man Leben und Tod sehen konnte, und zwar gewaltsamen Tod, das war die Arena, da die Kriege vorbei waren, und ich wollte brennend gern nach Spanien, wo ich das studieren konnte, und dieser Tod ist eines der Themen, über die ein Mann schreiben sollte.*

Was für ihn der Höhepunkt eines Stierkampfes sei, fragt Mario Saavedra den Schriftsteller in Cabo Blanco. Das dritte *tercio*, antwortet Ernest Hemingway postwendend. Ein guter

160

matador muss wissen, wie man tötet. Die Kunst zu töten. Denn ein richtig guter Stierkampf gilt in Spanien als Kunst. Und der Star der Veranstaltung ist der Stier, nicht der *torero*. Dem Stier gehört die Arena. Ihm bleiben 20 Minuten. Dann wird er tot sein. So gesehen ist ein solcher Stierkampf die einzige Kunstform, bei der am Ende der Künstler stirbt, und zwar richtig stirbt.

Diese im Stierkampf parabelhaft ritualisierte Gefährdung durch den allgegenwärtigen Tod entlädt sich am Sonntagnachmittag in der Arena. Die Bedrohung durch den Tod ist zugleich das Thema, dem sich Ernest Hemingway immer und immer wieder in seinen Romanen, Stories und Artikeln widmen wird. Dieser dunkle Topos – Tod, Todesherausforderung und wohl auch Todessehnsucht – wirkt wie ein Seelenschlüssel zum Leben und Schreiben des Ernest Hemingway.

Im September 1960 erscheint in der amerikanischen Zeitschrift *LIFE* Ernest Hemingways dreiteilige Stierkampf-Serie *The Dangerous Summer,* die im Jahr 1985 posthum ebenfalls als Buch veröffentlicht wird, und in Deutschland den Titel *Gefährlicher Sommer* trägt. In *The Dangerous Summer* beschreibt der Nobelpreisträger, die Endlichkeit erahnend, einen seiner letzten Stierkämpfe in Spanien. Wie in filmischer Zeitlupe friert der Schriftsteller die letzten Züge eines Stierkampfes von Antonio Ordóñez aus dem Sommer 1959 ein, als der *matador* beim Todesstoß zentimetergenau jene todbringende Stelle im Stiernacken treffen muss, ein Punkt, nicht größer als eine Vierteldollarmünze.

Antonio zielte entlang der Degenklinge, beugte sein linkes Knie vor, schwang dem Stier die muleta entgegen und ließ ihn bis zu dem Punkt an sich herankommen, wo die Hörner ihn erwischen würden, dann drang die Spitze des Degens ein, der Stier stemmte sich dagegen, den Kopf gesenkt, dem roten Tuch folgend, während Antonio mit der flachen Hand gegen den Degenknauf drückte, glitt die Klinge langsam oben auf der höchsten Stelle zwischen den Schulterblättern hinein. Antonio hatte seine Füße nicht bewegt, und der Stier und er waren nun eins, als

161

seine Handfläche das schwarze Fell berührte, war das Horn schon an seiner Brust vorbei, und der Stier unter seiner Hand war tot.

Der Stier und der *torero* sind nun eins. Tod und todgeweiht. Diese Todesweihe wird zum Wesensmerkmal in seinem Leben, und zugleich zu seiner Obsession. Nicht nur bei Ernest Hemingway. Die Pathetik des Todes scheint alles zu erdrücken, der Tod ist der einzige gemeinsame Nenner im Leben aller Menschen. Und kein Kraut, das dagegen gewachsen ist. Vielleicht nur von der Liebe besiegbar. Vielleicht. Um das herauszufinden, schreibt er. Deshalb schreibt Ernest Hemingway über den Tod und über die Liebe und über das Leben.

Für Ernest Hemingway verkörpert der Stierkampf die Auseinandersetzung des Menschen mit dem Tod, der Degen des *matadors* stellt das Aufbäumen männlicher Kraft dar. Der Tod wird im Stierkampf nicht verdrängt, wie im wirklichen Leben, sondern – im Sinne der Metapher – bei den Hörnern gepackt. Und möglicherweise ist ja auch Hemingways Leben und sein Ende vom Stierkampf her zu denken.

Insofern kämpft ein guter *torero* nicht gegen das Tier, sondern gegen das Schicksal. Durch allerlei artistische Manöver versucht der *matador*, den Stier zu beherrschen. Wenn er wirklich gut ist, mit einem Ziel: Den stolzen Bullen am Ende des dritten *tercio* unterwürfig vor sich zu platzieren, demütig und schicksalsergeben mit gesenktem Kopf, bereit für den tödlich Degenstoß in den Nacken. Oder beim *recibiendo*, da läuft der Stier von selbst in die Klinge, der *torero* steht wie teilnahmslos daneben.

Im *matador* spiegeln sich all die Kühnheit und die Tapferkeit des Menschen gegen den wuchtigen Gegner. Die *corrida*, dieser Tanz mit dem Tod, stellt im Grunde eine Rebellion gegen die Bestimmung des Menschen dar. Mit trotziger Leidenschaft nimmt das Menschlein den Kampf auf gegen die Vorherbestimmung.

Eines gilt: Respekt, nicht Furcht und Angst, vor dem allmächtigen Gegner. *Ich stelle mich dem Schicksal, denn nur dann kann ich frei und glücklich werden.* Den Widersacher des Lebens gilt es zu besiegen. Wenn wir ihn schon nicht im Tod bezwingen können, dann zumindest im Leben.

Diese Auflehnung mag sich letzten Endes indes als eine alberne Illusion am Sonntagnachmittag auf *barrera* herausstellen. Doch womöglich erweist es sich für den Menschen als ein heilsames Tun, das große schwarze Tier, diesen unfassbaren Todesboten, kampfeslustig zu necken und ein wenig zu ärgern, und sei es für einen kurzen Augenblick.

In seinen Träumen dürstet Ernest nach ewigem Leben und weiß, dass ihm keiner diesen infantilen Wunsch erfüllen wird. Weil zum Werden auch das Vergehen gehört. Sicherlich sollte ein Held niemals aufgeben und immer weiter kämpfen, er hat es ja wieder und wieder geschrieben. Zwar vermag sich keine Menschenseele gegen den Lauf der Dinge zu stemmen. *We are all bitched from the start.* Von Anfang an tickt die Uhr, mit der Geburt beginnt das Sterben.

Wahrscheinlich kann ein Stierkämpfer besser mit dem Sterben und dem Tod umgehen als Menschen wie du und ich. So wie im Juli 1961, als man dem berühmten *torero* Juan Belmonte aus Sevilla, einem Freund Hemingways, die traurige Nachricht überbringt: „Maestro, Don Ernesto se ha suicidado." Maestro, Don Ernesto hat sich umgebracht. Und der *matador*, wenig überrascht, merkt nur kurz an: „Bien hecho!". Bravo! Gut gemacht! Nur ein paar Monate später, im April 1962, folgt der Stierkämpfer Belmonte dem Beispiel des Ernest Hemingway.

15. Das Meer blutet

An Bord der ,Miss Texas': Ernest Hemingway, Jesús Ruiz More, Elicio Argüelles (oben), Kip Farrington, Miguel Custodio, Gregorio Fuentes, Máximo Jacinto Fiestas (unten). Cabo Blanco, im April 1956.

Obwohl das Wetter in Cabo Blanco sich nun gebessert hat, bekommen die Amerikaner und die Kubaner auf der *Miss Texas* am vierten Tag ebenfalls keinen einzigen schwarzen Marlin zu Gesicht. Neun Stunden weilt man auf dem Meer, das Boot fährt mittlerweile weiter hinaus auf den Pazifik, ohne Erfolg. Manuel Almenara, der an diesem Tag mitgekommen ist, berichtet beim Abendessen im *Fishing Club*, dass auf dem Ozean dann auch noch der Radiofunk ausgefallen ist.

Neben all dem Anglerpech fordern die rauen Lebensumstände in Nordperu ihren Tribut. In dem Expeditionstrupp treten die ersten gesundheitlichen Beschwerden auf. Der 50-jährige William Classen, der bei Hollywood-Klassikern wie *Der Schatz der Sierra Madre* und *Jenseits von Eden* hinter der Kamera stand, zieht sich eine Nierenvergiftung zu. Der Kameramann wird ins Krankenhaus von El Alto gebracht, wo ihn Dr. Jackson behandelt, nach zwei Tagen wird Classen aus der Klinik entlassen.

Der fünfte Tag auf dem Ozean läuft ein wenig besser, um 8 Uhr 30 ist man hinausgefahren, um 16 Uhr 45 kommen die beiden Boote zurück. Zwei *bocanegras* und einige *sierras* sind gefangen worden, es ist bloß eine mittelprächtige Ausbeute, Ernest Hemingway zeigt sich mehr und mehr niedergedrückt.

Das Klima in Nordperu spielt an diesem Apriltag verrückt. Die Sonnenstrahlen treffen bei der Ausfahrt senkrecht auf das Wasser, die Hitze kocht hoch wie in einer asiatischen Waschküche. Durch die hohen Temperaturen dehnen sich die Luftmassen aus und steigen auf. Passatwinde brausen nun auf, der Pazifik am Äquator wird aufgewühlt. Wiederum kein Marlin in Sicht.

Auf der *Miss Texas* macht sich allmählich Resignation breit, selbst bei den Einheimischen. Wenn an einem Tag nichts geangelt wird, dann blickt die peruanische Crew missmutiger drein als die US-Amerikaner. Die Stimmung an Bord der Schiffe trübt sich mehr und mehr ein. Am schlimmsten erwischt es den Schriftsteller: Ernest Hemingways Gemütszustand bricht geradezu ein.

Am sechsten Tag schließlich gibt es einen Hoffnungsschimmer. Das Wasser ist nun ruhig und am frühen Nachmittag machen die peruanischen Bootsmänner auf der *Miss Texas* einen riesigen *merlín rayado* aus. Über eine Stunde folgt das kleine Schiff dem Streifenmarlin. Die Filmleute auf der *Pescadores Dos* halten ihre Handkameras in Anschlag. Doch der alte Fisch will den Köder nicht beißen.

Solch ein fortwährendes Anglerpech ist ungewöhnlich für Cabo Blanco und deshalb spielt Kip Farrington mit einem verwegenen Gedanken. Sollte auch in den nächsten Tagen nichts gefangen werden, dann wird der US-Amerikaner in Talara ein Propellerflugzeug chartern. Aus der Luft will er so Ausschau auf dem Meer halten und als Lotse die Boote zu dem schwarzen Marlin leiten.

Der siebte Tag endet ebenfalls mit einer Enttäuschung. Bereits mittags um 13 Uhr kommt die *Miss Texas* in den Hafen zurück. Wieder einmal ohne Marlin. Gregorio Fuentes hat zumindest einen *Mero* gefangen, einen Zackenbarsch, ein imposantes Tier mit einem Gewicht von mehr als 50 Kilo. Der Küchenchef des *Cabo Blanco Fishing Clubs* freut sich am meisten über den Fang.

Ernest Hemingway und die Freunde halten sich bereits seit einer Woche in Cabo Blanco auf und der Erfolg liegt in den Sternen. Zu oft ist man hinaus gefahren und ohne Beute zurückgekehrt. Der Schriftsteller erfährt von den Peruanern, dass selbst einheimische Fischer seit 17 Tagen nichts gefangen haben. Der *merlín negro* hat sich zurückgezogen in die weiten und tiefen Wasser des Ozeans. Die Zuversicht und der Überschwang vom Anfang sind dahin, die Unzufriedenheit steht allen ins Gesicht geschrieben. Die Amerikaner wie die Einheimischen spüren den Verdruss, weil die Plackerei kein Ergebnis zeigt.

Das Meer, das Ernest Hemingway so liebt, verhält sich störrisch und widerspenstig. Auch bei den nächsten beiden Ausfahrten bessert sich das Anglerpech nicht. Neun Tage ist die *Miss Texas* mittlerweile mit kahlem Mast zurück in den Hafen von Cabo Blanco geschippert. Der eine oder andere Thunfisch wird gefangen und ein paar unbedeutende Sardellen beißen an.

Doch ein großer Schwarzmarlin ist weit und breit nicht auszumachen. Ernest Hemingway, der sich so sehr auf die Angeltouren gefreut hat und dessen Glück am Meer sonst zu greifen ist, fällt in eine nahezu depressive Stimmung. Die Waffen strecken möchte der Autor nicht, er weiß, was es bedeuten würde, jetzt aufzugeben.

Auch von anderen Booten in der Region ist seit Wochen kein schwarzer Marlin gesichtet worden. Die Fischer aus den Dörfern der Umgebung machen ebenfalls keine nennenswerte Beute in diesen Tagen, Fischgerichte in den Hausküchen und den Restaurants werden rar. Doppeltes Pech für die Peruaner, denn in der Regel wird nach dem Erlegen ein *merlín negro* von den US-Amerikanern an die Einheimischen verschenkt.

Die *norteños* zerlegen den Riesenfisch, nehmen das Tier aus und bereiten das Fischfleisch dann zu. Nordamerikanische Gaumen empfinden den herben Geschmack des Schwarzmarlins hingegen nicht gerade als Delikatesse. Ein *atún*, ein Thunfisch, oder ein *pez espada*, ein Schwertfisch, wiederum gelten als wohlschmeckend und werden gerne den beiden Köchen im Klubhaus übereignet und bereichern, frisch zubereitet, das Abendmenü des *Fishing Clubs*.

Um den Ozean bei Cabo Blanco ist es in diesen späten Apriltagen des Jahres 1956 nicht gut bestellt. Das Meer blutet, sagen die Einheimischen. Quadratkilometer über Quadratkilometer wird das Wasser bedeckt von einer scharlachroten Schliere aus giftigem Plankton, einer dünnen Plaque aus winzigen Organismen, die sich wie ein schmieriger Überzug auf die Wasseroberfläche gelegt hat. Niemand kann sich so recht erklären, woher der rote Algen-Teppich kommt. Bringen ihn die Flüsse aus dem Hochland der Anden mit? Hängt er mit der Ölförderung und dem Dreck der Bohrtürme zusammen? Oder steigt er gar geheimnisvoll auf aus den Untiefen des Pazifik?

Das gifthaltige Plankton fegt den Meeresstreifen vor der Küste leer, denn es tötet die kleinen Fische, die wiederum den

167

größeren Fischen als Nahrung dienen. An solchen Tagen ziehen sich die *picudos*, die großen Schwertfische und die Marline, aus der Küstennähe von Cabo Blanco zurück, hin in weit tiefere Gewässer, die mit einer Tagesausfahrt nur schwer zu erreichen sind.

Die Eintönigkeit der Ausfahrten wird durch einen spontanen Besucher im *Fishing Club* aufgeheitert. Eduard Ingriš, ein Filmemacher und Entdeckungsreisender, will den Nobelpreisträger kennenlernen. Der Exil-Tscheche ist ein Mann ganz nach Hemingways Geschmack. Im Jahr 1948, als die Kommunisten an die Macht kamen, ist er mit 50 Dollar in der Tasche ausgewandert, zuerst nach Brasilien, zum Schluss ist er dann in Peru gelandet. Ingriš, ein unabhängiger Geist und dazu überaus kreativ, arbeitet als Fotograf und Regisseur. Darüber hinaus hat er sich einen Namen gemacht als Komponist. Einige Jahre hat er in Lima das *Orquesta Sinfónica Nacional del Perú* geleitet, das Nationale Symphonie-Orchesters des Landes.

Eduard Ingriš, der sich auf der Terrasse des *Cabo Blanco Fishing Clubs* mit dem nur wenige Jahre älteren Ernest Hemingway unterhält, erzählt von seinen Expeditionen. Der aus Böhmen stammende Mann hat vor einem Jahr auf einem gewöhnlichen Balsa-Floss, der *Kantuta I*, eine Entdeckungsfahrt in die Welt des Nordpazifik gestartet. Die Route ist über die Galapagos-Inseln in Richtung Clipperton Island geplant gewesen. Das tollkühne Vorhaben, von Thor Heyerdahls *Kon-Tiki*-Forschungsreise inspiriert, hat die Annahme untermauern wollen, dass peruanische Ureinwohner bis hin in die Inselwelt Polynesiens gelangt sind.

Die Expedition der *Kantuta I* scheitert allerdings auf voller Linie. Doch der peruanische Tscheche ist kein Typ, der so schnell aufgibt. „Unter der Doppelflagge von Wissenschaft und Abenteuertum sticht Ingriš mit einem seltsamen Gefährt und einer seltsamen Crew auf hohe See, um aussagekräftigere fotografische Dokumente mitzubringen, als die *Kon-Tiki*", schreibt das US-Nachrichtenmagazin *TIME* in einem Portrait über den Abenteurer. Und nun plant Eduard Ingriš mit der *Kantuta II* eine Expedition in die geheimnisvolle Welt der Südsee. Der Intellektuelle und Glücksritter aus Tschechien freut sich, Ernest Hemingway sein Projekt in Cabo Blanco schildern zu dürfen.

Der Schriftsteller, der den Elan des Exilanten bewundert, holt sich seinerseits bei Eduard Ingriš ein paar abenteuerliche Anregungen. Für seine Bücher, wer weiß. Und schließlich fragt der Nobelpreisträger den Besucher nach dem einen oder anderen Tipp, wie man dieses eigensinnige Meer vor Cabo Blanco bändigen kann.

Denn die Flaute auf dem Ozean vor Peru nimmt kein Ende. Das Meer blutet weiterhin in diesen Apriltagen des Jahres 1956 und die großen Fische bleiben zurückgezogen. Stunde um Stunde sind die Amerikaner jeden Tag auf dem Pazifik, ohne etwas zu fangen. Nach der Rückkehr von den erfolglosen Ausfahrten sinkt Ernests Laune meist ins Bodenlose. Es sind jene Momente, in denen man dem Schriftsteller nach Möglichkeit aus dem Weg gehen sollte.

An einem Abend kriegt der brave Verwalter des *Fishing Clubs* Hemingways heiligen Zorn ab. Folgendes hat sich zugetragen: Ab und an verschickt der Autor über das Büro der Klubverwaltung via Chauffeur und *Panagra*-Flugzeug seine Korrespondenz in die USA. Als Ernest Hemingway eines Abends nachfragt, ob seine heutige Post raus sei, und Zygmunt Plater dies kleinlaut mit einem ‚nein' beantwortet, da explodiert der Nobelpreisträger.

Er stampft auf den Administrator zu, steht ihm gegenüber, wird laut im Ton und brüllt – auf Englisch – mit hochrotem Kopf, nun sei ja klar, warum Plater seine Panzer gegen die Nazis verloren habe. Der Schriftsteller donnert den verdutzten Verwalter in Grund und Boden, tagelang wird im Klubhaus noch über Hemingways Wutanfall getuschelt.

Abends an der Bar des *Fishing Clubs* versucht Ernest Hemingway mit Whiskey on the Rocks, seinen Frust wegzutrinken. Er trinkt gegen den Misserfolg und gegen die Schwermut, die dem Misserfolg hinterherkommt. Er trinkt gegen die Niederlagen und gegen den Trübsinn, der ihn befallen hat. Der Wein ist eine großartige Sache, stellt Ernest Hemingway klar, er tröstet dich und lässt dich all das Schlechte vergessen.

Doch auch wenn er Erfolge erringt, trinkt Ernest Hemingway. Zur Belohnung. Für Ernest Hemingway gehört Trinken, das Alkoholsaufen, um es deutlich zu sagen, einfach zum Auf und Ab des Lebens. Ohne den Alkohol kann er sich kein richtiges Mannsbild vorstellen. Wenn ein Mann nicht trinkt, dann macht ihn das misstrauisch. *Ich trinke, seit ich fünfzehn bin und es gibt wenige Sachen, die mir mehr Freude bereiten. Wenn man den ganzen Tag schwer mit dem Kopf arbeitet und man weiß, man muss am nächsten Tag wieder arbeiten, was kann deine Ideen zum Sprudeln bringen oder die Ideen in andere Bahnen lenken als ein Whiskey?*

Die hohen Prozente begleiten ihn wie ein Schatten. Das ganze Leben lang, in den guten wie in den schlechten Tagen. Ernest Hemingway belohnt sich mit dem Alkohol und er spült das Schlechte dieser Welt hinunter, einen Anlass zum Saufen findet ein Kerl wie er immer. Man kennt die Weisheiten aus dem Hemingway'schen Spruchbeutel. So ähnlich wie: Wenn es kalt und nass ist, was kann dich erwärmen? Wenn es heiß und schwül ist, was bringt dich zurück ins Leben? Wenn Dunkelheit und Finsternis einbricht, was hellt dein Gemüt auf?

Der Whiskey wirkt wie ein Elektroschocker, wenn Hemingways Alltag unter- oder hochtourig fährt. *Gibt es etwas, das dich schneller ins gute Leben zurückbringen kann als ein guter Rum?* Der Alkohol ist ein so selbstverständlicher Begleiter geworden, dass der Autor mit der Zeit jedes Maß für Verträglichkeit verloren hat. Über die Jahrzehnte hat er nicht gemerkt, wie sein Vergnügen vielerlei Sucht- und Krankheitssymptome nach sich gezogen hat.

Umso erstaunlicher scheint, dass Ernest Hemingway sich einem strikten Arbeitsethos unterordnen kann. In der Regel rührt er vor und während des Schreibens keinen Tropfen an, erst wenn am späten Vormittag sein Tagewerk getan ist, greift er zur Flasche. Dass der Nobelpreisträger am besten unter Alkohol schreiben kann, ist eine Mär, manchmal auch von ihm mit irgendwelchen dummen Sprüchen in die Welt gesetzt. *Write drunk, edit sober*, ist solch ein Blödsinn von ihm, schreib besoffen, redigier nüchtern. In Wirklichkeit ist er ein eifriger und pflichtbewusster Schreiber.

Meist arbeitet er den Vormittag am Schreibtisch, anschließend den Whiskey, zum Mittagessen ist er dann gewohnt, ein oder zwei Flaschen Rotwein zu trinken. Am liebsten einen *Valpolicella* aus dem Veneto, aus den Tälern nördlich von Verona. Oder einen guten *Amarone*. *Valpolicella* und *Amarone* sind seine beiden Lieblingsweine aus Italien. Später am Abend steigt der Schriftsteller dann auf höhere Prozente um.

Auch Cabo Blanco erlebt ihn als strammen Trinker. Jeden Abend, ohne Ausnahme, hängt er an der kleinen Bar des *Fishing Clubs*. Ob Whiskey, Gin oder Pisco Sour, Barkeeper Pablo Córdova kommt hinter der Theke mit dem Schütteln gar nicht nach. Ein US-amerikanischer Teilhaber des *Fishing Clubs* meint halbernst hinter vorgehaltener Hand, „his bar bill kept us operating for years", Hemingways Getränkerechnung habe den Klub einige Jahre am Laufen gehalten.

Wenn ihm Mario Saavedra im Klub, im Gemeinschaftsraum oder auf der Terrasse über den Weg läuft, gibt es für den peruanischen Journalisten kein Entrinnen. Früher oder später – eher früher – landen die beiden am Bartresen. Der junge Peruaner, solch harten Alkoholkonsum nicht gewohnt, ist manchmal schon mittags schwankend an Land. Abends muss Mario meist früh die weiße Flagge hissen, während der Schriftsteller noch Stunden an der Theke stehen kann.

Pablo, sagt der Nobelpreisträger ungewohnt kleinlaut zum Barkeeper auf Spanisch, heute habe ich nur eine kleine *corvina* gefangen. Sag ehrlich, glaubst Du, ich kriege hier noch einen Marlin an die Angel? Pablo Córdova versucht, so gut er kann, den Nobelpreisträger aufzubauen. Und der Barmann erklärt dem Autor aus den USA die Pferdewetten im Radio. Ernest Hemingway mag Pferderennen, schon in Paris hat er gerne das Hippodrome in Auteuil besucht. Und so lauscht er am Radiogerät zusammen mit dem Barkeeper den Wettkämpfen aus Lima, die der Reporter Augusto Ferrando temperamentvoll kommentiert. Der Amerikaner ist angetan, er bittet den 22-Jährigen, dass er für ihn wettet.

Der Schriftsteller schaut auf seine Armbanduhr, es ist mal wieder spät geworden am Tresen, er wird langsam müde. Ernest Hemingway hängt an seiner Armbanduhr. Äußerlich wirkt er eher nachlässig, sie ist die einzige Extravaganz, die er sich leistet. Während eine Frau ausgiebig Schmuck tragen kann, verbleibt dem Mann nur eine gute Armbanduhr. Er trägt die wasserdichte Uhr am linken Handgelenk, es ist eine *Rolex Perpetual 37mm*, mit einem weißen Ziffernblatt, in goldener Einrahmung und mit einem schwarzen Lederarmband. Die strapazierfähige *Rolex* verzichtet auf komplizierte Spielereien und erweist sich als robuste Uhr, die ganz Hemingways Persönlichkeit entspricht.

Ernest Hemingway selbst gibt in einem seiner Romane einen literarischen Fingerzeig auf die *Rolex*, er baut sie in die Handlung ein. In *Über den Fluss und in die Wälder* findet man eine hübsche Passage, in der er das menschliche Herz mit einem Uhrwerk vergleicht. Der Colonel Cantwell diniert mit seiner jungen Liebe, der Contessa Renata, im *Gritti Palace*. Und der Oberst erzählt vom Krieg und von der Liebe. Sowohl der Krieg als auch die Liebe können ihm das Herz brechen. Vor allem die Liebe.

Wohin mit dem Herz? *„Es ist ja nur ein Muskel"*, sagte der Colonel. *„Nur dass es der Hauptmuskel ist. Er arbeitet so vollkommen, wie eine Rolex Oyster Perpetual. Hat nur den Fehler, dass man ihn nicht an die Repräsentanz von Rolex schicken kann, wenn er reparaturbedürftig ist. Wenn er stehenbleibt, weißt du nicht mehr, wie viel Uhr es ist. Du bist tot."*.

Der Autor, er will sich so langsam auf den Weg in sein Zimmer machen, schaut den Barkeeper Pablo übellaunig an. Nicht nur das Pech auf dem Pazifik bereitet ihm Verdruss, dieses ganze Filmprojekt liegt dem Schriftsteller arg im Magen, zu viel läuft schief bei der Verfilmung seines Bestsellers. Es geht hier nicht um irgendeinen platten Hollywood-Streifen, sondern um sein Lebenswerk, um seine Reputation in der Welt, es geht um Alfred Nobel.

Pablo, ich hätte nicht den Spencer Tracy genommen. Der Kerl sieht doch nicht aus wie ein verhungernder kubanischer Fischer, sondern wie ein alter, reicher und übergewichtiger Schauspieler! Und der Tracy kann auch nicht trinken, fügt er verächtlich an. Ernest Hemingway nimmt einen letzten kräftigen Schluck. Ich hätte Errol Flynn vorgezogen, brummelt er.

Von der Bar geht der Schriftsteller noch kurz ein wenig Nachtluft schnappen. Auf der Klubterrasse raucht Gregorio Fuentes seine Gute-Nacht-Havanna. Der Amerikaner zieht seinen Kapitän zur Seite. *Gregorio*, klagt der Nobelpreisträger niedergeschlagen, *in den ersten Tage hat mich das Meer heiter gestimmt. Aber jetzt merke ich, wie mich eine Müdigkeit überkommt.* Und Ernest Hemingway schaut seinen kubanischen Freund bedrückt an. *Was soll ich machen, Viejo?* Hemingways Gesichtszüge wirken welk und eingefallen. *Muss ich aufgeben?*

16. Miss Mary rackert wie eine Ziege

Mary Welsh, eine bezaubernde und selbstbewusste Mrs. Hemingway, in Cabo Blanco, Ende April 1956.

Die burschikose Mary Welsh in ihrem kurzärmeligen Hemd beeindruckt ihre Umgebung als kultivierte und patente Frau gleichermaßen. Die Ehepartnerin des Nobelpreisträgers weiß als Grande Dame mit betont guten Manieren zu überzeugen, gleichgültig an welchem Punkt dieses Erdballs. Die elegante Lady mit der kurzen Blondhaar-Frisur, die selbst in der Einöde von Cabo Blanco auf feinen Schmuck nicht verzichten mag – jedoch dezent getragen – wirkt bisweilen wie das glatte Gegenbild zu ihrem eher großkotzig auftretenden Ehemann.

Wenn Mary Welsh ihre *Wayfarer*-Sonnenbrille aufsetzt und sich auf der Terrasse des *Cabo Blanco Fishing Clubs* sonnt, dann steht die Ausstrahlung dieser aparten Frau in einem merkwürdigen Kontrast zu dem grauen und schroffen Landstrich Nordperus. Doch wenn man sie eine Weile beobachtet, fällt auf, wie wissbegierig und geradeheraus sich Mrs. Hemingway auf das Fremde einlässt.

Es ist vor allem *Miss Mary* zu verdanken, dass ihr Ehemann leidlich durch den Tag kommt, dass Ernest es mit dem Saufen nicht übertreibt und dass er zumindest ein wenig auf gesundes Essen achtet. Mary Welsh schützt ihren sprunghaften Gatten, auch wenn dieser es nicht so sehen wird, sie schirmt ihn ab vor den Widrigkeiten des Alltags und hauptsächlich schützt sie ihn vor sich selbst. Als Universaltalent beeindruckt sie den Schriftsteller immer wieder.

Miss Mary ist hartnäckig, verrät ein ausgelassener Ernest Hemingway freimütig in der US-Zeitschrift *LOOK* vom September 1956 über seine Ehefrau, *sie ist darüber hinaus tapfer, charmant, witzig, es ist aufregend, sie anzusehen, ein Vergnügen mit ihr zu leben und sie ist eine gute Frau. Auch ist sie eine großartige Anglerin, ein anständiger Tonscheiben-Schütze, eine starke Schwimmerin, eine verdammt gute Köchin, sie hat viel Ahnung von Wein, ist eine exzellente Gärtnerin, eine Amateur-Astronomin, eine Studentin der Kunst, der Politik, des Suaheli, des Französischen und der italienischen Sprache. Und sie kann ein Boot auf Spanisch befehligen und einen Haushalt. Sie kann auch gut singen, mit einer klaren und reinen Stimme, sie kennt mehr Generäle, Admirale, Flugzeugmarschälle, Politiker und Berühmtheiten.*

Die Lobeshymne mit der endlosen Aufzählung fällt denn doch ein wenig aus dem üblichen Stilduktus des Ernest Hemingway. Sei's drum, wenn er Gelegenheit findet, dann stimmt der Schriftsteller zumindest in der Öffentlichkeit das Hohelied auf seine *Miss Mary* an. Doch ganz so rosig sieht der Ehealltag hinter der Fassade nicht aus. Beide leiden. Ernest unter ihrer rigorosen Fuchtel und Mary unter seinen Alkoholexzessen und den unzähligen Seitensprüngen.

Drei turbulente Ehen hat Ernest Hemingway schon hinter sich. Das ist meine vierte und letzte Ehefrau, so stellt er die bezaubernde Blondine im *Cabo Blanco Fishing Club* vor. Der Nobelpreisträger lächelt dabei schelmisch und man darf raten, was er mit dem humorvollen Hinweis auf Mary als seine letzte Ehefrau denn meint. Ob er seiner Ehe eine lange Dauer gibt oder seinem Leben eine kurze.

Mary Welsh selbst findet rasch Gefallen an Cabo Blanco und an der harschen Gegend am peruanischen Pazifik. Sie bewegt sich selbstsicher auf dem ungewohnten Terrain und ist diejenige der amerikanischen Gäste, die am meisten mit den Einheimischen kommuniziert. Mrs. Hemingway interessiert sich für die regionalen Gepflogenheiten, für die Küche oder auch für die Geschichte ihres Gastlandes.

Dabei verreist Mary höchst ungern in die Ferne. Denn Ernest Hemingways Ehefrau leidet seit langem an Anämie und nichts hilft gegen ihre Blutarmut. Nicht die Pillen des Hausarztes, keine Kräuter, nicht die Transfusionen. Er mache sich große Sorgen um Mary, klagt der Schriftsteller in einem Brief an seinen Freund Freddie, so nennt er den Hollywood-Regisseur Fred Zinnemann. Die roten Blutkörperchen seien auf 3,2 Millionen gefallen, ihren tiefsten Wert überhaupt, Mary sei von daher so müde und müsse immer viel schlafen.

Am Pazifik mit dem trockenen Salzwind verbessert sich das rote Blutbild auf vier Millionen und das schlagartig von heiß auf kalt wechselnde Küstenklima stärkt ihrem Kreislauf. Peru,

where it was cold part of each day, habe seiner Ehefrau gutgetan, schreibt Ernest an Regisseur Zinnemann. In Cabo Blanco, so berichtet der Nobelpreisträger an anderer Stelle, sei *Miss
Mary* nach einigen Tagen dann so richtig aufgeblüht und in
ihrer Aufgabe aufgegangen. Seine Frau habe *gerackert wie eine
Ziege* und für die US-Kameraleute übersetzt, ins Spanische, das
sie hervorragend beherrscht.

Man kann Mary Welsh als Glücksfall für den launenhaften
Schriftsteller bezeichnen. Obwohl, wenn man sich umhört, auch
dazu gibt es mehr als eine Meinung. Einige der kubanischen
Angestellten der *Finca Vigía* schildern *Miss Mary* als kalt und
herrisch. Ihn möge und verehre man wie einen Vater, doch vor
ihr habe man ein wenig Bammel. Viele Peruaner im *Cabo
Blanco Fishing Club* sehen dies ähnlich. Don Ernesto sei sehr
sympathisch gewesen, auf den ersten Blick, sagt Mercedes
Tume, die Ehefrau des Barkeepers Pablo, aber die *Señora
Maria* sei ihr ein wenig arrogant vorgekommen.

Die Crew der Boote und die Angestellten im Klubhotel schil-
dern Mary, meist benennen die Peruaner sie in der spanischen
Herleitung als *Señora Maria*, als strenge und bestimmende
Person. Andererseits wird sie auch als vornehme und kluge
Dame beschrieben, die sehr auf Etikette zu achten pflegt. Ihr
Ehemann Ernest, eher ein grober Klotz, hält es mit dem
Benimm hingegen nicht so genau, meist ist er frei heraus und
gibt seinen Launen und Schrullen ohne Rücksicht auf Umste-
hende freie Bahn.

Mario Saavedra, der Redakteur des *El Comercio*, bezeichnet
Mary Welsh als die Person, die in der Ehe der Hemingways die
Hosen anhabe. Ernest habe seine *Miss Mary* stets liebevoll
behandelt, erinnert sich der peruanische Journalist. Sie selbst
allerdings sei ‚sehr deutsch‘ aufgetreten, eine Umschreibung,
die in diesen Breiten nicht unbedingt als ein Kompliment zu
verstehen ist. Aber Mario Saavedra muss es wissen, er war einmal mit einer Deutschen verheiratet, ein kurzes Intermezzo.

Über der Ehe von Ernest Hemingway und Mary Welsh jedenfalls scheint nicht nur die Sonne der Glückseligkeit. Die selbst-

bewusste Mary gibt ihrem Ehemann fleißig Kontra, es ist nicht unbedingt das, was Ernest braucht. *Tag und Nacht, vorausgesetzt, ich kann dabei wach bleiben, wird mir gesagt, was für ein herzloser, unbedachter, selbstsüchtiger, erzdummer, verwöhnter, stumpfer, egoistischer, publicity-süchtiger Hundesohn ich bin.* Die von ihm oft verletzte Mary setzt ihrem Ehegatten ziemlich zu, sie nimmt unter vier Augen kein Blatt vor den Mund.

Doch in der Öffentlichkeit lässt weder *Miss Mary* noch Ernest ein böses Wort über den anderen fallen. Im Gegenteil, gerade der Autor streut reichlich Puderzucker. *Wenn sie nicht da ist, ist die Finca so leer wie die leerste Flasche und ich lebe dann in einem Vakuum, das so verlassen ist wie ein Radiogerät, dessen Batterien tot sind und sich nirgends eine Steckdose findet, um es einzustöpseln.*

Auch wenn der prominente Schriftsteller seine Mary nach Strich und Faden betrügt, so braucht er diese Frau, vielleicht als Anker gegen seine Verlorenheit im Alltag, vielleicht auch, um nicht ganz abzurutschen. Sie habe ihm gutgetan, sagt wiederum ein anderer in Cabo Blanco, Mary habe bei den Hemingways für die nötige Bodenhaftung und für ein Stück Gemütsruhe gesorgt.

Die Rollen in dieser Ehe sind klar verteilt. Coram publico nimmt sich Mary Welsh in den Jahren der Partnerschaft mit dem Schriftsteller sehr zurück, es macht ihr nichts aus, sich intellektuell im Hintergrund zu halten. Gegen die öffentliche Brillanz ihres Mannes gibt es eh kein Anleuchten, die schlaue Mary weiß das, sie versucht es gar nicht erst.

Stattdessen waltet und schaltet die resolute Mrs. Hemingway zu Hause auf der Farm, teilt die kubanischen Bediensteten ein, sorgt für Ordnung und hält den Tagesablauf auf der *Finca Vigía* aufrecht. Ernest fügt sich seinem Schicksal, es hat auch seine angenehmen Seiten. *Mary ist sehr lieb, aber sie ist außerordentlich fest entschlossen, weder Sklavin noch Köchin zu sein. Auch will sie verhindern, dass mein Schreiben mit ihrem Leben oder ihren Plänen oder ihrem Schreiben in Konflikt gerät und so gebe ich nach und wage keine Widerrede.*

Ihre Familie stammt aus Walker in Minnesota, der Vater Thomas, er ist Holzfäller und Waldarbeiter, verdient sein Geld mit einem eigenen kleinen Holzhandel. Die aufgeweckte Mary, das einzige Kind des Ehepaares, wird eine gute Schülerin und studiert an der privaten *Northwestern University* in Evanston, nördlich von Chicago, wo sie Kurse in Journalistik belegt. Nach zwei Jahren bricht sie ihr geisteswissenschaftliches Studium ab, ihr liegt das snobistische Gehabe an der teuren Eliteuniversität nicht.

Mary Welsh beschließt, in den praktischen Journalismus zu wechseln. Sie fängt zunächst bei einem Fachmagazin in Chicago an, *The American Florist*. Es ist ein Redakteursposten mit einem jämmerlichen Gehalt, doch in den Depressionsjahren bleibt man froh um jeden Job. Später kann sie dann eine Anstellung bei der renommierten *Chicago Daily News* ergattern, ihre Karriere nimmt an Fahrt auf. In den Jahren des Zweiten Weltkrieges schreibt sie in London für den *Daily Express* von Lord Beaverbrook, danach arbeitet sie im Korrespondenzbüro von *TIME*, *LIFE* und *Fortune*. Unter Kollegen eilt ihr der Ruf als emsige und korrekte Journalistin voraus.

Mary, sie ist neun Jahre jünger als Ernest, tritt geschliffen auf und kann gut zuhören. Sie besitzt einen scharfen Verstand, eine umfassende Bildung und eine schnelle Auffassungsgabe, sie hat ihrem Angetrauten einiges voraus. Ihr Langmut bleibt bemerkenswert. Meist zeigt sie sich nachsichtig und toleriert die Laster ihres Ehemannes, was will sie auch ausrichten? Sie ermahnt ihn des Öfteren, es mit dem Alkohol und den Frauengeschichten nicht zu übertreiben. Nutzen tut es nicht viel, weder bei dem einen, noch bei dem anderen.

Mit der ehelichen Treue hält es Ernest zeitlebens locker bis oberlocker. Ehepartnerinnen, Zweitfrauen, Mätressen, Freundinnen, Gespielinnen, sein Appetit auf Liebesabenteuer kennt keine Grenzen, der Frauenverschleiß dieses Nobelpreisträgers für Literatur ist enorm. Es gibt Tage, da ist er morgens mit seiner Ehefrau zusammen, am Nachmittag mit der festen Geliebten Leopoldina in Havanna und hernach kann noch eine

Zufallsnummer dazu kommen. Drei Frauen, bei anderen Männern reicht es fürs ganze Leben, Ernest Hemingway braucht einen Tag dafür.

Resigniert sieht *Miss Mary* über die amourösen Eskapaden des Ehegatten grollend, aber dann doch mit Engelsgeduld hinweg. Sie kennt die paar Male, bei denen Ernest es besonders arg getrieben hat, sie ist ja nicht blöd oder blind. Da ist sie drauf und dran, ihn zu verlassen, im letzten Augenblick überlegt sie es sich dann doch anders. „In guten Stunden ist er der liebenswerteste und anregendste Mensch, fröhlich und gescheiter als irgendwer", meint Mary über ihren Ehemann, „aber in seinen schlechten Stunden ist er wild, kindisch, unberechenbar und böse."

Ernest Hemingway heiratet früh, mit 22 Jahren, mit 27 ist er bereits zum ersten Mal geschieden. Insgesamt traut er sich viermal und immer geht eine Ehe nahtlos in die nächste über. Es lässt sich bei diesem Mann ein befremdliches Beziehungsmuster erkennen: Die erste Ehefrau Hadley Richardson betrügt er mit der zweiten Ehefrau Pauline, die zweite Ehefrau Pauline Pfeiffer dann mit der dritten Ehefrau Martha, und Martha Gellhorn betrügt er schließlich mit der vierten Ehefrau Mary. Der Schriftsteller hintergeht all seine Ehefrauen und heiratet dann, meist nur wenige Tage nach der Scheidung, die jeweilige Affäre. Jede Ehebrecherin wird sozusagen von einer neuen Ehebrecherin aus dem Haus geworfen.

Merkwürdigerweise gönnt sich Ernest keine Karenz, keine Zeit zum Luftholen oder zum Hinterfragen, er denkt nicht groß nach über Partnerschaft, Respekt und Vertrauen. Er trägt vielmehr dafür Sorge, dass stets eine Frau an seiner Seite weilt, es scheint ihm zu reichen. *Ich verliebe mich nicht*, bringt der Schriftsteller in einem Interview sein Ehe-Hopping unverblümt auf den Punkt, *ich verheirate mich.*

Miss Mary muss einiges ertragen, nicht nur seine Trunksucht und die zahlreichen Liebesabenteuer, sondern auch schlimmste Wutausbrüche. Seine Tobsuchtsanfälle erfolgen in immer kürzeren Abständen und nehmen an Jähzorn zu, einmal schmeißt er ein Glas Rotwein nach ihr, ein ander Mal demoliert er ihre Schreibmaschine. Die tapfere Mary trägt es mit Contenance, sie schiebt es auf seine Krankheit. Die Ehe der beiden steht oft genug auf der Kippe, auch er ist nicht glücklich. *Ich wünschte, ich könnte sie verlassen, wirklich,* gesteht Ernest in ungewöhnlicher Offenheit seinem besten Freund Aaron Edward Hotchner. *Aber ich bin jetzt zu alt, um eine vierte Scheidung und die Hölle, die Mary mir bereiten würde, durchzustehen.*

Eigentlich kann dieser Macho beim Thema Frauen und Beziehungen mit Leichtigkeit entschlüsselt werden, denn er hat alles aufgeschrieben, was ihm auf dem Herzen liegt. Catherine Barkley, die anmutige Krankenschwester in seinem Roman *A Farewell to Arms* – in der deutschen Übersetzung lautet das Buch über den Ersten Weltkrieg *In einem anderen Land* – tritt 1929 auf wie der Prototyp einer hemingway'schen Frau: halb Mutter, halb Hure. Er wünscht sich Aufmerksamkeit, Zuwendung und mütterliche Fürsorge, ebenso wie er nach Erotik, körperlicher Liebe und nach ordinärer Schamlosigkeit lechzt.

Mit der eigenen Mutter hat er Probleme. Hinter ihrer Matronenhaftigkeit versteckt Grace Hall eine ausgeprägte emotionale Kälte. Sie ist ein schlimmer Drachen und schlägt die Kinder mit der Bürste. Den kleinen Ernest steckt sie jahrelang in Mädchenkleider und lässt seine Haare mädchenhaft lang wachsen. Der Vater Clarence, ein unaufgeregter Mediziner, lässt sich im Ehealltag unterbuttern. Der Sohn macht Grace noch viele Jahre den Vorwurf, den Vater in den Tod getrieben zu haben. „Von den frühesten Tagen meiner Freundschaft mit Ernest", schreibt General Charles Lanham, „sprach er von seiner Mutter immer nur als ‚diese Hure'. Er hat mir sicherlich tausendfach erzählt, wie sehr und auf wie viele verschiedene Arten er sie gehasst hat." Zur Beerdigung der Mutter im Juni 1951 erscheint der Sohn nicht.

Auch bei der grundsoliden Mary kann dieser Mann mit dem vertrackten Frauenbild sein Glück nicht finden. In einer schlichten Zeremonie im Büro seines Rechtsanwaltes haben Ernest und Mary am 14. März 1946 im Vedado geheiratet. In dem vornehmen Stadtteil der kubanischen Hauptstadt rattert der Jurist die Heiratsurkunde in schnellem Spanisch herunter, Patrick und Gregory, die beiden jüngeren Söhne des Autors, sind die Trauzeugen. Die Hochzeitsformalitäten gehen in ein langes Mittagessen im *El Floridita* über, in den Abendstunden wird auf der *Finca Vigía* vergnügt weitergefeiert.

Während der feuchtfröhlichen Hochzeitsfeier mit den Freunden auf der Farm, es ist bereits lange nach Mitternacht, geraten Ernest und Mary sich wegen einer Bagatelle heftig in die Haare. Die frisch vermählten Ehepartner, alle zwei erheblich angetrunken, keifen sich vor den Gästen ohne Ende an, Mary droht, ihre Koffer zu packen. Nach ein paar weiteren Whiskeys fallen beide Eheleute in ihrer Hochzeitsnacht todmüde ins Bett, der erbitterte Streit ist am nächsten Morgen vergessen.

Eine schöne Nachricht ist im Juli zu vermelden: *Miss Mary* ist schwanger. Das frisch vermählte Paar freut sich auf den Nachwuchs. Für Mary soll es das erste Kind sein, und der Schriftsteller ersehnt sich nach drei Söhnen eine Tochter. Auch ein Name ist schon ausgesucht. Bridget. Bridget Hemingway. Ernest kauft seiner Mary in guter Hoffnung einen Ring mit viereckig geschliffenen gelben Brasiliendiamanten. Der Autor, außer sich vor Freude, plant eine Urlaubsreise ins *Sun Valley*.

Von Kuba setzt das Ehepaar nach Palm Beach über und fährt mit seinem *Ford Lincoln* in Richtung Norden nach Idaho. Es wird eine endlos lange Reise, durch Florida, Georgia, Tennessee, Kentucky, Missouri, Kansas und Nebraska, als sie in Wyoming in einer kleinen Stadt namens Casper im *Mission Motor Court* übernachten. Es ist ein extrem heißer Sommertag im August 1946, das Ehepaar nimmt nach der langen Autofahrt ein kräftiges Steak zum Abendessen, Kartoffeln und ein paar Bier. Mary fühlt sich nicht wohl und geht früh zu Bett. Ernest besucht noch ein, zwei Kneipen im Ort.

Am nächsten Morgen, gegen sieben Uhr, der Schriftsteller lädt gerade die Koffer ins Auto, da hört er einen dumpfen Schrei, die schwangere *Miss Mary* ist im Hotelzimmer kollabiert. Unter Schock und mit einem Kreislaufkollaps wird sie als

Notfall ins *Natrona County Hospital* eingeliefert, ihr Zustand ist überaus kritisch, stundenlang muss sie mit starken Transfusionen stabilisiert werden.

Die Ehefrau von Ernest Hemingway überlebt, doch das Baby nicht. Marys Eileiter zerreißt, Bridget Hemingway Welsh wird vom Schicksal der Weg in diese Welt verwehrt. Ernest, sehr um die Gesundheit seiner Frau besorgt, bleibt in den kritischen Tagen an ihrer Seite. Anschließend setzt er seine Urlaubsreise ins *Sun Valley* fort, die drei Söhne warten dort in den Sommerferien auf den Vater. *Miss Mary,* sie erholt sich langsam, kommt nach ins *Sun Valley*.

Ein tragisches Kapitel. Für alle. Für Bridget in erster Linie, die das einmalige Erlebnis auf diesem Planeten nicht genießen darf. Für Mary, die kinderlos bleiben wird, ihr ganzes Leben. Und nicht zuletzt für Ernest, obwohl er nie groß darüber reden wird. Doch wer ihn kennt, der weiß, seine Zukunft wäre anders verlaufen mit einer Tochter. Milder, wahrscheinlich, sanfter. Möglicherweise sogar hätte es den lauten Knall nicht gegeben.

Die Tage in Cabo Blanco genießt Mrs. Hemingway sichtlich. Ihr bekommt die regionale Küche gut, sie mag besonders den *lomo saltado*, ein beliebtes peruanisches Mittagsgericht. Da wird in dünne Scheiben geschnittenes Fleisch der Rinderlende, mit Zwiebeln, Kartoffelscheiben und Tomaten, nebst weißem Reis serviert. Mary mag den *lomo saltado* so sehr, dass sie das Rezept in ihrem Tagebuch festhält. Auch das landestypische Obst und Gemüse findet Gefallen bei der US-Amerikanerin. Jeden Abend isst sie eine frische Avocado, die man in Peru *palta* nennt, weil sie so in *quechua* heißt. Und Mary, ebenso wie Ernest, mundet der *chifa*, dieser Mix aus kantonesischer und peruanischer Küche, der in jeder kleineren und größeren Stadt zu finden ist.

Der Schmelztiegel Peru sorgt mit seiner Mannigfaltigkeit dafür, dass all die Einflüsse über die Jahrzehnte zu etwas Neuem zusammenwachsen. Es ist nicht zuletzt die herausragende *Fusion*-Küche, die mit ihrer gastronomischen Exzellenz zum Nationalbewusstsein der Peruaner beiträgt. Der Reichtum der peruanischen Küche ist überwältigend. Die Mais- und Getreidearten sowie die Tausenden Kartoffelsorten aus dem Hochland suchen in Vielfalt und Geschmack ihresgleichen auf der Welt. Kräuter, Wurzeln und scharfe Chilischoten würzen die Speisen in jeder Abstufung von süß über scharf bis feurig. Pflanzen und Früchte aus dem tropischen Regenwald wie Maniok, Kochbananen, Papaya, *cocona* oder *camu-camu* lassen das Füllhorn der Natur nicht versiegen.

Der Ozean vor Cabo Blanco bietet solch eine Vielfalt an Meeresgetier, dass jedem Feinschmecker das Wasser im Munde zerläuft. Dutzende Fischarten, Tintenfische, Garnelen, Krebse, Hummer, Austern oder Jakobsmuscheln schenkt der Pazifik den Menschen. Daraus zaubern einheimische Köche frisch gebratene Fischgerichte oder ein köstliches *cebiche*, einen kalten mit Limettensaft marinierten Fischsalat, dazu Zwiebeln, *ají*, Koriander. Mary gefällt das peruanische Essen derart, dass sie in der Küche des *Fishing Clubs* ein wenig lernt, wie man die Gerichte zubereitet.

Rufino Tume, der stets gut aufgelegte Kapitän der *Pescadores Dos*, hat Mary Welsh von nahem erlebt, viele Male ist er mit seinem Boot den ganzen Tag hinausgefahren, als Gast an Bord die blonde US-Amerikanerin. „*Señora Maria* war eine elegante Frau", erinnert sich der Fischer aus Cabo Blanco. „Und sie war so aufmerksam zu uns. Sie hat für uns gekocht, uns Brote mitgebracht, für Getränke gesorgt, eine wunderbare Person." Mrs. Hemingway habe sich zudem für ihr Gastland interessiert. Oft habe sie Fragen gestellt, neugierig nachgehakt und sich vieles aufgeschrieben.

Der Botschafter der USA in Lima, Ellis O. Briggs, ein alter Freund des Ehepaares, hat die Hemingways in die Hauptstadt eingeladen. Doch Ernest will in Cabo Blanco bei seinen Fischen bleiben, *Miss Mary* hingegen nimmt die Gelegenheit wahr, etwas Abwechslung in die Tage zu bringen. Sie fliegt alleine von Talara aus die zwei Stunden in den Süden nach Lima. In der feudalen Botschaftsresidenz an der Avenida Wilson – die Prachtstraße im Stadtzentrum Limas ist nach dem US-amerikanischen Präsidenten Woodrow Wilson benannt – haben sich auch ein Vize-Admiral und die durch Südamerika tourende Opernsängerin Marian Anderson als Gast eingefunden.

Mary Welsh erhält ein komfortables Gästezimmer in der Residenz und Ernests Ehefrau genießt die Annehmlichkeiten der Großstadt nach all den Entbehrungen im eher schlichten Einerlei Cabo Blancos. Am Abend findet in der Botschaft ein festlicher Empfang durch *Ambassador* Briggs statt und anschließend feiern die US-Amerikaner mit zahlreichen peruanischen Notabeln eine Dinner Party für den Admiral. Die kultivierte Gattin von Ernest Hemingway setzt dem Event in Lima durch ihre Anwesenheit ein Glanzlicht auf. Mary wirkt gelöst, sie genießt den Abend, es geht auch ohne ihren Ehemann.

Am nächsten Tag findet in Lima eine Pressekonferenz mit Mary Welsh statt, die US-Botschaft hat sie im *Gran Hotel Bolívar* an der Plaza San Martín organisiert. Mr. Hemingway und auch sie seien ganz verliebt in Peru, sagt sie im Gespräch mit einheimischen Pressevertretern, es sei ein wunderschönes Land. Die peruanischen Journalisten im *Bolívar* sind angetan von den Worten der bezaubernden Amerikanerin. Wo denn der Nobelpreisträger sei? Er wäre gerne gekommen, antwortet *Miss Mary*, sie solle herzliche Grüße von ihm ausrichten. Ihr Gatte sei in Cabo Blanco geblieben, so entschuldigt sie ihren Ehemann, er müsse jeden Morgen hinausfahren aufs Meer, um den schwarzen Marlin zu fangen für diesen Hollywood-Film.

17. Rote Wimpel vor Cabo Blanco

Modeste von Unruh mit Ernest Hemingway auf der ‚Miss Texas'.
Cabo Blanco, am 27. April 1956.

Der Fotografin ist die Verärgerung anzumerken. Modeste von Unruh legt in Chaclacayo bei Lima die Ausgabe *La Prensa* vom 17. April 1956 aus der Hand. Zum wiederholten Male hat sie bei sich zu Hause Jorge Donayres Artikel über Ernest Hemingway und dessen Eintreffen in Cabo Blanco durchgelesen. Die Deutsche, die seit über einem Jahr in Peru lebt, empfindet die verunglimpfende Berichterstattung der Tageszeitung als massive Zumutung.

Alleine die abfällige Überschrift ärgert sie mächtig. *Er ist ein bekennender Trinker, Sportfischer und Abenteurer*, liest sie in fetten Lettern als Kopfzeile der Reportage auf Seite eins. *Bekennender Trinker*, es hört sich ähnlich an wie *bekennender Katholik*, so als wäre das Saufen eine Religion. Der Bericht in *La Prensa*, einer Zeitung, der in jenen Jahren fast stärkerer Einfluss zukommt als dem elitären *El Comercio*, stellt den US-Schriftsteller vor allem als Lebemann und Trunkenbold dar. Von Literatur ist nur am Rande die Rede, umso mehr von Whiskey und anderem Alkohol.

Zwei Tage später setzt *La Prensa* noch eins drauf. *Asi es un Dia de Hemingway a las orillas de Cabo Blanco*, wird ein Zweispalter von Jorge Donayre am 19. April überschrieben. So verläuft ein Tag von Ernest Hemingway an den Gestaden von Cabo Blanco. Und nicht weniger als fünfmal kommt in der knappen Abhandlung das Wort *Whiskey* vor. Aufstehen, Whiskey. Auf dem Boot, Whiskey. Beim Mittagessen, wiederum Whiskey – und so weiter. Auf 56 Zeilen fast ein halbes Dutzend Mal den Alkohol unterzubringen, auch dies ist eine Kunst.

Jorge Donayres boshaftes Portrait in der massentauglichen *La Prensa* passt so ganz zu der anti-amerikanischen Stimmung in Peru in jenen Tagen. Diese Art der Hassliebe gegenüber dem schwerreichen Bruder im Norden zieht sich durch die gesamte Geschichte des verarmten Andenlandes. Es ist ein hochgekochter Mix, angerührt aus Neid, Minderwertigkeitsgefühl und echtem Unmut.

Pobre México, tan lejos de Dios y tan cerca de Estados Unidos!, hat der mexikanische Präsident Porfirio Díaz vor über

187

hundert Jahren wehmütig ausgerufen und sein Lamento macht sich der ganze Subkontinent zu eigen. Armes Mexiko, so weit entfernt von Gott und so nahe an den Vereinigten Staaten. Mit ihrem wirtschaftlichen und kulturellen Hegemonialanspruch machen sich die *gringos* aus dem Norden jedenfalls nicht besonders viele Freunde in Lateinamerika.

Mit Ernest Hemingway schlägt man allerdings den falschen Sack auf dem richtigen Esel. Wie auch immer, die junge Frau aus der Nähe von Lima beurteilt die Berichte aus Cabo Blanco als geringschätzig im Inhalt und wertet sie journalistisch als herbe Enttäuschung. Wie nur kann man derart respektlos und unfein mit diesem bedeutenden Schriftsteller umspringen? Ein Säufer, der den Nobelpreis bekommen hat, so liest Modeste von Unruh zwischen den Zeilen.

Ihr scheint all dies ein krudes Zerrbild, ein schiefer Eindruck, den *La Prensa* von Ernest Hemingway in den Zeitungsspalten zeichnet. Für Modeste von Unruh, sie ist im November 1927 geboren, ist dieser Autor ein ganz anderer. Die Novelle *Der alte Mann und das Meer* und das Bürgerkriegsepos *Wem die Stunde schlägt* stehen im Bücherschrank der jungen Frau. Sie hat diese Romane, wie auch andere Erzählungen von ihm gelesen und als packende und ungewöhnlich einfühlsame Literatur in Erinnerung.

Sie spürt, wie diesem Ausnahme-Schriftsteller, aus welchem Grund auch immer, hundsgemein mitgespielt wird. Ihr journalistischer Ehrgeiz wird durch die unfaire Darstellung geweckt, die Fotografin will ihren Beitrag dazu leisten, Ernest Hemingway in Peru und vor der Welt wieder ins rechte Licht zu rücken. Die Deutsche bucht kurzentschlossen ein Flugticket nach Talara.

Modeste von Unruh hat ihre Kindheit in Babelsberg bei Potsdam verbracht. Nach dem Schulabschluss durchläuft sie eine Ausbildung zur Fotoreporterin bei verschiedenen Hamburger Tageszeitungen. Ihre Familie stammt ursprünglich aus Westpommern, aus Schlawe-Stolp, wo ihr Vater als Landwirt das Hammermühler Gut des Grafen Krockow verwaltet, später wandert der Vater dann nach Australien aus. Auch die junge Frau wird bald vom Fernweh gepackt.

Kurzentschlossen lässt sie im Jahr 1954 ihren VW-Käfer über den Atlantik verschiffen, denn ihre Sehnsucht gehört dem amerikanischen Kontinent. Die Fotografin hegt den Plan, die Panamericana von Kalifornien aus hinunter bis nach Feuerland zu bereisen und unterwegs für die Hamburger Zeitschrift *Kristall* zu berichten.

Das unterhaltsame vierzehntäglich erscheinende Magazin *Kristall* gilt in der Nachkriegszeit als eine meinungsbildende Illustrierte in Deutschland, fast eine halbe Million Exemplare wird von jeder Ausgabe verkauft. Die großformatige Publikumszeitschrift druckt exzellente Farbfotos und sammelt talentierte Schreiber in ihren Reihen. Peter von Zahn hat das farbige Periodikum 1946 in Hamburg gegründet und Axel Springer zeichnet als sein Verleger. *Zeitschrift für den gebildeten Mittelstand* lautete der eigentümliche Untertitel bei der Gründung.

Nach einem Jahr Panamericana bleibt die abenteuerlustige Frau auf dem Highway in Peru hängen. Die Zeitungen und Zeitschriften in dem Andenstaat berichten, erstaunt und ungläubig, über die umtriebige Globetrotterin aus dem fernen Deutschland, die nun in Peru gestrandet ist. *Sie ist ein unruhiger Geist*, schreibt das Magazin *Vea – Ilustración Peruana* aus Lima etwas argwöhnisch über Modeste von Unruh, „die junge Journalistin liebt das Abenteuer und die gefährlichen Orte." Die Kühnheit, den amerikanischen Kontinent von Nord nach Süd als Frau ganz alleine zu erforschen, wird in den peruanischen Medien auf einer Bandbreite kommentiert, die sich irgendwo zwischen bewundernswertem Wagemut bis hin zu bodenloser Torheit bewegt.

In Peru lernt Modeste von Unruh den Verkaufsleiter der Volkswagen importierenden Firma *Motor Import S.A.* in Lima kennen, den ungarischen Kunsthistoriker Dr. László von Balás-Piry, der nach dem Krieg ausgewandert ist, und wegen des besseren Verdienstes nun in der Autobranche arbeitet. Die beiden heiraten bald und beziehen ein hübsches Häuschen mit

189

Garten und Pool in Chaclacayo, 40 Kilometer östlich von Lima, an den Ausläufern der Anden in 650 Metern Höhe, in einem Ort mit ständigem Frühlingswetter. Der Rest der Reise nach Feuerland ist abgeblasen.

Am Flughafen in Talara nimmt Modeste von Unruh ein Taxi nach Cabo Blanco. Es ist ein schöner und sonniger Nachmittag in Nordperu. Die Fotografin kennt das kleine Fischdorf am Pazifik nicht, doch ihr Ehemann, der in der Nähe einmal beruflich unterwegs gewesen ist, hat ihr einiges berichten können. In Cabo Blanco angekommen, sie hat sich nicht angekündigt, macht die junge Frau sich umgehend auf zum Klubgelände.

Im *Fishing Club* steht sie, die 28-Jährige, dann am frühen Abend vor dem Nobelpreisträger, der doppelt so alt ist wie die deutsche Fotoreporterin. Eine sehr imposante Erscheinung, dieser Ernest Hemingway, denkt die junge Frau bei sich. An den Schriftsteller erinnert sie sich als an einen Mann von mittlerer Größe, jedoch von kräftiger Statur. *Like a tree trunk*, wie ein wuchtiger Baumstamm, wird die Reporterin später zu einem Foto für die Londoner Bildagentur *Black Star* schreiben. Der berühmte Autor trägt einen gepflegten grauen Bart und ist im *Fishing Club*, so hat es Modeste von Unruh deutlich in Erinnerung, sportlich und seemännisch gekleidet.

Nachdem er die deutsche Fotografin kurz und kritisch gemustert hat, bricht schnell das Eis, und der Amerikaner scheint die junge Frau zu akzeptieren. Denn es folgt eine normale freundliche Begrüßung. *Hi, I'm Ernest Hemingway*, sagt der Nobelpreisträger hemdsärmelig. *Nice to meet you*, fügt er an. Ich freue mich, Sie zu treffen.

Es ist der 26. April 1956 und es ist ein Donnerstag, an dem sich der Weg der deutschen Fotojournalistin und der Weg des gefeierten Schriftstellers kreuzen. Da Mario Saavedra, der Redakteur des *El Comercio*, bereits drei Tage zuvor nach Lima abgereist ist, weilt die junge Hamburgerin nun als einzige Pressevertreterin in Cabo Blanco. Bei dieser günstigen Gelegenheit ergreift Modeste von Unruh ihre Chance beim Schopf. Nehmen Sie mich mit auf das Boot, sagt die schlanke blonde

Frau keck zum weltberühmten Autor. Ich werde Ihnen Glück bringen.

Der nächste Tag, es ist ein Freitag, wird eine erfreuliche Überraschung für Modeste von Unruh als auch für Ernest Hemingway bereit halten. *Als Talisman trugst du eine Kastanie und eine Hasenpfote in der rechten Tasche. Das Fell der Hasenpfote war schon lange abgeschubbert, und die Knochen und Sehnen waren durch das Tragen poliert. Die Krallen ribbelten das Futter deiner Tasche auf, und du wusstest, dein Glück war noch da.* Es ist der Tag 12 von Ernest Hemingway in Cabo Blanco und die elfte Ausfahrt, nur an einem Tag war er nicht aufs Meer hinaus gefahren, der Schriftsteller hatte sich nicht wohl gefühlt.

Am frühen Morgen dieses 27. April 1956 marschiert die Fotografin zum langen Holzsteg des kleinen Hafens von Cabo Blanco, wo die *Miss Texas* verankert liegt. Auch die peruanische Crew begrüßt die Fotografin freundlich und signalisiert Einverständnis, dass die junge Frau mitfahren darf. Dies ist nicht selbstverständlich, denn viele traditionsbewusste Fischer mögen keine Frauen an Bord, es soll Unglück bringen. Und ebenfalls *Miss Mary* achtet wie ein Schießhund darauf, dass keine andere Frau ihrem Ernest zu nahe kommt.

Mit solch einer Berühmtheit wie Ernest Hemingway einen ganzen Tag lang auf einem engen Boot verweilen zu dürfen, es ist ein seltener Glücksfall für einen Reporter. Ein erfreulicher Umstand, der nicht einmal den drei peruanischen Zeitungsjournalisten aus Lima vergönnt gewesen ist. Desgleichen nimmt der Nobelpreisträger auch auf Kuba so gut wie nie die Presse an Bord seiner *Pilar*.

Zu guter Letzt kommt der Schriftsteller auf die *Miss Texas*, in Bermudas, einem kurzärmeligen Baumwollhemd, darüber die Jacke, auf dem Kopf eine graue Jockey-Kappe als Schutz. Und Ernest Hemingway behandelt die junge Modeste von Unruh aufmerksam und mit ausgesuchter Höflichkeit, vielleicht erinnert er sich an seine Anfänge als Journalist, vielleicht mag er sie einfach.

An Bord werden die mittelgroßen Fische wie der *bonito* oder der Thunfisch von dem Maat Máximo Jacinto Fiestas als Köder fachmännisch in den Angelhaken vernäht und anschließend in den Pazifik geschmissen, um den schwarzen Marlin anzulocken. Doch in den über anderthalb Wochen haben die Männer auf der *Miss Texas* bisher keinen Großfisch erlegen können, *agua mala*, klagen die peruanischen Bootsleute, schlechtes Wasser. Der Talisman des Ernest Hemingway, der das Glück bringen soll, scheint seinen Zauber verloren zu haben.

Doch Modeste von Unruh sollte mit ihrer forschen Glücksvorhersage vom Vortag recht behalten. Denn als die junge Fotografin an diesem Tag das einzige Mal mit dem Schriftsteller, seinen kubanischen Freunden und der peruanischen Crew hinausfährt, geschieht das Unerwartete. Endlich, zum ersten Mal seit seiner Ankunft in Peru, kommt zu Ernest Hemingway das Anglerglück, auf das er seit Tagen so sehnsüchtig gewartet hat. Und es wird auf Anhieb ein riesengroßes Anglerglück.

Zunächst verläuft der Tag auf dem Meer genauso erfolglos wie all seine Vorgänger. Den ganzen Vormittag über bis zum frühen Nachmittag tut sich nichts auf dem Ozean. Die Ausfahrt plätschert geruhsam dahin, auf dem Pazifik sind keine Auffälligkeiten auszumachen. Irgendwie hat man sich bereits mit einer weiteren Blamage abgefunden. Elicio Argüelles schaut auf seine Uhr. Schon drei Uhr und fünf Minuten, sagt der sportliche Kubaner ernüchtert, es wird langsam Zeit zur Rückkehr. Just in diesem Augenblick schlägt die Angelrute heftig an.

Ein Fisch zieht hart surrend die Schnur aus der vollen Rolle in die Tiefe, straff spannt sich die Angelleine. Dem Gegendruck des Angelgeräts nach zu urteilen, muss es sich um einen ziemlich großen Fisch handeln. Und wenig später kommt in der Tat ein mächtiges Tier an die Wasseroberfläche. *Die Leine hob sich langsam und stetig, und dann wölbte sich die Oberfläche des Ozeans vor dem Boot, und der Fisch kam heraus.*

Der massige Schwarzmarlin springt in eleganten hohen Bögen sechs Mal aus dem Wasser und dann wieder hinein. Solch ein grandioses Schauspiel haben Ernest Hemingway, Gregorio Fuentes und Elicio Argüelles weder auf Kuba noch sonst wo gesehen. Einzig mit ihrer Muskelkraft versuchen die Männer an Bord, den Fisch im Zaum zu halten. Abwechselnd hantieren der Schriftsteller, Gregorio und Elicio an der stramm gespannten Angel.

Die drei Männer ziehen die Schnur an, lassen die tellergroße Spule dann wieder ein Stück auslaufen, ziehen abermals an, geben von Neuem nach und ziehen wiederum an. Der Vorgang wiederholt sich einige Male, so lange bis der gigantische Fisch schließlich fest am Haken hängt. *„Fisch", sagte er leise und vernehmlich, „ich bleibe bei dir, bis ich tot bin."* Für die einheimischen Fischer an Bord beginnt daraufhin die Routine. Zunächst streifen die Peruaner ihre Lederhandschuhe über, damit die scharfe Angelschnur ihnen nicht die Innenhand aufreißt.

Der Kampf mit dem gewaltigen Fisch dauert fast eine Stunde. Die euphorisierten Männer an Bord bemerken, wie die Kraft des schwarzen Marlins langsam zu schwinden beginnt. Als die Gegenwehr des Riesenfischs nach einer Stunde schließlich gebrochen ist, wird das Tier nahe genug an die *Miss Texas* herangezogen. Elicio Argüelles schnappt sich die Harpunenstange, lehnt sich über die Reling und harpuniert den Fisch mit kurzen wuchtigen Stößen. Die Macht des schwarzen Marlins ist am Ende, der Monsterfisch ist ein für alle Mal besiegt. Ernest Hemingway hat seinen Wettkampf gegen das große Tier gewonnen.

Als Nächstes gilt es, das massige Tier auf das Boot zu bringen. Denn um einen Großfisch von ein paar hundert Pfund an Bord zu hieven, bedarf es nicht nur einer enormen Kraftanstrengung, sondern ebenso viel Geschick. Der harpunierte Marlin wird mit vereinten Kräften zunächst dicht an den Bootskörper gezogen. Über Backbord wird das tote Tier dann mühselig kopfüber mit Hilfe einer kleinen Seilwinde auf die freie Heckfläche neben den Angelstuhl gewuchtet.

Der bärtige Autor und sein Freund Elicio Argüelles strahlen vor Glück. Ernest Hemingway vergisst mit einem Mal die Enttäuschungen der letzten Tage, seine Rückenschmerzen, die Depression. Der Nobelpreisträger umarmt als ersten den peruanischen Kapitän der *Miss Texas*. Ich danke dir sehr, sagt ein ausgelassener Schriftsteller zu Jesús Ruiz More, du bist ein erstklassiger Schiffsführer. Anschließend herzt der berühmte US-Amerikaner die adrette Fotografin.

Modeste von Unruh hat Recht behalten mit ihrer Vorhersage, die junge Deutsche hat in der Tat auf dieser Ausfahrt das Glück gebracht. Von dieser Stunde an wird die Anwesenheit der Fotoreporterin auf dem Boot wie eine Art hoffnungsvoller Talisman der Angelfreunde gesehen. Die 28-Jährige darf sich zwanglos an Bord bewegen und kann großartige Fotos schießen von den Männern, von ihrem Triumph und von dem Marlin. Alle an Bord der *Miss Texas* werden überwältigt von einem ungewohnten Hochgefühl.

Auf dem Boot lachen alle lauthals und ausgelassen. Peruaner, Kubaner und Amerikaner fallen sich in die Arme, sie grölen, singen und springen umher wie die kleinen Kinder. Auch der Schriftsteller zeigt sich gelöst, wie seit langem nicht. Es scheint, als sei eine Zentnerlast von Ernest Hemingways Schulter gefallen. Man kann es drehen und wenden, wie man will, bemerkt der Nobelpreisträger mit Genugtuung zu Gregorio Fuentes, wir haben diesen Kerl besiegt. Wir haben den richtig dicken Marlin gefangen. *Das Glück war noch da.*

Rote Wimpel wehen heiter vom Mast der *Miss Texas*, als das Fischerboot mit dem erlegten Schwarzmarlin am späten Nachmittag in den Hafen von Cabo Blanco einläuft. Auf der Rückfahrt ist die Stimmung übermütig gewesen, bei der Ankunft des Schiffes hat Ernest Hemingway jedoch sein Strahlen und seine gute Laune ein wenig verloren.

Der berühmte Autor wirkt auf die Umstehenden mit einem Mal seltsam kraftlos und abgekämpft, als er am Anlegeplatz der *Miss Texas* entsteigt. *Ich bin ein müder alter Mann. Aber ich habe diesen Fisch getötet, der mein Bruder ist, und jetzt kommt noch die ganze Plackerei.* Ernest Hemingway wirkt erschöpft, der Glanz in seinen Augen ist trübe.

194

Das Ziel ist erreicht, aber nun zeigt sich sein Körper ausgezehrt und energielos, sein Kopf ist seltsam leer. Die Fotografin aus Deutschland, die einst bis hinunter nach Feuerland wollte, dokumentiert das Abenteuer des Ernest Hemingway in Cabo Blanco wie niemand anderes. Der Schriftsteller wird ihr später als Dank einen wunderbaren Brief schreiben, *you were very good about the ocean*, adelt er die junge Frau, Sie hatten ein sehr gutes Gefühl für den Ozean.

18. This Fish was caught by Elicio Argüelles

Das ikonische Foto der Modeste von Unruh, ein Original aus dem Archiv der Fotografin: Elicio Argüelles II, der Marlin von 730 Pfund und Ernest Hemingway. Im Hintergrund rechts, die Ehefrau von Kip Farrington. Cabo Blanco, am 27. April 1956.

In Cabo Blanco kommen die Kinder des Dorfes zur Pier gelaufen, um das Schauspiel zu beobachten. Und auch die Frauen aus dem *Fishing Club* haben sich neugierig zum Landungssteg aufgemacht, nachdem die roten Fähnchen auf der *Miss Texas* den kapitalen Fang angekündigt haben. Von einer einfachen Kranhütte aus Sperrholz wird eine Ladewinde per Hand gesteuert und der leblose Monsterfisch von der *Miss Texas* auf die Landungsbrücke herübergezogen. Ein Riesenfisch – ein schwarzer Marlin – ist zur Strecke gebracht worden.

Im Hafen von Cabo Blanco wird am späten Nachmittag dieses 27. April 1956 der erlegte Monstermarlin kopfüber mit einem festen Seemannstau an den Querhaken der Stahlwinde aufgeknüpft, die fünf Meter hoch in den azurblauen Himmel Perus ragt. Und nun baumelt der tote König des Meeres an einem verrosteten Spreizhaken regungslos über den Planken der abgenutzten Pier herunter. Der schwarze Marlin wird jetzt gewogen, Ernest und die Freunde schauen voller Erwartung auf die Hängewaage. Die Messingnadel schlägt bei 730 Pfund aus.

Der bisher beste Fang, nicht nur für die US-Amerikaner. Seit Wochen ist kein Fisch mit einem solchen Gewicht in Cabo Blanco und Umgebung gefangen worden. Auch für den Nobelpreisträger stellt dieser Riesenfang einen persönlichen Rekord dar, niemals zuvor hat er einen größeren Fisch aus dem Wasser gezogen. Nach all den erfolglosen Ausfahrten, nach den Fehlschlägen und Enttäuschungen, steht der Schriftsteller am zwölften Tag auf der Pier in Cabo Blanco endlich neben der begehrten Beute.

Der einheimische Maat Máximo Jacinto Fiestas bindet das Maul des Schwarzmarlins mit einer dünnen Kordel zusammen, die Knopfaugen des toten Tieres haben sich geweitet und stechen hervor. *Das Auge des Fisches blickte so starr wie die Spiegel in einem Periskop oder wie ein Heiliger in einer Prozession.* Der Monsterfisch hängt mit dem Kopf voran an der Seilwinde nach unten, mit seiner spitzen Lanze eine Hand breit über den Holzbohlen der Landungsbrücke. Auf der Mole ist ein Schienenpaar eingelassen, das eine flache Lore mit Gütern zwischen

197

Hafenkai und den Anlegeplätzen der Boote hin und her transportiert.

Auf dem langen Landungssteg, der auf Holzpfählen über hundert Meter in den Pazifik hinein ragt, schießt Modeste von Unruh nun ein Foto nach dem anderen. Die Fotografin wählt für ihre Fotos meist die Land-Perspektive und stellt sich für ihre Aufnahmen mit dem Rücken zum Meer. Das untergehende Sonnenlicht sorgt dafür, dass der tote Marlin auf den Bildern kraftvoll und kontrastreich vor den grauen Wüstenhügeln Nordperus baumelt. Es ist ein milder Spätnachmittag in Cabo Blanco, die Sonne neigt sich im Westen, ein dünner Wolkenteppich taucht das satte Blau des Himmels über dem Pazifik in ein mattes Licht.

Die beiden Männer stellen sich – erschöpft und voller Stolz – in das Fotomotiv, der erlegte Monsterfisch wird in die Mitte genommen. Ernest Hemingway platziert sich links des Marlins und packt den toten Fisch bei der dünnen Bauchflosse. Und Elicio Argüelles bringt sich rechts neben den kapitalen Fang in Positur, eine Hand ruht fest auf der mächtigen Rückenflosse des Tieres. Die Frauen der Amerikaner, zahlreiche Einheimische und die vielen Kinder schauen dem Spektakel voller Staunen zu. Modeste von Unruh schießt mehrere Dutzend Fotos des erlegten Marlins mit dessen beiden Bezwingern.

Ein solches Siegerfoto besitzt eine lange Tradition in Cabo Blanco. Das Ritual läuft immer gleich ab: An der Seilwinde wird der tote Fisch an der Schwanzflosse emporgezogen, anschließend wird er gewogen und dann baumelt er, Schwert und Kopf voran, nach unten über der Landungsbrücke. Der leblose Körper des Fisches muss sodann für die Statistik herhalten. In weißer Farbe wird das Gewicht aufgepinselt, hierauf das Datum, dann der Fangort Cabo Blanco. Und zum guten Schluss werden die Schnappschüsse für die Nachwelt geschossen.

Ernest Hemingway ist froh, eine professionelle Fotografin in Cabo Blanco an seiner Seite zu wissen. In den Tagen der Fehlschläge hat es nichts zu reportieren gegeben, der gescheiterte Versuch gleicht für ihn einer Niederlage. Nach einem Erfolg allerdings sorgt er dafür, dass die Menschen auf dem Globus die richtigen Bilder aus seiner Macho-Sphäre zu Gesicht bekommen. Die Kultfigur, zu der er sich über die Jahre aufgebaut hat, ist nicht zuletzt all den ikonischen Darstellungen zu verdanken, die von Top-Fotografen aufgenommen worden sind.

Der Schriftsteller schätzt die meisten Fotografen, die ihn ablichten. Vielleicht können gute Fotokünstler auf ihren Fotos jenes ein wenig sichtbar machen, was ansonsten verborgen unter der Oberfläche schlummert. Seiner Eitelkeit schmeicheln die Kunstwerke von Yousuf Karsh, von Robert Capa, von Alfred Eisenstaedt oder von Paul Radkai, denn sie alle haben die Aura, die Ernest Hemingway umgibt, mitgeschaffen.

Sein Faible für exzellente Fotos rührt daher, dass er weniger ein rationaler, stattdessen vielmehr ein visueller Mensch ist. Erstaunlich für einen Autor, der sich eher mit Wörtern und Sätzen zu beschäftigen hat. Doch dieser Mann schreitet durch das Weltgeschehen als ein Augenmensch, seine Beobachtungsgabe ist phänomenal. Er braucht zuerst das Bild, um all die Buntheit, aber auch die Hoffnungslosigkeit des Alltags erfassen und beschreiben zu können.

Das Foto mit dem baumelnden Marlin soll – so wird Ernest Hemingway am 4. September 1956 im amerikanischen Hochglanz-Magazin *LOOK* schreiben – die Glanzleistung des gigantischen Rekordfanges in Cabo Blanco für alle Welt dokumentieren. *Jeder hat so seinen Weg die Unsterblichkeit zu suchen, und wenn man diese mit Hilfe eines toten Fisches an der Seilwinde erreicht, bitte schön, ich hoffe, alle mögen es.* Und dennoch steht der sonst so siegessichere Ernest an diesem sonnigen Apriltag des Jahres 1956 neben dem erlegten Riesenmarlin ungewohnt verzagt da. Umstehende gewinnen gar den Eindruck, der Schriftsteller verhalte sich unsicher und verschämt, was ja eigentlich so ganz gegen seine Art geht.

Auf einem überlieferten kurzen Video mit dem Titel *Hemingway: The Legend and the Sea*, das Allen Miner aus seinen Filmaufnahmen in Cabo Blanco zusammen gestellt hat, erlebt der Betrachter einen seltsam ausgelaugten Ernest Hemingway.

Einen Sieger, der sich apathisch wie ein Verlierer über die Landungsbrücke bewegt und seinen großen Erfolg nicht richtig auszukosten vermag.

Ganz anders tritt sein kubanischer Kompagnon auf. Bei Elicio Argüelles, der lässig mit nacktem Oberkörper neben dem toten Marlin strahlt, bemerkt der Betrachter die ausgelassene Hochstimmung eines Champions. Der ranke Kerl aus Havanna, in modisch-blauen Shorts und mit weißen Turnschuhen gekleidet, lächelt selbstbewusst in die Kamera. Entspannt und locker scheint er mit sich und dem Gelingen im Reinen.

Elicio Argüelles Familie gehört zur *upper class* auf Kuba. Der Vater ist Besitzer des *Frontón Jai Alai* an der Kreuzung der Calle Concordia mit der Lucena, einer beliebten Wettkampfhalle in Havanna, die der Volksmund als *Palacio de los Gritos* kennt. In dieser langgezogenen Sporthalle geht es in der Tat lautstark her, dort wird dem auf Kuba populären *Pelota*-Spiel nachgegangen. Ernest Hemingway ist ein Anhänger dieses baskischen Ballspiels und hat darüber Elicio I und Elicio II kennengelernt.

Der Vater Elicio Argüelles Pozo – auch Elicio I genannt – bekleidet das Amt eines Senators für den *Partido Demócrata* und unterstützt von Kuba aus den spanischen Machthaber Francisco Franco ideell und materiell. Trotz solch politischer Gegensätze hat sich über die Jahre eine freundschaftliche Beziehung zwischen dem bärtigen US-Amerikaner und der Familie Argüelles entwickelt.

Der Sohn heißt mit vollem Namen Elicio Argüelles y García-Menocal, der Einfachheit halber und der Tradition folgend lässt er sich mit Elicio Argüelles II abkürzen. Elicio II ist ein smarter Typ vom Jahrgang 1910, seine Heimat kennt ihn als umtriebigen Playboy und genauso erfolgreichen Sportangler. Ernest und er machen schon seit Jahren die Insel unsicher, der Kubaner war bereits 1942 mit dem Schriftsteller und dessen damaliger Ehefrau Martha Gellhorn zum Tontaubenschießen in Cotorro verabredet. Weil kräftige Hände und ein sportlicher Geist auf der Jagd nach dem schwarzen Marlin nicht schaden können, hat

Ernest Hemingway den athletischen Kubaner, den Freunde meist *Elicín* rufen, zu dem Trip ins peruanische Cabo Blanco eingeladen.

Der adrette Mann aus Havanna zieht an der Küste von Nordperu zahlreiche Blicke auf sich, nicht nur die der Frauen. Elicio II tritt stets schick gekleidet auf, selbst auf der *Miss Texas*, mit einem frisch gebügelten Hemd, farbigen Hosen und feinen Sportschuhen. Zudem beeindruckt der Kubaner auf der *Miss Texas* jedermann mit seinem extrovertierten Temperament. Wenn ein Fisch anbeißt, eilt er sogleich zu Ernest, umarmt ihn oder hebt mit seiner Hand den schlaffen Vorderarm des Schriftstellers zur Siegerpose in die Luft.

Elicín ist auf die Glücksseite des Lebens gefallen, er ist ein Gewinner-Typ, beim Angeln, im Business, bei den Frauen. In späteren Jahren wird Elicio Argüelles II nie groß über seine Zeit mit Ernest Hemingway berichten, auch als seine Familie nach der Revolution in die USA emigriert. Er gibt zu seiner Freundschaft mit dem Nobelpreisträger keine Interviews oder schreibt Artikel darüber. Denn, so sagt er, mit einem guten Freund möchte er kein Geld verdienen.

Der Fang des schwarzen Marlins ist ein Gemeinschaftswerk, wie so vieles im Leben. Elicio und Ernest, beide – ebenso wie andere an Bord – haben den kapitalen Fisch von 730 Pfund zur Strecke gebracht und auf die *Miss Texas* gezogen. Bei Licht betrachtet, ist dieser Rekordfang vor allem Elicio Argüelles zu verdanken, diesem schlanken Kerl in den besten Mannesjahren, denn er bringt die nötige Kraft zum Bezwingen des Tieres ein. Eine Kraft, die dem mehr als zehn Jahre älteren Ernest Hemingway seit seinen schlimmen Unfällen in Ostafrika abgeht. Generös schenkt der Schriftsteller die Ausbeute seinem Freund Elicio Argüelles, der an diesem Tag seinen 46. Geburtstag feiert.

Mit seiner Geste macht der gefeierte Autor keinen Hehl daraus, auf wessen Konto der Fang des Schwarzmarlins in Wirklichkeit geht. Trotz mancher Aufschneiderei mag der Amerikaner sich nicht mit fremden Federn schmücken, es sei denn, er trifft auf einen Zeitungsreporter und die Gäule gehen wieder einmal mit ihm durch. Doch wenn es sich um einen Freund handelt, dann bleibt er bei den Tatsachen. Der Schriftsteller signiert oft das Foto und schreibt eine Widmung wie diese: *This Fish caught by Elicio Argüelles, Old Man and the Sea Expedition, Ernest Hemingway, Cabo Blanco.* Dieser Fisch wurde von Elicio Argüelles gefangen, auf der Entdeckungsreise *Alter Mann und das Meer*, Ernest Hemingway, Cabo Blanco.

Die Entdeckungsfahrt des Nobelpreisträgers auf dem fremden Ozean und die Jagd nach dem imposanten Tier münden in diesem Rekordfang am peruanischen Pazifik. *Der Marlin war groß und kämpfte nicht wie es die Fische vor Kuba tun*, schreibt Ernest im September 1956 im großformatigen US-Magazin LOOK über sein Abenteuer. *Aber sein Gewicht und seine Masse in dem schweren Wasser machen es nicht einfach, ihn zu fangen. Und ein Fisch, den du acht oder zwölf Minuten am Haken hältst, den musst du kommen und dann wieder gehen lassen, du musst sein Gewicht in deinen Schuhsohlen spüren, im Unterarm und in deinem Rücken, und wenn er sich schließlich zu Tode gemüht hat, dann setzt Gregorio die Harpune.*

Am Abend findet im *Fishing Club* eine kleine Geburtstagsfeier zu Ehren von *Elicín* statt. Die Frau des Verwalters hat eine Torte besorgt, man kommt im Gemeinschaftsraum zusammen, ein *conjunto* mit Gitarren aus El Alto spielt *música criolla*, so werden die populären peruanischen Rhythmen und Melodien genannt. Ernest spricht ein paar nette Worte zu dem Geburtstagskind und lobt abermals dessen Fang, auch seine Ehefrau hält eine kurze Rede, in der sie auf die Bedeutung des Namen ‚Elicio‘ eingeht. *Elicius* war einer der Beinamen des römischen Gottvaters Jupiter. Vor allem *Miss Mary* zeigt sich an diesem Abend ausgelassen und tanzt mit dem Klub-Verwalter Plater einen peruanischen Tanz, eine *marinera*. Erschöpft zieht der Schriftsteller sich gegen 23 Uhr von der Feier auf sein Zimmer zurück.

Ein paar Tage später flattern abermals die roten Fahnen im peruanischen Pazifikwind. Elicio Argüelles fängt einen noch größeren Schwarzmarlin, einen, der über tausend Pfund wiegt.

202

Alleine das Oberkieferschwert misst mehr als einen Meter. Dieser Marlin ist so riesig in Gewicht und Ausmaß, dass es der Crew nicht gelingt, die erlegte Beute an Bord zu hieven. Als Notlösung wird das Tier mit dicken Seilen an Backbord festgezurrt. Und so tritt die *Miss Texas* mit dem toten Schwarzmarlin auf der Seite die Rückfahrt nach Cabo Blanco an, ganz so wie der Fisch in Hemingways Roman.

Es ist wiederum der jugendlich auftretende Elicio Argüelles II, der den Riesenmarlin erlegt hat. Und es ist dieser durchtrainierte Kubaner, der an der Pinnwand im *Fishing Club* in den *Thousand Pound Club* als Rekordhalter aufgenommen wird. Auch Ernest Hemingway kann einen Zipfel des Ruhmes erhaschen. Am Ende seines Aufenthaltes in Cabo Blanco wird der Schriftsteller vier Riesenfische – zwei Schwertfische und zwei Schwarzmarline – gefangen haben.

Die beiden *pez espada* sind eher klein, die zwei Marline allerdings überzeugen mit ihrem beachtlichen Gewicht. Die verbindliche Klubstatistik über *Black Marlin caught by Members and Guests of the Cabo Blanco Fishing Club* weist bei dem Stichwort *Ernest Hemingway, Havana, Cuba* Folgendes aus: zwei Fänge, 680 und 750 Pfund. Elicio Argüelles II findet sich im Register des Klubs mit der Ausbeute eines Schwarzmarlins von 730 Pfund und mit einem von 900 Pfund im Mai 1956 wieder. Zusätzlich zu dem Marlin von über tausend Pfund, der auf der Rekordtafel des *Thousand Pound Club* auftaucht.

Elicio Argüelles schafft es, mit seiner Marke von 900 und 1.000 Pfund die Höchstwerte der *Old Man and the Sea Expedition* zu setzen. Für Ernest Hemingway, der bei jedem Macho-Wettstreit von sich selbst Glanzleistungen einfordert, bleibt lediglich der zweite Platz. Seine beiden schwarzen Marline von 680 und 750 Pfund sind für sich genommen eine beeindruckende Ausbeute, doch sie reichen weder für die Spitze, noch genügen sie seinem Ehrgeiz.

Die Riesenfische, die über dem Landungssteg in Cabo Blanco vom Kran herab baumeln, verdeutlichen ihm, dass es für den Höhepunkt nicht mehr reicht. Ernest Hemingway kann den

Fisch erlegen, die triumphale Meisterschaft jedoch liegt im grau gewordenen Gestern. Auf dem Gewinnerpodest steht nun ein anderer. Der Fisch, sein Freund und sein Gegner, hat ihm die Grenzen aufgezeigt.

Der Vater Clarence hat Ernest am Michigan-See gelehrt, dass in der Einsamkeit und der Abgeschiedenheit der Natur ein mächtiger Gegner lauert. Natur bedeutet für den Amerikaner auch Kampf und Krieg, denn der Tod ist ein Baustein der Natur. *„Der Fisch ist auch mein Freund", sagte er laut. „Ich habe noch nie einen solchen Fisch gesehen und auch nie von so einem gehört. Aber ich muss ihn töten. Ich bin froh, dass wir nicht versuchen müssen, die Sterne zu töten."* Ernest Hemingway kämpft gegen die Natur. Er begreift tief im Inneren, dass er die Tiere nicht antasten darf, dass es ein Unrecht ist, wenn sich der Mensch über die Schöpfung erhebt.

Stell dir mal vor, wenn ein Mann jeden Tag versuchen müsste, den Mond zu töten, dachte er. Der Mond läuft davon. Aber stell dir mal vor, wenn ein Mann jeden Tag versuchen sollte, die Sonne zu töten. Tief in seiner Seele ahnt er, dass es ein Frevel ist, den Fisch zu töten. Für einen Katholiken noch dazu, seit seiner Heirat mit Pauline Pfeiffer ist er zum Katholizismus übergetreten. Das Fisch-Symbol wurde in den römischen Katakomben als Wahrzeichen für *Jesus* genutzt. Im Altgriechischen werden die Buchstaben für *Fisch*, ΙΧΘΥΣ, gleichbedeutend verwendet für *Jesus Christus, Sohn Gottes, unser Erlöser.* Wer den Fisch tötet, der ist gleichermaßen bereit, die Sterne und die Sonne zu töten.

Der Amerikaner aus frömmlerischem Elternhaus hat mit der Religion eigentlich nicht viel am Hut, im Gegenteil, an allen Ecken macht er sich über die strengen Glaubenssätze lustig. Und trotzdem hat dieser Agnostiker mit *Der alte Mann und das Meer* eine grandiose Parabel auf das Leben geschrieben. Er hat dieses Gleichnis in einer einfachen Sprache gehalten und mit wunderbaren Sinnbildern ausgestattet, es erinnert in Stil und Metaphorik an die Bibel. Es ist nicht nur der Stil, der verblüfft, sondern auch die Hauptfigur. Kann es sein, dass dieser Mann, der die Tiere tötet, im Fischer Santiago eine Menschwerdung Jesus Christus andeuten will?

Möchte dieser Autor mit seinem Roman, sagen wir es spirituell, vor Gott und der Welt um Vergebung bitten? Diese arme Seele kennt die Brüchigkeit der menschlichen Existenz, er hat sie am eigenen Leib erlitten, und er weiß sein Leben lang nicht, wie heraus aus seiner Verzweiflung. Seine gefühlskalte Antwort ist gewesen, die Tiere zu töten. Auch dies hat ihm nicht aus seiner Bedrängnis geholfen, wie sollte es anders sein? Andererseits hat kein Autor so empathisch über den Menschen am Meer und auch so friedfertig über die Versöhnung am Meer geschrieben wie er.

Es ist vor allem das Meer, das dieser Atheist anbetet. Sein Mensch am Meer durchleidet wie aus dem Bilderbuch all die kleinen und großen Niederlagen auf der irdischen Wegbahn. Selbst wenn *der alte Mann* Santiago wochenlang keinen einzigen Fisch fängt, so kommt ihm nicht der Gedanke, mit seinem Boot beizudrehen. Auch dieser Kerl aus Oak Park bei Chicago ist keiner, der aufgibt. Trotz aller Fehlschläge befiehlt uns Ernest Hemingway, Kämpfer zu bleiben. *I'll fight them until I die.* Ich werde kämpfen, bis ich sterbe.

Alleine das Aufstehen ist schon ein Sieg, so funktionieren Verletzlichkeit und Heilung im Leben. Hinfallen, aber wieder aufstehen, so sagen es die Eltern zum Kind. Die Philosophen meinen, den Stein abermals den Berg hinaufrollen und der moderne Mensch nennt es Resilienz. Das ganze Leben erscheint wie ein langer anhaltender Kampf. Doch was ist mit dem letzten Hinfallen?

Das Mysterium von Geburt und Tod beschäftigt diesen Schriftsteller Tag und Nacht. Das Töten der wilden und schönen Tiere beim Angelsport, auf den Safaris und in der Stierkampf-Arena zeigt seine Zerrissenheit. Ernest Hemingway bewundert den Marlin, den er jagt und den er ums Leben bringt. Er kann nicht anders, denn ihn berauscht der Angler, der für einen Moment die Macht über Weiterleben und Tod besitzt. Das Tier ist sein Freund, doch die Entscheidung über seine Existenz liegt

205

beim Menschen. Darin besteht der Irrglaube. Der Mensch als Herr des Todes. Es ist nicht nur eine kranke Anmaßung, es ist zudem ein Hirngespinst, er macht sich da etwas vor.

Manche Seelenklempner betrachten das Angeln beim Mann in der Tradition des Großmeisters aus Wien. Die aufrechte Angelrute und die Spulen zwischen den Beinen ersetzen als Ritus die körperliche Lust. Man möge in diesem Sinne sich das eine oder andere Foto von Ernest Hemingway anschauen. Die triebhafte Ersatzhandlung beim Angeln zeuge, so Sigmund Freud, von Wollen und von doch nicht Können in Liebesdingen. Die Macht über die besiegte Kreatur löst beim Angler ein Glücksgefühl aus wie beim Liebesspiel. Letztendlich geht es wohl mit dem Eingeständnis einher, nicht lieben zu können. Auch so kann man es sehen, besser wird die Sache dadurch nicht.

Ernest Hemingway selbst hat ein paar Tage später in Cabo Blanco einen fünften Großfisch, einen schwarzen Marlin, wahrscheinlich den größten und kräftigsten von allen, am Haken. Alle an Bord der *Miss Texas* geraten in helle Aufregung. Der Schriftsteller in seinem Angelstuhl kämpft wie ein Wilder und klotzt ran, er ringt und rackert, er zieht und holt alles aus sich heraus, jedoch, er kommt an sein Limit.

Der Nobelpreisträger wirkt am Pazifik angeschlagen, besonders die Wirbelsäule macht ihm beim Angeln zu schaffen. Er ist nicht mehr so belastbar und so schwungvoll wie früher, sein Körper ist gezeichnet von den beiden Flugzeugunglücken in Ostafrika und von all den anderen Unfällen. Von der Psyche nicht zu reden, der Alkohol hat ihn zerfressen und die Schwermut. Ernest Hemingway legt sich auf der *Miss Texas* ins Zeug, er gibt, was er geben kann und er geht an seine Grenze. Doch vergebens, die Kraft reicht nicht mehr, sein Monstermarlin entkommt. Das Tier ist stärker.

Aus Cabo Blanco bleibt der Nachwelt das Foto von Modeste von Unruh erhalten. Die Momentaufnahme der beiden ungleichen Kumpel Ernesto und Elicio mit dem imposanten Riesenmarlin. Die Aufnahme gefällt Ernest Hemingway so sehr, dass er von der Fotografin gleich ein Dutzend Abzüge erbittet. Der Schriftsteller wird das Foto im *Fishing Club* freigiebig signieren, später auf Kuba wird er zahlreiche Kopien vorrätig halten und stolz an Freunde und Bekannte verschicken.

Das einzigartige Motiv der deutschen Fotografin wird auch Jahre und Jahrzehnte nach den Ereignissen in Cabo Blanco als Ikone zu bestaunen sein. Als Abbild von Ernest Hemingways unstillbarer Abenteuerlust und als Ausweis seines maßlosen Draufgängertums. In Büchern, auf Postern und in Zeitungen und Zeitschriften überlebt das Marlin-Foto der Modeste von Unruh alle, die auf dieser Aufnahme für einen Augenblick auf Unvergänglichkeit setzen.

19. Ein Freund ist mehr als ein Vater

The ‚Papa Pack‘ in Peru: Kip Farrington, Elicio Argüelles II, Mary
Welsh Hemingway, Ellis O. Briggs, ein Marlin von 900 Pfund, Ernest
Hemingway, Louis Jennings, Cloyce J. Tippett.
Cabo Blanco, im Mai 1956.

Eine schöne Truppe hat der Nobelpreisträger in Cabo Blanco um sich versammelt. Nicht dass er alle eingeladen hätte, gute Freunde erscheinen einfach, sie sind plötzlich da. Wie ein Magnet zieht der Schriftsteller abenteuerliche Menschen mit spannenden Biographien an. Menschen, die etwas erreicht haben außer nur dahin zu leben, Personen, die aus dem Rahmen fallen, die unabhängig sind, nicht auf den Geldbeutel bezogen, unabhängig vor allem in der Birne.

Ernest Hemingway umgibt sich gerne mit Freunden. Um in den inneren Zirkel seines Freundeskreises vorzudringen, sind mindestens drei Voraussetzungen zu erfüllen: Zunächst muss der Kandidat verdammt gut saufen können. Dann sollte er der Jagd auf lebende Tiere etwas abgewinnen können. Und drittens, einen vollbärtigen Schriftsteller aus Chicago ein klein wenig anhimmeln, auch dies mag nicht ganz verkehrt sein. Einen Menschen anhimmeln, ein schönes Bild, das ausgezeichnet passt.

Manchmal, wenn die Depression ihn in Ruhe lässt, fühlt er sich wie ein kleiner Gott. Er möchte bewundert werden, gleichwohl braucht er keine Lakaien oder Stiefellecker. Leute, die anderen in den Hintern kriechen oder Menschen, die es jedermann immer und überall recht machen wollen, all das verabscheut er. Ernest Hemingway mag Mannskerle mit Mumm und auf Augenhöhe, vom Interesse, von den Vorlieben, vom Temperament. Kurz gesagt: Er will richtige Freunde.

Viejo, weißt Du, was ein richtig guter Freund ist?, fragt der Nobelpreisträger am Morgen seinen Kapitän Gregorio Fuentes. „Sie und ich, wir sind Freunde", antwortet der einfache kubanische Fischer dem Autor. Ernest Hemingway entgegnet ihm darauf: *Viejo, ein Freund ist mehr als ein Vater und mehr als ein Bruder. Eine Freundschaft gründet auf gemeinschaftliches Erleben. Du und ich sind nun zwanzig Jahre gemeinsam an Bord der ‚Pilar'. Woher kamen wir beide denn? Scheißegal, Viejo, eines Tages haben wir zusammen gefunden, Du mit deinem Leben, und ich mit meinem. Zwei Freunde, das ist wie zwei Leben, die zusammen finden.*

In Cabo Blanco findet sich Kip Farrington an seiner Seite, ein ehemaliger New Yorker Börsenmakler. Der Mann hat von heute auf morgen seinen Beruf an den Nagel gehängt und eine Menge Geld in den Wind geblasen. Jetzt ist er glücklich, weil er an Küsten wie jener vor Nordperu große Fische fangen darf. Und ein Buch nach dem anderen über das Sportangeln schreiben kann, anstatt an der *Wall Street* reichen Idioten und billigen Aktien nachzulaufen.

Oder Elicio Argüelles y García-Menocal, oberflächlich gesehen ein Lebemann, aber dann doch eine Person von bemerkenswerter Strebsamkeit. Ein Rechtsanwalt, jemand mit Hang zur Politik, er will irgendwann einmal Senator werden in seiner Heimatstadt Havanna, wie sein Vater. Selbst einen Staatspräsidenten kann die Familie vorweisen, seinen Onkel Mario García Menocal. Trotzdem ist er ein Mann mit Prinzipien und ein Kamerad, der immer für den anderen da ist.

Der Schriftsteller hört in Cabo Blanco auf den Rat seines Freundes Louis Jennings. *Lou*, wie ihn alle nennen, ist ein Teufelskerl. Er hat sich vom Fahrer eines Filmrequisite-Trucks bis zum Kameramann bei *Warner Brothers* hochgearbeitet. Gerade hat der agile Mann aus Ashland in Oregon den Film *The Lone Ranger* abgedreht und er kommt mittlerweile auf fast 30 Streifen hinter der Kamera.

Der 53-Jährige und Ernest Hemingway kennen sich schon lange, weil *Lou* ein erfolgreicher Sportangler ist und beide auf Kuba einige Male zusammen hinausgefahren sind. Louis Jennings, der drei Jahre jünger ist als er, gehört zur Sorte Mensch, der das Geschäftliche einerlei ist. *Lou* will mit seiner mächtigen *Cunningham*-Kamera vor allem schöne Bilder einfangen und mit der Angelrute ab und an einen großen Fisch. Und beide eint eine weitere irdische Freude: ein guter Whiskey.

Der Colonel Cloyce J. Tippett, ein Oberst der Luftstreitkräfte, ist ein halsbrecherischer Pilot so ganz nach Hemingways Gusto. *Tip*, so wird er gerufen, steigt noch in seine Maschine, wenn andere die Hosen gehörig voll haben. Der Offizier ist ein Flugpionier, der sich über dem endlosen Regenwald Amazoniens und an den hohen Andengipfeln bestens auskennt. Mit Erstaunen hat Ernest Hemingway von *Tip* erfahren, dass der erste Mensch, der über den Hauptkamm der Alpen geflogen ist, ein Peruaner gewesen ist, mit Namen Jorge Chávez.

Zum inneren Kreis des Autors gehört zu allererst Gregorio Fuentes. Dieser naturverbundene Fischer aus Cojímar, er ist der Tenzing Norgay des Ernest Hemingway, sein Sherpa im Golfstrom und auf sonstigen Meeren. Ein Bediensteter zunächst, der Kapitän seines Bootes *Pilar*, über die Jahre ist der Zusammenhalt enger geworden. Gregorio ist eine treue Seele, ein Weggefährte, auf den immer Verlass ist. Von 1938 bis zu Hemingways Tod 1961, dreiundzwanzig Jahre, kümmert er sich als Kapitän um die *Pilar*. Das Motorboot ist 1934 in einer Werft in Brooklyn eigens für Hemingway gebaut worden.

Die kubanischen Fischer aus Hemingways Erzählungen tragen unverkennbar Züge von Gregorio. Ein oft publiziertes Missverständnis muss allerdings ausgeräumt werden, Gregorio Fuentes ist nicht *der alte Mann*. Bei Erscheinen des Romans ist er erst Mitte fünfzig, das ist zu jung für den *alten Mann*. In Wirklichkeit ist *der alte Mann* nicht auf eine einzige Person zurückzuführen. In der literarischen Figur des Santiago stecken viele Kubaner aus Cojímar. Anselmo Hernández, Carlos Gutiérrez, die Fischer Miguel Ramírez, Manuel Puig, Cheo López oder auch *El Sordo*, der Taube, ein Original im Fischerdorf.

Manolín, der Junge, neben dem alten Mann Santiago die zweite wichtige Figur in Hemingways Novelle, hat den Sohn des Restaurantbesitzers der *La Terraza* zum Vorbild. Auf diese einfühlende Art und Weise geraten die Bewohner von Cojímar in das Meisterwerk des Ernest Hemingway. Und so bekommen die bescheidenen Fischer, das sonnige Fischerdorf, die bunten Boote im Hafen, die Bars und die Restaurants von Cojímar in dem Buch eines *gringos* ein beeindruckendes Denkmal gesetzt.

Viele Sequenzen des Spielfilms werden von der *First Unit* mit Spencer Tracy in Cojímar gedreht, die Einheimischen bekommen fünfundzwanzig Pesos als Komparsen, eine Menge Geld für sie. Dafür habe *Don Ernesto* gesorgt, sagt ein Fischer.

Der ehemalige Statist führt mich zur *Playa de Cachón*, wo die pittoresken Fischerboote am Ufer liegen. Der Amerikaner aus Chicago ist vernarrt in dieses entlegene und auch ein wenig verschlafene Dorf. Es entspricht in seiner Genügsamkeit und Abgeschiedenheit dem Idyll, das der Schriftsteller immerfort sucht. Für die Fischer von Cojímar ist der bärtige *gringo* wiederum eine Art Vaterfigur, ein Schutzpatron der Fischerfamilien und Bewohner, die ihn nicht ohne Grund *Papa* rufen.

Gregorio lebt mit seiner Frau in einem blau gestrichenen Häuschen oberhalb der Dorfstraße. *El Gallego*, den Galizier, nennen sie ihn achtungsvoll im Dorf, obwohl er in Arrecife auf Lanzarote geboren wurde, im Jahr 1897. Mit 22 ist er nach Kuba gekommen, ohne Mutter und ohne Geschwister. Wie war Hemingways Charakter, frage ich Gregorio, als ich ihn im April 1983 in Cojímar besuche. War er sprunghaft? „Überhaupt nicht, wer sagt so einen Unsinn? Immer fröhlich, immer geradeaus. Eigentlich war *Papa* nicht wie ein Amerikaner, Du weißt, wie ich das meine." Der Schriftsteller, soll das wohl heißen, sei ein halber Kubaner, mindestens, und zudem auf der richtigen Seite.

Wie ihre Freundschaft gewesen ist? Gregorio erinnert sich lebhaft. „Eigentlich kannte ich *Papa* schon seit 1931. Später holte er mich als seinen Kapitän", sagt der wettergegerbte Fischer, dem seine Havanna ins Gesicht gewachsen zu sein scheint. „Morgens um acht ging es raus, bei Einbruch der Dunkelheit zurück. Oft drei Tage hintereinander. Das brauchte er. Um seine Gedanken freizukriegen." Stundenlang haben der kubanische Bootsmann und der amerikanische Nobelpreisträger miteinander geplaudert. Das meiste, was Hemingway über das Meer weiß, er hat es von Gregorio. „Quedó algo por decirle?", fragt der Fischer. Und Gregorio antwortet gleich selbst: „Nada. Lo dijimos todo." Ist da noch irgendetwas, was ich ihm nicht gesagt hätte? Nada. Nichts. Wir haben uns alles gesagt.

Auf einer ihrer Angeltouren treffen sie auf ein Boot mit einem alten Mann und einem Kind, beide aus Pinar del Rio, die schon tagelang nichts mehr gefangen haben. *Papa* macht sich ein paar Notizen in sein Büchlein. Es ist wie ein Fingerzeig, er schreibt dann auf der *Finca Vigía* das Buch. So sei das gewesen. Der alte Gregorio steht auf aus seinem Schaukelstuhl und kramt aus einer Schublade im Wohnzimmer vergilbte Fotos hervor. Sie zeigen ihn und Ernest Hemingway auf dem Boot, im Hafen.

Wie seine Erinnerung an ihn sei, frage ich. *Papa* ist glücklich gewesen, eine schöne Zeit, wie immer, wenn er am Meer weilt und zum Angeln hinausfährt. Große Marline und Schwertfische habe man an die Angel gekriegt. Er und *Señora Maria* seien heiter und ausgelassen gewesen. Plötzlich wird der alte Gregorio ernst. „Der Kopfschuss aber, der hat mich nicht überrascht." Und fügt an: „Er war sehr schlecht dran." Ich auch, sagt der Kubaner, während er fest auf seiner billigen *La Gloria Cubana* herumkaut. „Es waren die Tage der Söldnerinvasion in der Schweinebucht."

Später habe ihn Fidel Castro persönlich besucht, in seinem Häuschen in Cojímar, und ihm die *Pilar* anvertraut, bis sie dann in ein Museum gekommen ist. Als ich mich nach einer guten Stunde von Gregorio Fuentes verabschiede, packt mich der Greis mit eisernem Griff am Unterarm. Gregorio schaut mich fest an. „Hemingway war gut zu Kuba, sag das deinen Lesern." Ich verspreche es.

Neben Gregorio Fuentes stoßen in Cabo Blanco noch andere Freunde hinzu. Allesamt starke Charaktere, einerlei von Herkunft, Bildung oder Geldbeutel. Wer diesen Ernest Hemingway beeindrucken will, der muss ein wenig verrückt sein, vielleicht auch ein bisschen besessen von einer Idee, ein Wahnsinniger im positiven Sinne. Jemand mit Mumm in den Knochen, denn Ernest Hemingway mag keine Schlappschwänze. Vor allem mag er keine mittelmäßigen Alltagstypen, die er als Verräter am eigenen Leben ansieht, als Hochstapler und Falschmünzer. Im Grunde genommen sind es Dummköpfe, die sich an der Lebensfreude versündigen, die ihr Leben wegwerfen und vergessen, dass es davon nur eines gibt.

Ernest Hemingway, und das mag bei einem Schriftsteller zunächst erstaunen, hasst die Einsamkeit. Er kann nicht alleine sein, er braucht Menschen um sich. Tief in ihm brodelt die

Angst vor der Verlorenheit, die Vorboten der Verlassenheit quälen ihn wie kleine Tode. Andersherum gesagt, wenn er sich in der Gemeinschaft von Menschen befindet, die er mag, dann lebt er. Er lebt auf und er lebt aus. Ernest Hemingway wirkt erst richtig gelöst, wenn er Freunde um sich scharen kann.

Es gehören eigentlich nur Männer dazu. Denn in Männergesellschaft fühlt sich Ernest am wohlsten. Unter Männern redet man ungeschminkt, man hat kein Vorhaben, dem man sich unterordnen müsste, und auf Manieren braucht man weniger zu achten. *Everyone behaves badly, given the chance,* lässt er Jake Barnes in *The Sun Also Rises* kundtun. Jedermann benimmt sich daneben, wenn sich die Gelegenheit ergibt. Mit Männern kommt er leicht klar, sie sind – wie er – einfach gestrickt.

Mit Frauen wird die Sache kompliziert. Stoßen Frauen zu seiner Männerrunde, dann kann die Stimmung schnell kippen. Nicht unbedingt ins Negative, nein, denn es kommt eher zu einem Zivilisationssprung nach oben. Oder zu einem Gegockele, bei dem alle Kerle die Dame beeindrucken und erobern wollen. Oder es entsteht ein Austausch, dann wird jedes Wort des Mannes gewogen und verzollt. Rein unter Kerlen zu sein, ist da einfacher. Man kann sich mit nacktem Oberkörper zeigen, Blödsinn erzählen, sich am Sack kratzen, stundenlang saufen und sternhagelvoll umfallen. Wenn Frauen dabei sind, dann geht das alles nicht.

Eigentlich besucht Ernest Hemingway die Orte nie alleine. Immer ist jemand dabei in den guten Tagen. Selbst als er damals mit Martha Gellhorn nach Hong Kong und China gereist war. Dorthin, wo er die Kultur nicht kannte und die Sprache nicht sprach, sogar in dieser Fremde hatte es ihn nie lange im Hotel gehalten. Kaum hatten seine Ehefrau und er im Hotelzimmer die Koffer abgestellt, da zog es ihn hinaus. In die Lobby, auf die Straße, in die nächste Bar. Und im Handumdrehen sammelt der Schriftsteller auch in der Fremde viele Menschen um sich. Ob man ihn nun versteht oder nicht, einerlei, er legt trotzdem los.

Doch man muss genau unterscheiden. Ernest Hemingway mag zwar Publikum, er mag jedoch keine Massen. Er taugt nicht als Händeschüttler oder Bussi-Geber. Er mag vielmehr seinen Kreis um sich. Freunde und Vertraute. Denn Vertrauen und Loyalität sind wichtige Werte für ihn. Wenn er eine Person mag oder sie in sein Vertrauen eingeschlossen hat, dann zeigt er sich großzügig wie kein anderer. Zeit, Geld, Aufmerksamkeit – er kann vieles geben.

Der Freundeskreis schenkt Ernest Hemingway Sicherheit und Warmherzigkeit im turbulenten Alltag. Vor allem bescheren die Freunde ihm emotionale Wärme, wie im Schoß einer Mutter benötigt er die Geborgenheit seiner Clique. Der bärtige Schriftsteller denkt sich seine Welt von innen heraus, vom Bauch und vom Herzen. Die Toten an der Front des Ersten Weltkriegs, die massakrierten Spanier im Bürgerkrieg und die im Eisschnee der Eifel erstarrten Soldatenleichen im Hürtgenwald kann er nur aushalten, wenn innen drin alles stimmt.

Sein Wohlergehen entsteht immer von innen heraus. So funktioniert er als Mann und als Mensch, so erlebt er den Tag. Und so funktioniert er auch als Schreiber, so entstehen seine Artikel, Erzählungen und die Romane. Die äußere Zufriedenheit definiert sich durch das innere Glück. Gefühl über Verstand. Erleben über Bildung. Ideal über Materie. Und Liebe über Vergänglichkeit.

So tickt Mister Ernest Miller Hemingway aus Oak Park, Chicago, USA. Sein emotionaler Akku braucht Freunde und Vertraute, egal wo auf diesem weiten Planeten und zu welcher Stunde. Ernest Hemingway ist ein Mensch, der Freundschaft zurückgeben kann.

Im Jahr 1950 wird die engelsgleiche Ingrid Bergman – sie spielt die *Maria* in der Verfilmung von *Wem die Stunde schlägt* – wegen ihres Privatlebens von der sensationshungrigen Presse gehetzt und von einer bigotten Öffentlichkeit geächtet. Die Schwedin steht, mit unehelichem Sohn als Ehebrecherin gebrandmarkt, zwischen zwei Männern. Da schreibt Ernest der 35-jährigen Schauspielerin einen Brief. *I love you very much and am your same solid friend no matter what you ever do, or decide or where you go.* Ich liebe Dich sehr und bin der gleiche felsenfeste Freund, einerlei was Du auch immer tust oder entscheidest oder wohin Du gehst.

Eine kuriose Begegnung ereignet sich am 8. Mai 1956, an einem Dienstag, in Cabo Blanco. Aus dem 370 Kilometer entfernten Chiclayo hat sich *La Hermandad de los Marcianos*, die Bruderschaft der Marsmenschen, angesagt. Diese Bruderschaft, im Dezember 1955 von José Arana, Pancho Cabrea und Ernesto García in Chiclayo gegründet, ist ein fideler Freundeskreis, in dem bei lauter Musik gut gegessen, viel gelacht und noch mehr getrunken wird. *Pepe* Arana hat die Hymne der *Marcianos* geschrieben, die nun im *Fishing Club* intoniert wird:

Para asentar el marisco: pisco!
para el hígado en destronque: yonque!
para el dolor de cabeza: cerveza!
para el flojo intestino: vino!
para los males del riñón y el corazón: ron!
y para la desdicha, la espumante chicha!

Dies ist ein ziemlich aufgedrehtes Loblied aufs Saufen und aufs Volllaufen lassen, das sich im Spanischen als Reim aus voller Kehle schmettern lässt. Frei übersetzt kann man die Verse in etwa so verorten:

Damit der Fisch richtig rutscht: Schnaps!
Damit die Leber nicht schlapp macht: Likör!
Gegen die Kopfschmerzen: Bier!
Gegen den kraftlosen Darm: Wein!
Gegen den Schmerz in Nieren und Herz: Rum!
und gegen das ganze Elend hier, schäumendes Maisbier!

Die ulkige Truppe der Marsmenschen ist in den *Cabo Blanco Fishing Club* gekommen, um den Schriftsteller in einer kurzen Zeremonie zum *Hermand ad Marciana* zu ernennen. Ernest Hemingway, keinem Jux abgeneigt, wird damit Mitglied in der saufenden Bruderschaft aus Chiclayo. Womöglich hat der

Amerikaner das Schelmenstück nicht in jeder Hinsicht begriffen, muss man ja auch nicht unbedingt. Unter Umständen hat der leicht überrumpelte Ernest Hemingway gedacht, die *Marcianos* haben etwas mit seinem geliebten *Mar* zu tun, weil Chiclayo nahe dem Meer liegt.

Einerlei, jedenfalls posiert ein Dutzend gutgekleideter und gesitteter Bürger der einheimischen Mittelschicht, die Samstagabend gerne einen heben, im *Cabo Blanco Fishing Club* mit dem Nobelpreisträger am Kamin unter dem Holz-Marlin. Und Ernest Hemingway und seine peruanischen Marsmenschen lachen in die Linse der Kamera wie die Lausbuben nach einem gelungenen Streich.

Zwei Tage später, es ist in Cabo Blanco am Pazifik der 10. Mai 1956, ein Donnerstag. Für ein verlängertes Wochenende hat sich der amerikanische Botschafter in Lima, Ellis O. Briggs, angesagt. Der Diplomat und Ernest kennen sich aus Kuba, wo der junge Briggs an der US-Botschaft in Havanna gearbeitet hat. Am Morgen fahren der Schriftsteller und die anderen aufs Meer hinaus, doch vorher hinterlässt der Autor seinem alten Freund eine kurze Notiz.

Dazu verwendet er eine Fotokarte. Vorderseite – Ernest Hemingway neben dem baumelnden Riesenmarlin. Und auf die Rückseite schreibt er in das Adressfeld *Ambassador Ellis O. Briggs*, darunter die Abkürzung *E. S. P. M.*, wenn ich die Buchstaben korrekt entziffere. So formuliert eine Person, die verdammt gut die spanische Sprache beherrscht. Denn das Kürzel bedeutet *en su propia mano*, so viel wie die deutsche Umschreibung *zu Händen von*, aber diese formvollendete Anrede hört sich im Spanischen noch ein wenig distinguierter an.

Die linke Hälfte der Postkarte beginnt oben mit dem Datum: *10/5/56*. Wobei Ernest Hemingway die spanische Schreibweise nutzt, zuerst Tag, dann erst den Monat, und nicht der nordamerikanischen Tradition folgt, die den Monat üblicherweise an die erste Stelle setzt. Rechts unter das Datum notiert der Nobelpreisträger die Uhrzeit, *0730*. Dann unterläuft dem Schriftsteller ein Flüchtigkeitsfehler, er schreibt anstatt *Ellis* den Vornamen mit einem falsche *ellis* klein, er scheint noch ein wenig müde, ein Fehler, den er mit seinem Kugelschreiber dick überpinselt.

Dann folgt die eigentliche Botschaft des Autors an den später eintreffenden Freund. *Dear Ellis: The boat Petrel will pick you up at the Cabo Blanco Club and run you out to us. We will tell the club by Radio where we are. Wonderful to see you. Ernest.* Die *Petrel* wird ihn zu den anderen rausfahren, über Funk werde man die Position mitteilen, er freue sich riesig, ihn zu sehen.

Als er noch *Counselor*, ein junger Botschaftsrat, in Havanna gewesen ist, hat Ellis Ormsbee Briggs zusammen mit dem Botschaftsmitarbeiter Robert Joyce ihm in einem Vorhaben den Rücken gestärkt. Als Hemingway im Golfstrom mit der *Pilar* im September 1942 zur Jagd auf deutsche U-Boote geblasen hat. Diese ganze Geschichte hört sich verrückt an, sie ist es in der Tat.

Kuba hat im Dezember zuvor den Kriegseintritt gegen Hitler-Deutschland erklärt und Ernest sieht nun hinter jedem Tropenbusch einen Nazi hocken. *Crook Factory*, die Ganoven-Fabrik, hat der Schriftsteller seine aberwitzige Aktion mit dem ihm üblichen Humor genannt. Doch es ist ihm ernst.

Ernest Hemingway hat für seine *Crook Factory* eine bunte Truppe zusammen getrommelt, Privatdetektive aus Havanna, *Jai Alai*-Spieler, Fischer aus Cojímar, Kellner aus seinen Kneipen und Prostituierte. Ihre Aufgabe: Auf dem Meer und an Land konspirativ nach Nazis, Faschisten oder sonstigen obskuren Typen Ausschau halten.

Die *Finca Vigía* gleicht in jenen Tagen einer Spionagezentrale und auf die *Pilar* werden statt Angelutensilien scharfe Waffen geladen. In den darauffolgenden Wochen patrouillieren Ernest Hemingway und die Crew den Ozean vor Kuba rauf und runter.

Und so will der Schriftsteller die Nazis aus dem Golf von Mexiko davonjagen und eigenhändig den Zweiten Weltkrieg in der Karibik gewinnen. Eine ziemliche Räuberpistole das Ganze. Die bizarre Aktion wird zum Schlag ins Wasser, wenn man im Bild bleiben darf.

Man stößt, wenig überraschend, auf keinen einzigen Nazi, weder an Land, noch auf Wasser. Schwamm drüber. Seit er diesen herrlichen Unfug mitgemacht hat, mag er den Schnauzbart Briggs. Der bärtige Autor hat schöne Erinnerungen an diese Tage. Viel Unsinn, aber ein Unsinn, der Sinn gemacht hat für ihn.

Mit Ellis, den der Schriftsteller zuletzt im Jahr 1947 bei einer Party auf Gardiners Island bei New York gesehen hat, tauscht Ernest eine Menge Seemannsgarn aus. Und in den Erzählungen der beiden werden die U-Boote der Nazis dann doch noch versenkt. Der Nobelpreisträger mag den Karrierediplomaten Briggs, der mit seinem Tropenhelm ein wenig verschroben auftritt.

Der stämmige Diplomat erinnert ein wenig an Oliver Hardy, den Dicken aus dem Komikerduo Laurel & Hardy. Auf Äußerlichkeiten legt der Schriftsteller keinen gesteigerten Wert. Er mag ihn, so wie er ist, besonders dessen Zuverlässigkeit schätzt er und das große Herz.

Ellis O. Briggs, wie Ernest Hemingway ein Mann vom Jahrgang 1899, hat als Jugendlicher ein Augenlicht verloren und als Heranwachsender Kurzgeschichten für *Collier's* und *The Smart* geschrieben. Obwohl sie sich in anderen Sphären bewegen, funken der Diplomat und der prominete Autor auf gleicher Welle.

Im diplomatischen Dienst der USA hat Briggs eine steile Karriere hingelegt. Er ist Botschafter in der Dominikanischen Republik und in Uruguay gewesen, vor seiner Mission in Peru. Er werde, so sagt Ellis in Cabo Blanco, in den nächsten Wochen zum Botschafter in Brasilien bestellt, das in jenen Tagen unter dem neugewählten Präsidenten Juscelino Kubitschek zu einem enormen Wirtschaftsaufschwung ansetzt.

Es ist immer schlau, sich davon zu machen, wenn man viel erreicht hat, sagt Ernest Hemingway spontan zu seinem guten Freund. Und der Nobelpreisträger zuckt kurz zusammen bei diesem so dahin gesagten Satz. Es werden für den Schriftsteller schöne Stunden, denn mit Briggs teilt er nicht nur abenteuerliche Erlebnisse, sondern auch das Hobby der Jagd und des Fischens.

Und so nehmen er und die anderen Freunde Aufstellung mit Ellis, der in seiner Tropenkleidung zwischen all den leger angezogenen Amerikanern ein wenig schrullig wirkt, vor dem Marlin, den Elicio Argüelles erlegt hat. Ein *picudo* von 900 Pfund. *Für einen Mann, der sich für einsam hält, habe ich doch viele Freunde*, lacht der Schriftsteller. Die Stimmung könnte nicht ausgelassener sein. Ernest Hemingway, unter Freunden, ist glücklich wie ein Kind.

20. Papa geht so langsam das Benzin aus

Er ist erst Mitte fünfzig, sieht aber schon aus wie ein alter Mann. Ernest Hemingway vor Cabo Blanco, im April 1956.

Das Schicksal hat ihm in der letzten Zeit arg mitgespielt. Zwei Jahre vor Cabo Blanco, das Jahr 1954, es ist der Einschnitt für ihn gewesen. Im Januar hat er die beiden Flugzeugunglücke in Afrika knapp überlebt. Es hat nicht viel gefehlt, und es wäre sein Ende gewesen. Sein Körper und die Geisteskraft haben schon vorher abgebaut, doch die starken Verbrennungen, die schweren Kopfwunden und die inneren Verletzungen setzen ihm heftig zu. So ganz sollte er sich von den Flugzeugunfällen nicht mehr erholen. Und am 10. Dezember erhält er in Stockholm den Nobelpreis für Literatur verliehen. Auch davon sollte Ernest Hemingway sich nicht mehr erholen.

Der entkräftete Schriftsteller in seinem tropischen Inselidyll auf Kuba kann sich nicht aufraffen, über den Atlantik in den schwedischen Winter zu fliegen. Er sieht sich körperlich und mental nicht in der Lage, überhaupt zu verreisen. Die Unfallverletzungen aus Ostafrika schmerzen noch, er fühlt sich elend und ausgebrannt. Und große Lust auf den ganzen Rummel verspürt er eh nicht. Die Verleihung in der schwedischen Hauptstadt findet ohne ihn statt.

Der US-amerikanische Botschafter in Stockholm, John M. Cabot, verliest seine kurze Dankesrede. *Das Schreiben, im günstigsten Fall, ist ein einsames Geschäft. Ein Schriftsteller schreibt sein Werk zurückgezogen, und wenn er gut genug ist, muss er sich jeden Tag der Ewigkeit stellen, oder der Ermangelung davon.* Das Preisgeld von 36.000 Dollar wird auf sein Konto überwiesen und die Goldmedaille nach Kuba geschickt, wo sie ihm auf der *Finca Vigía* vom schwedischen Geschäftsträger überreicht wird.

Kurz nach Verkündung der Nobel-Ehre kreuzt das kubanische Fernsehen auf *Finca Vigía* auf. Der Reporter Juan Manuel Martínez, der sich etwas windig hinter einer dunklen Sonnenbrille versteckt, fragt im gestelzten Duktus nach dem Befinden des Schriftstellers ob der guten Neuigkeit. Und Ernest Hemingway stimmt im Sender *CMQ*, in den 1950er Jahren eine große Radio- und TV-Station auf der Insel, einen Lobgesang auf sein Gastland Kuba an.

Der amerikanische Autor streut in seinem auf Spanisch gebrummelten Statement gar Begriffe aus dem kubanischen Spanisch ein, er sei ein *cubano sato*, sagt er, er sei ein kubanischer Straßenköter, eine Promenadenmischung aus USA und Kuba. Und Cojímar, wo sein Roman *Der alte Mann und das Meer* spielt, sei *más o menos* sein *pueblo*, sein Dorf, sein Volk, seine Heimat. Und so erweckt der US-amerikanische Schriftsteller den Eindruck, hier habe eigentlich ein Kubaner diesen Nobelpreis erhalten. Und dann sagt Ernest Hemingway es wortwörtlich: *Soy el primer cubano que consigue un Premio Nobel*, ich bin der erste Kubaner, der einen Nobelpreis erhält.

Die Gratulanten stehen Schlange auf seiner Farm und in den Kneipen von Havanna. Glückwunsch-Telefonate kommen aus aller Welt, Präsidenten, Schauspieler und Kollegen freuen sich mit. Das kleine Postamt von San Francisco de Paula versinkt unter einem Berg von Briefen, mehrmals am Tag kommt der alte Postbote Mancebo mit neuen Telegrammen auf die *Finca Vigía*. Den schönsten Glückwunsch schickt John Huston, ein wunderbarer US-Regisseur, keine Hollywood-Pappnase, sondern ein Mann für die Klassikerabteilung. Ihm genügen nur drei Wörter. John Huston telegrafiert am 29. Oktober 1954 an Ernest Hemingway: „Great, Papa, great!"

Dieser Nobelpreis, den meisten gilt er als Höhepunkt ihres Lebens. Jedoch, so fragt er sich, was soll danach kommen? Wenn diese Auszeichnung tatsächlich den Gipfelpunkt darstellt, dann kann es im weiteren Verlauf doch nur noch in eine Richtung gehen. Bergab. Die Nobelurkunde in Empfang nehmen und zur selben Sekunde tot umfallen, schwupp, plattgefahren wie eine Feldmaus auf der Autostraße, es wäre diesem Höhepunkt angemessen.

Und so befürchtet er, noch ein paar Jahre als Nobelhündchen durchs Leben dackeln zu müssen. *Habe keine Gelegenheit, den Preis zu genießen. Nur Fotografen, Leute, die dich falsch zitieren, ein Gejammer und ein Geplapper, ich scheiß auf all das*, meckert Hemingway in einem Brief an seinen Freund Aaron Edward Hotchner, im Dezember 1954. *Dieser Preis ist wie eine*

Hure, die dich verführen kann und die dir dann eine unheilbare Erkrankung anhängt.

Und der frischgebackene Preisträger steigert sich in seinen Widerwillen gegen den Nobelpreis immer tiefer hinein. *Nun hab ich sie halt und sie hat mich.* Und man weiß nicht so recht, meint er die Auszeichnung, die Hure oder die Krankheit, oder gar alles zusammen? *Und weißt du, wer sie ist, diese Hure namens ‚Ruhm‘?,* fragt er in dem Schreiben an *Hotch* und gibt auch gleich die Antwort. *Des Todes kleine Schwester.*

Des Todes kleine Schwester. Wie ein Todeskuss kommen der weltweite Ruhm und der Nobelpreis in sein Leben gedonnert, ein süßes Gift, das wohltut im ersten Augenblick. Doch rasch wird Ernest Hemingway bewusst, dass sich künftig alles und jedes an dieser Auszeichnung messen wird. *Das schwedische Ding,* wie er die Medaille bezeichnet, hat die Messlatte hochgelegt. Bei jedem neuen Buch sitzt er nun auf der Anklagebank der Weltkultur. Eines Nobelpreisträgers nicht würdig, blablabla, von einem Nobelpreisträger darf man doch mehr erwarten, wann endlich kommt das große Epos des Nobelautors?

Wie schnell und ungerecht sind solche Urteile doch gefällt. Unter einem Fallbeil liegt nach diesem Preis sein Kopf. Seine eh schon zwickende literarische Verunsicherung wächst mit einem Mal ins Unerträgliche. So oder so, der Nobelpreis markiert für ihn einen Wendepunkt, mehr noch, er bewirkt einen Schaffensbruch. Der Abstieg vom Gipfel hat für ihn begonnen. Ernest Hemingway sollte nach dem Nobelpreis zu seinen Lebzeiten kein Buch mehr veröffentlichen.

Seine Welt verändert sich nach dem Nobelpreis gründlich. Alfred Nobel hat ihn, den räudigen Straßenköter, von heute auf morgen in einen parfümierten Pudel verwandelt. Sicher, die Auszeichnung hat sein Ego gestreichelt, fortan darf er auf dem Kaiserthron der Schreiberzunft Platz nehmen. Ein Kaiser jedoch darf in der Öffentlichkeit nicht mal laut rülpsen oder einer drallen Blondine in den Po zwicken.

Dieser Scheiß-Nobelpreis, zunächst freust du dich wahnsinnig darüber, aber dann erniedrigt er dich zum Schausteller.

Zur Markenware wie eine Tüte Waschpulver im Laden um die Ecke. Aus diesem Grund hat er die verfluchte Nobelpreis-Medaille bei der *Virgen de la Caridad* entsorgen lassen.

Er hat die Plakette seinem Freund Fernando Campoamor in die Hand gedrückt, mit dem Auftrag, sie weitab von der *Finca Vigía* in der *Basílica del Cobre* unterzubringen. Dort, im entlegenen Osten der Insel, ist die Goldmünze seither in einem Reliquienschrein der Marienkirche ausgestellt. Soll die barmherzige Jungfrau sich damit herumschlagen, er will es jedenfalls nicht. Denn Ernest Hemingway ahnt, dass die Medaille ihm Unglück bringen wird.

Was soll er noch schreiben, nach dem Nobelpreis? Liegt nicht alles auf dem Tisch? Seine Bücher, sein Leben, seine Seele? Das Schreiben ist ein einfacher, aber viel Mut erfordernder Akt. *All you do is sit down at a typewriter and bleed.* Alles, was man tut, man setzt sich vor eine Schreibmaschine und blutet. Ernest Hemingway hat sein ganzes Leben und sein ganzes Leiden vor Publikum ausbluten lassen und man hat ihm dafür eine goldene Medaille verliehen. Doch nun ist er abgekämpft und weiß nicht weiter.

Er ist erst Mitte fünfzig und sieht schon aus wie ein alter Mann. Nach außen lässt er sich nichts anmerken, er muss die Sache mit sich selber ausmachen. „To me, he was never finer than those days in Peru, more jolly and bearing down harder", meint Kip Farrington. Ernest Hemingway sei nie besser drauf gewesen als in den Tagen in Peru, mopsfidel und in aufrechter Körperhaltung. So läuft es zumeist bei ihm. Er spult seinen Part als Pascha herunter, die Freunde erfüllen loyal ihre Rolle als Stichwortgeber. *Miss Mary* passt ein wenig auf, und er reißt sich, so gut es eben geht, am Riemen.

Tief im Inneren braucht er jetzt neuen Lebensmut, auch diesen will er sich in Cabo Blanco holen. Er muss sich noch einmal volldonnern mit Siegen, mit Sonne und mit Zuneigung – mit allem, was seine Zweifel verringern kann. Wird da noch etwas kommen in seinem Leben? Diese Frage muss er sich beantworten, und von der Antwort hängt viel ab.

Vermutlich soll dieses Cabo Blanco – wir befinden uns im Jahr 1956 – eine Vitaminspritze sein für Ernest Hemingway. Ein Stimulus für sein Schreiben, eine Bekräftigung seines Lebensentwurfs und ein Aufputschmittel für sein Ego. Möglicherweise sucht der umjubelte Nobelpreisträger in Cabo Blanco jenen kleinen Kosmos von früher, in dem er wieder er selbst sein darf. Er hat wahrgenommen, wie er in den letzten Monaten sich innerlich immer mehr zurückgezogen hat.

Die Turbulenzen der modernen Industriewelt haben das Leben des Ernest Hemingway immer weiter eingeengt und er versucht, weiterhin ein kleines Reservat für seine angestammte Gefühlswelt zu finden, fern von dem neumodischen Gewäsch der Nachkriegsjahre. *The Last Good Country* heißt eine Kurzgeschichte von ihm, die posthum veröffentlicht wird. Im Herbst seiner Lebensreise fühlt dieser Träumer sich aus der Zeit gefallen und in die Enge getrieben, geographisch, literarisch, gesundheitlich und vor allem in Bezug auf seine Ideale und seine Lebensweise.

Die Welt um ihn herum hat sich in den Jahrzehnten grundlegend gewandelt. Er allerdings ist der Gleiche geblieben. Es ist sein Leben, das aus seinen Manuskripten spricht, er kennt nur dieses eine Leben. Doch das moderne Publikum verlangt mit einem Mal nach innovativen Erzählstilen, es goutiert eine komplexe Sprache und fordert vor allem zeitgemäße Themen. Ob er da mit einem Buch über den Stierkampf die Leser noch mitreißen kann?

Vom Meer erhofft er sich, wie immer, Trost und Zuspruch. Am Meer kann der Mensch nicht mehr lügen, Ernest Hemingway glaubt fest daran. Am Meer sucht er die Wahrheit und die Wahrheit sucht ihn. Wenn er ehrlich auf sich schaut, dann sieht er die nackte Wirklichkeit: Der Löwe, die Tatsachen erlauben keinen anderen Schluss, der wilde Löwe spürt die Grenzen seiner Macht. Doch die stürmischen Jahre von Paris und Key West lassen sich nicht zurückholen. In der Ferne, die ihm sonst so gutgetan hat, bemerkt er, wie er der neuzeitlichen Herausforderung nicht mehr gewachsen ist.

Das Schicksal schlägt unerbittlich zu, er verspürt das Alter am ganzen Körper. Die Augen spielen nicht mehr richtig mit, und ein Schriftsteller wie er, der braucht ein gutes Auge. Die Müdigkeit überkommt ihn, er fühlt sich oft kraftlos und ausgepumpt. Sein Blutdruck schießt nach oben, Leber und Nieren hat der Alkohol zerfressen, der Cholesterinspiegel schlägt aus. *„Wie alt bist du?", fragte der alte Mann den Vogel.*

Seinen Körper schleppt er durch den Tag, das rechte Bein verkrampft immer häufiger. Seine Kniescheibe ist – seit Fossalta di Piave – aus Aluminium, die Knochenbrüche zählt er erst gar nicht mehr. Mühsam bewegt er sich in Trippelschritten durch den Alltag, die Kreuzschmerzen wollen nicht verschwinden. Ernest Hemingway hat Jagdunfälle, Autozusammenstöße, Flugzeugabstürze und nörgelnde Ehefrauen überlebt, aber so langsam wird er des Lebens müde.

Er ist vollgepumpt mit Medizin. *Serpasil, Ritalin, Doriden, Whychol, Oreton, Eucanil, Seconal,* Tranquilizer, sein Nachttisch gleicht einer kleinen Dorfapotheke. Der Schriftsteller braucht seine Medikamente, er nimmt sie ein gegen seine Angstzustände, gegen den Gedächtnisverlust, gegen die Schlaflosigkeit oder einfach nur, um zur Ruhe zu kommen. In Kombination mit dem exzessiven Alkoholkonsum allerdings verstärken die Pharmaka beim Patienten das Übel.

Seit geraumer Zeit kämmt der eitle Ernest sich ein Haarbüschel nach vorne, um die immer größer werdende Glatze zu verbergen. Denn die Natur lügt nicht und man vermag sie auch nicht zu überlisten. *„Du bist müde, alter Freund", sagte er. „Du bist innen drin müde."* Sein Körper ist in die Jahre gekommen, es lässt sich nicht vermeiden im Leben, der Kopf spielt nicht mehr mit wie früher. Manchmal weiß er nicht, was ihm noch Freude im Leben bereitet.

Wenn er vor seinen Manuskripten sitzt, dann spürt er die wachsende Unsicherheit, eine geistige Verkrampfung, die er in den guten Jahren nicht kannte. Er merkt, dass seine Art zu schreiben nach und nach von der Wirklichkeit überrollt wird. Die eisige Lakonik seiner Prosa hat an Glanz verloren, der nüchterne Stil seiner Texte brummelt nur noch brav wie eine alte Nähmaschine vor sich hin. Die genaue Beobachtung, die kalten Dialoge und die Methode des Andeutens sind Erzähltechniken, die in der Wirtschaftswunderzeit nicht mehr bahnbrechend und richtungsweisend sind. Sein einst revolutionärer Stil klingt jetzt vertrocknet und gleichtönend.

Ernest Hemingway merkt, dass es von Mal zu Mal schwieriger wird. Er sitzt stundenlang am Schreibtisch, grübelt immer länger über den Sätzen, er streicht die Wörter, ersetzt sie durch andere, und ist am Ende nicht zufrieden. Er kann die Spannung in der Erzählung nicht erzwingen, die Handlung plätschert nur so dahin, die Dialoge empfindet er als unecht und fad. Im günstigen Fall reicht es für ein Aufwärmen seiner Prosa, manchmal klingen seine Texte wie die eigene Parodie.

Aus New York bedrängt ihn Charles Scribner nach dem Nobelpreis zu einem neuen Buch, Ernest hält seinen Verleger mit allerlei Geflunker und vielen Ausreden hin. *Der alte Mann und das Meer,* im Frühjahr 1951 geschrieben und im September 1952 erschienen, wird seine letzte Veröffentlichung zu Lebzeiten sein. Hemingway durchläuft nicht nur eine Schreib-, sondern auch eine Veröffentlichungs-Blockade. Der Nobelpreisträger fürchtet sich vor dem Urteil. Es ist vor allem eine Kopfsache.

Bei jedem neuen Text stellt er sich die Frage, wie er dieses Gleichnis vom alten Fischer Santiago, dem Jungen Manolín und dem Marlin bloß übertreffen kann. Und er ängstigt sich ein jedes Mal vor der Antwort. In seiner Verzweiflung schreibt er an mehreren Manuskripten gleichzeitig und ist doch mit keinem richtig zufrieden. All die schönen Sätze, wenn sie denn noch vorhanden sind in ihm, er vermag sie nicht aus sich herauszulassen.

Nicht nur als Schreiber befindet Ernest Hemingway sich in der Krise, auch in Bezug auf seinen Lebensentwurf stellt sich Ernüchterung ein. Seine Person scheint nicht mehr unantastbar: Seinen Lebensstil, von vielen bewundert, sieht so mancher neuerdings als unlauter und selbstherrlich an. Es hagelt Kritik.

Von Intellektuellen, von Kollegen, von Frauen, von Tierschützern. Vielleicht haben sie so unrecht nicht.

Er hat stets versucht, das Beste aus seinem Talent zu machen. Er hat sein Leben gelebt. Mit Höhen und Tiefen, mit dem Schönem und den Fehlern. Ein echtes Leben, kein Abklatsch und kein Imitat. Er hat nie mehr sein wollen als ein schlichter Abenteurer. Als ein Beobachter, der all die Schönheit und das Elend aufschreiben will. Doch mit einem Mal fühlt er sich leergeschrieben und abgelehnt.

Vor ein paar Monaten hat er die Erzählung eines unbekannten Autors gelesen, *The Town and the City*, das ist gut gewesen, verdammt gut. Von dem Kerl hat er dann die Fragmente eines neuen Romans in die Hand bekommen. *On the Road*. Er hat den Text nicht gemocht, aber es hat ihn umgehauen. Die Sätze dieses jungen Schreibers kommen entfesselt daher, so wild und hemmungslos wie dieser neue Jazz, den sie in New York *Bebop* nennen und die Alten mit ihrer verstaubten Swing-Musik dürfen die Klarinette einpacken. Der Klarinettenspieler, das ist er.

Ihn überfällt das Gefühl, dass dieser ungestüme Stil von *On the Road* die frische Art des Schreibens ist. Das Thema ist ähnlich wie bei ihm, nur die Sprache ist anders, völlig anders. So unverschämt und ungebremst, wie er früher. Er mag die knappen Sätze und die neuen Autoren erlauben sich Bandwurmsätze, die manchmal über eine volle Seite laufen. Und es klingt großartig.

Mit einem Mal fühlt Ernest Hemingway sich alt und verbraucht. Ist er am Ende? Am Ende seines Weges als Literat, als Mann, als Lehrmeister? *René, mi querido hijo cubano*, schreibt er an seinen kubanischen Verwalter René Villarreal. *Papa geht so langsam das Benzin aus. Ich verspüre keine Lust mehr zu lesen, und dies war genau das, was mich am meisten im Leben gehalten hat. Und das Schreiben ist noch schwieriger.*

Sein Alltag auf der *Finca Vigía* sieht nicht besser aus. Der große Ernest Hemingway wird behandelt wie ein kleines Kind. Lauter Gebote und Verbote. Keinen Alkohol mehr! Keine weiten Reisen! Keinen Zucker! Keine Aufregung! Er wird ans

Gängelband genommen wie ein alter Dackel, und mit jedem Tag wird die Leine ein Stück straffer gezogen. Die Menschen um ihn herum, so kommt es ihm vor, entmündigen ihn mehr und mehr. Doktor Herrera Sotolongo, *Miss Mary*, die Angestellten. Alles, was ihm noch ein wenig Vergnügen bereitet, wird verboten.

Was hält ihn? Die Leser mögen ihn nach wie vor. Von Kanada bis Argentinien, von Afrika bis nach China erhält er Briefe und Einladungen. Auch in Cabo Blanco hat Ernest erneut gespürt, wie ihn die Menschen respektieren. Journalisten und Fotografen betteln um seine Gunst. Vor allem die Fischer lieben ihn, die einfachen Männer und Frauen vergöttern ihn, sie hängen an seinen Lippen. Er wird auf der ganzen Welt verehrt wie ein König. Aber er, was ist mit ihm?

Ernest Hemingway ist nicht sterbenskrank, wenn man zunehmende Altersgebrechen und die Folgen eines wüsten Lebensstils mit Mitte fünfzig nicht als Krankheit ansieht. Aber ihm wird klar, dass sein Leben begrenzt und seine Zeit aufgebraucht ist. Er, der zeitlebens *ein großer kräftiger Bauer, stark wie ein Büffel* war, wie der Kollege James Joyce neidisch anmerkt, erfühlt das Finale. *Der alte Mann konnte jetzt kaum atmen, und er hatte einen merkwürdigen Geschmack im Mund. Der Geschmack war kupferartig und süßlich, und im Augenblick hatte er Angst davor. Er spie in den Ozean und sagte: Fresst das, galanos. Und träumt, dass ihr einen Mann getötet habt.*

In Cabo Blanco hat der Schriftsteller es allen noch einmal zeigen wollen. Seiner Frau Mary, den Ärzten, den Freunden, Gregorio, Elicio Argüelles, Kip Farrington, den Fischern, dem Fisch – aber vor allem will er es sich selbst zeigen. Ernest Hemingway bäumt sich auf. Er kämpft. Er will das Ungeheuer bezwingen, er will als Sieger aus dem Kampf hervorgehen. *Fisch, sagte er sanft und mit lauter Stimme, ich bleibe an deiner Seite, bis ich tot bin.*

In Cabo Blanco will er noch einmal so ungezwungen leben wie früher, so übermütig wie in Paris, so heiter wie in Pamplona, so ausgelassen wie in Key West. So unbezwingbar wie im Veneto, er möchte stark sein und unangreifbar wie im eisigen Hürtgenwald. Er will wieder jung sein und kraftvoll, ganz so wie als Jugendlicher in Michigan.

Ernest Hemingway weiß, wie es sich anfühlt, vom Todesengel gejagt zu werden, er hat Hunderte Vögel, die Antilopen und viele Riesenfische mit eigener Hand erlegt. Doch schon bald wird er den größten Brocken vor sich haben.

21. Wir alle hatten gute Tage

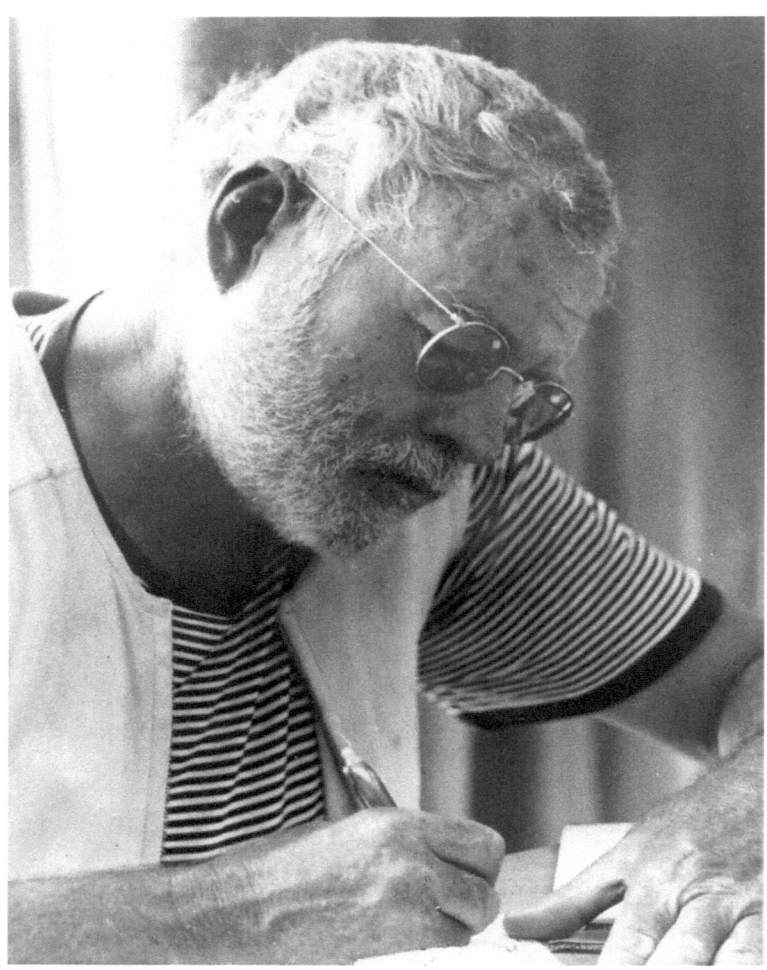

Ernest Hemingway macht sich Notizen im Gemeinschaftsraum des ‚Cabo Blanco Fishing Clubs‘, im April 1956.

Gut 3.000 Kilometer Luftlinie entfernt, in seiner Wahlheimat Kuba, werden die Filmarbeiten am peruanischen Pazifik aufmerksam verfolgt. *Der Nobelpreisträger Ernest Hemingway und der kubanische Sportfischer Elián Argüelles halten sich mit einigen Kameraleuten vor der Küste Cabo Blancos in Peru auf, um einen tausend Pfund schweren Marlin vor die Kamera zu bekommen,* berichtet der *Diario Nacional* aus Havanna. *Mehrere Kameramänner filmen die Fangversuche der beiden Männer in peruanischen Gewässern. Hemingway und Argüelles haben bereits je zwei Schwertfische gefangen. Die Kamera lief, als Hemingway seinen zweiten Marlin am Haken hatte. Aber der Fisch widersetzte sich stark und verteidigte sein Leben. Wahrscheinlich werden jene Aufnahmen, die man von seinem Überlebenskampf filmte, auch in dem Spielfilm verwendet werden.*

Ernest Hemingway wirkt von der Anspannung der letzten Wochen erschöpft, das trockene Klima mit seinen sengenden Sonnenstrahlen bereitet ihm an Armen und Beinen nun Schmerzen, die Pigmentflecken auf seiner Gesichtshaut haben sich entzündet. Zudem piesackt ihn ein unverfrorenes Bataillon aus Schmeißfliegen, Mosquitos und Zancudos, die jeden Abend unerbittlich sein winziges Hotelzimmer in Beschlag nehmen und nervtötend umher surren oder schmerzhaft zustechen. Sein Wohlbefinden wird in Cabo Blanco auf eine harte Probe gestellt.

Doch im *Fishing Club* und an Bord der *Miss Texas* lässt der Nobelpreisträger sich nicht groß etwas anmerken und er beklagt sich auch nicht. Bei einer der letzten Ausfahrten nimmt Ernest Hemingway den peruanischen Bootskapitän Jesús Ruiz More kumpelhaft zur Seite. Am liebsten würde ich noch sechs Tage länger bleiben, Jesús, bedeutet der Schriftsteller dem untersetzten Bootsmann aus Cabo Blanco. *Vámonos,* Don Ernesto, entgegnet Jesús Ruiz, nur zu, da draußen springen so viele Marline im Wasser, die nur auf uns warten.

In den Artikeln, die er nach seiner Abreise aus Nordperu auf der *Finca Vigía* verfasst, zieht der amerikanische Autor ein inspirierendes Resümee seiner Expedition nach Cabo Blanco. *Wir alle hatten gute Tage, weil es dort rau und stürmisch war.* Diese anregende Heimeligkeit entspricht nicht ganz der Wahrheit, denn in Wirklichkeit hat ihm das schroffe Klima der Nordküste heftig zugesetzt. *In Peru fegt der Wind Tag und Nacht,* wird der US-Autor im September 1956 in der Zeitschrift *LOOK* berichten, *der Wüstensand vor der Küste bläst in dein Hotelzimmer und die Türen knallen zu von der Bö.*

So ganz verborgen bleibt der Aufenthalt des Nobelpreisträgers in der Einöde des peruanischen Nordens der Öffentlichkeit nicht. Zahlreiche Frauen und Männer pilgern nach Cabo Blanco, warten im Klubhaus auf ihn, möchten mit ihm fotografiert werden oder bitten um eine Widmung. Er trägt den Aufmarsch mit Fassung.

Im *Cabo Blanco Fishing Club* möchte Ernest Hemingway sich ein paar Schnappschüsse der vergangenen Tage anschauen. Modeste von Unruh, die deutsche Fotografin, die auf der *Miss Texas* imposante Bilder von der Marlin-Jagd geschossen hat, stellt ihm Abzüge zur Verfügung. Sie hat dem Schriftsteller von Lima aus ein Päckchen mit frisch entwickelten Fotos übersandt. Der Schriftsteller kann sich an keine anderen Fotoaufnahmen erinnern, die so nahe und realistisch seine Angelleidenschaft im Bild festgehalten haben. Wie sollte es auch anders sein, denn so gut wie nie erlaubt der Mann aus Chicago einem Fotografen, ihn auf seinen Angeltouren zu begleiten.

Modeste von Unruh hat diese seltene Gunst des Schicksals genutzt. Als Fotografin an Bord der *Miss Texas* hat sie den bärtigen Amerikaner auf engstem Raum einen ganzen Tag für sich alleine, sie muss ihn mit keinem anderen Journalisten teilen. Einfach Glück oder höhere Fügung, will man meinen, eine solche Gelegenheit kommt nicht oft vor im Leben eines Fotoreporters, vielleicht nur einmal, wenn überhaupt.

Die junge Hamburgerin zusammen mit dem bekanntesten Schriftsteller seiner Tage auf einem kleinen Boot im Pazifik. Es hört sich fast an wie im Märchen. Die Deutsche hat ein hochwertiges Equipment mit nach Cabo Blanco genommen, sie arbeitet meist mit der *Rolleiflex*, ihrer guten alten *Rollei*, die sie so mag, wenn sie nicht ihre *Hasselblad* einsetzt. Mit der *Rolleiflex* zu arbeiten, so gibt Frau von Unruh preis, mag sie gerne. Denn diese Kamera, die beim Aufnehmen hüfthoch gehalten wird und das Motiv über einen Sucher fixiert, in den man von oben hineinschaut, ermöglicht besonders kreative Perspektiven.

Durch diesen ungewohnten Blickwinkel und auf Grund des quadratischen Bildformats der *Rolleiflex* lassen sich dramaturgische und kompositorische Feinheiten vortrefflich einfangen. Für die junge Fotografin jedenfalls ist die Würfelkamera wie gemacht für erstklassige Reportagefotos.

Dem Schriftsteller gefallen die ausdrucksstarken Fotos der Modeste von Unruh. Es sind großartige Aufnahmen dabei: ein angestrengter Ernest Hemingway an der Angelrute. Der berühmte US-Autor im Angelstuhl, einen unwilligen Schwarzmarlin am Haken. Der erlegte Riesenfisch auf der *Miss Texas*. Die Männer auf dem Fischerboot, beisammen als eine verschworene Gemeinschaft. Ernest an Bord, als er mit einem weißen Taschentuch seine Brille poliert. Der Schriftsteller, der freudestrahlend über seinem Fang kniet, seine wuchtige Hand am spitzen Schwert des toten Marlins. Der Nobelpreisträger, Gregorio Fuentes und Elicio Argüelles vor der fetten Beute, stolz und fröhlich wie die Halbstarken.

Sein Lieblingsfoto bleibt die Aufnahme auf dem Landungssteg in Cabo Blanco, mit Elicio Argüelles, ihm und in der Mitte der vom Kran baumelnde Schwarzmarlin. Es scheint fast so, als ob sich all sein Ehrgeiz und seine ganze Gier nach dem Triumph in nur einer Fotografie verdichtet. Der Jäger, sein guter Freund *Elicín* und der erstarrte Gegner, allesamt auf einem Dokument vereint. Mit einem glorreichen Sieger. In Havanna wird der Schriftsteller das Foto vergrößern lassen und es in das oberste Stockwerk seines Arbeitsturms der *Finca Vigía* aufhängen.

Von Ernest Hemingway kann man zahlreiche Porträtfotos finden, viele von großen Meistern ihres Faches mit erheblichem Aufwand geschossen. Ungestellte Reportagefotos von ihm besitzen hingegen Seltenheitswert, denn der Amerikaner lässt nur ungern Fotografen über einen längeren Zeitraum nahe an sich heran. Doch Modeste von Unruh hat das Glück auf ihrer Seite: Die Fotos der deutschen Fotografin legen packendes Zeugnis ab von diesem außergewöhnlichen Mann und dem Meer. Vielen ihrer Fotografien gelingt es, die Aura und die Magie, die diesen Autor umgeben, wirkungsvoll einzufangen.

Etwa vierzig Fotos der Modeste von Unruh sind der Nachwelt erhalten geblieben. In ihrer deutschen Heimat wird die auflagenstarke Illustrierte *Kristall* die Story aus dem fernen Cabo Blanco drucken, später dann auch der *stern*. Überdies gehen die Fotografien von Ernest Hemingways Kampf mit dem Schwarzmarlin per Nachrichtenagenturen um die ganze Welt. Tageszeitungen von Japan bis Schweden, Zeitschriften aus den USA und Mexiko, von Australien bis nach Holland und Großbritannien werden von der Marlin-Jagd des bärtigen Nobelpreisträgers in Cabo Blanco berichten. Ebenso werden die Fotos aus Peru in zahlreichen Büchern und Bildbänden erscheinen, noch heute, auch wenn viele mit dem Namen der Fotografin nichts anfangen können.

Obwohl er allem Deutschen innerlich eher ablehnend eingestellt ist, hat Ernest Hemingway zur jungen Fotoreporterin aus Hamburg Zutrauen aufgebaut, es ist wie immer, wenn er jemanden mag. Dann öffnet er sich ein Stück und spielt nicht seine übliche Rolle als polternder Pascha oder selbstgefälliger Nobel-Pudel. Ernest Hemingways Verhalten der Fotografin gegenüber wirkt fast väterlich und bisweilen gar leicht kumpelhaft. Jedenfalls keineswegs distanziert oder gar macho-haft, wie sich Frau von Unruh nach fast 60 Jahren erinnert. In solch einer gelösten Stimmung glückt es der Fotojournalistin, den Mann des Meeres geradlinig in seinem Element einzufangen, das Mannsbild und das Meer, seine Seele und die Leidenschaft werden symbiotisch festgehalten.

Eines der schönsten Fotos gelingt Modeste von Unruh gleichwohl an Land. Sie mag dieses Foto sehr, auch heute noch. Die Schwarz-Weiß-Aufnahme zeigt Ernest Hemingway in Nahaufnahme, leicht im Schattenlicht, von unten aus der *Rollei*-Hocke und einen Hauch von der Seite aufgenommen. Der Schriftsteller sitzt an einem der quadratischen Tische im Gemeinschaftsraum des *Fishing Clubs*, in der rechten Hand einen Kugelschreiber, und er macht sich Notizen.

Ernest Hemingways Gesicht wirkt zunächst versunken und ganz dem Papier zugewandt. Der konzentrierte Blick durch die rundliche Brille, die in ein feines Silber eingefasst ist, gilt dem Text und dem Schriftstück. Es ist kein gestelltes oder raffiniert ausgeleuchtetes Portrait, so wie es einige von dem berühmten Amerikaner gibt, sondern eine Momentaufnahme. Der Nobelpreisträger weilt im *Cabo Blanco Fishing Club*, im Frühstücksraum, und er verfasst eine Notiz.

Trotz aller Aufmerksamkeit, die im Gesicht des prominenten Autors geschrieben steht, lässt sich bei genauer Betrachtung eine körperliche Erschöpfung nicht übersehen. Seine Augen scheinen matt und müde, die Haare sind ungewaschen, das Ohr und die Lippen verraten die Wundspuren der beißenden Sonnenstrahlen, seine Gesichtshaut ist gespickt mit entzündeten Pigmentflecken.

Ein seltsamer Kontrast zu Ernest Hemingways markantem Kopf erwächst aus seiner legeren Kleidung, aus dem Seemanns-Polo, einem weißen Shirt mit dunklen Querstreifen. Der hehre Charakterkopf und diese freizeitliche Garderobe, sie passen irgendwie nicht so recht zusammen, bei einem Nobelpreisträger ohnehin. Modeste von Unruh hat dieses für sich genommene nebensächliche Detail noch heute in klarer Erinnerung, der Eindruck hat sich festgebissen.

Einen Schriftsteller als Matrosen hat sie in Cabo Blanco vor der Linse, so kommt es der Fotoreporterin in Anbetracht der saloppen Kleidung geradewegs in den Sinn, oder vielleicht auch umgekehrt, einen Matrosen als Schriftsteller. Und möglicherweise versteckt sich hinter solch einer Symbolik schon die Mission dieses amerikanischen Autors, der das Meer über alles liebt. Überhaupt, sagt die Fotografin, ist dieser Ernest Hemingway ein dankbares Objekt für einen guten Fotografen.

237

Wie jeder Mensch mit ausgeprägtem Charakter kommt er sehr fotogen herüber, meint Modeste von Unruh, und seine graue Barttracht verleihe ihm zudem eine individuelle Note. Nur selten hat man solche Persönlichkeiten vor der Linse. Leider könne sie sich nicht mehr alle Einzelheiten von damals ins Gedächtnis rufen. Ob sie zu jener Zeit in Cabo Blanco im *Fishing Club* übernachtet habe oder in einem Hotel in El Alto, nach weit über einem halben Jahrhundert seien viele Erinnerungen verblast.

Es gehe ihr nicht besonders, das Alter, sie könne keine Wege mehr alleine machen. Der Tremor mit den Muskelzuckungen lasse nicht zu, mit der Hand zu schreiben, auch das Sprechen falle ihr schwer. Am meisten bedauere sie, nicht mehr reisen zu können. Hinaus in die Welt oder zu ihrer Schwester, die in Villajoyosa an der Costa Blanca in Spanien lebt.

Das Zusammentreffen mit Ernest Hemingway wird Modeste von Unruh niemals vergessen. Ein Eindruck sei ihr in besonderer Erinnerung geblieben, als Fotografin habe sie für solche Feinheiten ein gutes Gespür. Die Fotoreporterin habe eine augenfällige Verzauberung bemerkt, die der Schriftsteller ausstrahlt. Auf Schritt und Tritt gehe eine einzigartige Magie von Ernest Hemingway aus. Eine mit dem bloßen Verstand nicht fassbare Lebhaftigkeit und ein raumfüllender Glanz, ähnlich wie bei einer Person, die einen Raum mit lärmenden Menschen betritt und im gleichen Augenblick verstummen alle Gespräche.

Der Autor, so empfindet es die Fotografin weit mehr als ein halbes Jahrhundert nach den Ereignissen in Cabo Blanco, wird umgeben von einer wahrnehmbaren Aura. Es ist eine Faszination, die man nur schwer in Worte fassen kann. Doch da ist etwas, meint Frau von Unruh, es komme selten vor bei Menschen. Eine geheimnisvolle Präsenz, fast eine Zauberkraft. Eine solche Ausstrahlung, solch ein Charisma, dieses gewisse Etwas – es hat nicht jeder Schriftsteller und auch nicht jeder mit Nobelpreis. Es ist eine Herausforderung für jeden anspruchsvollen Fotografen, diese Aura in den Bildern ans Licht zu bringen.

Wie und warum auch immer, es bleibt schwer, diese Magie zu ergründen. Der Zauber ist einfach da. Sonst würde man nicht Jahrzehnte nach seinem Tod Hunderte von Plakaten in Wohnzimmern aushängen oder Fotos in Zeitungen und Zeitschriften abdrucken, so als handle es sich um einen Pop-Star aus heutiger Zeit. Und man würde sich nicht vom Leben dieses Schriftstellers knallige Geschichten erzählen und seine Lebensstationen in bunten Farben auferstehen lassen.

Über jede erdenkliche Grenze hinweg bringt dieser Literat Frauen und Männer unterschiedlichster Provenienz zusammen. Einerlei, ob jemand von Nord oder Süd kommt, ob man eine Brille trägt oder nur bis zehn zählen kann, von diesem Schreiber und von diesem Menschen schwärmen viele Leute, als ob es sich um eine Person aus dem Freundeskreis handeln würde. Wer weiß, vielleicht handelt es sich ja in der Tat um eine Person aus unserem Freundeskreis. Unter Umständen mischt er mit in unserem Leben, ohne dass es uns bewusst ist. Möglicherweise hat er uns ja ein wenig geprägt, so wie ein Erzähler uns prägt, den man als Schriftsteller des amerikanischen Jahrhunderts bezeichnet.

Oder, was darüber hinaus sein kann, dieser Autor schreibt nicht nur für uns, sondern er lebt auch für uns, auf irgendeine Art und Weise handelt er stellvertretend für uns. Er lebt uns all die Höhen und Tiefen einer Lebensreise vor, die eine arme Menschenseele so zu durchlaufen hat. Wer in seiner Biografie so kräftig den Konturstift zieht, der vermag besonders wirklichkeitsnah das Muster von irdischem Leben und emotionalem Leiden zu veranschaulichen.

Wenn man diesen Draufgänger aus Chicago an sich herankommen lässt, so wird er über kurz oder lang einer von uns. Deshalb bleibt es wichtig, dass wir die guten Fotografien von ihm haben. Denn nicht nur seine Artikel und Romane packen uns, sondern auch sein aufregendes Leben und die Bilder, die diesen stürmischen Lebensweg dokumentieren. Man sollte in diesem Sinne ein zweites Mal auf all die fesselnden Aufnahmen schauen. Die richtig guten Fotos mit Ernest Hemingway vermögen dieses innere Band zwischen dem Schriftsteller und dem Leser, zwischen Freund und Freund, dann auch wirklich einzufangen.

Hemingways Fotografien erzählen mit Hilfe der Fotokünstler eine Geschichte, die überragenden Fotos spiegeln, mehr noch, ein ganzes Leben. „In jedem Menschen ist ein Geheimnis verborgen", meint Yousuf Karsh, der Meister aller Porträtfotografen, „und als Fotograf ist es meine Aufgabe, dieses Geheimnis zu enthüllen." Der Fotograf Karsh stellt sich am schlauesten von allen an, er springt zunächst hinein in Ernests Welt, er macht sich zum Bruder seiner Seele, am schnellsten geht dies bei Hemingway mit Hilfe des Alkohols. Die zwei fahren zuerst ins *El Floridita*, wo sie kräftig einen Daiquirí nach dem anderen kippen. Schnapsselig beginnen die beiden, sich ein wenig anzufreunden.

Yousuf Karsh merkt rasch, welch verletzliches Geschöpf sich hinter dieser rauen Schale verbirgt. „Ich sah einen Mann, der vom Leben grausam geschlagen wurde, der sich aber scheinbar unbesiegbar gab." In seinen Augen sei Ernest Hemingway ein schüchterner Mensch gewesen, vielleicht der schüchternste, den er jemals porträtiert habe.

Es macht die Aufgabe für den Fotografen doppelt schwer. „Diese Enthüllung, so sie denn gelingt, wird sich im Bruchteil einer Sekunde offenbaren. In einem kurzen Anheben der Maske, die alle Menschen tragen, um ihr ureigenes Selbst vor der Welt zu verbergen."

Modeste von Unruh hat nach der Rückkehr aus dem *Fishing Club* in der Hauptstadt ihre Fotos im Labor entwickelt und ein Päckchen mit Abzügen vorbereitet, das sie dem Nobelpreisträger nach Cabo Blanco schickt. Einerseits um den Schriftsteller, wie von ihm gewünscht, mit ausreichenden Abdrucken auszustatten, andererseits aber auch zur ‚Absegnung', wie Frau von Unruh so schön sagt. Ernest Hemingway, sonst mit eher kritischem Blick auf Ergebnisse der Fotografen, findet an den Bildern der Hamburgerin Gefallen. Spontan setzt er sich hin und signiert einige Fotos, auch für die Angestellten des Klubs.

Ein Foto hebt er für Modeste von Unruh auf. Fein säuberlich, mit den für ihn typischen geschwungenen Unterlängen, setzt er dann in Cabo Blanco am Pazifik Perus seinen Namen auf das Bild, und davor gefühlvoll ein mein *friend* als Gruß an die Fotografin. *To Modeste von Unruh de Balas-Piry, wishing her all good luck always from her friend Ernest Hemingway*, schreibt der Nobelpreisträger, ohne ein Datum anzugeben. Wobei er die Fotografin mit der in Südamerika oft üblichen Kombination aus Mädchenname und Ehenamen anspricht.

Sie möge ihm, so gibt der Autor der Fotografin als Bitte mit, doch weitere Abzüge des Marlin-Motivs zukommen lassen, er möchte sie an Freunde versenden. Und Ernest Hemingway beauftragt den Verwalter des *Fishing Clubs,* seinen Brief nebst Widmungsfoto an Modeste von Unruh nach Chaclacayo bei Lima weiterzuleiten.

Als der Schriftsteller wieder auf der *Finca Vigía* weilt, schreibt er tatsächlich zahlreiche Briefe aus Kuba an Bekannte und Freunde in aller Welt. Und meist legt er sein Lieblingsfoto bei, es ist jenes Bild mit Ernest Hemingway und dem erlegten Schwarzmarlin auf dem Landungssteg vor Cabo Blanco. Auch an seinen Kumpel Bernard *Toots* Shor, den legendären Besitzer des gleichnamigen Restaurants in Manhattan, fügt er seinem Brief das Foto bei, das dann schließlich ganz New York eingerahmt an der Wand des Speiselokals bestaunen darf.

Der bemerkenswerteste Platz, an dem man das Marlin-Motiv der Modeste von Unruh bewundern kann, ist vermutlich der Präsidentenpalast an der Plaza de la Revolución im Herzen von Kubas Hauptstadt. Das Foto aus Cabo Blanco befindet sich an einer Wand unweit eines großformatigen Ölporträts des Rebellen Camilo Cienfuegos. Und neben einem Bild, das Ángel Castro Argiz zeigt, den Vater des Präsidenten.

Ernest Hemingway ist dem Revolutionsführer Fidel Castro einmal auf Kuba über den Weg gelaufen, bei einem Angelturnier in *Marina Barlovento*, im Westen von Havanna, einem Yachthafen, der heute *Marina Hemingway* heißt. Die beiden Bärtigen sind persönlich einander nicht unsympathisch, doch dicke Freunde werden sie nicht. Der US-Amerikaner ist auf der Hut, er möchte sich nicht einnehmen lassen, wie damals während des Bürgerkrieges in Spanien von den Stalinisten.

Der Nobelpreisträger hat dem Revolutionär nach der Machtübernahme im Januar 1959 einen Abzug des Marlin-Fotos übersandt. Und der Schriftsteller schreibt dem *barbudo* eine nette und zugleich freche Widmung, alles ohne Datum. *Al doctor Fidel Castro, que clave uno como éste en el pozo de Cojímar. Con la amistad de Ernest Hemingway.* Für Doktor Fidel Castro, möge er einen Fisch wie diesen aus dem Meeresteich vor Cojímar festnageln. Mit der Freundschaft von Ernest Hemingway.

Wenn der oberste Rebell ausländische Besucher durch den Präsidentenpalast führt, so gilt – neben all dem üblichen Revoluzzer-Krimskrams – die besondere Aufmerksamkeit stets diesem Foto mit dem Nobelpreisträger. Ich habe Hemingway gut gelesen, bringt Fidel Castro dann zum Ausdruck. Und fügt ein wenig geheimnisvoll an: Ich habe viel von ihm gelernt.

22. Una vida con la muerte al hombro

Der 60. Geburtstag unter dem Kreuz. Mary Welsh schießt diesen Schnappschuss, zwei Jahre vor seinem Tod, auf dem andalusischen Landgut ‚La Cónsula'. Málaga/Spanien, im Juli 1959.

Ernest Hemingway liegt nachts am Pazifik in seiner stickigen Kammer im Bett, mutterseelenalleine im Dunkeln, und kann nicht einschlafen. Denn er muss immerzu nachdenken. Er grübelt über das Leben, über den Tod, über sich. Er liebt das Leben, doch genau genommen kann er nicht begreifen, was das Leben eigentlich ist. So viele Fragen treiben ihn um. Warum kommen wir auf diese Welt? Wieso kann ich denken und fühlen? Welche Kraft treibt uns an? Manchmal kommt ihm das Leben vor wie eine Illusion, wie ein tiefer Traum, aus dem man plötzlich erwacht. Für all seine Fragen kennt er keinen Empfänger und auch keine Antworten. Was bleibt, ist ein unergründliches Rätsel.

So wie er sich als Schriftsteller ebenfalls ein Rätsel bleibt. Wie schafft es ein Mensch, so gut zu schreiben wie er? Und wieso verblasst diese Fertigkeit mit der Zeit, warum entfliegen alle Gedanken und Erinnerungen, so als habe jemand den Dimmer einer Lampe nach unten gezogen? Und wie kann es sein, dass irgendwann das Licht ganz ausgeknipst wird? Ein Mensch, der tot umfällt, ist ja immer noch da, aber wo ist sein Leben hingegangen? Spielt sich die menschliche Existenz etwa nur im Kopf ab? Vielleicht, so denkt er, werden wir das Rätsel des Lebens niemals lösen, vielleicht ist der Mensch zu klein dazu.

Er vermag dem antiken Philosophen Epikur nicht zu folgen, der darauf hinweist, solange wir leben, sei der Tod ja abwesend. Und unseren eigenen Tod werden wir nicht überleben. Epikurs frohe Botschaft: So lange wir leben, ist unser Tod nicht da. Für Ernest Hemingway jedoch ist der Tod zu jeder Zeit und an jedem Ort gegenwärtig, er vermag den Gedanken an ihn nicht abzuschütteln. Der bärtige Amerikaner begreift nicht, was vor der Geburt war, und vor allem, was nach dem Ableben kommt. Der Tod gehört immer irgendwie dazu, wenn er nachdenkt, alles läuft auf ihn hinaus, der Tod steht als rot blinkendes Warnschild ständig an seinem Wegesrand.

Die Natur mündet im Tod, es gilt von Kindesbeinen an. *We are all bitched from the start.* Das Sterben beginnt mit der

Stunde der Geburt. Ernest Hemingway weiß um die Zerbrechlichkeit der menschlichen Existenz, von dem Tag an, an dem wir auf die Welt kommen, klebt uns allen die Scheiße an den Hacken. Ihm schwant, wie schwer das Sterben für einen Mann wird, der voll im Leben steht. Man braucht viel Mut, dem Tod ins Auge zu schauen. Möglicherweise schreibt er sich als Schriftsteller diesen Mut an, so wie andere sich Mut antrinken. *Vergiss all das schicke Gelaber über Würde, Mut, Tapferkeit – alles Scheiße. Alles was Du brauchst um gut zu Sterben, sind cojones.*

Sein Vater Clarence Hemingway hat als Arzt und Geburtshelfer in Oak Park, einem Vorort von Chicago, gearbeitet. Das Leben und der Tod sind Teil seines Alltags. Es ist der Vater, der den Sohn geprägt hat, der ihm die Liebe zur Natur vermittelt hat. Und als es nicht mehr geht, warum auch immer – es bleibt der persönliche Weg des Einzelnen – da fasst Clarence Hemingway einen Entschluss. Trotz aller Trauer, der Sohn hat die Entscheidung des Vaters *cojones*-mutig gefunden und richtig.

Ernest will gerade mit dem fünfjährigen Sohn John von New York nach Key West aufbrechen, als ihn das Telegramm mit der Todesnachricht erreicht. Am nächsten Tag, dem 7. Dezember 1928, trifft er im Familienhaus in Oak Park ein. Als ältester Sohn kümmert er sich um die Beerdigungsformalitäten, er ordnet die Papiere, sichtet die Finanzen. Dr. Clarence Hemingway hat sich umgebracht, als sein Sohn Ernest 29 Jahre alt gewesen ist. Der Vater hat sich erschossen, stumm, ohne Abschied, zu Hause, im Schlafzimmer, mit einer *32er Smith and Wesson* aus dem Bürgerkrieg, einem alten Revolver seines Vaters Anson Tyler Hemingway, Ernests Großvater. Bei der Abreise bittet der Schriftsteller die Mutter Grace, ihm die Pistole des Vaters zu überlassen.

Der Vater, der ihn gelehrt hat, die Natur zu respektieren, ist nun tot. In den Kindertagen befinden sich Vater und Sohn alleine auf einem See mit dem Holzboot, der Vater vorne am Ruder, der Sohn hinten. *Tut es weh, zu sterben?, fragt Nick im Indian Camp seinen Vater. Nein, es ist ziemlich einfach, Nick, antwortet der Vater. Es kommt ganz darauf an. Nick lässt seine Hand ins Wasser gleiten. In diesem Morgengrauen auf dem See im Heck des Bootes mit seinem Vater vorne, der rudert, war er sich ziemlich sicher, dass er nie sterben würde.*

Ernest Hemingway kann, zeit seines Lebens, den Tod als Schicksal nicht annehmen. Er verfügt nicht über ausreichend Demut zum Leben, er kennt nicht das Gefühl der Dankbarkeit der Schöpfung gegenüber. Deshalb macht es ihm nichts aus, die schönen Tiere, die so verletzlich und so einzig sind wie er, zu töten, einfach so. Vielleicht vermisst er den Vater ganz schrecklich und weiß nicht, wohin mit der Trauer und der Wut.

Wie auch kann ein Mann, der so kraftvoll durch die Welt schreitet, die eigene Endlichkeit akzeptieren? Ein Jahrhundertautor wie er, er muss den Tod als größtmögliche Schmähung empfinden. Doch die Pflöcke der menschlichen Existenz auf Erden sind eingeschlagen. Werden und Verlöschen, Leben und Sterben, Geburt und Tod. Nick, das Kind, hat seine Wunde erhalten, ebenso der 18-jährige Ambulanzfahrer in Fossalta. Er denkt an die Toten des Bürgerkriegs in Madrid und an die erfrorenen Soldaten im Hürtgenwald, die so alt sind wie sein Sohn John.

Das Motiv von Leben und Tod zieht sich als Grundmelodie in vielerlei Variation durch das gesamte Leben und Werk des Ernest Hemingway. Er schreibt nicht nur darüber, er redet auch oft über den Tod. Und meist stellt er ihn launig als eine lockende Hure dar. Ein solcher Humor dient als Maske, die ihn vor seiner Angst schützen soll, ganz den Verstand zu verlieren. Nicht nur den Verstand, er hat Angst, alles und jedes zu verlieren. *Die Welt bricht jedermann und danach sind manche stark an den gebrochenen Orten. Aber jene, die nicht beschädigt sind, werden getötet.*

Spätestens seit dem Tod des Vaters hadert Ernest Hemingway mit dem Schicksal. Selbst die Edlen, wie der kluge und geliebte Clarence, erkennen keine Aussicht, den Kampf zu gewinnen. *Die Welt tötet die sehr Guten und die sehr Feinen und die sehr Mutigen. Ohne Unterschied.* Der Sohn vermag keinen Kontrapunkt zu all dem Elend finden. Die Liebe vielleicht, wenn alles nur so einfach wäre.

Nur die ganz Tapferen lehnen sich gegen die Unzulänglichkeit des Seins auf, auch wenn sie wissen, die Niederlage ist unausweichlich. Den Tod zu akzeptieren, dazu reicht die Kraft nicht, ihn zu verfluchen und zu verspotten, meinetwegen, das geht schon, aber erniedrigen darf man sich in keinem Moment. Die Helden des Ernest Hemingway ticken wie Ernest Hemingway selbst. Genau betrachtet sind es keine echten Helden, allenfalls Anti-Helden mit dem Bestreben, ihrer eigenen Schwäche irgendwie Herr zu werden.

Hilflose Helden, die tagtäglich den Versuch unternehmen, ihr Scheitern in den Griff zu bekommen. Und ohne in all den ausweglosen Kämpfen, die Hoffnung und vor allem die Würde zu verlieren. *Dum spiro spero*, hoffen bis zum letzten Atemzug, so lässt sich menschliche Selbstachtung wahren. Ganz so wie der alte Fischer Santiago seinen Kampf annimmt, weil er ein Fischer ist, und weil er nicht anders kann. In einfachen Sätzen beschreibt Ernest Hemingway in seinen Romanen und Erzählungen, wie man alles verlieren kann und doch nicht als Verlierer dasteht.

Durch die Fixierung auf den Tod übersieht Ernest, dass das Mysterium des Todes vom Wunder des Lebens übertroffen wird. Ein Mystiker würde versuchen, diese Mysterien mit Hilfe des Glaubens oder der Existenz eines allmächtigen Gottes zu enträtseln. Und möglicherweise ist so etwas wie Gott ja der Schlüssel für all dies, was sich dem Verstand nicht erschließt. Doch von der Religion will dieser Mensch nichts wissen, jedenfalls nichts vom Glauben in seiner offiziellen Ausprägung.

Ernest Hemingway weiß nicht wohin mit der zunehmenden Verzweiflung und seiner Hilflosigkeit, mehr und mehr fällt ihn eine Bedrücktheit an, und in den schlechten Stunden überkommt ihn die Schwermut. Seiner Umgebung bleiben die Depressionsschübe nicht verborgen. Er trage seinen Tod auf der Schulter, hat José Luis Castillo-Puche, ein Kollege aus Spanien und guter Freund, in Madrid im Mai 1954 zu ihm angemerkt.

Dieses spanische Sprichwort, der Amerikaner wird es nie vergessen, trifft es besser als alles andere. *Una vida con la muerte al hombro*. Ein Leben mit dem Tod auf der Schulter.

Das Jahr 1954. In diesem Jahr ist der Schriftsteller dem Tod gerade noch einmal von der Schippe gesprungen. Im Januar stürzt eine Cessna 180 ab mit Mary und Ernest Hemingway an Bord, über Murchison Falls im Nordwesten Ugandas, nachdem der einmotorige Propellerflieger einen Telegraphenmast geschrammt hat. Ein zweites Flugzeug, eine britische De Havilland *Dragon Rapide*, mit dem das Ehepaar am nächsten Tag von Butiaba nach Entebbe zurückkehren will, fängt beim Abflug Feuer. Der Pilot Reginald Cartwright und Mary, die vorne sitzt, winden sich flink aus dem zweimotorigen Doppeldecker. Doch bei Ernest, der auf der Rückbank hockt, klemmt die Hintertür. Mit Schulter und Schädel als Rammbock findet schließlich auch er nach draußen.

Die Nachrichtenagentur *United Press* schickt am 24. Januar 1954 eine Eilmeldung samt Foto um den Globus. „Kampala, Uganda, Afrika: Der bärtige *Pulitzer*-Gewinner, der Autor Ernest Hemingway und seine Frau sind vermutlich bei einem Crash mit ihrem gecharterten Flugzeug im Urwald von Uganda ums Leben gekommen. Ein Flieger, der über die Unglücksstelle flog, konnte kein Lebenszeichen ausmachen."

Das Ehepaar jedoch überlebt beide Unglücke, die Verletzungen allerdings stellen sich als verheerend heraus, besonders bei Ernest. Der Schriftsteller erleidet eine schwere Gehirnerschütterung, die Schulter wird ausgekugelt, dazu kommen Darmquetschungen, ein Nierenriss und die Verletzung der Leber. Besonders schmerzvoll sind die Verbrennungen an den Beinen, am Bauch, am rechten Unterarm, an der linken Hand und am Kopf.

Die Zeitungen in aller Welt drucken, meist riesig auf der Titelseite, die Meldungen von seinem Tod. Und Ernest Hemingway, im fernen Afrika, darf den eigenen Nachruf lesen. Trotz schwerster Verletzungen trägt der Autor die Abstürze zunächst mit Galgenhumor. *Die schlimmste Explosion war die, als die*

Carlsberg-Bierflaschen hochgingen, der Grand Macnish Scotch machte auch einen gehörigen Krach, aber am lautesten explodierte der Gordon's Gin.

Seinem Verwalter Roberto Herrera schreibt er am 5. Februar aus Nairobi eine kurze Notiz: *Los dos cojones intactos. Hubo derrame cerebral pero contenido OK.* Die beiden Eier unversehrt. Hatte Schlaganfall, aber im Schädel alles ok. Okay ist indes gar nichts, in Wirklichkeit leidet der prominente Schriftsteller unter höllischen Schmerzen. Der Kopf und die inneren Organe sind derart verletzt, dass er sich davon nie mehr ganz erholen sollte. Die beiden Unfälle beeinträchtigen sein Seh- und Hörvermögen, es fällt ihm fortan schwer, sich zu konzentrieren, und auch das Schreiben bereitet ihm nun Mühe.

Bitter erfasst ihn mit Mitte fünfzig die Gewissheit, dass dieser Ernest Hemingway doch nicht für die Ewigkeit gebaut ist. Seine Uhr tickt ebenso, die Zeit, sich etwas vorzumachen, scheint vorüber. *He is in bad shape*, wie die Amerikaner sagen, wenn es ziemlich böse aussieht. Er ist schlecht beieinander seit dem Schicksalsjahr 1954. Körperlich sowieso – auch geistig beschleunigt sich der Verfall nun rasant.

Mitte Oktober 1956 will Ernest Hemingway in Spanien den todkranken Pio Baroja in seinem Haus in der Calle Ruiz de Alarcón 12 besuchen, sein Freund José Luis Castillo-Puche hat das Treffen arrangiert. Der US-Amerikaner bewundert diesen baskischen Autor, der so vornehm und gewissenhaft mit der Sprache umzugehen pflegt. Obwohl die beiden Männer so grundverschieden sind, möchte er dem sterbenden Kollegen Trost und Kraft spenden. Denn er ahnt, wie schwer das Sterben ist. Besonders für einen Schriftsteller, der jeden Satz für die Ewigkeit denkt und für den jedes Buch als trotzige Auflehnung gegen die Vergänglichkeit angelegt ist.

Für Hemingway ist es in Madrid so, als ob ein Vater stirbt. *To You, Don Pio*, schreibt der Amerikaner dem Spanier eine Widmung, *who taught us so much when we were young and wished to be writers.* Für Dich, Don Pio, der uns so viel beigebracht hat, als wir jung waren und Schriftsteller werden wollten. Er will ihm sagen, dass nicht er, Ernest Hemingway, den Nobelpreis verdient habe, denn er sei ja nur ein schlichter Abenteurer. Und was wird Pio Baroja im Totenbett auf Hemingways Tiefstapelei antworten? „Caramba!", wird der im Sterben liegende Mann rufen, einfach nur „caramba!". Man kann diesen Ausruf schwer fassen, im Spanischen passt er eigentlich immer. Er kann *Donnerwetter!* meinen, ebenso wie *Zum Teufel damit!*

Der bärtige US-Amerikaner wird Pio Baroja einen Cashmere-Pullover, flauschige Hausschuhe und eine Flasche guten Scotch schenken. Dazu ein Exemplar von *A Farewell to Arms.* Und Ernest Hemingway schreibt in das Buch für Pio Baroja eine wunderbare Widmung: *In Verehrung von einem Schüler.* Es tut weh, wenn Menschen sterben. Noch schlimmer ist, wenn Vorbilder gehen. *Miércoles*, Don Pio, *morir es una mierda*, das Sterben ist eine große Scheiße. Pio, alter Knabe, du hast so recht, *caramba!*, zum Teufel mit ihm, scheiß drauf, scheiß auf das Leben, scheiß auf den Tod.

Sollte man diesem dummen Kerl mit der Sense nicht einfach ein Schnippchen schlagen, indem man ihn herzlich umarmt? *Viva la muerte!* Dieser Schrei hat sich fest in das Ohr des Ernest Hemingway gebohrt, seit den Tagen in Spanien. Lauthals haben ihn die siegreichen Franquisten gerufen, weil sie weder Tod noch Teufel fürchteten, und auch die Rebellen des Fidel Castro auf Kuba nutzen ihn als Schlachtruf gegen Batista. Es lebe der Tod! *Viva la muerte!*

Schon wieder. *La muerte.* Weiblich, feminin, wie eine schöne Frau. Die spanische Sprache entwickelt eine süße Sicht auf das Ende, nicht wie das Englische, das alles ins Neutrum verwässert oder das Deutsche. Hier wird der Tod, wenig überraschend, als männliches Substantiv gebildet. *Viva la vida!* Und auch: *Viva la muerte!* Der Weg ist überschaubar. Es geht für den Menschen nur beides, es verbleibt keine Wahl. Sobald du das Eine annimmst, bist du dem Anderen ausgeliefert. Der Grat zwischen Leben und Tod bleibt schmal.

Ernest Hemingway ist in seinem Berufsleben ständig dem Tod hinterher gereist. Zur Veneto-Front im Ersten Weltkrieg, zu den Bomben der Franquisten im Spanischen Bürgerkrieg, an die Westfront der Schneeeifel in Nazi-Deutschland. Auch liebt er jene Sportarten, bei denen es um Leben oder Tod geht oder bei denen zumindest eine Menge Blut fließt: den Stierkampf, das Boxen, den Kampf der Hähne, die Entenjagd, das Erlegen großer Fische. *Warum habe ich so viele Tiere getötet*, fragt der passionierte Jäger Hemingway selbstkritisch seinen Schwarm Ava Gardner, die Hollywood-Schönheit. *Vielleicht war es nicht richtig, die Tiere zu töten. Aber wenn ich sie nicht getötet hätte, hätte ich mich wahrscheinlich selber getötet.*

Die zwanghafte Jagd auf die Tiere als eine Art Antiblockiersystem, den eigenen Tod hinauszuzögern? So wie jedes Buch als Waffe dient, sich in die Unsterblichkeit zu boxen? Mag alles sein. Gerade bei diesem kernigen Mann. Doch was passiert, wenn die Schreibmaschine eingerostet ist? Wenn er die Angelrute nicht mehr hochkriegt? Was bleibt einem Kerl wie ihm dann noch?

Das Geld? Der Reichtum? Ernest Hemingway würde lachen. In Cabo Blanco, bei den einfachen Fischern sieht er, dass es nicht viel braucht, um glücklich zu sein. Er selber hat sich nie etwas aus dem Mammon gemacht, er hat genug, mehr als die anderen und mehr als er braucht. Der Zaster hat ihn nicht abhängig gemacht, eher frei und unabhängig. Doch frei ist er schon gewesen, als er noch arm war.

Der Alkohol? Schon eher. Ein guter Whiskey tötet die bösen Gedanken. Er hilft den Überdruss und die Depression fortzujagen, die Einsamkeit, die Angst und manchmal nützt er gegen den Selbsthass. Doch der Alkohol leistet seine Dienste nur für ein paar Stunden, den großen Riesen kann er nicht niedermachen.

Die Religion? Er selbst sieht sich nicht als gläubigen Menschen, dieses Friede, Freude, Eierkuchen gehört nicht in seine robuste Welt. Er kann diese verlogenen Hirngespinste der Pfaffen nicht ausstehen, er vermag all den gespreizten Zeremonien wenig abzugewinnen. Doch manchmal, da schaudert's ihn, weil er merkt, dass er Wörter schreibt, als ob ihm ein anderer die

Hand zu führen scheint. Und dann Sätze von ihm auf dem Papier landen, die er meint, so ähnlich schon einmal gelesen zu haben. Trotzdem, er mag diesen ganzen Zinnober des Glaubens nicht. Ernest Hemingway, er hat es oft genug gesagt, glaubt nicht an Gott.

Merkwürdigerweise spielt die Religion eine bedeutsame Rolle in seinem Werk, unterschwellig, aber doch merkbar. *The Sun Also Rises* nennt er seinen ersten großen Roman aus dem Jahr 1926, die Sonne tritt jeden Tag von neuem auf und wird ewig bleiben, so lautet die Botschaft. Und – so muss man schnell anfügen – auch der Mond, die Sterne und das Meer werden bleiben. Ernest Hemingway gefällt sich im Leben als ein religiöser Dissident, doch er betet in seinen Büchern voller Leidenschaft die Natur an.

Die Religion kann ihm nicht helfen, er muss sich seine Fragen selber beantworten. Welcher Trost bleibt einem Menschen vor seiner letzten Reise? Die Liebe? Richtig, die Liebe tröstet. Die richtige, die große und die wahre Liebe. Die Liebe, die alles andere zu überstrahlen und zu überdecken vermag. Jene Liebe, die so mächtig und so stark ist, dass man dafür sterben möchte. Und möglicherweise zeigt sich eine solche Liebe sogar stärker als alle bösen Riesen.

Daran glaubt dieser Romantiker aus Oak Park, an die Liebe, an die vollkommene und an die ewige Liebe. Auch wenn er es im eigenen Leben ziemlich vermasselt hat. Er hat es in vier Ehen und Dutzenden Liebschaften ausprobiert, doch die große Liebe hat er nicht gefunden. Hier liegt die tatsächliche Tragik dieses Mannes. Hadley hätte die große Liebe werden können, doch er selbst hat diese Liebe zerstört. Wer sich selbst so im Weg steht, was kann einem dann noch Trost spenden? Ohne die Liebe bleibt nicht viel.

Der Sommer ist groß gewesen, der Herbst kündigt sich an. Und irgendwann stellt sich die letzte Frage, für jeden. Wer soll über das Ende entscheiden? Der Weißkittel, die Paragraphen, der Zufall? Den letzten Sieg soll nicht der Schatten auf der Schulter davontragen, Ernest Hemingway will selber den letzten

Pfahl einrammen. Nur er, sonst keiner. *Unser Schicksal ist, zu verlieren. Aber wir sollten nach unseren eigenen Spielregeln verlieren. Etwas anderes bleibt uns auch nicht, seit wir aus dem Garten Eden vertrieben wurden.* Auch dies hat er von Clarence, seinem Vater, gelernt, der Mensch ist schwach, aber er ist stark genug, die eigenen Spielregeln zu setzen.

Drei Monate nach dem Selbstmord des Vaters erhält Ernest nach Key West ein Päckchen seiner Mutter Grace. Er öffnet es. Und in der Box liegt – unter einem zerlaufenen Schokoladenkuchen – die *Smith and Wesson* seines Vaters.

23. The good luck – das große Glück

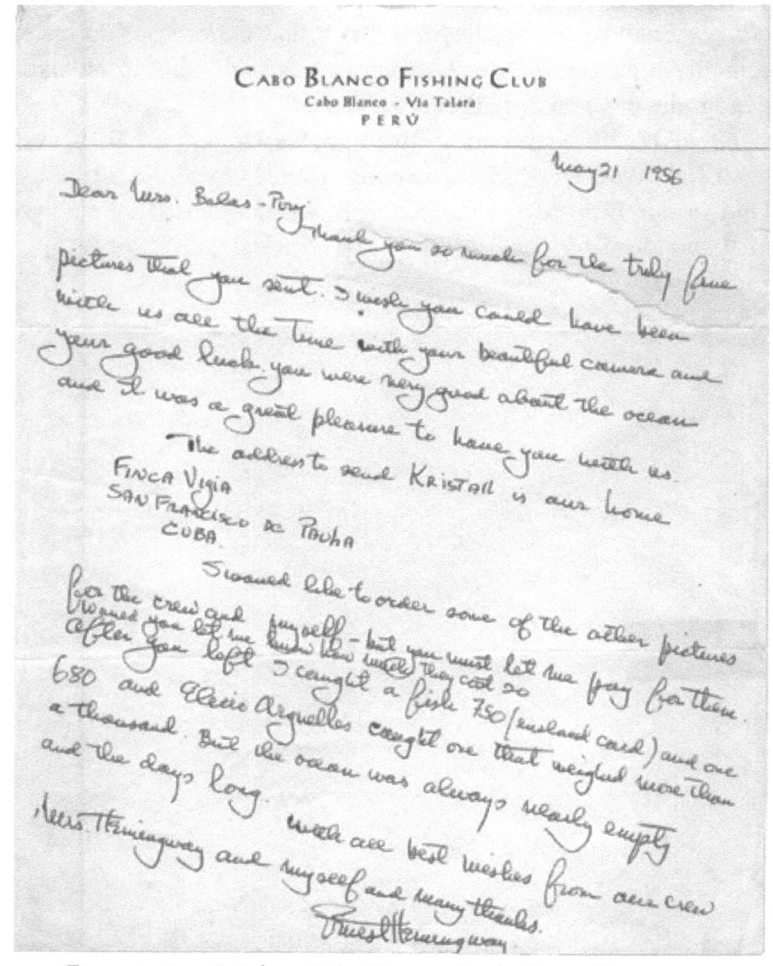

Einen einzigen Brief aus Cabo Blanco schreibt Ernest Hemingway.
An die Fotografin Modeste von Unruh, am 21. Mai 1956.

Es geht voran mit Hollywood in Cabo Blanco. Der letzte Drehtag auf dem peruanischen Pazifik beschert den Filmern aus den USA die bislang besten Aufnahmen. Die Kameramänner der *Second Unit* nehmen von den beiden Booten einige Minuten auf mit einem wild umher hüpfenden schwarzen Marlin. Aufnahmeleiter Allen Miner und die Kollegen zeigen sich am Abend im *Fishing Club* mit der Ausbeute ihres fünfwöchigen Aufenthaltes in Cabo Blanco zufrieden.

Nachdem in den letzten Tagen einige Großfische erlegt oder aufgenommen worden sind, finden die Dreharbeiten der Angelszenen für den Hollywood-Streifen *Der alte Mann und das Meer* langsam ihr Ende. Die Kameraleute aus Los Angeles haben genügend Filmmaterial im Kasten, die amerikanische Filmcrew macht sich vorzeitig zurück auf den Weg in Richtung Kalifornien.

In den *Cabo Blanco Fishing Club* kehrt nach und nach wieder die gewohnte Ruhe ein. Auch die fünf Wochen des Aufenthaltes von Ernest Hemingway am Pazifik Perus nähern sich gleichermaßen einem harmonischen Ausklang. Der prominente Autor blüht auf, es scheint so, als sei eine Last von seiner Schulter gefallen.

Der 56-jährige Amerikaner wirkt erschöpft, aber zufrieden. Der Nobelpreisträger zeigt sich seit den hollywoodreifen Marlin-Fängen erleichtert und glücklich, seine Umgebung ist es ebenfalls. Die letzten Tage auf dem Meer und im *Fishing Club* können heiter und vergnügt ausklingen. Die Ziele sind erreicht und so kann der berühmte Besucher die Episode Cabo Blanco als freudige Erinnerung in sein Herz packen.

Der Schriftsteller setzt sich im Klubhaus an einen Tisch und verfasst einen Brief an Modeste von Balás-Piry. Ernest Hemingway spricht die deutsche Fotografin mit ihrem ungarischen Ehenamen an, so wie er auf ihrer Visitenkarte steht. Auf dem gelbgrauen Briefpapier des *Cabo Blanco Fishing Clubs* schreibt der bärtige US-Amerikaner einen herzlichen Gruß an die junge Fotoreporterin nach Chaclacayo und übermittelt ihr nochmals seine Dankbarkeit.

Alleine wegen der Triumph-Fotos hat sich die Reise an den Pazifik gelohnt. Ein Hauch von Draufgängertum und Verwegenheit umweht ihn, genau so soll ihn die Welt sehen. Die packenden Aufnahmen aus Cabo Blanco frieren einen Moment ein, doch im Grunde erzählen die Reportage-Fotos von einem ganzen Leben, von einer Vita mit all ihren Anstrengungen und Herausforderungen.

Die Darstellungen aus Peru zeigen einen alternden Mann als Träumer auf dem Wasser, tapfer und unermüdlich im Wettstreit. Die Spannung und die Strapaze, der Versuch und die Niederlage, das Aufbäumen und dann endlich der Siegestaumel – all diese Lebensleistungen lassen sich aus den Fotografien aus Cabo Blanco herauslesen. Und zum guten Schluss bleibt ein unangreifbarer Held übrig. Ernest Hemingway kommt sich vor wie der König in seinem Garten.

Die Schnappschüsse der Modeste von Unruh räumen ebenso die Vorbehalte aus, die in manchen Kreisen wabern. Der vor den aschfahlen Wüstenbergen am Kran hängende Riesenmarlin soll alle Zweifel an seiner Schaffenskraft verstummen lassen. Es ist ein Triumph, der keinen Tag zu spät kommt. So wie ein Playboy sich in zunehmenden Jahren mit immer jüngeren Gespielinnen zeigen muss, so untermauern die Bilder der deutschen Fotografin den Rekorde-Starrsinn des alternden Abenteurers für eine neuerliche Atempause.

Trotzig schmeicheln die virilen Darstellungen seiner durch das Alter verletzten Eitelkeit, die Siegerposen in Peru sollen der Welt von seiner Kraft und von seiner Vitalität künden. Es bleibt ein bodenloser Selbstbetrug, bloße Fassade, denn drinnen in ihm sieht es ganz anders aus. Das Blendwerk vom strahlenden Gewinner, selbst wenn ein Pascha in die Jahre gekommen ist, jedoch richtet sich nicht nur an die Welt da draußen, die Botschaft geht vor allem an ihn.

Das vordergründige Macho-Spiel wird von ihm mal wieder auf die Spitze getrieben. Seine Ichbezogenheit sorgt draußen für muntere Schlagzeilen, sie bleibt persönlich allerdings ein Irrweg. Denn jede selbstverliebte Bemühtheit platzt früher oder später wie eine Seifenblase, in der Liebe, wie auch im Alltag. Und, am schlimmsten, die Selbstsucht verhindert die Demut zum Leben, ohne die man keinen inneren Frieden mit der eigenen Begrenztheit schließen kann.

An dem schlichten Zimmertisch im Gemeinschaftsraum des *Cabo Blanco Fishing Clubs* richtet Ernest Hemingway herzliche Dankesworte an Modeste von Balás-Piry, in einem eng beschriebenen Brief, eine vollgeschriebene Seite lang. Auf den ersten Blick erkennt man das für diesen Autor so typische Bild seiner Handschrift mit den geschwungenen Bögen, den Über- und Unterlängen und den rundlichen Lettern, die vielen Gefühlsmenschen zu eigen sind.

Das Schriftstück von Ernest Hemingway ist – wie die meisten seiner von Hand geschriebenen Korrespondenz – einfühlsam verfasst und persönlich formuliert.

CABO BLANCO FISHING CLUB
Cabo Blanco – Via Talara
PERÚ
May 21, 1956

Dear Mrs. Balas-Piry,
Thank you so much for the truly fine pictures that you sent. I wish you could have been with us all the time with your beautiful camera and your good luck. You were very good about the ocean and it was a great pleasure to have you with us.
The address to send KRISTALL is our home
Finca Vigia
San Francisco de Paula
Cuba
I would like to order some of the other pictures for the crew and myself – but you must let me pay for them. Would you let me know how much they cost so.
After you left I caught a fish 750 (enclosed card) and one 680 and Elicio Argüelles caught one that weighed more than a thousand. But the ocean was always nearly empty and the days long.

With all the best wishes from our crew, Mrs. Hemingway and myself and many thanks.

Ernest Hemingway

Sein Kampf in Cabo Blanco soll als eindrucksvolles Bilddokument vielfach und noch lange Zeit erzählt werden, deshalb bittet der Nobelpreisträger die Hamburger Fotojournalistin um weitere Abzüge.

Modeste von Balás-Piry, die als Fotografin unter ihrem Mädchennamen Modeste von Unruh arbeitet, hat Ernest Hemingway dann einige Fotos überlassen, die der weltbekannte Autor schließlich überall herumreicht und freigiebig unterzeichnet. Die Fotografie aus Cabo Blanco mit dem Monstermarlin als Jagdtrophäe wird in der Folge eines der vom Schriftsteller meist signierten Bilder überhaupt werden.

Modeste von Unruh hat bei ihrer Foto-Reportage in Nordperu zum richtigen Zeitpunkt auf den Auslöser ihrer Kamera gedrückt. Die Fotojournalistin möchte nicht nur den Kopf einfangen, ihr Bestreben ist vielmehr gewesen, den ganzen Kerl zu packen. Für die Hamburger Zeitschrift *Kristall* möchte sie einen turbulenten Tag auf dem Meer vor Cabo Blanco voller Leidenschaft und Anmut sichtbar werden lassen.

Es ist ganz und gar in seinem Sinne. Der graubärtige US-Amerikaner möchte weiterhin als gesunder und kerniger Mann dastehen und gesehen werden, auch wenn das Bulletin seines Arztes in letzter Zeit eine andere Sprache spricht. Die Fotografien aus Cabo Blanco veranschaulichen seine Sehnsucht nach unvergänglicher Jugend. Im Grunde träumt dieser Mensch davon, unsterblich zu sein.

Immer und ewig mit dem Elan seiner wilden Jahre durchs Leben schreiten zu dürfen. Dieses Verlangen nach nie endender Kraft und Potenz spürt der Schriftsteller, wohl unterbewusst, auf den Bildern der Hamburgerin, ein Egomane wie er besitzt feine Antennen für so etwas. Aus diesem Grund möchte Ernest Hemingway der Fotografin seine herzliche Verbundenheit ausdrücken.

Die deutsche Übersetzung des handgeschriebenen Briefes an Modeste von Balás-Piry, née Modeste von Unruh, aus dem staubigen Cabo Blanco lautet in etwa:

CABO BLANCO FISHING CLUB
Cabo Blanco – Via Talara
PERÚ
21. Mai 1956

Liebe Frau Balas-Piry,
haben Sie herzlichen Dank für die wirklich ausgezeichneten Fotos, die Sie mir geschickt haben. Ich hätte mir gewünscht, dass Sie die ganze Zeit bei uns gewesen wären, mit Ihrer wundervollen Kamera und Ihrem guten Glück. Sie hatten ein sehr gutes Gefühl für den Ozean und es war eine große Freude, Sie bei uns gehabt zu haben.
Die Adresse, an die Sie KRISTALL senden können, ist unser Zuhause
Finca Vigia
San Francisco de Paula
Kuba.
Ich würde gerne einige der anderen Fotos für die Crew und mich selbst bestellen – aber Sie müssen mich für diese zahlen lassen. Würden Sie mich wissen lassen, wie viel sie mich kosten würden.
Nachdem Sie weg waren, habe ich einen Fisch 750 (siehe beigefügte Karte) gefangen und einen 680 und Elicio Argüelles hat einen gefangen, mehr als tausend Pfund schwer. Aber immer war das Meer fast leer und die Tage lang.
Mit allen besten Wünschen von unserer Crew, Mrs. Hemingway und von mir und vielen Dank.
Ernest Hemingway

Kann ein eigenbrötlerischer Abenteurer seiner Fotografin ein schöneres Kompliment aussprechen? *I wish you could have been with us all the time, with your beautiful camera and your*

259

good luck. Ich hätte mir gewünscht, dass Sie die ganze Zeit bei uns gewesen wären, mit Ihrer wundervollen Kamera und Ihrem guten Glück. *The good luck.*

Das gute Glück, viel Glück im Leben, wer sucht es nicht? Er selbst jagt ihm hinterher. Ernest Hemingway nähert sich dieser Unbeschwertheit vor allem am Meer und in den Städten und Dörfern am Ozean. Hier kann er ungezwungen und auf sich gestellt hinaus fahren, er kann den Marlin jagen und all die anderen großen Fische. Auf dem Wasser vermag dieser Romantiker sich seiner Sehnsucht hinzugeben und seine Träume für ein paar Stunden Wirklichkeit werden zu lassen. Wenn das Äußere stimmt, blüht der Nobelpreisträger innerlich auf, so wie in Cabo Blanco. Doch es gibt sie nur noch selten im Alltag des Mittfünfzigers, die Tage des Glücks, je älter er wird, desto weniger werden sie.

Wo kann er sein Glück noch finden? In Spanien gewiss, in Madrid, in Pamplona, in Andalusien, dort wirkt er gelöst und beseelt, trotz Franco. Auch in Paris und Venedig, wie sollte es anders sein, es bleiben seine Traumstädte. Am Tresen der *El Floridita* in der Altstadt von Havanna bei einem Daiquirí mit den Freunden oder mit *Leo*, seiner kubanischen Geliebten Leopoldina Rodríguez. Im Dorf Cojímar, bei den einfachen Fischern, und mit der *Pilar* auf dem Golfstrom. Dem weiten blauen Meer gilt seine Sehnsucht. *The Great Blue River*, vor seiner Haustüre, er braucht nur an Bord zu gehen.

In solch einer Umgebung vergisst Ernest die Zeit und er vergisst die Wunden. Besonders in seinem karibischen Garten Eden auf der tropischen *Finca Vigía,* seinem entlegenen Rückzugsort, bei den Hunden und Katzen, auch hier findet er die Augenblicke von Ausgeglichenheit und Frieden, nach denen er sich so sehnt.

Er liebt das tropische Landgut in den Ausläufern von Havanna. Besonders die Ceiba, der riesenhafte Wollbaum vor der Veranda, überwältigt den Autor wegen seines Umfangs und der Farbe. Der Farbton der Rinde erinnert ihn an die Elefanten in Afrika.

260

Niemand darf die Ceiba berühren und dem Gärtner ist verboten, sie zu beschneiden. Die Farm und das ganze Anwesen, denkt er, gehören diesem einen Wollbaum. Für die *Orishas* der *Santería* gilt die Ceiba als ein heiliger Baum, wegen seiner hohen Krone und des lang gestreckten Stammes, der als Achse Himmel, Erde und Unterwelt verbindet. Unter dem Ceiba-Baum auf der *Finca Vigía*, so träumt Ernest Hemingway oft bei sich, möchte er einmal begraben werden.

The good luck. Das gute Glück, das große Glück. Denn selbst das Glück muss manchmal zu ein wenig mehr gezwungen werden. Und möglicherweise beschreibt das gute Glück ja auch nur den sonst so seltenen magischen Moment: richtiger Ort, richtige Zeit, richtiger Mensch.

Ich liebe Dich, mein Kätzchen.
Wirst Du mich für immer lieben?
Bis in alle Ewigkeit.
Ich weiß wenig über die Ewigkeit.
Ewigkeit beginnt da, wo ‚für immer‘ aufhört.
Oh, ja, bitte – ewig.

In Wirklichkeit sucht Ernest Hemingway die Liebe, die große und ewige Liebe. Drei turbulente Ehen hat der Schriftsteller hinter sich, eigentlich müsste er aus seinen Fehlern gelernt haben. Doch anstatt es nach seiner vierten Heirat besser zu machen, hält er voll dagegen, mehr als zuvor. Unzählige Frauengeschichten, Alkoholexzesse und schlimme Wutausbrüche, sein Zerstörungstalent in Sachen Partnerschaft ist fast schon pathologisch.

Treu jedenfalls kann er nicht sein. Vielleicht macht er sich zu wenig Gedanken über eine Partnerschaft, möglicherweise lässt er sich, wie beim Schreiben, zu stark von seinen Instinkten leiten. Über kurz oder lang verliert er die Lust an der gewohnten Partnerin und sucht nach einer neuen Herausforderung. Seine unzähligen Seitensprünge erweisen sich wohl vor allem als ein Hunger nach mehr Aufmerksamkeit. Ernest Hemingway verhält sich wie ein nimmersatter Narzisst, der durch seine Frauengeschichten sein Ego und das eigene Selbstwertgefühl stärken muss.

Der Reiz des Neuen und der Wunsch nach noch mehr Anerkennung ziehen diesen faszinierenden Mann in eine Spirale hinein mit immer mehr und mehr Liebesabenteuern. Die schnell entflammte Zuwendung einer neuen Eroberung lässt ihn spüren, dass es ihn gibt und dass er lebt. Ein Nachlassen dieser Aufmerksamkeit vermag er nicht zu ertragen, denn es erinnert ihn an die eigene Begrenztheit.

In gefahrvollen Ausnahmesituationen schlägt sein Bindungsbedürfnis besonders stark aus. In die Krankenschwester Agnes von Kurowsky verliebt Ernest sich – schrecklich verwundet – während des Ersten Weltkriegs. Mit Martha Gellhorn turtelt er in Madrid und um ihn herum schlagen die Granaten des Spanischen Bürgerkrieges ein. Mary Welsh schließlich macht er den Hof, beide in der Uniform eines Kriegskorrespondenten, zwischen den Schlachten des Zweiten Weltkriegs.

Die Schuld am Scheitern seiner Ehen liegt sicherlich einzig und allein bei ihm. Dabei dürstet diese arme Seele hinter ihrer Maske nach dem Glück. Nach dauerhafter Harmonie mit der Welt und vor allem mit sich selbst. Es bleibt schwierig, weil er dem Absoluten hinterherjagt.

Im Angesicht all der Kriege und Abenteuer und der lebensklugen Bücher sollte er gemerkt haben, dass nicht die äußere Erscheinung zu Frieden führt. Nur der innere Ausgleich bringt das Glück mit sich. Doch dieser Macho mit dem riesigen Ego steht sich selbst im Weg.

Anstatt die Marlin-Fotos im Dutzend zu signieren und sich vor aller Welt aufzublasen, führt vielleicht der genau umgekehrte Weg ins Glück. Möglicherweise findet man seinen Seelenfrieden erst dann, wenn alle Allüren und jedes Blenden zum Stillstand kommen. Im Alltag sind die Menschen bemüht, ihre Fassade aufrecht zu halten, erst wenn das Ende bevorsteht, wird solch ein Mummenschanz sinnlos. Kurz vor dem Abgang braucht sich niemand mehr zu verstellen und zum guten Schluss bleibt nur die Wahrheit übrig. Am Meer kann man nicht lügen, meint er, alle Aufschneiderei ergibt keinen Sinn.

Besser wäre allerdings, wenn es gelänge, von vornherein auf die übliche Maskerade zu verzichten. Um, von aller aufgesetzten Last befreit, hinter der abgestreiften Fassade, ein neues Leben zum Vorschein zu bringen. Das gute, das richtige und das wahre Leben. Einerlei wie wir es nennen. Das wahre Leben, *the good luck*, den Himmel berühren, *Ngàje Ngài*. Oder nennen wir es einfach, weil es in unserer Hand liegt, die ewige Liebe.

Dieser beständig suchende Ernest Hemingway hat in Cabo Blanco, im April und Mai 1956, ganze 36 Tage am einsamen Pazifik, die Gelegenheit, das gewohnte Maskenspiel außer Kraft zu setzen. Doch in seiner Hilflosigkeit wählt er mal wieder die übliche Ablenkung. Er weilt am Meer, er hat Freunde um sich, er kann erzählen von seinen Abenteuern und er kann seine Träume ausbreiten. Und es gelingt ihm, vier große Fische zu fangen. Und doch ist das Glück auf seinen Fotos eine bloße Schimäre, denn auch die Siegesmeldungen aus Peru lassen nicht vergessen, was da kommen kann und kommen wird.

Dieser Mensch ist sein Leben lang auf der Suche nach *the good luck*. Am Meer, in Paris, auf Kuba, in Afrika. Er sucht jedoch an den falschen Stellen. *Das große Glück* ist nicht der Marlin, den man zur Strecke bringt und ausstellt. Und auch nicht die acht Daiquirís, die man an einem Abend wie Zuckerwasser runterspült. Und schon gar nicht die schnelle Nummer in der Altstadt von Havanna. Ernest Hemingway erahnt seinen Irrtum, sonst wäre er nicht so unglücklich.

The good luck sollte vielmehr in die Liebe münden, in die große und ewige Liebe. Die Liebe, die einem so viel Kraft gibt, sterben zu können. Gelegenheiten gibt es im Leben dieses erfolgreichen und gut aussehenden Mannes genug, doch zu viel Selbstbezogenheit tötet jede Liebe. Wahrscheinlich hätte seine erste Ehefrau Hadley Richardson die Rose in seinem Garten sein können, aber er selbst hat diese zarte Blüte der Liebe wie ein Idiot platt getrampelt. Und später hat er es nicht viel besser gemacht.

Modeste von Unruh hütet den handschriftlichen Brief von Ernest Hemingway sorgsam. Auch als sie später, im Jahr 1969, mit der Familie von Peru nach Deutschland zurückkommt, wegen der besseren Schulbildung für die beiden Söhne. In Bad Gandersheim bei Hannover eröffnet sie dann ein eigenes Foto-Studio. Leider werden in den 1970ern viele Fotos und Negative bei einem Brand in ihren Geschäftsräumen vernichtet, doch der Brief des Ernest Hemingway überlebt.

Als Rentnerin dann, ihr Ehemann Dr. László von Balás-Piry ist bereits verstorben, wird Frau von Unruh den kostbaren Besitz zu Geld machen. Zur Finanzierung einer kostspieligen Reise mit ihrer Schwester Nina Hörnecke nach Namibia, wo Verwandte leben. Im Jahr 2003 verkauft sie den Brief des Nobelpreisträgers und einige verbliebene Originalfotos aus Cabo Blanco an einen vermögenden Radiounternehmer in den USA.

Modeste von Unruh stirbt, nach langem Gebrechen, im Oktober 2020 in Norddeutschland, kurz vor ihrem 93. Geburtstag. Ernest Hemingways Brief an sie befindet sich bis 2013 in den USA im Archiv des Medienunternehmers Carl Butrum im kalifornischen Sacramento. Auch Carl ist so ein Hemingway-Verrückter, mehr als 90 Mal ist er in Pamplona in 30 Jahren mit den Bullen gerannt.

Sechzig Jahre nach den Ereignissen im *Fishing Club* bekomme ich eine Gänsehaut, wenn ich diesen Brief lese, den einzigen, den Ernest Hemingway aus Peru geschrieben hat. Ich würde um die halbe Welt fliegen, um dieses Dokument einmal in Händen zu halten.

24. Ich werde zurückkommen

Der Meister in seiner kleinen heilen Welt. Aufregende und anstrengende 36 Tage in Cabo Blanco am peruanischen Pazifik. Vom 16. April bis zum 22. Mai 1956.

In aller Frühe am nächsten Morgen, am 22. Mai 1956, werden Ernest Hemingway, *Miss Mary* und die Freunde die Rückreise in Richtung Miami antreten und von dort wird das Ehepaar nach Havanna weiterreisen. Er freut sich auf sein vertrautes Daheim, es macht ihn aber auch traurig, dass die erlebnisreichen Tage in Peru nun vorbei sind. Doch die Arbeit ist getan, am Film und auf dem Ozean. Cabo Blanco und der Pazifik sind ihm gut bekommen. Er hat in den fünf Wochen seines Aufenthaltes vier Riesenfische gefangen, zwei Schwertfische und zwei Marline, für den *Thousand Pound Club* reicht es nicht, aber immerhin.

Am besten macht man sich auf und davon, wenn man viel erreicht hat. Ernest Hemingway erinnert sich an die Worte, die er seinem Freund Ellis O. Briggs mit auf den Weg nach Brasilien gegeben hat. Am besten schleicht man sich von Bord, wenn man seine Ziele erreicht hat. Es sagt sich so leicht, aber immerfort grübelt er über die Frage, auf die er keine Antwort erhält: Wohin? Solange sich auf dieses Rätsel keine gescheite Auflösung finden lässt, hat er sich entschlossen, das Meer zu lieben, sich an der Sonne zu erwärmen und sich an der Natur zu erfreuen.

Peru ist eine gute Wahl, sein Herz zu verlieren. Das Land mag zu Anfang karg und strubbelig daherkommen, und es ist vielleicht auch keine Liebe auf den ersten Blick. Aber wenn man ein zweites Mal hinschaut, oder lange genug da gewesen ist, manchmal reichen 36 Tage, dann schüttet dieses Peru sein Füllhorn großherzig aus. Das Land teilt sich in drei Klimazonen und damit in drei Lebensstile. Die chaotische Wuseligkeit an der Küste, die unverkrampfte Sinnlichkeit der Regenwaldregion und die Widrigkeit im kargen Andenhochland.

Die Topografie kontrastiert derart, als habe der liebe Gott sich einen üblen Scherz erlaubt, erklärt der Schriftsteller Mario Vargas Llosa, der brillanteste Intellektuelle des Landes: Auf wenig mehr als eine Million Quadratkilometer habe er drei völlig verschiedene Erdzonen – die Sahara, den Kongo und Tibet – gepresst. Gerade einmal 24 Bewohner leben pro Quadratkilometer, europäische Staaten vermelden den zehnfachen

Wert. Die 32 Millionen Peruaner, verstreut auf drei Landschaftszonen, getrennt durch drei Sprachen und erschüttert von tiefgehenden rassischen und sozialen Konflikten, durchleben alle Übel eines unterentwickelten Landes.

Von einer *Peruanität*, von einer nationalen Identität aller Peruaner, kann da keine Rede sein, meint Vargas Llosa, ebenfalls ein Nobelpreisträger für Literatur. Bei einer Völkergemeinschaft aus Indios, Chinesen, Schwarzen und Weißen scheint Peru eher ein Konglomerat aus einer Vielzahl von Ländern. Wenn man von der Küste in die Hochebene reist, so wechselt man nicht nur die Klimazone, sondern zudem die Sprache und, so will es scheinen, das Jahrhundert.

Diese Mannigfaltigkeit des Andenstaates, eigentlich das Erbe reicher Kulturen, stellt für den Zusammenhalt der Bevölkerung eine riesige Herausforderung dar. Alleine drei Sprachen, die Indiosprachen *Quechua* und *Aymara* sowie das Spanische, trennen die Menschen in Peru, nicht nur kulturell, sondern vor allem auch sozial. Eine Harmonie sei schwierig zu erreichen, weil hinter den kulturellen Unterschieden teilweise tiefe wirtschaftliche Klassengegensätze stehen.

Die bäuerliche Lebenswelt der Andenbewohner, der *Quechua* und *Aymara,* ist eine durch das hispanisierte Peru ausgebeutete Welt, erläutert der wackere Liberale Mario Vargas Llosa im Gespräch. Auf der anderen Seite existieren Kulturen, wie die der Chinesen und der Schwarzen, die im Laufe der Jahrhunderte stärker in das peruanische Gemeinwesen integriert worden sind. Der afrikanische Einfluss in der Küstenregion sei in der Musik und der Literatur ausgeprägt.

Die wirtschaftlichen Ungleichgewichte bilden den Nährboden für mannigfaltige soziale Konflikte. Bis hin zu dem bluttriefenden Terrorismus eines *Sendero Luminoso* des Philosophieprofessors Abimael Guzmán, der sich von seinen Anhängern *Presidente Gonzalo* nennen ließ. Diese Schreckensherrschaft des *Leuchtenden Pfades* und ein hochkorrupter Präsident der APRA-Partei hätten das herrliche Land in den 1980er Jahren um Haaresbreite in den Abgrund gestürzt.

Doch über alle ökonomischen, rassischen und sozialen Spannungen hinweg darf nicht vergessen werden, dass ein solcher Mix eine ureigene Faszination besitzt und dass diese Vielfalt der Lebensformen auch als Reichtum dieses schönen Landes gesehen werden kann. Vor allem sollte man die wunderbaren Menschen hervorheben, ganz gleich wo sie herkommen und einerlei, ob ihre Hautfarbe nun weiß, braun oder schwarz schimmert. Die Umgänglichkeit und die Geselligkeit der Peruaner sucht ihresgleichen. Die Bewohner zwischen Tumbes im Norden und Tacna im Süden lieben es, gut zu essen und gut zu trinken, sie gehen keiner Feier aus dem Weg, an welchem Wochentag auch immer.

Möglicherweise kommen die Peruaner dem einen oder anderen in der Begegnung zunächst ein wenig sprunghaft oder vordergründig daher. Aber die Menschen wissen ihr Leben zu genießen, trotz mancher Widrigkeit im Alltag. Sie besitzen eine gefestigte Geradlinigkeit in Bezug auf Familienzusammenhalt und Freundschaften, fürs große Grübeln brennt die Sonne eh zu heiß. Dieses Peru, so kann man es sehen, ist ganz und gar Hemingways Land.

Der *gringo Ernesto*, obwohl er sich aus dem Gebiet um Cabo Blanco nicht herausbewegt, bekommt am Pazifik einiges mit von der Ausgelassenheit und der Buntheit seines Gastlandes. Die Mentalität der Peruaner liegt dem US-Amerikaner, aus seiner Wahlheimat Kuba kennt er diese Verspieltheit im Alltag, die er auch in dem Andenland vorfindet. *Con calma y con cariño*, so antworten ihm die einheimischen Fischer in Cabo Blanco, wenn etwas einmal nicht klappt, man solle doch den Tag mit Ruhe und mit Herzlichkeit angehen.

Und vieles klappt in diesem aufgewühlten Land nicht. Als ob der Kampf um das kleine persönliche Glück nicht schon beschwerlich genug wäre in solchen Gefilden, wo man des Morgens fürchtet, dass der Abend mal wieder mit neuen Sorgen und Nöte endet. Mithin scheint es nicht unklug, die flüchtigen Glücksmomente deshalb im Hier und Jetzt auszukosten. Den entbehrungsreichen Alltag der Peruaner bekommt der wohlhabende Schriftsteller nur am Rande mit, doch das unsanfte Klima bleibt dem Mann aus Chicago nicht verborgen.

Der Amerikaner verspürt die Rauheit am eigenen Leib, an Land, auf dem Meer und sie macht ihm besonders in den glühend heißen Nächten auf seinem kleinen stickigen Zimmer zu schaffen. *Es war eine andauernde Plackerei, jeden Tag hart arbeiten, und zugleich war es ein Spaß*, schreibt Ernest Hemingway im September 1956 in einem Artikel über die Tage in Peru für die Zeitschrift *LOOK*. Und er fügt zufrieden an, *die Leute waren nett und es gab ein fremdes Meer, von dem man eine Menge lernen konnte*.

Seine Gastgeber im *Cabo Blanco Fishing Club* versuchen, die Schattenseiten Perus von dem berühmten Gast fernzuhalten und dafür umso stärker, ihm die Annehmlichkeiten des Landes nahezubringen. Am einfachsten funktioniert dies über kulinarische Genüsse. Ein nahrhaftes Essen kommt in Peru auf den Tisch, am Meer erst recht. Die Zubereitung ist üblicherweise ein reizvoller Mix aus der frugalen und deftigen Bauernküche der Anden, aus dem maritimen Reichtum der Küste und aus den Traditionen, die Einwanderer aus Europa und Asien mitgebracht haben.

Im *Fishing Club*, nur einen Steinwurf vom Pazifik entfernt, kommt meistens frisch gefangener Fisch auf den Tisch, der in der gut ausgestatteten Küche des Klubs von zwei Köchen mit bodenständiger Raffinesse zubereitet wird. Mit Genuss schlemmt der US-Amerikaner seinen *pescado encebollado*, einen mit Zwiebeln angereicherten Fisch, einen Festtagsschmaus, den man in diesen Breiten gerne am Sonntag serviert.

Zu dem Fischgericht nimmt Ernest einen Weißwein, Mary lässt sich ab und an ein kühles Bier bringen, ihr mundet das *Pilsen Callao*, eine Biersorte aus Lima, die von deutschen Migranten begründet wurde. Den beiden Hemingways bekommt die herzhafte peruanische Küche, ebenso wie die angestammten Getränke des Landes. Die Einheimischen versuchen mehr als einmal, den US-Autor zu einem *Pisco Sour* zu überreden, er gilt als das Nationalgetränk Perus, auf das alle stolz sind.

Der bärtige Schriftsteller probiert den *Pisco Sour,* bei drei, vier Gelegenheiten, er mag ihn, ohne dass es ihn umgehauen hätte. Noch Monate später berichtet Ernest Hemingway seinen Freunden in Kuba von diesem scharfen Traubenschnaps, der – typischerweise mit Limettensaft, Zuckersirup, Eiweiß und *Amargo Chuncho* angereichert – kräftig in der Kehle brennt. Wie eine Mischung aus Tequila und Wodka, verrät der Prozente-Kenner in einem Brief.

Pablo, meint der Nobelpreisträger zum peruanischen Barkeeper am letzten Abend im *Fishing Club*, am liebsten möchte ich dich mitnehmen, nach Kuba. Du bist mein Lieblings-Barmann. Und der 22-jährige Peruaner erzählt dem Amerikaner, dass er von einer eigenen Bar träumt, dass er irgendwann einmal ein eigenes Restaurant aufmachen möchte, unten im Dorf. Ernest stellt sein Glas mit dem Whiskey und das andere mit dem *Perrier* auf die Bartheke. Ein schöner Traum, denkt er, ein eigenes Restaurant in Cabo Blanco, direkt vor dem blauen Meer, es muss glücklich sein, wer solche Träume hat im Leben. Pablo, *mi amigo*, sagt der Schriftsteller, das ist ein großartiger Traum. Du must ihn dir bewahren.

Weißt du was, Pablo, ich sollte *Dos* in Baltimore besuchen. John Dos Passos. Er ist ein gelehrter Mann und ein guter Schreiber. Du musst *Manhattan Transfer* lesen, der Roman hat eine Güteklasse für sich. Da komme ich nicht gegen an, niemand schafft es, besser als *Dos* zu schreiben. *Nadie.* Sein Buch kommt mir vor wie eine Symphonie von George Gershwin, bei *Manhattan Transfer* kannst du, wenn du den Text aufmerksam liest, die Musik heraushören und den Rhythmus von New York erahnen.

Dos und ich, wir beide sind zusammen im Bürgerkrieg gewesen, in Spanien damals, gegen Franco. Der Krieg gegen die Putschisten ist verloren gegangen, weil die *Loyalisten* sich so zerstritten haben. Und auch *Dos* und ich, wir sind uns am Ende in die Haare geraten, wegen der Stalinisten. Vielleicht hat er recht gehabt, weiß der Teufel, er ist ja so viel klüger, ich vermisse ihn.

Am letzten Abend in Cabo Blanco lädt Ernest Hemingway alle zu einem kleinen Abschiedsfest in den Speiseraum des *Fishing Clubs* ein. Gregorio Fuentes, Elicio Argüelles, Pablo Córdova, die Angestellten des Klubs und die einheimischen Fischer. Kapitän Jesús Ruiz More kommt, der Maat Máximo Jacinto Fiestas, Rufino Tume und einige andere finden sich ein. Alle haben sich in Schale geworfen und sie alle kommen mit ihren Frauen. Mercedes Tume, Pablo Córdovas junge Ehefrau, sie haben erst vier Monate zuvor geheiratet, kennt den Nobelpreisträger von den Schilderungen ihres Ehemannes.

Als die junge Frau den berühmten Autor im *Fishing Club* länger beobachtet, denkt sie für sich, welch eine sympathische Person der Schriftsteller doch ist. Dieser *Señor Hemingway*, er ist so gebildet und trotzdem einfach im Umgang. *Muy simpático.* Und dass der bärtige Amerikaner ihre Sprache spricht, dass er sich mit ihnen auf Spanisch unterhält, findet die mädchenhafte Peruanerin beeindruckend.

Fröhlich wird auf der kleinen Feier dem Bier und dem Wein zugesprochen, die Stimmung ist ausgelassen. Im Laufe des beschwingten Abends hält Ernest Hemingway eine kurze Ansprache auf Spanisch. Ich werde, verkündet er feierlich in die Runde, und vielleicht hat er schon ein oder zwei Gläser zu viel getrunken, ich werde zurückkommen nach Cabo Blanco. Und dann, fügt er in einer pathetischen Tonlage an, werde ich einen Marlin fangen von 2.000 Pfund.

Einen Marlin mit einem Gewicht von 2.000 Pfund fangen zu wollen, erweist sich ja eh schon als ein abstruses Unterfangen. Jedoch auch ein *ich werde zurückkommen* scheint in dem kurzen Leben mit seinen langen Distanzen ein waghalsiges Versprechen. Ernest Hemingway, er ahnt es, wird nach Cabo Blanco nicht zurückkehren.

So wie er zu vielen Plätzen und Orten nicht zurückkommen wird, die er liebt. Wie soll es auch gehen? Aber möglicherweise meint er mit seiner Aussage, dass er zurückkommen werde, ja auch etwas anderes. Ich werde euch alle mitnehmen, können seine Worte bedeuten, ihr werdet alle bei mir sein. Und auch ich werde bei euch in Cabo Blanco bleiben, wo immer ich mich auch befinden mag.

Die Abschiedsparty im *Fishing Club* wird zu einem vollen Erfolg, die Anwesenden haben eine Menge Spaß. Ein großer Mann, ein menschlicher Patron, denkt Rufino Tume, welch ein Unterschied zu den anderen *gringos*, die sonst in Cabo Blanco aufkreuzen. Und er hat von uns lernen wollen, wie man in unserem Meer den schwarzen Marlin fängt, er ist offen gewesen für das Wissen von uns einfachen Fischern. Alle Angestellten des Klubhotels mögen diesen *Don Ernesto*, man bemerkt es bei solchen Anlässen.

Der Autor aus den fernen USA geht auf der Party umher und redet jeden Gesprächspartner mit Namen an, er witzelt mit den Einheimischen, er zeigt sich als ein „umgänglicher und herzlicher Mensch", wie es der Verwalter Zygmunt Plater auf den Punkt bringt. Wenn er ein paar Gläser zu viel getrunken hat, wird Hemingway zwar zu einem, der schnell etwas dahin sagt. Aber wenn es ihm wichtig ist und das Herz dazu kommt, dann erweist sich der weltbekannte Schriftsteller als eine treue Seele, die es verdammt ernst meint.

Wir haben viel getanzt, erzählt Máximo Jacinto Fiestas. Und *Ernesto* habe eine Menge Whiskey getrunken. Eine so unkomplizierte Berühmtheit sei selten nach Cabo Blanco gekommen. Ich weiß nicht, sagt der Fischer Máximo, er ist ganz anders als alle anderen. Und er kann gut einen drauf machen. Die Peruaner mögen Menschen, die zu feiern wissen. Denn sich an einem Fest zu erfreuen, bedeutet, Gefallen zu finden am schönen Leben und seine Freude mit anderen zu teilen.

Wenn man Ernest Hemingway im *Cabo Blanco Fishing Club* mit den Einheimischen feiern sieht, dann fällt auf, wie unverkrampft der US-Amerikaner in diesen fremdartigen Landstrich Nordperus passt. Wie dieser Mann alle Flüsse überbrücken kann, die zwei Menschen trennen. Der Gegensatz kann nicht größer sein. Ein *gringo* in Anti-Gringolandia. Ein Nobelpreisträger mitten unter schlichten Fischersleuten. Ein vielfacher Millionär unter Habenichtsen.

Doch scheinbar kommt es auf solche Unterschiede gar nicht so sehr an. Möglicherweise verhält es sich ja so, dass am Ende des Tages die Menschen nicht eingeteilt werden in groß oder klein, in weiß oder braun, in reich oder arm. Sondern einzig und allein sortiert werden in die Anständigen und in die Arschlöcher. *Don Ernesto* verabschiedet sich von allen, mit Handschlag, viele umarmt er.

Cabo Blanco, das bescheidene Fischerdorf zwischen Meer und Wüste, hat dem alternden Schriftsteller einiges abverlangt. Das weiße Kap im Norden Perus wirft den weitgereisten Autor in eine Gegensätzlichkeit, die er bisher nirgends erlebt hat. Tagsüber kann es brennend heiß werden und in der Nacht bitterkalt, am Morgen tobt der Hurrikan und am Nachmittag strahlt sanft die Sonne, als sei nichts gewesen. Cabo Blanco ist so ein Landstrich, wo Glück und Unbill in heftigen Wettkampf eintreten, Ende offen, man kann nie sicher sein, auf welche Seite das Schicksal den Tag kippen lässt.

Cabo Blanco jedenfalls ist nicht das Leben aus Plastik, sondern die pure Natur, es erinnert ihn an seine Jugend in den Wäldern Michigans, an solchen Orten spürt er, dass er lebt. Die trockene Wüstenlandschaft am Meer liegt dem Schriftsteller, sie ist wie ein *Eldorado*, ein Abenteurer kann hier siegen, zumindest solange er jung ist und die Kraft reicht und falls auch ein wenig Glück dazu kommt. Das ruppige Terrain fordert einen von oben und unten heraus, von links und von rechts.

Unwetter und Erdstöße, Meeresflut und Wüstenödnis zeigen dem Menschen in Peru die Grenzen auf. Im besten Fall lässt es den Besucher zur Besinnung kommen, an Grenzsteinen vermag man klar auf sein eigenes Leben zu blicken. Er hat alles geschrieben, was zu schreiben ist: über die Träume des jungen Nick, über den Ersten Weltkrieg, über den Spanischen Bürgerkrieg, über den Stierkampf, über sein Kuba, über die Frauen und den Suff, über die grünen Hügel Afrikas, über Venedig, über Paris, über das Sterben. Und über die Liebe.

Ernest Hemingway hat besser geschrieben als jeder seiner Zeitgenossen, wo auch immer. Dieser Jahrhundert-Autor hat überall seine Leser gepackt mit seinen schnörkellosen Erzählungen, dieser Kerl hat so viel gesehen von der Welt, er hat so viel erlebt auf seiner Lebensreise. Dieser Literat ist hinausgegangen zu den Menschen, wie kaum ein anderer, er hat so viele Männer und Frauen getroffen, überall auf diesem Globus, selbst in entlegenen Winkeln.

Und jene, die ihn treffen durften, reden noch heute mit Glanz in den Augen von dieser Begegnung. In Paris, auf Kuba, in Italien und Andalusien, in verarmten Fischerdörfern. Und die Menschen erzählen von ihm, noch Jahre und Jahrzehnte nach dem Zusammentreffen, zunächst die Zeitzeugen, dann ihre Kinder und schließlich die Enkel. Sie errichten ihm Büsten, sie führen einen zu den Plätzen und sie rahmen die Fotos mit ihm. Ernest Hemingway, das alte Großmaul, hat nicht zu viel versprochen. Er ist zurückgekommen. Und er wird für immer bleiben.

25. Ernest Hemingway lebt!

Don Máximo Jacinto Fiestas, der mit Ernest Hemingway den ersten Whiskey seines Lebens trank. Cabo Blanco, im März 2016.

Don Rufino Tume, der Kapitän der ‚Pescadores Dos', der Mary Welsh hinaus auf das Meer fuhr. Cabo Blanco, im März 2016.

Im Dorf scheint die Uhr still zu stehen, die Bewohner gehen unaufgeregt ihrem Alltag nach. Viel zu gehen und zu tun gibt es in Cabo Blanco allerdings nicht. An windreichen Tagen fallen die Surfer ein, ein paar *Backpacker* verirren sich, doch meist bleiben die Fischer und die Kleinhändler unter sich. Die jungen Leute aus dem Ort haben sich schon längst aufgemacht nach Talara oder Piura oder gar nach Lima, wo es mehr Arbeit gibt und eine bessere Bezahlung. Und so bestimmen die Rentner das Bild der Ortschaft, ältere Herrschaften, die in ihrem Schaukelstuhl auf der Veranda ihres Häuschens den Vormittag vor sich hinwippen und den Nachmittag gleich mit.

Jeder kennt jeden in diesem Nest, es sind gerade einmal 200 Familien, die in dem Fischerdorf leben. Du fragst, wo wohnt Rufino, und man antwortet dem Besucher, die Straße hoch, das dritte Haus auf der rechten Seite. Denn ein jeder weiß, wer mit Rufino gemeint ist, nicht nur, weil es nur einen Rufino in diesem Fleckchen gibt, sondern weil jeder hier alles vom anderen weiß, die Bewohner leben wie in einer Großfamilie.

Den Stolz auf ihr Dorf eint alle. Jeder im Ort – vom Halbwüchsigen bis zum Greis – wird dir zweierlei erzählen: Erstens, dass es in Cabo Blanco Tage gab, an denen man vor der Küste den größten Fisch auf diesem Planeten fangen konnte. Und zweitens, dass der beste Schriftsteller aller Zeiten fünf Wochen seines Lebens in Cabo Blanco verbracht hat, Tage voller Glück und Zufriedenheit. Mit ihrem Urteil liegen die Einheimischen nicht falsch. Der bärige Amerikaner hat seinen Aufenthalt am peruanischen Pazifik mit Leib und Seele genossen.

Nach der Heimkehr widmet er in einem Artikel für die Zeitschrift *LOOK* vom 4. September 1956 seinem Gastland eine lange Passage, die sich wie eine typische Liebeserklärung à la Hemingway liest. *In Peru, wohin wir gegangen waren, um zu versuchen, für den Film einen großen Fisch aufzunehmen, war es ganz anders. Wir haben 32 Tage gefischt, von der ersten Stunde des Morgens bis zur Dämmerung, bis es schwierig wurde, zu filmen. Das Meer glitzerte wie ein riesiger Berg mit Schnee auf dem Gipfel. Wir konnten vom Kamm der Welle hinü-*

ber schauen aufs Land, dort wo der sandige Wind die Hügel an der Küste umschlang.

Einfühlsam wie so oft umschreibt Ernest Hemingway die karge Gegend am peruanischen Pazifik, die aschfahle Natur und die wüstenartige Landschaft, die in so seltsamer Art und Weise mit dem blauen Meer und der goldenen Sonne kontrastiert. *Die Seevögel kauerten im Windschatten der Felsen, um dann durch die Wolken zu schießen und wild zu tauchen, wenn ein Späh-vogel einen Schwarm von Fischen entlang der Küste gesichtet haben würde, und die Kondorvögel aßen tote Pelikane am Strand. Die Pelikane starben meist beim Tauchen, wenn ihre Backentaschen mit Futter zerbarsten, und ein Kondor konnte rückwärts den Strand hoch gehen, im Schnabel einen großen toten Pelikan, als ob er nichts wiegen würde.*

Solch ein hinreißendes literarisches Denkmal bekommen nicht viele Plätze auf dieser Welt als Geschenk, seine Lobprei-sung wird von den Bewohnern Cabo Blancos erwidert. Wenn man durch die winzige Ortschaft schlendert, kaum mehr als 500 Menschen leben dort, dann bemerkt man an jeder Ecke und bei jedem Plausch: Ernest Hemingway lebt!

Der Kerl ist im Juli 1961 vielleicht gestorben, aber tot ist er deshalb noch lange nicht. Im Gegenteil, in diesem Fischernest ist er quicklebendig. Lebendiger als so mancher Zeitgenosse, weil er in den Herzen und in den Gedanken der Frauen und Männer weiterlebt, die ihn einst kennenlernen durften. Und deren Zuneigung von den nächsten Generationen weitergetra-gen wird.

Über sechs Jahrzehnte nach seinem Besuch finden sich in dem winzigen Cabo Blanco noch zahlreiche Spuren des Nobel-preisträgers. Die Erinnerung an Ernest Hemingway bleibt, man meint, der Schriftsteller sei nicht gegangen, er hat es auf der Party am letzten Abend im *Cabo Blanco Fishing Club* ja auch angekündigt. Solange es geht, sollte man die Zeitzeugen zum Besuch des weltbekannten Autors befragen und deshalb habe ich Peru in den Jahren 2016 und 2017 zweimal bereist, um zu schauen, wo die Wegbegleiter von damals geblieben sind.

Der Traum von Pablo Córdova, dem 22-jährigen Barkeeper im *Fishing Club*, ist Wirklichkeit geworden. Das eigene Gasthaus, von dem er Ernest Hemingway vorgeschwärmt hat, heißt *Restaurant Cabo Blanco* und steht mitten im Fischerdorf direkt an der Strandpromenade. Es ist eine schlichte und sympathische Lokalität, ganz in weiß gehalten, mit einer breiten offenen Terrasse zum Meer hin, die einen Blick über den Pazifik bis zum Horizont erlaubt.

Das Lokal mit sechs, sieben kleinen Tischen, in dem zum Mittag frischer Fisch aufgetragen wird, steht heute unter der Leitung von Orlando Córdova, von Pablos Sohn. In dem Restaurant, das Meeresgetier wie ein *cebiche de mero* oder den *pulpo al olivo* als Spezialität anbietet, scheint der Geist des bärtigen *gringos* allgegenwärtig. Über dem Durchgang zur Küche ist der Nobelpreisträger auf zahlreichen gerahmten Erinnerungsfotos mit dem Peruaner Pablo Córdova zu bestaunen, der Gast betrachtet die alten Bilder und im Nu entspannt sich eine lebhafte Konversation.

Als Pablo noch lebte, konnte er persönlich jedem Besucher erzählen, wie glücklich seine Tage mit Ernest Hemingway gewesen waren, und die Zeitungsreporter aus Lima oder Buenos Aires sind nach Nordperu hochgekommen und haben seinen Anekdoten gelauscht. Doch die Geschichten aus erster Hand über die Freundschaft des US-amerikanischen Starautors mit dem einfachen Schankkellner aus Cabo Blanco sind mit ihm im Jahr 2014 verstummt.

Hemingways Barkeeper Pablo Córdova ist im März 2014, im Alter von 80 Jahren, verstorben. „Er war freundlich zu jedermann", meint Pablo noch 2012 in einem Interview mit *El Comercio*, „er sprach ein gutes Spanisch und mochte sich gerne unterhalten." Pablos Ehefrau Mercedes Tume, sie war die Schwester von Rufino Tume, ist fünf Monate vor ihm gestorben. Wie in jeder guten Ehe ist da auch sein Lebenswille erloschen. Pablo Córdova, obwohl er tot ist, bleibt in Cabo Blanco eine Persönlichkeit. Wenn man nach dem bärtigen Literaten aus den USA fragt, dann fällt zuallererst sein Name. Pablos *Restau-*

rant Cabo Blanco sollte deshalb den Ausgangspunkt jedes Streifzugs in Sachen *Ernesto* Hemingway bilden.

Máximo Jacinto Fiestas, der pausbäckige Maat, der dem Schriftsteller die Fischköder präparierte und mit ihm auf hoher See den *Johnnie Walker* trank, ist verdammt dünn geworden. Er lebt im Norden von Cabo Blanco, an der *carretera* nach El Ñuro, in einem bescheidenen Häuschen. Freundlich empfängt uns der Greis und bittet uns in sein Wohnzimmer. An einer Wand steht eine schmale Kommode mit Fotografien in Stehrahmen, dahinter ist fast bis zur Decke eine Holztafel hochgezogen mit angehefteten Bildern. Ein Aufbau, der an einen katholischen Altarschrein erinnert. Die zahlreichen Fotos auf dem Tisch und an der Pinnwand kennen nur ein Thema, sie alle halten die Ereignisse aus dem Jahr 1956 wach.

„Das war die beste Begegnung in meinem Leben, ich bin Gott dankbar, dass ich Ernesto kennenlernen durfte", murmelt der 93-Jährige zufrieden. „Don Ernesto war der umgänglichste *gringo*, der je nach Cabo Blanco gekommen ist. Ich kann es nicht erklären, aber er war so ganz anders als die anderen." Man habe sich auf Anhieb gut verstanden, aber Hemingway habe nicht viel Spanisch gesprochen.

Don Máximo Jacinto, so geht die Fama um im Dorf, sei in seinen Tagen der beste *carnalero* zwischen Tumbes und Chiclayo gewesen. *Carnalero*, so nennen die Einheimischen jene Fischer mit der Fertigkeit die *carnada*, den für die Großfisch-Jagd so entscheidenden Köder, fachgerecht zu präparieren. Und Ernest Hemingways Köder-Präparator erzählt noch heute mit Stolz seine Anekdoten von dem berühmten Amerikaner. „Auf einer Ausfahrt hatte sich ein Marlin mit der Angelschnur unter dem Boot verheddert. Hemingway rief mich, ich zog mir die Badehose an und ging unter das Schiff. Auch das gehörte zu meinen Aufgaben." Die Augen des alten Mannes lächeln schelmisch. „Mit einer Zange schnitt ich die Angelschnur durch, damit der Marlin sich befreien konnte."

Das Schicksal hat dem Fischer Máximo Jacinto nicht immer gut mitgespielt. Er ist fast blind, und er mag seinen Stuhl auf der Veranda nicht mehr verlassen. Don Máximo erhält vom peruanischen Staat die *Pensión 65*, eine kümmerliche Grundsicherung für Rentner, die nicht eingezahlt haben. Gerade einmal 125 Soles, das sind knapp 35 Euro, bekommt da jeder bedürftige Rentner an Sozialhilfe im Monat. Damit kann man auch in Peru nicht viel anfangen, aber wenn man sein eigenes Dach über dem Kopf hat und das Meer vor der Haustüre, dann geht es.

Máximo ist keiner, der dem Schicksal große Vorhaltungen macht. „Ich bin mit meinen Leben zufrieden, weil ich das Meer und das Fischen liebe." *Pescar*, den Fisch fangen, das sei seine Aufgabe gewesen, die *Pesca* habe für sein Auskommen gesorgt. Das Meer hat sein Leben geprägt, dies hat er mit dem berühmten Freund gemeinsam. „Deshalb bin ich auch in der dritten Klasse von der Grundschule weg und bin Fischer geworden."

Der greise Herr, der in seinem Schaukelstuhl alte Tageszeitungen liest, scheint mit dem Leben, so wie es nun einmal ist, in Harmonie. Er hat seine Ziele erreicht, was ja nicht jeder von sich behaupten kann. „Ich habe meine Familie zusammen gehalten. Einer meiner Söhne ist Taucher und zwei meiner Töchter haben sich mit Fischern verheiratet." Das ganze Dasein des Máximo Jacinto, und auch das seiner Kinder, hat sich um das Meer gedreht. Der Ozean verwöhnt mit seiner Gunst und den Gaben, und dieser bescheidene Mann wäre ohne das Meer niemals so erfüllt und in sich ruhend, wie er es ist.

Don Máximo wächst mit der Gewissheit auf, dass Natur und Mensch eine beglückende Einheit bilden können. Dass man keine Angst vor dem Meer haben sollte, wohl aber Respekt. Eine grenzenlose Wertschätzung besitzt dieser Mann für das große Wasser, eine fast göttliche Hochachtung. Der Natur muss der Mensch nur gehorchen, so meint Don Máximo, man darf sie nicht beherrschen wollen. Für diese Bewunderung gibt dir der Ozean viel zurück, er lässt dich innerlich zur Ruhe kommen, er selbst ist das beste Beispiel.

Er könne zwar nicht mehr die Strandpromenade entlang schlendern wie noch vor einiger Zeit, aber er liest jeden Tag seine Zeitungen und vor kurzem sei ein Artikel über ihn in einem Buch erschienen. Ab und an schauen alte Freunde wie Rufino Tume vorbei, und er sei glücklich, dass Gott ihm die Zeit gebe, seine Frau, die sieben Kinder und all die Enkel und das Meer zu sehen. Es sei sein Leben.

Ich zeige dem betagten Fischer das Foto, das Modeste von Unruh vor 60 Jahren von ihm aufgenommen hat, Máximo Jacinto Fiestas füllt im Hochformat das ganze Bild aus. Der junge Kerl in einem weißen Hemd, einer grauen Hose und mit einer hellen Sonnenkappe auf dem Kopf befindet sich an Bord der *Miss Texas* und näht als *carnalero* einen kleineren Fisch in den Angelhaken ein. Máximo sieht das Motiv zum ersten Mal. Der greise Peruaner schaut sich lange das großformatige Bild an, so als müsse er die Bruchstücke der Erinnerung an die eigene Jugend von weit herholen.

Der junge Bursche auf der Fotografie ist unverkennbar er. Máximo Jacinto Fiestas ist seither sechs Jahrzehnte gealtert, doch die dünnen zweiflerischen Lippen um den aufmerksamen Mundwinkel sind dieselben, damals wie heute. Don Máximo aus Cabo Blanco ruht auf der Veranda seines Häuschens in einem schrottreifen Schaukelstuhl und schaut auf sich als heranwachsender Kerl.

Er könne das Foto behalten, sage ich, ein kleines Geschenk. Vielen Dank, bemerkt der greise Mann beglückt und reicht das Bild seiner Frau. Ich bin sicher, es wird im Wohnzimmer des alten Fischers seinen Platz finden, mitten auf dem Hemingway-Altar. Und möglicherweise wird der Altartisch noch umhegt, wenn Don Máximo seine Augen für ewig schließen wird, so wie es nur wenige Monate später, zu Ende des Jahres 2016, dann auch kommen sollte.

Rufino Tume, der Kapitän der *Pescadores Dos* und der *Miss Perú*, lebt nur ein paar Häuser weiter unten, schräg gegenüber vom *Restaurant Cabo Blanco*. Auch er kann sich lebhaft an den Autor aus Amerika erinnern. „Ernesto war ein ganz feiner Kerl", meint der Schiffsführer aus Cabo Blanco, nun 85 Jahre alt, und auch er wippt sacht in seinem Stuhl aus Bast, „er hat mir in meinem Leben sehr geholfen." Überhaupt, auf die Hemingways lässt Rufino Tume nichts kommen. „Ernesto era un gringo muy buena gente", sagt er, Ernesto sei ein verdammt ehrenhafter *gringo* gewesen.

Muy buena gente, so sagt man in diesen Breiten, grandiose Leute, sehr anständige Menschen, mehr des Lobes geht eigentlich nicht. „Era un hombre de buen tomar, y muy sencillo y amable." Er konnte ganz gut einen heben, nicht zu viel, ein fabelhafter Kerl halt, sagt der Fischer, er war sehr umgänglich und liebenswert.

Rufino bringt es zu bescheidenem Wohlstand in Cabo Blanco, er baut sich ein Haus, bekommt vier Kinder, kauft sich einige *camionetas*, es ist ausreichend Geld da. Bis 1988, bis zu seinem Unfall. Er fährt von El Alto die kurvige Bergstraße zur Küste herunter, plötzlich wird er ohnmächtig. Er sackt in den Sitz hinein, das Steuer ist führerlos, sein Auto kommt von der Fahrbahn ab, er verunglückt schwer. Rufino kann sich an nichts mehr erinnern, vielleicht ist er kurz eingeschlafen. Die Krankheit verschlingt seine gesamten Ersparnisse. Doch die Begegnung mit Ernest Hemingway und Mary sollte dem Bootskapitän Rufino Tume noch auf eine andere Weise von großem Nutzen sein.

Der Fischer lässt seine Lähmung auf Kuba behandeln, mit zwei seiner Söhne besucht er die Insel. Dort zeigt er einem Arzt ein Foto aus Cabo Blanco, von ihm mit Ernesto, aus den Tagen im April 1956. Von diesem Augenblick an ändert sich alles für Rufino in dem kubanischen Krankenhaus. Der Mediziner erzählt ihm, wie angesehen Hemingway auf Kuba auch drei Jahrzehnte nach seinem Selbstmord immer noch sei. Und welche Unterstützung er für die Studenten der Insel geleistet habe.

„El es como mi Papá", der Schriftsteller aus den USA sei eine Art Vaterfigur für ihn gewesen, meint der kubanische Doktor, der Rufino spontan umarmt. Und der peruanische Fischer aus dem winzigen Cabo Blanco, dieser Rufino Tume, dieser gewiss nicht begüterte Bootskapitän von Mary Hemingway, wird in Havannas Krankenhaus fortan behandelt wie ein Fürst.

Auch Rufino Tume hat dem Meer alles zu verdanken. Sein Haus, sein Leben, sein Wohlbefinden. Und vor allem die Begegnung mit Ernest Hemingway. Doch Vorsicht, das Meer ist launisch, bemerkt Don Rufino und spielt auf seine schlimme Krankheit an, das Meer kann dir alles nehmen, was es dir zuvor gegeben hat. Manchmal wird der Fischer Rufino um drei Uhr morgens wach, dann trinkt er einen Kaffee und setzt sich alleine auf die Veranda seines Hauses. Und dann schaut der alte Fischer auf das weite Meer und die Erinnerungen tauchen nach und nach auf. An seine Eltern und die Großeltern und auch an die Tage mit Ernesto.

„Sie glauben ja gar nicht, wie viele Menschen hier vorbei kommen und nach Señor Hemingway fragen", meint María Vite, die rüstige Frau von Rufino. Und das nach all den Jahrzehnten. Als wir dem Ehepaar sagen, dass wir uns die Überreste des *Fishing Clubs* anschauen wollen, da packt Rufino die Lust. Er würde gerne mitkommen, tut er kund, schnappt seinen Gehstock und zwängt sich in unser Auto. *Vamos a visitar las chicas*, witzelt mein Kompagnon Juan Carlos Fahsbender beim Abfahren zu María, wir fahren zu den Mädels. *Ya no puede*, erwidert Rufinos Ehefrau trocken.

Auf den zwei Kilometern Fahrt zu den Überbleibseln des *Cabo Blanco Fishing Clubs* schwärmt Rufino Tume von den alten Zeiten. Viele sind ja bereits tot, Pablo Córdova, der Barkeeper, oder Jesús Ruiz More, der Kapitän der *Miss Texas*. Aber sie alle seien sich einig im Urteil über den *gringo* Hemingway. „Er hat den Menschen hier viel gegeben", sagt Rufino, „nein, ich meine nicht Geld. Ich meine etwas anderes. Respekt. Er hat alle hier mit Hochachtung behandelt. Wir sind ja nur einfache Fischer und er ist der Nobel. Aber er hat uns geachtet, das hat man gespürt. Wir sind alle fast wie eine Familie gewesen."

Man merkt, der Fischer Rufino hält die Erinnerung wach an den Schriftsteller, wie an einen guten Freund. „Don Ernesto hat sich am letzten Abend aufmerksam von uns verabschiedet. Er hat uns allen die Hand gegeben, er hat uns alle umarmt und uns gedankt." Auch Rufino Tume, der Kapitän von Marys Boot auf dem Pazifik, bekommt keine Rente, um *Pensión 65* hat er nicht nachgefragt.

Vom einst imposanten Landungssteg mit Kran, den Tankleitungen und der Schienenlore, von der langen Anlegebrücke, auf der die legendären Trophäenfotos mit den erlegten Riesenfischen geschossen wurden, zeugt nur noch ein verwitterter Holzstummel am Strand. *El Niño* hat den robusten Holzsteg im Jahr 1983 weggedrückt wie schmale Holzklötzchen. Die gesamte Panamericana hat in jenen wüsten Tagen ausgesehen wie eine zerquetschte Marzipanrolle. Es blieb dann nichts anderes, als eine massive Landungsbrücke 500 Meter weiter nördlich neu zu errichten.

Marline und Schwertfische werden in Cabo Blanco schon lange nicht mehr gefangen. Die Gründe am peruanischen Pazifik sind seit vielen Jahren überfischt, die großen Tiere findet man nur, wenn man sehr weit nach draußen fährt. „Cabo Blanco hat den Nimbus von früher schon lange verloren, der Ort versucht, sich langsam wieder aufzurichten", sagt Juan Francisco Chávez Rondoy, der Besitzer des *Black Marlin Restaurant and Lodge*.

Der Wirt tischt ein köstliches *cebiche* auf und einen gebratenen Fisch. *Cebiche* gilt als peruanisches Nationalgericht, das die Kenner an der Küste nur als Mittagsmahl zu sich nehmen, weil der Fisch frisch vom Morgen sein muss. „Uns bleiben nichts als die Erinnerungen", sagt Chávez Rondoy. Schwer genug für einen verloschenen Stern, die Tochter von Juan Francisco arbeitet als Tourismusbeauftragte der Gemeinde.

Vom Liebreiz Cabo Blancos könnte ein aufgeweckter Tourismus-Promoter stundenlang berichten. Vor allem ist da die Landschaft, dieses blaue Meer am Pazifik, in einer Schneise mit Sonnengarantie das volle Jahr über. Obwohl die Winde häufig tosen, zeigt sich der Ozean meist sanft und zugänglich. Das Wasser an den Ausläufern des Humboldt-Stroms lockt mit angenehmer Temperatur, nicht zu kalt und nicht zu warm, wie

Seide umfließt es des Menschen Körper. Man wundert sich, dass selbst an wolkenlosen Tagen nur wenige Badegäste auszumachen sind, von Langzeitbesuchern gar nicht zu reden.

Welch eine verpasste Chance! Wenn ich ein zotteliger Hippie-Kerl wäre, der den ganzen lieben Tag halbnackt mit seinem Hippie-Mädchen unter der Pazifiksonne herumspringt, dann wäre Cabo Blanco mein Ort. Ich würde hierher kommen und nicht nach Máncora, wohin alle gehen. In diesen Tagen weichen die Touristen und *Backpacker* jedoch nur selten von ihrer Route ab und landen in dem Fischernest. Wenn jemand aufkreuzt, dann sind es meist jugendliche Surfer aus der Umgebung, denn die Wellen am *Panic Point* vor Cabo Blanco werden bis zu zweieinhalb Meter hoch.

„Wir haben uns noch geschrieben und haben auch telefoniert", sagt Rufino Tume. „Ernesto hat mich zum Fischen nach Kuba eingeladen. Aber leider habe ich ihn nie wieder gesehen." Menschen wie Rufino halten, selbst nach sechs Jahrzehnten, die Erinnerung an Ernest Hemingway lebendig, und gleichermaßen pflegt Cabo Blancos Ortsbild das Andenken an den weltberühmten Gast. Und sympathischerweise auf eine sehr natürliche und erfrischend naive Art und Weise.

In den geschäftstüchtigen USA hätte man ein solches Geschenk des Schicksals, wie den Besuch des männlichsten Nobelpreisträgers aller Zeiten, dankbar und ohne Scham und Grenzen zu klingender Münze verarbeitet. Man hätte ein Museum aus dem Boden gestampft, 20 Dollar Eintritt verlangt, ein Hemingway-Doppelgänger-Festival aus der Taufe gehoben, einen Angelwettbewerb auf seinen Namen ausgeschrieben, Fischgerichte auf ihn getauft, Plätze und Stadtteile wären nach ihm benannt worden. An jeder Ecke würde eine Souvenirbude stehen mit Postern, Caps und Cups, und man hätte alles, was nicht schnell genug weglaufen kann – vom Sandkorn bis zur Schnapsflasche – dann *Ernesto* genannt und ausgiebig durch den Bimbes-Fleischwolf gedreht.

Doch wir befinden uns nicht in Key West, sondern in Cabo Blanco, in einem verschlafenen Fischerdorf im kargen Norden eines kargen Landes. Aller Geschäftssinn dörrt unter siedender Sonne hinweg, der Blick auf das Leben ist locker und leicht, der geschäftige Trubel weit weg. Dieses Cabo Blanco lebt in einer eigenen Umlaufbahn, etwas verstaubt und überaus liebenswert.

Man wundert sich über nichts. Nicht nur in Sachen *Ernesto*. So hat irgendein gedankenloser Bürgermeister die Umkleidekabinen und Toilettenhäuschen direkt vor die Strandpromenade bauen lassen, anstatt dahinter. Und so rauben die Latrinen den Einheimischen und dem Besucher das Kostbarste, das dieser Landstrich zu bieten hat. Diesen einzigartigen weiten Blick auf den blauen Pazifik.

Die Zuneigung bleibt trotz alldem lebendig, unschuldig und echt, dies mag ein feiner Unterschied sein zu anderen Orten. *Por amor al chancho o al chicharrón?*, fragt in Liebesdingen ein hübsches Sprichwort in Peru. Liebt man denn das ganze Schwein oder bloß die Speckschwarte? Bei dem peruanischen Ernest Hemingway kommen da wenig Zweifel auf, die Sympathie der Bewohner gilt nicht dem Mammon oder dem Ruhm, sondern dem Menschen.

Eine Liebe, die sich wechselseitig zeigt. Auch *Ernesto* hat die geerdeten Peruaner am großen Wasser in sein Herz geschlossen, all die einfachen Fischer, die Bootsleute und die kleinen Händler. Am Meer findet man einen bescheidenen und demütigen Menschenschlag. Frauen, Männer und Kinder, die nicht durch die schickliche Lebensmaxime der Großstadt domestiziert sind, sondern als Element der Natur leben.

Mitten auf der Strandpromenade von Cabo Blanco stolpert man über eine Büste von *Ernesto*, künstlerisch nichts Weltbewegendes, ein mickriger Kopf aus grauem Stein. Zu allem Ärger steht keine fünf Meter davon entfernt, das Konterfei des Alfred Glassell jun., des Rivalen von damals. Die Sportangler Ernest und Alfred, beide schon lange in den ewigen Jagdgründen, nun vereint im kräftigen Wind vor dem wilden Pazifik, wenn dies keine amüsante Fußnote der Geschehnisse ist. So erlebt man sie, die Peruaner, Arglist scheint ihnen fremd, manchmal kommen sie einem ein wenig geschichtsverloren und leichthin vor, aber es sind bodenständige Menschen, kreuzehrlich und vertrauensselig.

Die neue Hoffnung ruht im Hafenbecken vor Cabo Blanco. Dort liegt die *Miss Texas* vor Anker, das Boot, auf dem Alfred Glassell und Ernest Hemingway auf dem Pazifik gefahren sind. Und der alte Kahn, der Jahrzehnte in einer Werft von Talara vor sich hin moderte und später im Yachthafen von Ancón für kleine touristische Ausfahrten genutzt wurde, erstrahlt in frischem Glanz.

José Koechlin von Stein, der Besitzer der feinen und umweltbewussten Hotelkette *Inkaterra*, hat das Boot im Jahr 2013 von dem Schiffsmakler Hernán Balderrama Jabaloya erworben, nachdem das Boot schon ausrangiert und die Lizenz durch verschiedene Hände gewandert ist. Monatelang hat José Koechlin die alte Barke liebevoll restaurieren lassen und sie schließlich wieder in ihren Heimathafen nach Cabo Blanco zurückgebracht. Norm Isaacs, ein US-Angelveteran und Moderator der TV-Sendung *Big Game Fishing the World* auf *ESPN*, kümmert sich nun als Kapitän um das frisch verjüngte Boot. *Inkaterra* plant in den nächsten Jahren, die Gegend um Cabo Blanco einem nachhaltigen Ökotourismus zu erschließen.

Südlich des *Fishing Clubs* hat der Unternehmer des Jahrgangs 1945 zwei Kilometer Strandgrundstücke erworben. Die Grundlage für einen konservierenden Tourismus ist gelegt, sagt José Koechlin. Der Manager kennt sich aus mit schwierigen Projekten, denn er hat in Peru zwei Meisterwerke von Werner Herzog – *Aguirre, der Zorn Gottes* und *Fitzcarraldo* – produziert. „Machu Picchu hat sich in Peru zur alles dominierenden Touristenattraktion entwickelt. Aber wir können in unserem Land noch weitere Qualitätsziele aufbauen. Für einen internationalen Ökotourismus bietet Cabo Blanco neben dem Meer und der Landschaft zwei wichtige Anreize. Zum einen Glassells Weltrekord im Hochseeangeln. Und vor allem: Hemingway war hier."

José Koechlin wird nicht irgendeine Hotelanlage bauen, sondern will den gesamten Landstrich nachhaltig entwickeln. Mit einer Fauna-Observation, dem Aufbau von Flora-Kulturen und einer Stärkung der lokalen Kleinwirtschaft, wie er es bei seinen anderen Projekten in Cusco oder im Regenwald bei Madre de Dios umgesetzt hat. Seine ökologische Wirtschaft möchte José Koechlin, dessen Vorfahren aus dem Elsass und aus Wien stammen, am liebsten über ein Naturreservat sichern. Auf einem Küstenstreifen, der sich auf 141 Kilometern erstreckt, und der Natur und Kleinfischerei unter Schutz stellt. Ein Antrag bei der UNESCO, das Meer vor Cabo Blanco als *Patrimonio Cultural Inmaterial de la Humanidad* einzustufen, als schützenswertes Kultur- und Naturerbe der Menschheit, ist in Arbeit.

Auf der *Miss Texas*, die ja schon Ernest Hemingway als Gast gesehen hat, sollen dann die Besucher aus aller Welt nach den Gepflogenheiten eines sanften Tourismus die verborgenen Schönheiten des peruanischen Pazifiks entdecken. Möglicherweise gelingt es mit solch einer ökologischen Neuausrichtung, die großen Fische wieder vor die Küste zu locken. „Das Meer um Cabo Blanco ist leer," sagt der Unternehmer in Lima betrübt, „dieses Land hat seinen Norden jahrzehntelang vernachlässigt."

Den Vorschlag eines Naturreservates um das Meer hat der Visionär vor einigen Monaten zusammen mit Wissenschaftlern der *University of Miami* dem peruanischen Umweltministerium übermittelt. Doch die Mühlen mahlen langsam in Peru. José Koechlin treibt ein Zukunftstraum um, der sich – so beschreibt er es selbst – in einem kurzen Motto zusammenfassen lässt. *El Viejo y el Mar*. Er möchte das Meer vom industriellen Fischfang und anderen Sünden der Vergangenheit befreien und es den aufrechten Fischern aus Cabo Blanco zurückgeben. Und Ernest Hemingway, den José Koechlin wegen seiner humanen Sichtweise überaus verehrt, soll dabei helfen.

26. Old Man back from the Sea

Gleich explodiert jemand: Miss Mary beißt sich auf die Zunge und Ernest
schaut arg muffelig. Die Hemingways sind auf Rückreise aus Peru.
,Miami International Airport', am 22. Mai 1956.

Heiterkeit und Eleganz sind ganz aus dem Gesicht der aparten Frau entschwunden. Mary Welsh, sie hat den strapaziösen Flug von Talara nach Miami in den Knochen, wirkt angesäuert. Ernests Ehefrau beißt sich auf die Lippen und strafft ihr Gegenüber mit einem eisigen Blick. In der Hand, nebst Zigarette, hält Mrs. Hemingways die Flugtickets. Im Vordergrund erkennt man schemenhaft eine Person, möglicherweise am Check-in oder am Zoll. Vielleicht stellt dieser Mensch irgendeine dämliche Frage, oder – noch schlimmer – womöglich weiß der gute Mann gar nicht, welch eine Berühmtheit da vor ihm steht.

Der Nobelpreisträger wirkt erschöpft und apathisch, über seinem grauen Bart schauen die Augen matt und glanzlos ins Leere, die Mundwinkel fallen nach unten. Das Ehepaar kommt zurück aus Peru und die beiden Hemingways schlagen sich auf dem *Miami International Airport* mit irgendwelchen blöden Einreiseformalitäten herum. Der Schriftsteller trägt ein dunkles sommerliches Sakko, darunter ein graues T-Shirt, auf seine blaue Krawatte hat er diesmal verzichtet. Auf seinem Kopf sitzt die weiße Jockey-Kappe, mit seiner großen rundlichen Intellektuellen-Brille und der Barttracht müsste man den prominenten Autor eigentlich auf Anhieb erkennen.

Die Stimmung des Ehepaares ist mies, die wunderbaren Wochen am peruanischen Pazifik sind vorüber. *Miami (FLA) May 22. Novelist Ernest Hemingway, accompanied by his wife, Mary, pauses for customs inspection in Miami Airport after arrival from Peru, where he spent a month in pursuit of giant black Marlin. Hemingway continued on to Cuba to supervise shooting of a movie based on his book ,The Old Man and the Sea'.*

Diese Nachricht wird die US-amerikanische Agentur *Associated Press* samt einem *Wirephoto* um die Welt schicken, unter der Überschrift OLD MAN BACK FROM THE SEA. Ernest und Mary, bei der Zollkontrolle in Miami, sind aus Peru auf der Heimfahrt nach Kuba. DER ALTE MANN IST ZURÜCK VOM MEER. Das Kapitel Cabo Blanco ist für die Hemingways beendet. Der Nobelpreisträger wollte lernen von diesem fremden Ozean, er wollte in sich hineinsehen, er wollte sich verjüngen am Meer, doch jetzt fliegt er zurück in den Alltag.

Zwischen ignoranten Zollbeamten und aufdringlichen Journalisten im Airport von Miami fühlt der Schriftsteller Ernüchterung und Missmut in sich hochsteigen. Ernest Hemingway hat die Tage genossen auf dem Pazifik, der Rückzug in die Abgeschiedenheit seiner Welt hat ihm gutgetan. Mit dem Ende seines peruanischen Abenteuers haben sich nun Abgeschlagenheit und innere Leere in ihm breitgemacht, bei der Einreise in die USA wird er zurückgeworfen in eine Tretmühle von Trott und Trübsinn.

Dem Reporter der Nachrichtenagentur drückt der Nobelpreisträger im Flughafen ein Foto von sich mit dem baumelnden Riesenmarlin in die Hand und flunkert allerlei Seemannsgarn dazu. Prompt veröffentlicht die *AP-News* am nächsten Tag ein *Wirephoto* inklusive des Hemingway'schen Anglerlateins: *Miami, FLA May 23 — HEMINGWAY WITH „MEDIUM-SIZED" FISH. Ernest Hemingway, returning from a month's fishing in Peru brought along this picture as proof of his piscatorial prowess. „This is one of the medium-sized ones I caught," he said, while waiting here to change planes for his home in Cuba. It was a 14-foot black marlin and weighed over a thousand pounds.*

Ernest Hemingway, zurück aus Peru, bringt das Foto eines 14-Food-Schwarzmarlins mit, das Gewicht betrage über tausend Pfund. Als Beleg seiner *piscatorial prowess.* Als des Anglers Heldenmut. Piscatorial Prowess. Ziemlich schräg. Die gespreizte Wortwahl und das Setzen der Anführungszeichen deuten darauf hin, dass der Zeitungsleser am Frühstückstisch nicht alles für bare Münze nehmen sollte.

Kaum in den USA zurück, da fällt Ernest Hemingway in sein altes Muster, er spielt wieder dieses Theater vor Publikum. Ein Mann wie er lernt nichts dazu, mit 55 ist die Gefahr groß, zum Schwindler zu werden. Er, der doch so feine Antennen besitzt, merkt nicht, wie die überzogene Heldenverehrung in den Medien zum Schwank abdriftet. Der alternde Ernest jedoch

kann nicht aus seiner Haut. Er gibt weiterhin seine Aufschneidereien und Flunkereien in schönsten Farben zum Besten. Ein
schwarzer Marlin von mehr als eintausend Pfund? Er schwindelt sich mal wieder hoch, denn mehr als ein Marlin von 750
Pfund ist in Cabo Blanco für ihn nicht drin gewesen.

Insgesamt achtzehn Großfische hat Hemingway in Peru vor
sein Auge bekommen, einige hat er am Angelhaken gehabt,
andere hat der Schriftsteller springen gesehen und sind ihm entkommen. Nach außen hin, in den Gazetten und den Erzählungen, wird Cabo Blanco von Ernest als Heldenepos verkauft.
Die Zahl der gefangenen Fische wird mit jeder Woche größer
und ihr Gewicht höher. Merkwürdig. Macht denn das Hoch-
schwindeln für einen Leser in, sagen wir, Blacksburg, Virginia,
wirklich einen Sinn? Im Zweifel genügt diesem Zeitgenossen
doch ein 750-Pfund-Marlin, selbst ein Großfisch von 500 Pfund
würde ihm wohl ausreichen.

Es ist doch nur eine Zahl! Vielmehr, darin liegt wohl die
Tragik, stellen die 750 Pfund den gefeierten Ernest Hemingway
nicht zufrieden. Sein Maulheldentum zeigt, wie hoch und höher
er die Latte für sich legen muss. Im Schreiben wie im Leben.
Das maßlose Geflunker dient dazu, sich immerfort als strahlenden Sieger zu produzieren und veranschaulicht seine
Unfähigkeit, auch Schwächen zuzulassen. Im Grunde macht er
sich etwas vor, im Grunde lügt er sich selbst an. Glücklich kann
man so im Leben nicht werden.

Die Schwindeleien, reine Fassade, sollen eine zunehmende
Verunsicherung verdecken. Die Wirklichkeit in ihm drin sieht
alles andere als heldenhaft und siegesgewiss aus. Da finden sich
Zweifel, fehlendes Urvertrauen, Zwiespalt und Todesangst.
Wenn du am Meer bist, kannst du nicht lügen, hat er gesagt. Wie
wahr, am großen Wasser kann nicht mehr gelogen werden.
Denn man befindet sich am Ursprung und am Ausklang des
Lebens, am Kraftzentrum jener zwei Pole, die das Dasein des
Menschen bestimmen.

Am Meer, das dich ausgespuckt hat und irgendwann wieder
verschlucken wird, steht die armselige Kreatur alleine da, nackt,

ohne Schminke, ohne Brille und Krawatte, ganz ohne Panzer. Im Alltag sind die Menschen bemüht, ihre Fassade aufrecht zu halten, aber je näher das Ende rückt, desto deutlicher kommt der wahre Kern ans Licht. Erst kurz vor dem Ende kann sich niemand mehr verstellen, am Ende bleibt nur die Wahrheit übrig. Für ihn gleicht das Meer einer heiligen Allmacht, keine Kraft kann dieser Urgewalt etwas anhaben, er versucht es in seiner hilflosen Art immer wieder.

Ersetzen wir das *Meer* doch einfach einmal durch *Gott*. Und entsprechend hieße sein Buch dann *Der alte Mann und Gott*. Und da wir schon bei Sprachspielen sind: Sicher ist, *der alte Mann* Santiago steht stellvertretend für uns alle, für Menschen wie du und ich. Und wenn man Hemingways Werk in diesem Sinne sprachlich herunterbricht, dann lautet sein eigentlicher Titel *Der Mensch und Gott*.

Es wäre, mit Verlaub, ein passender Untertitel für die *Bibel*. Auf alle Fälle ist eine solche Sichtweise ein weiteres Indiz, wie tiefgründig Ernest Hemingway *Der alte Mann und das Meer* angelegt hat. In diesem Rabauken aus Chicago schlummert ganz gewiss das Bedürfnis, den Frieden mit dieser höheren Ordnung zu finden. Möglicherweise plustert dieser Kerl sich immer so schrecklich auf, um diese unergründliche höhere Ordnung herauszufordern oder um zumindest in Verbindung mit ihr treten zu können.

Maßgeblich handelt *Der alte Mann und das Meer* von der Beziehung des Menschen zu Gott. Sein Bedürfnis nach dem Absoluten vermag Ernest in der amtlichen Religion nicht wiederzufinden und hilft sich deshalb mit dem Substitut *la mar*, mit dem Meer als das Bild für das Göttliche. Obwohl er sich gerne über Gott und den Glauben lustig macht, ist er „im Herzen ein katholischer Autor", wie sein britischer Kollege Evelyn Waugh präzise erkannt hat.

Wer eine etwas weniger religiöse Sicht auf Ernest Hemingway bevorzugt, für den mag *Der alte Mann und das Meer* ein Werk über die Grenzen des Menschen sein. Auch über die Endlichkeit des Lebens und ein Buch über die höhere Kraft, der sich ein Mensch fügen muss. Die Botschaft in Ernests Novelle ist für Gläubige wie für Agnostiker die Gleiche: Früher oder später kommt der Augenblick, wo jeder Mensch Rechenschaft ablegen muss, vor einer höheren Ordnung, vor Gott, vor sich selbst.

Ernest Hemingway nennt diese Macht in aller romantischen Naturverliebtheit symbolhaft *la mar*. Klein und belanglos steht man dann vor dem kolossalen Meer und muss in seiner letzten Stunde Rechenschaft ablegen. *Wenn du am Meer bist, kannst du nicht lügen.* Man muss ehrliche Verantwortung übernehmen für sein kleines Leben, für das Gute wie für das Schlechte, für das Schöne und für die Schandtaten. Es schlägt irgendwann diese Stunde, in der das Herumlügen ein Ende hat.

Für einen Ungläubigen kann der Amerikaner erstaunlich viel mit dem Glauben anfangen. Auch wenn er andere Begriffe verwendet, katholische Riten und Kategorien wie Sünde, Buße, Selbstkasteiung, Vergebung, Sakrament oder das Pilgertum bleiben ihm nicht fremd, besonders in Andalusien zeigt er sich davon fasziniert. Die Rituale der Religion dienen dem Gläubigen als Anker für die Seele in Not, auch er sucht in der Bedrängnis den Zuspruch. Auf seine Weise. Manche seiner Texte lesen sich wie Gebete, manche Inhalte erinnern bisweilen an eine Beichte.

Mitunter setzt Ernest Hemingway seine Wörter – fast ist man geneigt, zu formulieren: seine Worte – wie im *Alten Testament* ein. Nur der letzte Schritt fehlt. Der Mut, *Gott* zu sagen. Und deshalb benutzt dieser Schreiber für Gott andere Begriffe. Er glaubt nicht an Gott, aber in den Titeln seiner Bücher wimmelt es nur so von Gottesbildern. Bilder der Natur, wie die Berge, der Kilimandscharo, die Sonne, die Flüsse, die Bäume und die Wälder. Und vor allem das Meer. Ebenso wie das *Alte Testament*, das er gründlich studiert hat, sprudeln seine Erzählungen nur so über von solchen Gottesbildern.

Versatzbilder wie das Meer und die Sonne stehen bei ihm für das Göttliche. *The Sun Also Rises* hat Ernest Hemingway seinen ersten großen Roman aus dem Jahr 1926 überschrieben, er spielt damit auf eine Bibelstelle an. *Oritur sol et occidit et ad locum suum revertitur ibique renascens.* Die Sonne geht auf und geht unter und läuft an ihren Ort zurück, dass sie wieder daselbst aufgehe. *Prediger Salomo* spricht wenig später die göttliche Größe und die menschlichen Grenzen an. *Als ich mich aber umsah nach all meinen Werken, die meine Hände gemacht hatten, und nach der Mühe, die ich mir gegeben hatte, um sie zu vollbringen, siehe, da war alles nichtig und ein Haschen nach Wind, und nichts Bleibendes unter der Sonne!*

Nichts Bleibendes unter der Sonne. Nur die Sonne wird bleiben, und – so will man anfügen – auch der Mond, die Sterne und das Meer, all dies wird ebenfalls überdauern. Auf eine solche Weise versucht sich diese arme Seele, dem Kern des Themas zu nähern. Er weiß, als wirklich großer Schriftsteller muss er eine Verbindung zum Übersinnlichen aufbauen. Dieser Mensch, der sich im Leben als ein religiöser Dissident gefällt, himmelt in seinen Büchern mit Hingabe die Natur an und sucht den Brückenschlag zur Divinität.

Gleichwohl kann Ernest Hemingway im Alltag mit Gott wenig anfangen, ihm fehlen dafür ein tiefer Glaube und vor allem die Demut. In seiner Verzweiflung begibt er sich auf weltliche Irrwege: das Saufen, ungehemmtes Herumgehure, Wichtigtuerei und Aufschneiderei. Jedoch halten solche Abschweifungen, die letztlich in Selbsthass münden, nur für einen kurzen Augenblick und müssen sich, um wirksam zu bleiben, von Mal zu Mal steigern. Willkommen im Alltagstrott, *Old Man back from the Sea*!

Einem guten Freund, Robert Manning, der ihn im Dezember 1954 für *Atlantic Monthly* auf Kuba besucht hat, schickt er das Foto der Modeste von Unruh mit dem toten, vom Kran baumelnden Riesenmarlin. Und der Nobelpreisträger notiert dazu: *Das ist der Chiropraktiker, der meinen Rücken gerettet hat.* Ernest Hemingway kann es nicht lassen, er schwadroniert sich nach wie vor durch das Leben.

Kurz nach Rückkehr zur *Finca Vigía* schreibt er am 25. Mai 1956 seinem Freund Gianfranco Ivancich nach Italien, der fast wie ein Sohn für ihn ist und in dessen Schwester Adriana er sich so verliebt hat. Die Muse seines Herbstes ist ein Teenager, als er sie kennenlernt, das Mädchen ist gerade einmal achtzehn Jahre alt. Schnell offenbart Ernest sich und macht der Venezianerin einen Heiratsantrag. Mary ist fassungslos, er hat sich komplett verrannt. Und wenn er mit Gianfranco zusammen ist, so fantasiert er, dann ist es fast so, als sei er mit ihr zusammen.

Papa berichtet dem Italiener über die Tage in Cabo Blanco und legt das Marlin-Foto bei, auch für Adriana. *Wir hatten eine tolle Zeit in Peru*, schwärmt er. *Ich bin wieder großartig in Form*, schwindelt er, seinem Rücken gehe es so gut wie lange nicht. Selbst bei guten Freunden kann Ernest Hemingway die Lügenmärchen nicht lassen. Ein solcher Mensch muss sich zutiefst einsam und unglücklich fühlen. Markige Sätze, wie immer bei ihm, je schlechter er sich fühlt, desto mehr wiegen seine Marline.

Doch all die Räuberpistolen aus dem Macho-Reich können von seinem wirklichen Zustand nicht ablenken. Die Signale seines Körpers sprechen eine klare Sprache. Es fällt ihm schwer, sich zu konzentrieren, sein Rücken schmerzt mehr und mehr, er schnaubt wie ein in die Jahre gekommener Dieselmotor. Gleichermaßen gibt es lichte Momente, in denen er die Tatsachen nicht vernebelt. In einem Brief an Gianfranco Ivancich, vom Januar 1958, wird er mit der Wahrheit herausrücken: *Mein Gedächtnis ist seit dem Flugzeugunglück von 1954 sehr schlecht.*

Der Naturbursche merkt, die Zeit frisst ihn auf, der Schwarm Haifische kreist ihn ein. *Halt dich warm, alter Mann, sagte der Junge.* Im September 1955 hat er sein Testament geschrieben, in enger Handschrift, mit blauer Tinte, beidseitig auf einem Briefbogen der *Finca Vigía.* Ein wenig kann er die Welt da draußen noch hinters Licht führen, doch für sich beginnt er, dem Schicksal ins Auge zu blicken. Als er von Cabo Blanco nach Kuba zurückkommt, fällt er in ein tiefes Loch.

Wo nur sind seine Freunde geblieben, jetzt wo er sie so dringend braucht? John Dos Passos hat ihm neulich ausrichten lassen, dass ihm das Buch *Der alte Mann und das Meer* immer besser gefalle, je länger er darüber nachdenke. Ernest hat seinem alten Freund, mit dem er sich in Spanien so schrecklich verkracht hat, vor neun Jahren, als Katharine Dos Passos bei einem Verkehrsunfall starb, eine Kondolenz übermittelt. Er braucht Freunde, keine Saufkumpane, gerade jetzt, wo er nicht weiß, wie es mit ihm weitergehen soll. Wo ihm das Schreiben so schwerfällt, und das Blatt vor ihm so lange leer bleibt.

Das leere Blatt empfindet er als das größte Unglück. *Ich habe geschrieben, aber es hat mich müde gemacht.* Ernest Hemingway sitzt lange vor dem weißen Papier. Doch die magischen Wörter und Sätze wollen nicht gelingen. Und er denkt daran, wie viel Wunderbares er in seinem Leben geschrieben hat und jetzt nicht mehr zu schreiben imstande ist.

Vielleicht hat er sich ja leer geschrieben, so wie die Tinte eines guten Füllers einmal austrocknet. Womöglich hat er ja alles geschrieben, was zu schreiben ist. Es kann jedoch auch sein, dass doch noch genügend Geschichten in ihm drin stecken, und er sie nur nicht herauslassen kann. Dies wäre ein genauso schreckliches Drama. Es ist eine Tragödie, nicht mehr richtig schreiben zu können, für den Schriftsteller ist es ein kleiner Tod.

Früher, da schleppte er einen vollen Sack mit Ideen und Geschichten mit sich herum. Heute ist dieser Sack leer. Sein Talent ist im dunklen Nichts angekommen. *Und wieder landete er in kompletter Leere. Er war unfähig, den Satz hinzuschreiben, der folgen sollte, obwohl er ihn kannte. Erneut schrieb er einen einfachen Aussagesatz, und es war ihm unmöglich, den nächsten Satz aufs Papier zu bringen. Er machte vier Stunden so weiter, bevor er erkannte, dass Entschlossenheit machtlos war gegen das, was hier passierte.* Ernest Hemingway, man staune, ist machtlos gegen das, was jetzt passiert. Alter Knabe, jetzt wird es ernst!

Mehr und mehr überkommen ihn die Gedanken an das Ende. *Eine ganze Weile lang dachte er an all die schönen Plätze, wo er gern begraben sein würde, und er überlegte, von welchem Stück Erde er gern ein Teil geworden wäre.* Ernest hat den

Fehler gemacht, das Leben immer vom Ende her zu denken. Wer das Dasein einzig vom Tod her denkt, der erlaubt dem Dämon, das Leben zu dominieren und jede Lebensfreude zu überschatten. Du wirst ihn nicht mehr los, er sitzt auf deiner Schulter von morgens bis abends. Der Tod ist jedoch nicht das Ende, er ist zwar stark und mächtig, aber der Tod kann einem Menschen eines nicht nehmen: gelebt zu haben. Gerade er müsste dies eigentlich wissen.

Doch sein Kopf ist leer vom Whiskey und den vielen Jahren. Der große Ernest Hemingway lebt, aber er kann nicht mehr schreiben. Dazu kommt, dass er es nicht schafft, das Schein-werferlicht seiner Lebenstage in Richtung Dankbarkeit zu drehen. Denn auch wenn er nicht mehr schreiben kann, so hat dieser Mann besser geschrieben, als ein Mensch überhaupt zu schreiben im Stande ist.

Er hat mehr gesehen als jeder andere Mann und er hat seine Zeit gelebt, wie ein König. Dies kann ihm keiner nehmen, es bleibt als wache Erinnerung. Doch Ernest Hemingway hat sich nie viel um das danach geschert. *Was die Nachwelt betrifft, so habe ich nur eines im Sinn: wahrheitsgetreu zu schreiben. Die Nachwelt kann auf sich selber aufpassen oder mich am Arsch lecken.*

Der Gedanke an das Ende soll ihn nicht lähmen oder zynisch werden lassen. Er ist schon willig, im Hier und Jetzt das wunderbare Mysterium des Daseins zu erleben. Das Leben aus-zuschöpfen bis in alle Haarspitzen. Und vielleicht hat Ernest Hemingway ja genau über dieses wundersame Rätsel namens *Leben* am meisten geschrieben und nicht über den Tod.

Die fünf Wochen Cabo Blanco sind zu Ende, und Peru hat ihm wohlgetan. *Habe sechs Kurzgeschichten geschrieben, als ich die Angelei für den Film ‚Der alte Mann und das Meer‘ hinter mir hatte, und ich möchte noch einige schreiben.* Er hat nicht mehr viele Wünsche an das Leben. Nach Spanien möchte er unbedingt, in das Land, das sein Herz ausfüllt. *Unter dem Himmel stelle ich mir eine große Stierkampfarena vor, mit zwei ständig für mich reservierten Plätzen an der barrera, während*

draußen ein Forellenbach vorbeirauscht, in dem ich und meine
Freunde angeln dürfen.

Selbstverständlich kann die Nachwelt auf sich selbst acht-geben. Doch es schadet nicht, wenn ein paar schräge Vögel das Lebens vorkosten. *Maestro*, es bedarf Männer und Frauen, die das Lehrstück erzählen, nicht mit erhobenem Zeigefinger oder philosophischem Stirnrunzeln, sondern aus ehrlicher Erfahrung. Derart vom Leben berichten, das können nicht die Sesselpupser und die Ärmelschoner-Typen aus der Fifth Avenue. Dafür braucht es Kerle mit *cojones*, Männer, die alle Höhen und Tiefen durchschritten haben, so als ob es sich um eine Roman-figur handle.

Das Leben und die Bücher, bei den guten Autoren bilden sie eine Einheit. So empfindsam schreiben kann Ernest nur, weil er eine üppige, überspannte und zerrissene Lebensreise mit all ihren Abgründen durchleidet. Dieser merkwürdige Hemingway möchte nichts anderes, er hat es stets betont, als einfach und wahrhaftig schreiben. Und, mag man anfügen, genau so möchte er seine Tage ausleben. Einfach und wahrhaftig. Es ist ihm nicht immer gelungen. Vielleicht ist es auch dies, was viele Leser an ihm mögen, denn uns gelingt ja ebenso nicht alles.

Die Menschen überall haben seine Bücher verstanden, nicht nur weil seine Themen zeitlos und universell sind. Sondern auch, weil seine Botschaft, im Triumph wie im Versagen, men-schennah bleibt. Hemingways Helden mühen sich ab um ihr kleines Glück, sie lehnen sich ohne viele Worte auf, sie geben sich nicht klaglos dem Schicksal anheim.

Vor allem der Kampf um die Liebe ist schwer. Er selbst sucht nach der großen Liebe, sein Leben lang. Er möchte so sehr lieben, dass er sterben kann. So tickt er, so ticken seine Helden, so ticken wir alle.

27. Er konnte so wunderbar erzählen

Ernest Hemingway mit Mario Saavedra an der Bar des ‚Fishing Clubs'.
Cabo Blanco, im April 1956.

Mario Saavedra in seiner Wohnung in Miraflores. Lima, im März 2016.

Mehr als 60 Jahre nach den Ereignissen in Cabo Blanco gerät Mario Saavedra derart ins Schwärmen, als habe sich alles vorgestern zugetragen. „Ernesto war ein großer Freund Spaniens und Lateinamerikas. *Hemingway es bienvenido en el Perú*, das habe ich deshalb in einem Artikel des *El Comercio* zu seiner Ankunft geschrieben." Hemingway ist herzlich willkommen in Peru.

In der Hauptstadt Lima lebt Mario Saavedra-Pinón, der in seinem 88. Lebensjahr wacker und guter Dinge auf den Füssen steht, mit klarer Erinnerung an den Nobelpreisträger. „Wir haben viel an der Bar des *Fishing Clubs* gesprochen, wie Freunde, das waren eigentlich keine Interviews. Es war phantastisch, dass dieser großartige Mann mich wie einen Kollegen behandelt hat", begeistert sich der peruanische Journalist.

Ich treffe Mario Saavedra in seiner gemütlichen Wohnung in der Calle Bolognesi in Limas wohlhabendem Stadtteil Miraflores, ein andermal verabreden wir uns im famosen *Café Haití* an der Plaza Kennedy. Mario ist der letzte Überlebende des Reportertrios aus Cabo Blanco, seine Kollegen von *La Prensa* und von *La Crónica* sind schon vor geraumer Zeit verstorben. Die Begegnung mit Ernest Hemingway sollte aus den drei jungen Journalisten einen engen Männerbund fürs ganze Leben schmieden.

Mario Saavedra-Pinón Castillo, Manuel Jesús Orbegozo und Jorge Donayre Belaúnde, den die Kollegen *El Cumpa* rufen, werden Freunde und die gemeinsame Erfahrung mit dem Nobelpreisträger begründet eine brüderliche Verbundenheit, auch über ihre aktive Zeit hinaus. Alle drei Peruaner, die einige Tage auf Ernest Hemingway in Cabo Blanco treffen, sollten in ihrem weiteren Berufsleben hochgerühmte Journalisten werden. Mario Saavedra-Pinón wird bei *El Comercio* und anschließend in seinen letzten 20 Berufsjahren bei dem einflussreichen Wochenmagazin *Caretas* eine beachtliche Karriere hinlegen.

Ab 1963 wird er fünf Jahre lang *Secretario de Prensa de la Presidencia*, der Pressedirektor des legendären peruanischen Präsidenten Fernando Belaúnde Terry, der noch heute von seinen Landsleuten als honoriger Politiker der Mitte Verehrung findet. Im Oktober 1968 wird Belaúnde Terry von einer linken Militärjunta weggeputscht und Mario gleich mit.

Um zwei Uhr morgens, am 3. Oktober, donnern die Panzer der Putschisten zur *Plaza de Armas* in Lima. Die Generäle um Juan Velasco Alvarado holen den Präsidenten aus seiner Amtsresidenz, fahren ihn zum Flughafen, wo er in eine Maschine nach Buenos Aires gesetzt wird, ins erzwungene Exil. „Am frühen Morgen erfuhr ich von dem Putsch und hatte auf einmal weder Büro noch Job. Ich habe in aller Öffentlichkeit meinen Rücktritt als Pressedirektor bekannt gegeben und damit meine Verbundenheit zu Belaúnde und der Verfassung gezeigt", erklärt Mario Saavedra erhobenen Hauptes.

„Und dann zwölf Jahre das Militär", seufzt der peruanische Journalist voller Schrecken. Er trauert noch heute dem integren Architekten im Präsidentenpalast nach. Das war der einzige Präsident in der jüngeren Geschichte meines Landes, meint er, der sein Volk nicht beraubt hat. Seine Zusammenarbeit mit Belaúnde Terry und die Begegnung mit anderen Großen seiner Zeit hat Mario Saavedra in mehreren Büchern festgehalten.

Auch Jorge Donayre wird sich über die Jahre hinweg einen guten Ruf als Redakteur und vor allem als Schriftsteller erarbeiten. *El Cumpa* lässt sich einen langen grauen Bart wachsen und lebt, im Gegensatz zu den beiden anderen Kollegen, die Vita eines Bohemiens. An der Seite seiner Ehefrau Ada Maynetto gibt er einen Lebenskünstler, den man in dieser Ausprägung im heutigen Lima nicht mehr antrifft.

Jorge Donayre veröffentlicht Theaterstücke, zahlreiche Gedichte und drückt der biederen *La Prensa,* später dem Boulevardblatt *Ojo,* seinen eigenwilligen Stil auf. „Von uns dreien war Donayre sicherlich der genialste Schreiber, wenn da nur nicht der Alkohol gewesen wäre", entsinnt sich Mario Saavedra des Kollegen.

Auf sein Heimatland schreibt Jorge Donayre das trotzige Poem *Viva el Perú, Carajo!,* das in der damaligen Zeit von dem peruanischen Schauspieler Luis Álvarez mit Verve vorgetragen wird, untermalt von einer Gitarre, die der berühmte Óscar Avilés spielt. Es lebe Peru, verdammt noch mal!

Viva el Perú, Carajo!
Viva el hombre peruano,
al que no espanta la dura geografía
que Dios nos entregó como instrumento,
sobre las conmociones cataclísmicas
que agitan los cimientos de los mares y la tierra.

Die Übersetzung von *Viva el Perú; Carajo!* hört sich für deutsche Ohren ein wenig fremd an, die Verse jedoch geben das Gefühlschaos eines Peruaners zu seinem gebeutelten Heimatland auf den Punkt genau wieder.

Es lebe Peru, verdammt noch mal!
Es lebe der Peruaner,
der sich nicht abschrecken lässt von der kargen Landschaft,
die Gott als Ausrüstung uns gegeben hat,
mit seinen verheerenden Erschütterungen,
die alle Fundamente von Meer und Land durchschütteln.

Seine peruanische Muttererde, die er so liebt, und die feine Gesellschaft, die er kritisch sieht, haben ihm zum Schluss übel mitgespielt. *Cumpa* Donayre verlässt in seinen letzten Lebensjahren – er ist depressiv und stark übergewichtig – kaum sein Haus am Jirón Jorge Chávez im Stadtteil Breña. Im Jahr 1996 stirbt er als erster der drei Kollegen aus Cabo Blanco, einsam und verarmt in der Hauptstadt Lima.

Manuel Jesús Orbegozo, dessen Kürzel MJO unter den Artikeln zum Markenzeichen in Peru wird, wechselt nach den Hemingway-Tagen in das Auslandsressort von *La Crónica*. In jenen Tagen ist *La Crónica* ein eingängiges Blatt, der jugendliche Mario Vargas Llosa hat dort 1952, als 16-jähriger Schüler, seine ersten journalistischen Gehversuche gestartet. Später zieht es Orbegozo zur Tageszeitung *Expreso* und berichtet danach über 30 Jahre als Chefreporter bei *El Comercio* von den Brennpunkten der Welt, aus Biafra bis hin zu Vietnam.

Zum Ausklang seiner Berufslaufbahn lehrt Manuel Jesús Orbegozo, der einst in Cabo Blanco von Ernest Hemingway die stilistischen Ratschläge erhalten hat, als Publizistik-Professor an der *Universidad Nacional Mayor de San Marcos* in Lima. Als geschätzter Lehrmeister bleibt der rundliche Mann aus Otuzco Hunderten von jungen peruanischen Journalisten in Erinnerung.

Im September 2011, mit 88 Jahren, rafft ihn der Leberkrebs dahin. Die Zeitungen drucken pietätvolle Nachrufe und würdigen ein erfülltes Berufsleben. „Manuel Jesús Orbegozo hat sein Leben ganz dem Journalismus gewidmet. Neun Mal hat er als Reporter den Globus umrundet, er ist verhaftet worden unter der Regierung des Manuel Odría, und er erhielt aus den Händen der Mutter Teresa einen Rosenkranz als Geschenk."

Auch die Zeitungen von Jorge Donayre und Manuel Jesús Orbegozo haben die Zeitläufte nicht überlebt. *La Prensa* veröffentlicht ihre letzte Ausgabe im Juli 1984, der Verlag der *La Crónica* wird im Dezember 1990 dichtgemacht. Wirtschaftliche Sorgen, politische Feindseligkeiten und die mangelnde Lesekultur in dem mittellosen Andenland lassen die Printmedien seit jeher am Rande des Abgrunds balancieren.

Nun bleibt Mario Saavedra als einziger aus dem Trio übrig, um von den Tagen mit Ernest Hemingway in Cabo Blanco zu berichten. Wenn man Mario in den Jahren 2016 und 2017 erlebt, dann kommt es einem vor, als ob sich dieser betagte Mann wie durch Wunderhand um zehn, zwanzig Jahre zu verjüngen scheint. So temperamentvoll weiß er von der Begegnung mit dem Nobelpreisträger zu erzählen. „Sag *Ernesto* zu mir, hat er direkt zu Anfang gesagt. Er war eine solch überwältigende Persönlichkeit, aber andererseits auch so einfach im Umgang, mit jedermann." Und so trinkfest.

In seinen acht Tagen mit Ernest Hemingway ist er, so erinnert sich der bejahrte *limeño*, acht Mal an der Bar mit ihm gewesen, mindestens. So blau wie in Cabo Blanco sei er nur selten durchs Leben gewankt. Die Tapferkeit an der Theke wird belohnt,

Mario Saavedra bekommt seinen Scoop: Wohl kein Reporter vor und auch nach ihm ist so viele Tage hintereinander so nahe an dem Schriftsteller gewesen wie der Peruaner. Und dies in einer abgelegenen Einöde, wo der weltbekannte Autor und der junge Journalist sich zwangsläufig über den Weg laufen mussten.

Ernest Hemingway hat ihn, den Jungspund aus Lima, von Anfang an gemocht. Wahrscheinlich hat der Nobelpreisträger sich an seine Anfangsjahre als Redakteur in Kansas City erinnert, vielleicht haben beide auf der gleichen Wellenlänge gefunkt. Der bärtige US-Amerikaner und der schlaksige Peruaner können jedenfalls gut miteinander, in jenen Tagen im *Fishing Club*. Der sympathische Jungredakteur nutzt die seltene Gelegenheit und nimmt den berühmten Gast akribisch in Augenschein, Tag für Tag.

In Cabo Blanco fällt Mario Saavedra – in aller Vertrautheit und Ungezwungenheit – die Rolle des Hofberichterstatters zu in Sachen Ernest Hemingway. Nicht weniger als 29 Artikel aus Marios Feder mache ich im Archiv von *El Comercio* im Jirón Antonio Miró Quesada in Limas Altstadt ausfindig. Das dürfte bei einer Zeitspanne von fünf Wochen für den Weltrekord reichen. Es sind nicht nur lange Interviews und blumige Reportagen dabei, sondern auch schmale Meldungen und kurze Memos.

Der einfallsreiche Mario dekliniert seinen *Ernesto* in *El Comercio* durch alle Tonlagen rauf und runter. Hemingway möchte Lima kennenlernen, dann will er nach Cusco, das Essen in Cabo Blanco schmeckt ihm, Mary lernt in der Küche des Klubs peruanisch kochen. Heute hat Hemingway nichts gefangen, am nächsten Tag ist das Wetter schlecht, an einem anderen Tag bleibt der Schriftsteller ganz im *Fishing Club*, er fühlt sich müde.

Und so weiter, und so fort. Und selbst wenn nichts passiert, dann schreibt Mario Saavedra einen dünnen Zweispalter, in dem mit allerlei Wortgirlanden steht, es sei heute nichts passiert. Nun muss man allerdings wissen, dass *El Comercio* nicht irgendein

Käseblättchen ist, sondern die vornehmste Tageszeitung Perus, die Pflichtlektüre für die Oberschicht und für alle, die etwas zu sagen haben in dem Andenland, Staatspräsident inklusive. Jedenfalls veröffentlicht dieser feine *El Comercio* knapp 30 Rapporte ihres unermüdlichen *enviado especial* aus Cabo Blanco, des dorthin entsandten Sonderkorrespondenten.

Manchmal erscheinen gar zwei Berichte in einer Ausgabe. Oder ein Artikel kommt in die Morgenausgabe, ein weiterer in die *edición de la tarde* des *El Comercio*. Denn bis in die 1960er Jahre wurde neben der umfangreichen Morgenausgabe eine dünne 10-Seiten-Aktualisierung der Tageszeitung am Nachmittag aufgelegt.

Und selbst als Mario Saavedra nach acht Tagen aus Cabo Blanco abreist und wieder in der Redaktionszentrale in der Hauptstadt arbeitet, hat er seinen *Ernesto* nicht aus den Augen gelassen. Der junge Journalist hat sich am Pazifik ein kleines Informanten-Netzwerk aufgebaut, das ihm alle Neuigkeiten aus dem *Cabo Blanco Fishing Club* per Telefon zuflüstert, und der ausgebuffte Redakteur schreibt seine Artikel dann von Lima aus.

Wo denn die hübsche Widmung an sein Land geblieben sei?, frage ich Mario, das Grußwort *Un saludo al Peru – Ernesto Hemingway*, das *El Comercio* am 17. April 1956 abgedruckt hat. Alleine der Abdruck dieser Widmung stellt eine logistische Meisterleistung dar. Ein Interview nebst Foto und Faksimile vom 16. April mittags bis zum selben Abend vor Redaktionsschluss die 1.200 Kilometer nach Lima zu bringen, da muss man schon verdammt clever vorgehen. Wir sprechen hier vom Jahr 1956, von Cabo Blanco, vom hinteren Hinterland eines abgehängten Landes, kein Kabel, kein Ticker, keine Wirephotos.

Trotz aller Widrigkeiten schafft der junge Reporter auch dies. Der herzliche Gruß an Peru und seine Bewohner trifft vor Druckbeginn bei seiner Zeitung in Lima ein. Diese Widmung sei ein Schatz, sage ich zu ihm, Tourismusämter anderer Urlaubsländer hätten mit solch einer Perle in den Medien der

Welt längst millionenschwere Kampagnen geschaltet. Ach, die Widmung, meint Mario Saavedra beiläufig, die ist über die Jahre in den Archiven von *El Comercio* verschüttgegangen.

In seiner behaglicher Wohnung stolpert man über die Erinnerung an den bärtigen Schriftsteller aus Chicago, er lebt als Stehbild in Vitrinen oder eingerahmt an der Wand. *Para Mario, para mi amigo, de Ernesto Hemingway.* So sieht man es gleich mehrfach. Der Nobelpreisträger hat eine argentinische Ausgabe von *El Viejo y el Mar* aus dem Jahr 1955 mit einer Widmung versehen. Ein schönes Foto, das die beiden zeigt, trägt ebenfalls eine gefühlvolle Widmungszeile von *Ernesto*.

Fast 50 Jahre liegen die alten Notizen und etwa 60 Fotografien aus Cabo Blanco in einem Karton in seiner Wohnung. Zum 50-jährigen Jubiläum hat der Journalist dann alles wieder ausgepackt, Mario fertigt daraus im Jahr 2005 ein großformatiges Buch mit einem Dutzend seltener Fotos. Das hübsche Büchlein trägt den Titel *Hemingway en el Perú*, ein langer Artikel in *El Comercio* am 18. April 2006 erinnert nach einem halben Jahrhundert ebenfalls an den Besuch des Nobelpreisträgers.

Ein Schlawiner ist er obendrein gewesen, er muss es heute eingestehen. Als einziger der drei Journalisten mit eigenem Fotoapparat ausgestattet, schießt Mario Saavedra in Cabo Blanco zahlreiche spektakuläre Schnappschüsse von Ernest Hemingway. Doch ganz für lau will er sie *El Comercio* nicht überlassen. Unter den abgedruckten Fotos, die auf Marios Kamera zurückgehen, steht als Fotograf ein gewisser Guillermo Salazar. *De nuestro reportero gráfico Guillermo Salazar* lautet das Copyright in *El Comercio*. Von unserem Bildreporter Guillermo Salazar.

Jedoch, ein Guillermo Salazar existiert nicht, jedenfalls nicht in Cabo Blanco. „Da habe ich einen befreundeten Fotografen aus Piura als Strohmann benutzt, damit ich etwas mehr verdiene. Denn der Verleger des *El Comercio*, die Familie Miró Quesada, hat sich sehr zugeknöpft gezeigt bei der Bezahlung seiner Redakteure und ich war ein junger Kerl mit einem mickrigen Gehalt für die Zeit."

Heute hütet Mario Saavedra seine Fotosammlung wie die Kronjuwelen. Genau 59 Bilder aus Cabo Blanco mit dem Schriftsteller besitzt er, alle mit entsprechendem Negativ, es gibt nicht viele Journalisten auf der Welt, die solche Kostbarkeiten ihr Eigen nennen dürfen. Er könne seine Sammlung doch der *Ernest Hemingway Collection* an der *JFK Presidential Library and Museum* in Boston vermachen, sage ich. Mal sehen, was ich mache, sagt Mario.

Der Peruaner ist noch heute beeindruckt vom Charakter des Nobelpreisträgers. „Hemingway war spontan, herzlich und salopp. Er war eine unruhige und überschäumende Persönlichkeit." Mario Saavedra bewundert seinen Stil, er hat sämtliche Kurzgeschichten und Romane verschlungen, alles ist großartig. Abgesehen davon – wer könnte besser darüber Zeugnis ablegen – mag er den US-Amerikaner ebenso als Menschen. „Er konnte so wunderbar erzählen und auch philosophieren, aber nie abgehoben, sondern immer konkret." *Ernesto* sei eine beeindruckende Persönlichkeit gewesen.

Der Peruaner Mario Saavedra liebt Hemingways Schreibstil, für ihn ist er ein großer Künstler, als Schreiber von Romanen, von *Short Stories* und ebenso von Zeitungsartikeln. Er stellt ein Vorbild dar, wenn es nicht überheblich klänge. „Hemingway ist für mich der komplette Journalist. Ich finde den Journalisten fast besser als den Romancier. Auch Mario Vargas Llosa ist für mich ein besserer Journalist als ein Schriftsteller", urteilt Mario Saavedra-Pinón im Nobel-Vergleich. Auch Vargas Llosa hat natürlich seinen Hemingway gelesen. So wie es nicht zu unterschätzen gilt, welch maßgeblichen Einfluss der Mann aus Chicago im Allgemeinen auf die Literaten der lateinamerikanischen *Boom*-Generation gehabt hat.

Einem anderen Nachwuchsschreiber Südamerikas wird Ernest Hemingway und seiner Ehefrau Mary Anfang 1957 in Paris am Boulevard St. Michel einmal in die Arme laufen. Der damals außerhalb seines Heimatlandes unbekannte 29-jährige Gabriel García Márquez ist jedoch zu gehemmt, um auf den Nobelpreisträger zuzugehen, und der Kolumbianer ruft deshalb von der anderen Straßenseite ein lautes *Maaaeeestro!*. Ernest Hemingway, der weiß, dass nur er mit dem Zuruf gemeint sein kann, winkt mit der Hand und schreit auf Spanisch zurück: *Adiooos, amigo!*. So haben sich diese zwei Großmeister der Erzählung getroffen, sich kurz über die Straße etwas zugerufen und dann nie wieder gesehen.

Der schüchterne Journalist aus Aracataca – er ist 28 Jahre jünger als der US-Amerikaner – sollte stilistisch von Ernest Hemingway nachdrücklich beeinflusst werden. Sein *Relato de un náufrago* ist nicht vorstellbar ohne *Der alte Mann und das Meer*. Der vollständige Titel des Werkes von Gabriel García Márquez lautet: *Bericht eines Schiffbrüchigen, der zehn Tage lang, ohne zu essen und zu trinken, auf einem Floß trieb, der zum Helden des Vaterlandes ausgerufen, von Schönheitsköniginnen geküsst, durch Werbung reich, gleich darauf durch die Regierung verwünscht und dann für immer vergessen wurde*. Der Kolumbianer hat die kuriose Geschichte zuerst 1955 als Serie in der Tageszeitung *El Espectador* von Bogotá veröffentlicht, bevor sie im Jahr 1970 bei einem Verlag in Barcelona auch als Buch erscheint.

Was haben Ernest Hemingway, Gabriel García Márquez und Mario Vargas Llosa gemein? Nun, mit Sicherheit die Vorlieben. Literatur, den Journalismus, die Buntheit Lateinamerikas, das Bummeln durch die Welt, Kuba, Paris, Reisen, die Verbundenheit zu Spanien. Auch ihr Themenspektrum überlappt sich: Einsamkeit, Liebe, Gewalt, Tod. Ebenfalls gemeinsam: die Fama, Millionenverkäufe, von ihren Lesern abgöttisch verehrt, Nobelpreis alle drei, ein Vermögen.

Mario Saavedra aus Lima, der große Publizist seines Landes, kennt die meisten Autoren aus der rebellischen und doch so phantasiereichen *Boom*-Generation. Vargas Llosa, seinen Landsmann, Gabriel García Márquez aus dem ländlichen Nordkolumbien, den Mexikaner Carlos Fuentes oder den Argentinier Julio Cortázar. Dass der Aufschwung der lateinamerikanischen Literatur in den 1970er Jahren in solch einer Weltgeltung münden konnte, sei auch ein wenig der Unterstützung durch

Ernest Hemingway zu verdanken. Der arrivierte Literat aus Chicago, der ja zwei Jahrzehnte auf Kuba lebte, habe bei jeder passenden Gelegenheit die kulturelle Vielfalt, den Ideenreichtum und das schriftstellerische Niveau Lateinamerikas in den schönsten Farben gemalt.

Der Zuspruch des berühmten Ernest Hemingway habe den oft mittellosen Schriftstellern im Süden gutgetan und das literarische Selbstbewusstsein des Subkontinents gehörig hochgeschraubt. Denn es habe in Lateinamerika – mit Ausnahme Mexikos und Argentiniens vielleicht – keine funktionierende Bücherbranche gegeben, die bedeutenden Verlage und Literaturagenten sitzen allesamt in Barcelona und Madrid. Daran hat sich bis heute nicht viel geändert.

In Peru hat es die schöne Literatur immer schwer gehabt. Einer der größten Schriftsteller des Landes, der avantgardistische Poet César Vallejo, muss sich als Hungerleider in Paris durchschlagen. In dem nordperuanischen Andendorf Santiago de Chuco 1892 geboren, wird es ihm in der Heimat politisch zu heiß und wirtschaftlich zu eng, und so geht er im Juli 1923 nach Frankreich. Nach Paris, wo auch Ernest Hemingway seit Weihnachten 1921 lebt. In Europa hält der mittellose Mestize sich mit launischen Korrespondenzen für *Mundial* und *El Comercio* mehr schlecht als recht über Wasser.

Paris zieht in den 1920er Jahren die Avantgarde aus aller Welt an, Maler mit ungewohnten Malstilen kommen in die französische Hauptstadt, Schriftsteller mit rasanten Erzählformen, Komponisten mit atonaler Musik, Architekten mit andersartigen Vorstellungen, überdrehte Modemacher. Frauen und Männer, die sich absetzen wollen von der erstarrten Mittelmäßigkeit der Vätergeneration. Vor allem verleiht Paris den jungen Schreibern aus Übersee frische Inspiration, die *Stadt des Lichts* stärkt ihr Selbstvertrauen.

Ernest Hemingway, durch Wirtschaftsdepression und die Bigotterie in seiner Heimat USA verstört, findet in Europa neue Kraft und Lebenslust. *Da stehe ich und blicke über die Dächer von Paris und denke: Mach dir keine Sorgen. Du hast immer geschrieben und du wirst auch jetzt schreiben.* Die Stadt des Lichts, *la ville lumière*, wird die französische Hauptstadt genannt, weil sie nachts so stimmungsvoll ausgeleuchtet wird, besonders entlang der Seine, aber auch, weil sie die Seele so aufhellt.

In jenen Tagen wird Paris zur Sehnsuchtsmetropole gerade auch in lateinamerikanischen Intellektuellenkreisen. Die Stadt an der Seine sei so schön, dass man dort sterben wolle, verkündet César Vallejo:

Me moriré en París con aguacero,
un día del cual tengo ya el recuerdo.
Me moriré en París – y no me corro –
tal vez un jueves, como es hoy, de otoño.

Auch wenn César Vallejo mit indianischer Schwermut und französischer Heiterkeit wortwörtlich dichtet, dass er in Paris sterben werde, meint der von seiner neuen Heimat beseelte Peruaner eigentlich, dass er in Paris sterben wolle.

Ich will in Paris sterben, im Sturzregen,
an einem Tag, der mir bereits im Gedächtnis ist.
Ich will in Paris sterben – so soll es sein –
im Herbst, vielleicht an einem Donnerstag, wie heut.

Der von Paris und dem Tod schwärmende César Vallejo bekommt seinen Wunsch erfüllt. Er stirbt tatsächlich in der Stadt des Lichts, in Bitternis, halbverhungert und von den Zeitgenossen verkannt. An einem Freitag, im April 1938, es ist der Karfreitag. Der Peruaner liegt auf dem *Cimetière Montparnasse.*

Die tiefe Liebe zu Paris eint die lateinamerikanischen Autoren mit dem bärtigen Kollegen aus dem Norden. Über sechs Jahre hat der Mann aus Chicago in der Metropole an der Seine verbracht, vielleicht der schönste Zeitabschnitt seines Lebens. Als Novize im Journalismus, ein unreifer Kerl mit vielen Träumen, an der Seite seiner ersten Ehefrau Hadley Richardson, seiner großen Liebe.

Mario Saavedra sieht sein Idol und dessen Zeit in Cabo Blanco nicht nur durch die rosarote Brille. „Hemingway hätte sich ruhig ein wenig mehr auf Peru einlassen sollen", kritisiert der betagte *limeño* in der Rückschau, „er wollte jedoch nicht nach Lima oder sonst wo hin, nur der *Cabo Blanco Fishing Club* hat ihn interessiert. Aber der *Fishing Club* ist nicht Peru. Und unser *Pisco Sour* hat ihm wohl auch nicht so gut geschmeckt, wie er immer behauptet hat", erzählt der Mann des *El Comercio* mit leichten Zweifeln an den Verlautbarungen des Nobelpreisträgers.

Der kenntnisreiche Südamerikaner hat in Sachen Ernest Hemingway und Peru eine gegensätzliche Persönlichkeit vor Augen: „Andererseits hat er mich mit ehrlicher Neugierde nach Machu Picchu gefragt, nach der Umgebung, oder wie hoch dieser wundersame Ort liegt. Auch wollte er Lima besuchen, das Nachtleben dort kennenlernen, weil er in der Nacht am intensivsten lebt." Jedoch passiert ist nichts außer Worte. „Zuerst wollte er nach Lima kommen, dann hat er es auf Oktober verschoben, weil da die Stierkampf-Saison auf der Plaza de Acho anfängt. Gekommen ist er dann aber gar nicht."

Wobei Mario zugeben muss, dass dieser Ernest Hemingway wunderbar zu Peru passt. Er harmoniert mit dieser Unbekümmertheit und Unbedarftheit, mit der ein jeder Tag in dem sonnigen Land angegangen wird. Vielleicht ist auch dies die Lebensmaxime des bärtigen Amerikaners gewesen. „*Ernesto* empfand ich als einen Lebemann, im besten Sinne des Wortes", sagt Mario Saavedra, „keiner, der mit abstrakten Weltsichten prahlte, sondern einer, der spontan zu leben wusste. Er lebte das Leben in all seinen Facetten aus, er lebte intensiv."

Man mag Don Mario aus Lima nicht groß widersprechen. Diese fast schon erdrückende Lebenszugewandtheit hält der Nobelpreisträger in den guten Jahren hoch wie eine Monstranz vor der Prozession. *The World is a fine Place and worth the Fighting for it.* Er hat es 1940 geschrieben, in *For Whom the*

Bell Tolls, und er hat es so gemeint. Die Welt ist ein schöner Ort und wert, dass man um sie kämpft.

Mario Saavedra-Pinón hat den Stellenwert mitbekommen, den das Meer im Wertekatalog des US-amerikanischen Schriftstellers einnimmt. Ernest Hemingways Gedanken in Peru, meint der *limeño*, gingen immer wieder zum Ozean und zum Fischen, alles andere schien ihm zweitrangig. „Als ich ihn fragte, ob er etwas über mein Land veröffentlichen würde", ruft sich der peruanische Journalist ins Gedächtnis, „da antwortete er kühl, er wisse noch zu wenig über Peru. Aber das Angeln vor Cabo Blanco, das würde er mit Feuereifer angehen."

Dieser *Ernesto*, obwohl man leicht mit ihm umgehen konnte, war dessen ungeachtet wohl eine schwierige Persönlichkeit, schätzt Mario den Schriftsteller ein. Er schien ihm ein Mensch voller Widersprüche. Ein *matador*, ein Jäger, ein Lebemann und ein berühmter Kriegsreporter. Vor allem ein einfühlsamer Romancier. Jedoch, bei aller Offenheit zum Leben, gleichermaßen ein Mann im Widerstreit.

Mario Saavedra hat Ernest Hemingway nicht nur gut beobachtet, sondern ebenso gut durchschaut. Er sei wohl ein Mensch gewesen, der sein Leben zwar vollständig ausgeschöpft hat, anderseits jedoch immerfort von Befürchtungen getrieben wird. Sinnbildlich dafür stehe die Szene, als der Fischer Santiago in *Der alte Mann und das Meer* in die Welt herausschreit: Ein Mensch kann vernichtet werden, aber nicht besiegt, schreibt Mario Saavedra in *El Comercio*.

Eines habe ihn sehr gefreut, so der peruanische Journalist 60 Jahre danach, Cabo Blanco ist Hemingways Gesundheit zuträglich gewesen. Über Krankheiten haben sich *Ernesto* und Mario offen unterhalten. Er könne nur schlecht schlafen, berichtet ihm der Nobelpreisträger bedrückt. Und der *limeño* erwidert, auch er habe häufig Schlafprobleme, denn als Redakteur bei der Tageszeitung sei er gewohnt, in der Nachtschicht bis vier, fünf Uhr in der Früh zu arbeiten.

Gleichwohl habe sich der berühmte Autor in Cabo Blanco ausgezeichnet erholt. Das raue, trockene Tropenklima im

313

Norden Perus kann wie ein Jungbrunnen wirken, weil es den Körper fordert und normt. Er selbst habe doch gesehen, verrät Mario, wie hinfällig sich der Schriftsteller nach der Ankunft in Talara auf den Beinen bewegt habe. Und wie der Amerikaner mit jedem Tag in Cabo Blanco mehr und mehr aufgeblüht sei.

Obwohl der peruanische Journalist in seinen Berufsjahren mit hochgestellten Persönlichkeiten zusammengetroffen ist, so bleibt die Begegnung mit Ernest Hemingway doch einzigartig. Für ihn, so verrät mir Mario im Frühjahr 2017 mit knapp 90 Jahren, sei das Treffen mit dem US-Amerikaner das wichtigste seines Lebens gewesen.

Obwohl er viele andere Berühmtheiten kannte, Victor Raúl Haya de la Torre, Pablo Neruda, Robert Kennedy, André Malraux oder Charles de Gaulle. De Gaulle, möglicherweise, der sei noch ein Stück beeindruckender gewesen als Ernest Hemingway, meint Mario Saavedra.

„Von Anfang an ist mir klar gewesen, wie bedeutend diese Begegnung für mein Leben sein wird. Das Zusammentreffen mit *Ernesto* war wie ein Dreh- und Angelpunkt meines Lebens, beruflich, aber auch persönlich", empfindet der *limeño* mit sechs Jahrzehnten Abstand. „Wenn ich heute irgendwo hinkomme, dann wird oft getuschelt, schaut mal, das ist der Mann, der zwei Wochen mit Hemingway fischen war." Mario Saavedra, der namhafte Journalist seines Landes, spricht mit Lust und Laune wie ein Teenager über seine Begegnungen mit dem Freund *Ernesto*.

Die Erinnerung daran hält ihn jung, meint seine Tochter Rocío, das Zusammentreffen mit dem amerikanischen Schriftsteller habe etwas Magisches. Wie sonst ist der Umstand zu erklären, dass er selbst nach sechs Jahrzehnten, die Episoden von damals wieder und wieder zum Besten geben müsse. Erst in einer Augustnacht des Jahres 2017 hat Mario aufgehört, von Ernest Hemingway zu schwärmen. Als der Peruaner, so wie er sich das gewünscht hat, in seiner Wohnung in der Calle Bolognesi einfach eingeschlafen und am Morgen nicht mehr aufgewacht ist.

314

Der Amerikaner habe nicht nur sein Schreiben geprägt, so hat mir Don Mario bei unserem letzten Treffen in Miraflores Ende März 2017 anvertraut, sondern zudem seine Sicht auf die Dinge. Welche Eigenschaft halten Sie für unerlässlich, um ein guter Autor zu sein?, genau dies habe er ihn vor 60 Jahren gefragt. Und die Antwort auf seine Frage sei typisch Hemingway gewesen, einfach, klar und doch tiefgründig. *Ernesto* habe geantwortet: *Du wirst nur wirklich gut sein, wenn du es selber erlebt hast.*

Nicht nur diesen Umstand bewundert der Peruaner ungemein. Am allerbesten gefällt Mario Saavedra an dem US-Amerikaner das *Ernesto*. *Ernesto* Hemingway. Nicht *Ernest* Hemingway. Immer wieder spricht der bärtige Kerl aus Chicago von sich als *Ernesto*, diese sprachliche Nuance scheint ihm wichtig. „Der *gringo* ist mit seinem *Ernesto* ein Stück eingetaucht in unsere Welt, das *Ernesto* ist sein Angebot gewesen an uns Hispanoamerikaner." Seht her, so die unterschwellige Botschaft des Nobelpreisträgers, ich bin einer von euch, und ihr seid ein Teil von mir. „Es war seine Art, uns damit seine Anerkennung zu zeigen. Darauf können wir alle stolz sein."

28. Ein Plastikfisch im Wassertank

Spencer Tracy, der alte Mann, und der Junge Manolín.
Ein kubanischer Hollywood-Film mit Ach und Krach.

Die Bosse aus Hollywood haben alle Register gezogen, damit die Verfilmung von *Der alte Mann und das Meer* künstlerisch wie auch kommerziell zum Volltreffer gerät. Ein auskömmliches Budget ist bewilligt worden, ein erstklassiger Regisseur unter Vertrag genommen, das Skript hat alle überzeugt, exotische Drehorte sind gefunden worden und der populäre Hauptdarsteller soll einen Kassenschlager garantieren.

Die für den Spannungsbogen der Handlung bestimmende Filmmusik wird in die Hände von Dimitri Tiomkin gelegt, einem exilrussischen Filmkomponisten, der in den USA einen Filmpreis nach dem anderen einheimst. Die Rolle des Jungen Manolín spielt der sympathische Felipe Pazos jr., der Sohn eines bekannten kubanischen Volkswirtes und Politikers gleichen Namens. Alle Voraussetzungen für einen cineastischen Welterfolg scheinen erfüllt.

In Cabo Blanco hat die *Second Unit* ihre Sequenzen abgedreht, die Jagdszenen mit dem schwarzen Marlin sind im Kasten und befinden sich in Hollywood zur Begutachtung. Die Dreharbeiten in Nordperu liefen passabel, doch die Hauptarbeit der *First Unit* auf Kuba entwickelt sich mehr und mehr zu einem Reinfall. In Cojímar und bei Boca de Jaruco geraten die Filmaufnahmen ins Stocken und müssen mehrmals unterbrochen werden, teils wochenlang. Der Film überzieht sein großzügig bemessenes Budget erheblich, das Produktionsstudio aus Los Angeles sieht sich gezwungen, dazwischenzufahren.

Auf Kuba geraten Regisseur Fred Zinnemann und der Hauptdarsteller Spencer Tracy heftig aneinander und *Warner Bros.*, die Produktionsfirma, beruft Zinnemann schließlich ab und ersetzt ihn durch John Sturges. Auch die Ablösung Spencer Tracys steht zur Debatte, Edward G. Robinson soll übernehmen. Um das ganze Filmprojekt herum bricht ein ziemliches Durcheinander aus. Aber irgendwie gelingt es Sturges und Tracy dann doch, den Film mit Ach und Krach zu Ende zu bringen.

Der fertige 86-Minuten-Streifen hält sich mehr oder weniger an Hemingways Romanvorlage. Spencer Tracy spielt den alten Mann auf seinem kleinen Boot, einen kubanischen Fischer, der seit vierundachtzig Tagen keinen Fisch gefangen hat und deshalb *salao* ist. Als er weitab im Golfstrom dann nach langem Kampf einen Marlin erwischt und sich mit dem erlegten Tier auf die Rückfahrt macht, da wird sein kleines Holzboot von einem Schwarm von Haifischen angegriffen.

Der entkräftete Fischersmann Tracy erreicht den Heimathafen. Von dem mächtigen Marlin, der auf einer Bootsseite fest vertäut gewesen ist, bleibt nur das von den Haien abgenagte Skelett übrig. Und der alte Mann kehrt zurück in seine armselige Hütte am Dorfhang, um zu träumen, von den Löwen am Ufer.

Als *Der alte Mann und das Meer* am 11. Oktober 1958 in die amerikanischen Filmtheater kommt, da ist er mit einem Etat von fünf Millionen Dollar einer der teuersten Filme seiner Zeit. Trotz des Geldregens und trotz aller Anstrengungen sieht der fertiggestellte Spielfilm über weite Strecken billig produziert aus. Selbst Zuschauern ohne Fachwissen fällt auf, dass man ihnen anstatt kubanisches Flair bloßes Blendwerk aus Hollywood vorsetzt. Und in der Tat sind die minutenlangen Wasserszenen des Films nicht im Golfstrom gedreht, sondern in einem Wassertank in den *Burbank Studios* von Los Angeles.

Die handwerklichen Fehler sind nicht zu übersehen. Dieser Farbfilm ist einer der ersten, der die neuartige *Bluescreen-Technik* nutzt, bei der die Schauspieler vor einer zuvor aufgenommenen Hintergrundaufnahme agieren. Diese neue Überblendungstechnik geht allerdings bei *Der alte Mann und das Meer* gehörig daneben, nicht zuletzt weil bei den Szenen aus den verschiedenen Drehorten und insbesondere bei den Studioaufnahmen eine optische Feinabstimmung fehlt.

Aus Hollywood lässt Produzent Leland Hayward verlauten, Ernest Hemingway zeige sich angetan von der Verfilmung, sie habe eine emotionale Tiefe und der Autor sei dem Filmteam dankbar für die Übertragung seines Werkes auf die Leinwand. Der Nobelpreisträger finde den Hauptdarsteller Spencer Tracy großartig, die Kameraführung sei exzellent, die Fischszenen und die Trickaufnahmen seien allesamt gelungen. Der Schriftsteller habe ein paar kleinere Einwände, aber alles in allem sei er sehr begeistert von dem Streifen. Doch Haywards Marketing-Sprüche sind in Wirklichkeit eine glatte Lüge.

Das Gegenteil entspricht der Wahrheit. Ernest Hemingway, dem der Film in einer Privataufführung in Havanna vorgestellt wird, ist stinksauer. Er hat das Filmprojekt im Herzen getragen und es hat ihm viel bedeutet. In einer kurzen Sequenz am Ende des Streifens hat der Schriftsteller gar entschieden, als Komparse mitzuwirken. Da sitzt ein bärtiger Amerikaner in *La Terraza* mit Freunden an einem Tisch, blaues Hemd, graue Kappe, und hinter ihm liegt das wundervolle karibische Meer. Ebenso erscheint die bezaubernde *Miss Mary* als Komparsin kurz, sie spielt, mit einem grünen Strohhut in der Hand, eine US-Touristin, die zu der kleinen Feier im *La Terraza* von Cojímar dazu-stößt.

Bei der Privatvorführung des Streifens in Havanna erkennt der Nobelpreisträger, wie schrecklich die Leute aus Hollywood seine wunderbare Erzählung verhunzt haben. Alles, was Ernest Hemingway an dem Roman wichtig ist – die Faszination des Meeres, das Ambiente Kubas, dieser schon mythologische Kampf um Würde –, all dies kann er in dem abgedrehten Film nicht wiederfinden. Stattdessen sieht er minderwertige Studio-aufnahmen, Wassertanks statt Meer, er hört merkwürdig hölzerne Dialoge, obwohl sie seiner Feder entstammen, er bemerkt billige Plastikfische und nimmt unglaubwürdige Darsteller wahr.

Der Hauptakteur kriegt den Großteil von Hemingways Wut-anfall ab. *Spencer Tracy sieht aus wie ein dicker, steinreicher Schauspieler, der einen armen kubanischen Fischer spielt*, fällt Ernest Hemingway das Fallbeil über den renommierten Film-star. Und schlimmer: *Tracy looked like he was playing Gertrude Stein as an old fat fisherman.* Tracy sah aus, als würde er Gertrude Stein darstellen, als einen alten, fetten Fischer. Der wohl-situierten Gertrude Stein, einer lesbischen Schriftstellerin und Mäzenin seiner Pariser Zeit, gehören bevorzugt Ernests Spott-tiraden, seit er sich mit der exzentrischen Künstlerin verkrachte.

Der bärtige Schriftsteller zeigt sich von der drittklassigen Qualität des Films so schockiert und wütend, wie ihn seine Umgebung selten erlebt hat. Eine minderwertige Attrappe aus Plastik schwimmt im Wassertank und nicht ein schwarzer Marlin im weiten Meer! Und jedermann durchschaut diese Peinlichkeit. Ernest Hemingway macht sich Luft: *No picture with a fucking rubber fish ever made a dime*. Kein Spielfilm, in dem ein beschissener Gummifisch mitspielt, hat jemals einen Groschen eingebracht. Der Autor ächzt besonders über diesen *condomatic fish* im Film, über einen Kondom-Fisch, eine hirnrissige Gummi-Nummer das Ganze.

Nach der kubanischen Uraufführung schreibt der Filmkritiker G. Caín – hinter dem Pseudonym verbirgt sich der später vielgerühmte Schriftsteller Guillermo Cabrera Infante – in dem Wochenmagazin *Carteles* vom 8. März 1959 einen fürchterlichen Verriss. „Der Film entpuppt sich als riesige Fehleinschätzung. *Der alte Mann und das Meer* ist kein schlechter Film, es ist einfacher: Er ist gar kein Film. Man hätte das Buch niemals auf die Leinwand bringen dürfen. Und wenn, höchstens in schwarz-weiß, und der Hauptdarsteller hätte kein anderer als Bogart oder Walter Huston oder von mir aus Walter Brennan sein dürfen. Eine solche Verfilmung von Literatur ist pervers, schauspielerisch null und als Film überflüssig."

Als Überschrift seines Artikels hat der kubanische Redakteur das Wortspiel *Viejo y Mareado* gewählt, eine nette Verballhornung von *El Viejo y el Mar* und frei übersetzt lautet G. Caíns Headline *Alt und zum Kotzen*. Nicht nur Cabrera Infante findet den Film zum Kotzen. Hemingway auf der *Finca Vigía* liest Caíns harsches Urteil mehrere Male aufmerksam durch. Dann greift er zum Telefon und ruft den Journalisten an, Ernest kennt ihn von anderen Anlässen.

Er habe mit seiner Kritik voll und ganz recht, sagt der Schriftsteller freimütig, er teile seine Einschätzung ohne Einschränkung. *Die Hollywood-Leute kommen zu mir und wollen einen meiner Romane verfilmen. Dabei eignet sich keines meiner Werke für die Leinwand*, hat Hemingway bei einem früheren Treffen Cabrera Infante verraten. Wenn er nach Los Angeles fliege, so sagt der Nobelpreisträger, dann fahre er immer in Windeseile an Hollywood vorbei. Mit der einen Hand schmeiße er das Manuskript über den Zaun, mit der anderen fange er den Zaster auf.

Es ist nicht das erste Mal, dass Ernest Hemingway von Hollywood enttäuscht wird. Im Dezember 1957 sieht er in New York die Filmfassung seines Werkes *In einem anderen Land*, Rock Hudson spielt den Lieutenant Frederic Henry, einen Ambulanzfahrer im Ersten Weltkrieg. *A Farewell to Arms* beruht auf seinen Erlebnissen in Italien, der Streifen ist Teil seiner eigenen Biografie. Der Produzent David O. Selznick hat seiner Ehefrau, der fast 40-jährigen Schauspielerin Jennifer Jones, die Rolle der blutjungen Krankenschwester Catherine Barkley zugeschanzt, einer Figur, die von Hemingways erster Liebe Agnes von Kurowsky inspiriert ist. Zudem hat Selznick den ursprünglich vorgesehenen Regisseur John Huston, einen guten Freund des Autors, nach einem Streit gefeuert. Mitten in der Vorstellung, nach 35 Minuten, verlässt der Autor mit Grausen das Kino.

Während eines Besuchs in New York besucht der Nobelpreisträger mit Aaron Edward Hotchner, seinem engen Freund, eine Aufführung des Films *Der alte Mann und das Meer*. Nach 12 oder 13 Minuten dann ein Déjà-vu: Hemingway wendet sich an *Hotch* und merkt kurz an *Ready to go?* Und die beiden verlassen ernüchtert das Kino. *Weißt Du*, vertraut Ernest verärgert dem Kumpel an, *da schreibt man ein Buch, das man über alle Jahre hinweg liebt, und dann muss man so etwas erleben. Das ist so, als würde man seinem Vater ins Bier pissen.*

Bei *Der alte Mann und das Meer* treiben es die Hollywood-Macher besonders arg. Obwohl der Trailer darauf hinweist, dass dieser Film neben Kuba auch in Peru gedreht worden ist, wartet eine unangenehme Überraschung auf den Schriftsteller. Ganz grauenvoll kommt es für den Nobelpreisträger, als er sieht, dass in den Spielfilm alte dokumentarische Kurzsequenzen von der Marlin-Jagd des Alfred C. Glassell einmontiert worden sind.

Und es trifft Ernest Hemingway wie ein Schlag mit dem Hammer, als er den Abspann des Streifens zu Gesicht bekommt. *This picture was directed by John Sturges.* Der Regisseur dieses Filmes heißt John Sturges. So weit, so gut. Doch dann kommt der Knall: *Some of the marlin film used in this picture was of the world's record catch by Alfred C. Glassell Jr. at the Cabo Blanco Fishing Club in Peru. Mr. Glassell acted as special advisor for these sequences.* Ernest Hemingway ist kurz vorm Durchdrehen. Befindet er sich im richtigen Film? Glassells Rekordfang ist in den Film eingebaut, nicht jedoch die Aufnahmen von Hemingways Team in Cabo Blanco?

Wo nur ist das stundenlange Material der *Second Unit* geblieben, dass man auf dem Pazifik in Nordperu so mühevoll gedreht hat? Nicht eine Sekunde seiner Plackerei in Cabo Blanco hat es in die endgültige Filmfassung geschafft. Nichts, aber rein gar nichts, haben die Hollywood-Techniker am Schnittpult in die Verfilmung eingebaut. Obwohl es großartige Filmaufnahmen von seinem Team aus Peru gibt, weitaus besser als jenes, das er in dem fertigen Streifen gesehen hat.

Und die allergrößte Frechheit: Alfred Glassell als *Special Advisor* zu bezeichnen. Als Fachberater. Dieser Alfred junior, der sich in seinen Film geschlichen hat wie ein Dieb in der Nacht, hat in seinem Werk nichts verloren. Diesen Hurenbock, der ihn aus dem eigenen Film hinausgeschlagen hat, möchte er in *Der alte Mann und das Meer* zu keiner Sekunde sehen. Er ist *America's greatest and most beloved author*, wie die Zeitschrift *LOOK* ihn charakterisiert hat, er ist der Erschaffer dieses kostbaren Romans. Nur er – Amerikas größter und meist geliebter Autor – hat das Recht, über die Angelszenen zu bestimmen.

Es ist einzig und alleine Ernest Hemingway, der als *Supervisor* die Sequenzen mit dem Marlin beaufsichtigen sollte, so war es mit *Warner Bros.* verabredet. Er besitzt die Vereinbarung schwarz auf weiß. Diese Abmachung ist der Grund gewesen, nach Peru zu fliegen. Diesem Alfred Glassell junior ist Ernest Hemingway nie über den Weg gelaufen, weder in Cabo Blanco, noch sonst wo.

Schon im *Cabo Blanco Fishing Club* und auf der *Miss Texas* hat er sich mächtig über diesen aufgeblasenen Texaner geärgert, der in den Erzählungen der Einheimischen allgegenwärtig schien. Und nun diese Schmach. Keine einzige seiner Marlin-Szenen ist in der endgültigen Filmfassung zu sehen. Nur jene von Glassell. Der Schriftsteller läuft glutrot an, diese Herabwürdigung kränkt ihn bodenlos, noch Wochen später hat sich seine Verärgerung nicht gelegt.

Die einzigartigen Filmaufnahmen aus Peru sollten Jahre später als kurze Dokumentation von drei Minuten auf dem Videoportal *YouTube* veröffentlicht werden. Und in der Tat finden sich grandiose Aufnahmen in dem gerafften Werk unter der Überschrift *Pescando Marlin*. Szenen mit Ernest Hemingway auf der *Miss Texas*, mit den einheimischen Bootsleuten, mit Elicio Argüelles, mit dem springenden Marlin. Packende Sequenzen auf hoher See und reizvolle Ansichten im Hafen von Cabo Blanco, wo der erlegte Riesenfisch von allen Umstehenden bestaunt wird. Genug atemberaubendes Material jedenfalls, das Hollywood ohne Probleme in den Film hätte einbauen können.

Die seltenen Filmaufzeichnungen des Ernest Hemingway in Peru geraten über die Jahrzehnte in Vergessenheit. Als Allen H. Miner im Jahr 2004 verstirbt, findet sein Sohn in angestaubten Boxen die Aufnahmen aus Cabo Blanco. Zusammen mit dem TV-Produzent Terry Crowe aus dem kalifornischen Los Osos will er die alten Filmkonserven unter dem Titel *Hemingway: The Legend and the Sea* digitalisieren und daraus eine neue Dokumentation montieren.

Doch Eingang in den Hollywood-Film *Der alte Mann und das Meer* findet keine einzige Sekunde von Allen Miners grandiosen Aufnahmen. Die Marline der *Second Unit* aus Cabo Blanco, so wird Ernest Hemingway aus Los Angeles irgendwann knapp mitgeteilt, seien zu klein für den Film gewesen. Eine billige Ausrede. Zugleich ahnt der Nobelpreisträger, dass selbst das wunderbare Filmmaterial aus Nordperu diesen minderwertigen Streifen nicht hätte retten können. Die saubere

Filmgesellschaft *Warner Bros.* hat ihn vorne und hinten belogen und betrogen.

Nicht nur bei den Angelszenen hat man Ernest Hemingway aufs Kreuz gelegt. Der Off-Ton, die inneren Monologe im Film, wird von Spencer Tracy gesprochen. Und da es sich bei *Der alte Mann und das Meer* mehr oder weniger um ein Ein-Personen-Stück handelt, hört der Zuschauer Tracys Stimme im Hintergrund während des gesamten Films. Tatsächlich aber hatte man dem Nobelpreisträger versprochen, er solle die Stimme über dem Handlungsstrang sprechen. So wie er damals im Spanischen Bürgerkrieg in einer Version den Kommentar zu dem Streifen *The Spanish Earth* vorgelesen hat. Irgendwann hat *Warner Bros.* zu Ernest Hemingway gemeint, nein, doch nicht, der Spencer Tracy möge es machen, um die dramaturgische Harmonie des ganzen Films zu wahren.

Und damit nicht genug. Was hat man ihm die Hucke voll gelogen. Der Film werde im neuartigen breiten *CinemaScope* gedreht und zum Schluss kommt dann doch nur das alte Standardformat heraus. Mit den Ammenmärchen der Hollywood-Leute könnte er einen dicken Roman füllen. Das Schlimmste bleibt für ihn gleichwohl der Vertrauensbruch und der Mangel an Loyalität. Ernest Hemingway mag es nicht, wenn man ihm frech ins Gesicht lügt.

Hätte er etwas zu Sagen gehabt, dann wäre dieser Film ganz anders ausgefallen. Sein Kumpel Gary Cooper hätte den alten Fischer gespielt, er hat es vorgeschlagen, auch damit ist er auf taube Ohren gestoßen. Ursprünglich hat Humphrey Bogart mit seiner Produktionsfirma *Santana Pictures Corporation* sich um die Filmrechte an seinem Buch bemüht, *Bogey* hatte vor, den Film mit sich in der Hauptrolle und mit Nicholas Ray als Regisseur zu drehen.

Doch zu Ernests Bedauern erhielt Bogart aus irgendwelchen Gründen die Filmrechte nicht. Vielleicht weil er da schon schwer krank war, er ist im Januar 1957 an Speiseröhrenkrebs gestorben. Er wäre mit Sicherheit eine weit bessere Wahl gewesen als dieser Spencer Tracy.

Der ganze Film, so empfindet es der Nobelpreisträger, ist eine Lachnummer und seiner Reputation abträglich. Auf dem Papier hat sich das Filmskript von Peter Viertel, einem jungen Hollywood-Profi, vernünftig gelesen. Doch Buch und Film sind zwei grundverschiedene Welten. Und Ernest Hemingway hat nie einen Hehl daraus gemacht, dass er all seine Romane und Kurzgeschichten für unverfilmbar hält. Bei seinen Texten kommt es auf die *Eisberg*-Phantasie an, während ein Spielfilm naturgemäß optisch aus dem Vollen schöpfen muss.

Wie befürchtet wird *Der alte Mann und das Meer* auch an der Kinokasse in den USA zum Flop. Ein Filmkritiker gipfelt seinen Verriss in der Aufforderung: Vergessen Sie diesen Film, lesen Sie das Buch! Darin mag der einzige Nutzen des ganzen Fiaskos liegen: Der Spielfilm kurbelt die Verkäufe von Hemingways Roman nochmals kräftig an, in den Vereinigten Staaten und weltweit.

Selbst dieser Umstand kann den großen Ernest Hemingway wenig trösten. Nach all dem Lug und Trug ist Hollywood für den Nobelpreisträger mit diesem Tag gestorben, ein für alle Mal. Der Schriftsteller fühlt sich von der Welt geschnitten und hintergangen, irgendwelche dunklen Mächte haben dem Vater zum wiederholten Mal ins Bier gepisst.

29. Das Paradies liegt in Trümmern

Der einst legendäre ‚Cabo Blanco Fishing Club‘ verfällt immer mehr zum Geisterhaus am blauen Pazifik Perus. Cabo Blanco, im März 2016.

Im Oktober 1968 ist Schluss mit lustig. Auf einen Schlag findet die Existenz des *Cabo Blanco Fishing Clubs* ihr Ende, das exklusive Anwesen am Pazifik muss seine Pforten für die Sportangler schließen. Im März 1954 haben die Mitglieder die Eröffnung ihres edlen Klubs voller Zuversicht gefeiert, doch mehr als 14 Jahre sind dem *Fishing Club* an der Nordküste Perus nicht vergönnt. Die politische Großwetterlage in dem Andenstaat lässt das extravagante Freizeitvergnügen nicht mehr zu.

Im Morgengrauen des 3. Oktober 1968 klingeln putschende Offiziere im Präsidentenpalast an der Plaza de Armas in Lima den gewählten Präsidenten Fernando Belaúnde Terry, einen rechtschaffenen bürgerlichen Herrn, aus dem Bett. Sie nehmen den im Volk beliebten Mittfünfziger in seinem Morgenmantel in Gewahrsam und zwingen den liberalen Politiker ins Exil nach Argentinien. Mit dem Putsch der linken Generäle wird in Peru nicht nur der Demokratie, sondern zugleich dem *Cabo Blanco Fishing Club* der Garaus bereitet.

Auf den Sturz des Präsidenten Belaúnde Terry folgen zwölf dunkle Jahre. Für protzige Späße wie jene, die im *Fishing Club* veranstaltet werden, ist in den revolutionären Phantasiegebilden der Obristen kein Platz vorgesehen. Die Militärherren des Generals Juan Velasco Alvarado verstaatlichen die US-amerikanische *International Petroleum Company* und die englische *Lobitos Oil*, die Gegend am Pazifik rund um die Bohrtürme erklärt man kurzerhand zu militärischem Sperrgebiet. Die Zufahrt nach Cabo Blanco wird von der Armee bereits hinter El Alto gesperrt, der *Fishing Club* ist von der Außenwelt abgeschnitten.

Im Putschmonat Oktober stellt der *Cabo Blanco Fishing Club* die Aktivitäten für seine Mitglieder offiziell ein. In Anbetracht der aufgewühlten Stimmung im Lande würde die Fortführung eines solch elitären Klubs, der zudem von ausländischen Gesellschaftern geprägt ist, mit der Gefahr für Leib und Leben einhergehen. Zwar versucht der Klubpräsident Enrique Pardo Heeren ein halbes Jahr später, im April 1969, andere Teilhaber,

Einheimische und Peruaner mit Verbindungen, für das Unternehmen zu gewinnen. Mit dem Ziel, den *Fishing Club* als Tourismus-Dienstleister neu zu positionieren. Enrique Pardo kämpft um den Klub, doch gegen die revolutionär aufgeheizte Agitation im Land ist nicht anzukommen.

Die Militärjunta in Lima verfolgt eigene Pläne. Der neue Präsident Juan Velasco Alvarado stammt aus dem nahen Piura, der Vater hat in Talara als Lehrer gearbeitet, der linksgerichtete General kennt sich in der Gegend bestens aus. Sein Obristenregime will den *Cabo Blanco Fishing Club* zu einem Treffpunkt für die politischen und militärischen Funktionärskader des Landes umgestalten. Doch aus dem schönen Plan wird nichts, niemand kümmert sich so richtig um das Anwesen.

Nach den Militärs kommen die Ratten. Das Interieur des Klubhauses wird geplündert, die Boote im Hafen verlottern, die ganze Anlage verfällt. Im Jahr 1970 lässt Klubpräsident Enrique Pardo Heeren den *Cabo Blanco Fishing Club* schließlich aus dem öffentlichen Register streichen. Zermürbt von zahlreichen Anfeindungen, er selbst hat die im Familienbesitz befindlichen Zuckerrohrfarmen in Tumán durch Enteignung verloren, gibt der Peruaner sein Lieblingsprojekt auf.

Enrique Pardo Heeren stirbt 1988 in Lima, mit 82 Jahren, seine Witwe Rita Tennant erinnert sich, wie sehr ihrem Ehemann die Sorgen um den *Cabo Blanco Fishing Club* den Schlaf geraubt haben. Monatelang hat er aus eigener Tasche die Angestellten bezahlt, ebenso wie die Abgaben und Steuern, selbst als es für die Belegschaft gar nichts mehr zu tun gibt in Cabo Blanco. Denn das Herz des Enrique Pardo Heeren schlägt zu sehr für dieses Projekt.

Der Verfall des *Cabo Blanco Fishing Clubs* ist nicht mehr aufzuhalten. In den 1970er Jahren wohnen Ölarbeiter und deren Familien auf dem Klubgelände, es macht das Ganze nicht besser, mehr und mehr verwahrlost das gesamte Anwesen. Im Mai 1973 verbietet die sozialistische Militärregierung dann das Privatunternehmertum im Fischereiwesen und fasst alle diesbezüglichen Aktivitäten in den neugegründeten Staatsbetrieb

Pesca Perú zusammen. Die *pesquería* des Landes an der lang-gezogenen fischreichen Küste verliert nach dem Verbot des privaten Unternehmertums rasant an Wettbewerbsfähigkeit und verschludert.

Mit einem Federstrich werden auch die großen landwirt-schaftlichen Güter im Norden verstaatlicht, die Baumwoll-farmen und Obstplantagen, die mit hohen Aufwendungen und viel Fleiß der Wüste abgetrotzt wurden. Ebenso werden die Bergbauminen in Cajamarca und in der Provinz Tacna, die Gold, Silber und Kupfer abbauen, in Staatsaufsicht überführt. Investitionen und Arbeitseifer kommen zum Erliegen, die gesamte Binnenwirtschaft Perus bewegt sich auf einen Kollaps zu.

Der Niedergang von Cabo Blanco hat in Wirklichkeit jedoch schon Ende der 1950er Jahre begonnen, ein Jahrzehnt vor dem Militärputsch. Die um sich greifende Industrialisierung des Fischfangs in Nordperu sorgt für die Überfischung des Pazifiks. Erschwerend machen sich unheilige Praktiken breit wie der Bei-fang, das Fischen mit Sprengstoff und mittels Geisternetzen oder das Meeresgrund-Fischen mit Baumkurren und anderen Grundschleppnetzen.

Durch die pervertierte industrielle Ausbeutung des Meeres reißt die natürliche Nahrungskette im Stillen Ozean. Erst machen sich die Anchovis rar, dann bleibt der *bonito* weg, und ohne *bonito*, die Hauptnahrung von Marlin und Schwertfisch, verschwinden dann auch die Großfische wie der schwarze Mar-lin in immer tiefere Gewässer.

Aufgrund der ökonomischen Geisterfahrt während der zwölf-jährigen Diktatur der Militärs bricht schließlich der gesamte Tourismus ein. Selbst in der Hochsaison, die am peruanischen Pazifik von November bis Februar dauert, finden in jenen Jahren weder ausländische noch einheimische Touristen den Weg an die Strände der Nordküste. Als sei dies nicht genug der Heimsuchung, gesellen sich zum politischen und wirtschaft-lichen Niedergang nun noch bizarre Eskapaden der Naturgewal-ten.

El Niño wütet in immer kürzeren Abständen in der Region und hinterlässt desaströse Schädigungen für Mensch und Umwelt. Neben dem Sturzregen des Christuskindes bedroht der *Pazifische Feuerring* den Landstrich mit Erdstößen und Tsunamis. Mit seinem Vulkanbogen umarmt der Feuerring den Ozean von der Südspitze des Kontinents über die Andenkette entlang nach Nordamerika hinauf und von dort bis hin nach Japan. Das ganze Gebiet zwischen Tumbes und Chiclayo wird zwei Jahrzehnte lang von Naturkatastrophen und politischem Irrsinn heftig durchgeschüttelt.

Selbst heute, über 40 Jahre nach Ende der Militärdiktatur, hat sich die Gegend immer noch nicht vollständig von dem sozialistischen Experiment erholt. Nur in kleinen Schritten kann Leben einziehen in den Norden, erst seit wenigen Jahren blühen die Seebäder wie Máncora und Punta Sal von Neuem fröhlich auf. Colán, Playa Cangrejos und El Ñuro heißen andere beschauliche Küstenorte, an die es Einheimische an den sonnigen Wochenenden nun zieht.

Und Cabo Blanco? Von dem pittoresken Fischerdorf spricht kaum jemand, es bleibt ein vergessenes Kaff unterhalb von Kilometer 1.137 der Panamericana. Die Reisenden aus nah und fern machen um den kleinen Flecken an der Küste einen Bogen, selbst ein Ernest Hemingway vermag daran wenig zu ändern. Das Hochseeangeln vor der Pazifikküste ist nur ein Schatten erfolgreicher Tage, so wie es mit dem ganzen Land lange nicht besonders gut gelaufen ist. Die Diktatur der Generäle hat Peru ein schreckliches Wirtschaftschaos und eine Verarmung bis in die Mittelschicht hinein beschert, die Volkswirtschaft ist um Jahrzehnte zurückgeworfen worden.

So sind von der Militärregierung alle wichtigen Medien ihren Eigentümern entrissen und sogenannten *Basisorganisationen* übereignet worden. *El Comercio*, das seit 1839 verlegte großbürgerliche Traditionsblatt, wird unter die Fuchtel des Bauernverbandes gestellt. Die fortan von Verwaltungsbeamten kontrollierte Zeitung liest sich entsprechend. Erst nach Wiedereinsetzung der Demokratie wird *El Comercio* im Jahr 1980 der Gründerfamilie Miró Quesada zurückgegeben. Es ist zugleich das Jahr, in dem der 1968 weggeputschte und des Landes verjagte Präsident Fernando Belaúnde Terry in demokratischen Wahlen von den Peruanern erneut als Staatsoberhaupt eingesetzt wird.

Belaúnde Terry übernimmt ein Land am Rande des Abgrunds. Die Bilanz des sozialistischen Abenteuers fällt verheerend aus. Die Löhne, so man überhaupt Arbeit besitzt, sind erbärmlich, als Rente erhält man umgerechnet 20 oder 30 Dollar im Monat, die Lebensmittel sind so teuer wie in New York. Es wird nirgends investiert im Andenstaat, die Binnenwirtschaft liegt vollkommen brach. Des Öfteren wird in der Hauptstadt morgens das Wasser abgestellt und wenn die Versorgung nach dem *corte de agua* am Abend endlich wieder läuft, dann tröpfelt aus Limas Wasserleitungen lediglich eine dünne braune Brühe.

Das Schlimmste sollte noch kommen. Bald treiben in Peru blutrünstige Terroristen ihr Unwesen. In Miraflores, Barranco und San Isidro, den Reichenvierteln Limas, hängen in den 1980er Jahren Hunde mit den Hinterpfoten an Laternenpfählen und im Maul der toten Viecher steckt eine Stange Dynamit. Um Mitternacht erblicken die Bewohner der Hauptstadt auf den fernen Hügeln im Osten glühende Feuerkränze aus brennenden Ölfässern. Strahlende Funken, die sich als Hammer und Sichel in die dunkle Nacht hinein brennen. Den feurigen Gruß schickt eine maoistische Terrorgruppe, die sich den poetischen Namen *Sendero Luminoso* zugelegt hat.

Diesem *Leuchtenden Pfad* unter seinem Anführer *Presidente Gonzalo*, der bürgerlich eigentlich Abimael Guzmán heißt und der zuvor ein Philosophie-Professor aus Ayacucho gewesen ist, wollen dann doch die wenigsten Peruaner freiwillig folgen. Dennoch gelingt es *Presidente Gonzalo* und seinen Spießgesellen, das ganze Land ein Jahrzehnt in Angst und Schrecken zu versetzen.

Die Dekaden der 1970er und 1980er sind fürchterlich gewesen für Peru, doch in den letzten Jahren hat sich dieses wunderbare Land wirtschaftlich und sozial gemausert. Ein Präsident, der aus Japan stammende Alberto Fujimori, hat ab

1990 den Terrorismus in die Knie gezwungen, die Produktion auf Wettbewerb getrimmt und den Export angekurbelt. Der *Chino,* wie Fujimori von seinen Landsleuten liebevoll genannt wird, hat den Peruanern unternehmerisches Denken beigebracht, analysiert ein Freund, der sich mit Wirtschaft auskennt.

Die rigorosen Strukturreformen während der zehnjährigen Präsidentschaft Fujimoris greifen, die Binnenwirtschaft des Landes boomt bis zur Corona-Krise wie keine zweite in Südamerika, Wachstumsraten zwischen 5 und 8 Prozent können vermeldet werden. In Lima schießen die Wolkenkratzer mit schicken Eigentumswohnungen in die Höhe, Unternehmen aus aller Welt investieren in dem Andenland. Die Gastronomie Perus gilt als eine der innovativsten weit und breit, zahlreiche kleine Betriebe haben sich auf dem Markt etabliert, der Tourismus verzeichnet Rekordmarken. Beamtenapparat und Polizei sind nicht mehr ganz so bestechlich wie ehedem, die Infrastruktur wird mit Hilfe europäischer und asiatischer Investoren auf Vordermann gebracht.

Allerdings darf man sich in einem Land wie Peru nicht zu früh freuen, verschont bleibt keiner. Als Dank für das Wirtschaftswunder haben die Peruaner ihren *Chino* nebst seinen berüchtigten Geheimdienstchef Vladimiro Lenin Montesinos dann für Jahrzehnte ins Gefängnis gesteckt und den nächsten korrupten Präsidenten gewählt. Neben all der gewohnten politischen Ranküne läuft allerdings mit dem Humboldt-Strom, der sich von Chile aus bis zur Mitte Perus hochzieht, seit einiger Zeit etwas gründlich schief.

Statt frischer Brisen, kühlender Strömung und dem üblichen Nieselregen bleibt es an der Küste stickig. Weiter oben im Norden regnet es wenig, aber wenn einmal der Regen einsetzt, dann klatschen breite Schauer stundenlang auf die Erde. Die Flüsse zwängen sich aus ihren Betten und Fluten von Wasser schießen über den kahlen Landstrich. Überschwemmungen, Erdrutsche und Brückeneinstürze lassen die kleinen Küstendörfer wie Cabo Blanco mit ihren Bretterbuden dann im Schlamm und Hochwasser absaufen.

Alle fünf bis sieben Jahre drückt der tropische Äquatorial-Strom *El Niño* meist ab Dezember, daher der Name, den kühlen Humboldt-Strom zurück nach Süden. Weil die Passatwinde über dem Pazifik von Südosten ausbleiben, oder die Richtung wechseln und von Nordwesten blasen, kommt der frische Humboldt-Strom vor Peru dann zum Erliegen. Das Wasser um die Äquatoriallinie herum erwärmt sich, die Oberflächentemperatur des Meeres steigt manchmal um bis zu fünf Grad. Über dem großen Warmwassergebiet entstehen riesige Verdunstungsmassen, die sich in heftigen Regenfällen und kräftigen Gewittern auf den trockenen Böden entladen.

Man kennt das Phänomen im Norden Perus schon aus inkaischer Zeit, seit Jahrhunderten schiebt *El Niño* diesen Mix aus Affenhitze und hartem Platzregen über das Land. Tagelang prasselt der extreme Starkregen auf die Dörfer, die Straßen stehen unter Wasser, ganze Stadtviertel werden überflutet und von der Außenwelt abgeschnitten. In der Provinzmetropole Piura – die sich *ciudad del eterno calor* nennt – kann im Frühjahr 2017 die Kathedrale nur mit dem Boot erreicht werden, weil die zentrale *Plaza de Armas* dieser *Stadt der ewigen Hitze* mannshoch unter Wasser steht. Das Wetter spielt in Folge des Christuskindes verrückt, nicht nur in Peru, sondern weltweit.

Auf *El Niño* folgt *La Niña*, in deren Verlauf sich der Pazifik durch starke Passatwinde rasch abkühlt, das warme Wasser wird nach Südostasien getrieben. Der Wettergott dreht eine neue Pirouette, *El Niño* verkehrt sich in sein Gegenteil. In Nordperu regnet es dann monatelang nicht und die Wüstenböden an der Küste dörren ganz aus. So wird der Landstrich zwischen Piura und Tumbes von *El Niño* und *La Niña* sowie von einer weiteren Spielart namens *El Niño Costero* hin und her geschleudert zwischen mörderischen Regenschauern und staubtrockener Bruthitze.

Die Auswirkungen für die Bewohner sind fatal: Infektionen und Virus-Erkrankungen wie Malaria und das Dengue-Fieber verbreiten sich, den örtlichen Krankenhäusern geht die Medizin aus. Wenn dann COVID-19 noch dazukommt, bricht die sanitäre Infrastruktur vollends ein. Die gesamte Region steckt so tief im Dreck, dass die Zentralregierung meist den Notstand ausruft. Nach dem ganzen Debakel flickt man alles notdürftig zusammen und wartet auf die nächste Katastrophe.

Das Anwesen des ehemaligen *Cabo Blanco Fishing Clubs* wird heute am Ortseingang, einige Meter nach der Abzweigung zur Zufahrtsstraße abgesperrt und von einem uniformierten Wachmann an einem Schlagbaum gesichert. Hinter ihm sieht man im Gelände die Ölleitungen der Petrofirmen. Ich solle abhauen, staucht mich der Wächter missmutig zusammen, als wir uns bedächtig mit dem Auto nähern. Dies sei Privatgelände der Ölgesellschaft, donnert er, hier habe kein Fremder etwas zu suchen. Und der dürre Hund neben ihm bellt, als ob er einen Einbruch in den Kronjuwelen-Palast zu verhindern habe.

Wir setzen ein freundliches Gesicht auf, der Schlagbaum bleibt unten. Der Wächter baut sich vor uns auf und zeigt sich weiterhin miesepetrig. Ich möchte bloß schauen, wo Ernest Hemingway gewohnt hat, erwidere ich höflich dem Wachposten, der immer übellauniger dreinblickt. Verpiss dich, lautet nun die ruppige Antwort, dieser Hemingway ist schon lange tot. Das kann nicht sein, entgegne ich, letzte Woche habe ich noch ein Buch von ihm gelesen.

Der *Cabo Blanco Fishing Club* auf der Anhöhe oberhalb des Pazifiks schimmelt lustig vor sich hin. Das ehemals elitäre Klubhotel ist zu einem geisterhaften Gemäuer verfallen, dessen Niedergang jeden Tag unaufhörlich fortschreitet. Der Schriftzug *Cabo Blanco Fishing Club* über der breiten blauen Eingangspforte ist abgeblättert und nur noch schemenhaft auszumachen. Das tragende Mauerwerk droht einzufallen, überall bröckelt der Putz von den Wänden, das Glas der Fensterscheiben ist an den meisten Stellen zerborsten.

Das Gemäuer zeigt sich halb verfallen und ist für Menschen unbewohnbar. Fließend Wasser fließt hier schon lange nicht mehr, von vormaliger Elektrizität zeugen nur noch der Mauer entrissene Stromleitungen. Feuchtigkeit ist in die Wände und in den Boden gedrungen, die Decke ist an vielen Stellen eingerissen und droht ganz herabzufallen, eine Renovierung wäre vollkommen nutzlos.

Die ockerfarbene Treppe mit Gelände zum Obergeschoss ist erhalten, doch sämtliche Gästeräume – in Parterre wie auch im ersten Stockwerk – sind dem Verfall preisgegeben. In der Küche im Untergeschoss liegen Rohre und Kabel offen herum, die Küchengeräte sind allesamt geplündert. Es sieht aus, als befinde man sich mitten im Krieg. Der Gemeinschaftsraum riecht nach Moder und Fäulnis, der weitläufige Gebäudeteil ist vollkommen leer, kein Tisch und kein Stuhl sind auszumachen, in den Ecken liegt wild Gerümpel und Unrat.

Sämtliche Möbelstücke in dem verfallenen Anwesen sind geräubert. Die Wände zeigen sich kahl, die Bilder und die schwarze Stecktafel mit den Klubrekorden sind verschwunden. Nur der Kamin im Speisesaal ist weitgehend erhalten. Über der offenen Feuerstelle, dort wo früher der riesige Holz-Marlin hing, klafft eine Lücke. Widerspenstig steht in der Ecke der Lobby nach wie vor die kleine rötliche Whiskey-Bar, die Jahrzehnte haben ihr wenig anhaben können.

Allerdings scheint es nicht der originale Tresen zu sein, denn die ganze Theke ist damals mit Bambusrohr verkleidet gewesen, wie auf alten Fotografien zu erkennen ist. Doch anscheinend ist einzig die Verkleidung entwendet worden, ansonsten sieht alles noch aus wie die Bar, an der Ernest Hemingway jeden Abend seinen Drinks zugesprochen hat. Ich zeige auf den Platz, zur Mitte der Längsseite, auf jene Stelle, wo er, nach den Fotos zu urteilen, vor seinem Whiskey- und Wasserglas gestanden haben muss und zu seinen Monologen angesetzt hat. Sogar ein Barhocker steht noch da. Der Stuhl des *Maestros* ist verwaist, brummele ich.

Das Zimmer mit der Nummer 5, dort wo Ernest Hemingway 36 Nächte geschlafen hat, liegt am Ende des Ganges. Ich finde den Raum komplett leergeräumt vor, selbst der Knauf der Eingangstüre wurde gestohlen. Der Bodenbelag ist herausgerissen, Fäulnis hat sich in das Fundament gesogen, rundherum riecht es stechend nach Morast und Fäkalien. Die rechteckige Kammer, sicher nicht größer als zwölf Quadratmeter, kommt einem auch unmöbliert winzig vor. Das kleine Zimmer wäre mit einem Einzelbett, einem bescheidenen Schrank, einem Tisch mit Stuhl und mit einer Nachtkommode im Nu vollgestellt.

Aus den Tagen des Ernest Hemingway in Cabo Blanco ist gerade mal die weiße Jugendstil-Lampe in der gusseisernen dunklen Fassung an der Wand übrig geblieben. Von der Decke hängt noch eine pittoreske, in schwarzes Eisen gefasste Leuchte herunter. Ansonsten ist der Raum ganz und gar leer und verwahrlost, in dieser Rumpelkammer hat seit Jahrzehnten keiner mehr gewohnt.

In dem engen Baderaum hinter dem Zimmer vermag man sich den Hünen Ernest Hemingway nur schwer vorzustellen. Duscharmatur und Toilettenschüssel wurden herausgerissen, der zwergenhafte Raum ist wie eine Besenkammer vollgestellt mit Plunder, leeren Konservengläsern und zwei alten Fahrradreifen. Bei *Miss Mary* in Zimmer Nummer 4 sieht es nebenan nicht besser aus.

Draußen auf der offenen Terrasse drückt das Pazifikklima seine Tropenhitze gegen die Ruine. Auf der Veranda sind die Geländer abmontiert und die Pflasterung aufgebrochen. In der Mitte befindet sich heute ein ovaler Swimmingpool, ungefähr auf Höhe der Zimmer mit den Nummern 4 und 5, genau vor jenen Räumlichkeiten, in denen die Hemingways im April und Mai 1956 gewohnt haben. Zu Ernests Tagen hat es diesen kleinen Pool nicht gegeben, das Bassin ist über die Jahre als bequeme Abfallgrube genutzt worden.

Von der Veranda aus kann der Besucher kilometerweit nach Süden und nach Norden blicken. Der lange Strand unterhalb des Klubhauses döst unberührt und menschenleer vor sich hin. Von der Auffahrt zum *Cabo Blanco Fishing Club*, die einst mystisch von Marlinflossen auf hohen Holzpfählen gesäumt wurde, ist in diesen Tagen nur eine krumpelige Schotterpiste übrig geblieben.

Oscar Uriarte hat vom jetzigen Eigentümer Rodrigo Villegas den Auftrag, auf das Geisterhaus am Pazifik aufzupassen. Was soll er machen? Im Gebäude fallen die Decken und die Wände so langsam in sich zusammen, streng stinkt es in allen Ecken und aus allen Enden nach Schlick und Scheiße. Sämtliches, was nicht niet- und nagelfest ist, hat man längst gestohlen. Der Dreck ist tief in die Poren des Anwesens eingedrungen und wird nicht weichen.

Es bleibt ein jämmerlicher Anblick, der sich einem beim Inspizieren dieser historischen Stätte eröffnet. Der erbärmliche Zustand des *Cabo Blanco Fishing Clubs* will einem die Traurigkeit ins Gesicht treiben. In den nächsten Monaten werde die Ruine wohl ganz abgerissen, hier sei nichts mehr zu machen, meint der Wächter Oscar. Möglicherweise werde man etwas Neues bauen. Der Besucher ist geschockt und zutiefst bedrückt, wenn man dieses ausgezehrte Anwesen abschreitet, und sich obendrein die guten alten Tage vor Augen hält.

Und so tritt man unfroh und arg verdattert aus dieser tristen Ruine auf die Veranda heraus. Doch Knall auf Fall hellt sich der Gemütszustand auf. Von der zerbröselnden Terrasse des ehemaligen *Cabo Blanco Fishing Clubs* bekommt man noch heute ein grandioses Panorama über den unendlichen Pazifik geboten. Sobald man das weite Blau des Meeres vor sich erblickt und die glühende Sonne am kräftigen Himmel da oben spürt, dann wandelt sich unvermittelt des Besuchers Gemütsverfassung. Mit einem Mal kehrt die Zuversicht zurück.

Von goldfarbenen Sonnenstrahlen beschirmt, breitet sich der nicht enden wollende Ozean majestätisch in Richtung Westen aus. Und kein Zerfall und keine Verwahrlosung stellen sich dem Betrachter in den Blick. Von Fäule und Verfall dreht man sich um die halbe Achse und erspäht das kräftige Blau und das glitzernde Gold der Natur.

Und zwangsläufig schießen einem die Gedanken in den Kopf: Da können die Gemäuer noch so auseinanderbrechen, da können bellende Hunde, bewaffnete Soldaten und die Ratten einfallen, da mögen die Jahre und die Dekaden noch so wüten, dieses ultramarinfarbene Meer und dieser azurblaue Himmel, es sind dieselben Naturwunder, die Ernest Hemingway gesehen hat.

Seinen Höhepunkt hat Cabo Blanco in den 1950ern erlebt. Nirgends auf dem weiten Planeten hat es in jener Zeit einen Landstrich gegeben, der beim Fischen der *picudos* mithalten konnte. „Dieser Ort war einer der großartigsten Plätze des Jahrhunderts", meint Alfred C. Glassell, als man ihn 90-jährig vor einigen Jahren interviewte. „Es gab vorher nicht Vergleichbares, und es wird auch nie mehr etwas Vergleichbares geben." Und das Urteil des Mannes, der mit eigener Hand den größten Fisch aller Zeiten aus dem Meer gezogen hat, bleibt unmissverständlich: „Of all the places I fished in the world, it was the best." Cabo Blanco, es spricht der Rekordhalter aller Angler, war der beste Platz auf der Welt zum Fischen.

Der *Black Marlin Boulevard* im Norden Perus ist Geschichte. Wenn auch nur die Erinnerung übrig geblieben ist, aller Vergänglichkeit zum Trotz, diese Erinnerung kann einem keiner nehmen. Eine großartige Episode im Leben einiger großartiger Menschen hat mit dem *Cabo Blanco Fishing Club* ein Ende gefunden. So wie *der alte Mann* Santiago den Fisch fängt, ihn dann doch wieder verliert, so ist auch dieses bescheidene Fischerdorf nach großen Tagen zu dem zurückgekehrt, was es vor seiner Blütezeit einmal gewesen ist. Ein staubiges Nest mit ein paar bunten Bretterbuden unterhalb der Panamericana.

Und so blickt man auf diesen Landstrich mit einem sentimentalen Gefühl von Betrübnis und Wehmut. Man könnte hadern und verzweifeln, dass aller Glanz auch einem Endpunkt zugeht. Wenn da nicht dieser blaue Himmel wäre, der über Cabo Blanco wacht. Und wenn da nicht dieser königsblaue Ozean vor einem läge, der sich groß und wild austobt, grenzenlos und gewaltig, über Jahrzehnte und Jahrhunderte. Himmel und Meer wirken auf Cabo Blanco gleichsam wie der unzerstörbare Rahmen eines Bildes, in dem sich dann das kleine Leben abspielt.

Etliche Erschwernisse und genügend Verwehrungen pflastern des Menschen Lebensweg. Und am Horizont wartet auf alle mit Bestimmtheit der endgültige Niedergang. *Ein Mann kann zerstört werden, aber nicht besiegt.* Allgemein verständlich umschreibt der *Maestro* die Kraft, die man zum Leben braucht. *A man can be destroyed but not defeated.* Ein Mensch kann äußerlich zerstört werden und innerlich trotzdem stark bleiben. Jeder von uns hat solch eine Situation schon erlebt. Ein Mensch kann eine Niederlage erleiden, er muss jedoch kämpfen bis zum Schluss. *Beated but not defeated,* man kann geschlagen werden, aber nicht besiegt. Solange ein Mann – Ernest Hemingway meint natürlich ein Mensch – sich nicht selber aufgibt, einerlei wie viele Tiefschläge er erlitten hat, solange kann er nicht besiegt werden. *Ein Mensch kann zerstört werden, aber nicht besiegt.*

Auf solche Weise würdigt dieser oft ungehobelte Wüterich aus Chicago den freien Willen von uns Männern und Frauen. Er möchte die Willenskraft des Einzelnen stärken, indem er der Eigenverantwortlichkeit des Menschen ein literarisches Denkmal setzt. Dieser merkwürdige Trunkenbold und Weiberheld singt das wunderbare Loblied auf das wundersame Individuum. Besiegt werde ich nur, wenn ich es zulasse. In Würde verlieren. Darum geht es Ernest Hemingway.

So wie *der alte Mann*, geschlagen und mit leeren Händen, in sein Dorf zurückkommt. Aber er ist nicht besiegt. Santiago strahlt trotz seiner Niederlage eine menschliche Größe aus, auch weil er sich nicht besiegt gibt und am nächsten Tag mit seinem kleinen Boot wieder herausfahren wird. Und jeder Mensch, genau dies will uns Ernest Hemingway mitteilen, kann seine Würde wahren.

Dieser Schreiber hat sein Gleichnis vom würdevollen Scheitern des einfachen Fischers so beeindruckend erzählt, dass die Leser – egal ob in Helsinki oder Bariloche, ob Hochschullehrer oder Fabrikarbeiter, ob jung oder alt, ob Frau oder Mann – seine Botschaft verstanden haben. Ein schlichter und braver Mensch – also eigentlich wir – muss sich in der Welt behaupten. Er kämpft um seine Würde.

Die wunderbare Erzählung vom alten Fischer, von dem Jungen Manolín, von dem Meer, von dem Marlin, von den gefräßigen Haien und von den Löwen am Ufer, ist eine

Geschichte, die uns bekannt vorkommt. Denn sie ist unsere Geschichte.

Das Werden jedes Menschen besitzt eine Magie, ebenso wie seinem Verlöschen eine Magie innewohnt. Über die Zauberkraft eines Abenteuers namens Leben und über die Stärke und die Würde des Menschen, darüber hat Ernest Hemingway vor allem geschrieben. Und er hat gelebt und geschrieben, besser geht es nicht, und eigentlich müsste man, auch wenn es dem Ende zugeht, nach allem glücklich sein.

Er wusste, dass er jetzt endgültig und unwiderruflich geschlagen war, und er ging ins Heck zurück und fand, dass das zersplitterte Ende der Pinne in die schmale Öffnung des Steuerruders gut genug hineinpasste, um damit zu steuern, und er brachte das Boot auf seinen Kurs. Er segelte jetzt unbeschwert, und er hatte weder Gedanken noch Gefühle irgendwelcher Art. Nichts ging ihn mehr an.

30. Glossar

In diesem Glossar werden spanische, peruanische, kubanische, englische und andere fremdsprachliche Ausdrücke, Redewendungen und Abkürzungen erklärt oder ins Deutsche übertragen. Falls keine sprachliche Herkunft ausgewiesen ist, handelt es sich in der Regel um den kastilischen Begriff.

abrazo, el; abrazos, los die Umarmung(en), herzliche Begrüßung(en)
Adiós! Zu Gott!, Gott befohlen!, Lebewohl!; meist: Auf Wiedersehen!
aficionado, el; aficionados, los der (die) Liebhaber, Kenner; oft: Stierkampf-Fan(s)
agua, el das Wasser
ají, el der Aji-Pfeffer
albacora, el atún albacora der weiße Thunfisch
alemán deutsch
Altiplano (Anden-) Hochland von Peru
Amargo Chuncho Amargo Chuncho Bitters, aromatisierte Spirituose mit bitterem Geschmack aus Peru
Ambassador Botschafter/in, engl.
americano, el der (US-)Amerikaner
amigo, el; amiga, la der Freund; die Freundin
anchoa, la; anchova, la die Anchovis, Sardelle
ángel, el der Engel
AP Associated Press, US-Nachrichtenagentur
APRA Alianza Popular Revolucionaria Americana, Amerikanische Revolutionäre Volksallianz, linkspopulistische Partei in Peru,
atún, el der Thunfisch
Aymara, el; Aimara, el (indigene Sprache der) Ureinwohner in Peru
Backpacker Rucksack-Tourist(en), engl.
banderillero *torero*, der zu Fuß mit kleinen scharfen Spießen und der *Capa* den Stier reizt
barbudo, el der Bärtige, Bartträger
barrilete, el die Winkerkrabbe
barrera, la die (vorderen) guten Plätze in der Stierkampfarena hinter der *Absperrung*
barrio, el das Stadtviertel
bien hecho! Gut gemacht!, In Ordnung!

Billfish Großfisch wie Marlin, Schwertfisch oder Speerfisch, engl.

Black Marlin schwarzer Marlin, engl.

blanco, blanca weiß

bocanegra (tiburón bocanegra), el der Fleckhai

bonito, el Fisch aus der Familie der Makrelen und Thunfische

Book of the Month *Buch des Monats* im Buchklub, engl.

Boom hier: die Blütezeit der lateinamerikanischen Literatur in den 1960er und 1970er Jahren, engl.

boquerones en vinagre Sardellen-Filets in Essig eingelegt, Tapas-Gericht

bueno, buena gut

Buenas noches! Gute Nacht!, Gute Nachtruhe!

cabo, el das Kap, die Landspitze

Cabo Blanco Weißes Kap

cabo, el (allg.) die Bedeutung von *cabo* im Spanischen ist vielfältig; *cabo* bedeutet unter anderem *das Ende* (von *caput*, der Kopf, *caput esse* = unbrauchbar werden, lat.)

calle, la die Straße

camioneta, la der (Pick-up,) Lastenwagen, Kleintransporter

camu-camu vitaminreiche Frucht aus dem Amazonasgebiet

capa, la das rosafarbene Tuch beim Stierkampf

capitán de barco, el der Schiffskapitän

Carajo! Verdammt noch mal!

Caramba! Donnerwetter!, Zum Teufel!

carnada, la der (Fleisch-) Köder

carnalero, el der Präparator eines Köders

carretera, la die Landstraße

castell, el; castells, els Menschen-Burg(en), Menschen-Pyramide(n) in Katalonien, katalanisch

casteller, el Teilnehmer einer Menschen-Pyramide, katalanisch

castellano, el (kastilisches) Spanisch

CBS Columbia Broadcasting System, US-Hörfunk und TV-Network

ceviche, el/cebiche, el kalter marinierter Fischsalat

cerveza, la das Bier

chico, el; chica, la der Junge, Bursche; das Mädchen

chifa, el die chinesisch-peruanische Küche, chinesisch-peruanische Restaurants

chino, el; china, la der Chinese; die Chinesin

cielo, el der Himmel

ciudad del eterno calor Stadt der ewigen Hitze
claro! jawohl, klar, sicher doch
cocalero, el der Coca-Bauer
cocona vitaminreiche Frucht aus dem Amazonasgebiet
cojones, los; tener cojones die Hoden, ‚Eier haben', Mut beweisen
colega, el; colega, la der Kollege; die Kollegin
Colonel der Oberst, militärischer Offiziersrang (engl.)
comercio, el; hier: *El Comercio* der Handel, hier: Tageszeitung aus Lima
conde, el der Graf, Edelmann
conjunto, el die (lateinamerikanische) Musik-Combo
CORPAC Corporación Peruana de Aeropuertos y Aviación Comercial, peruanische Flughafenbehörde
corte de agua, el die Sperrung der Wasserleitungen
corvina, la der Adlerfisch
costeño, el; costeña, la der Küstenbewohner; die Küstenbewohnerin
criollo, criolla kreolisch, hispanoamerikanisch
Croce Rossa Americana Amerikanisches Rotes Kreuz, ital.; englisch: *American Red Cross*
cronista taurino, el der Stierkampf-Reporter
diario, el die Tageszeitung
Dios Gott, Gottvater
Don, Doña respektvolle Anrede, in Kombination mit dem Vornamen
dorada, la die Goldbrasse
dum spiro spero *solange ich atme, hoffe ich*; Cicero, lat.
edición, la die (Zeitungs-) Ausgabe
edición de la tarde, la die Nachmittags-Ausgabe
Editorial Leitartikel bei Zeitungen/Zeitschriften, engl.
el der, maskul. Artikel
El Viejo y el Mar *Der alte Mann und das Meer*
Eldorado, El Dorado das Land des Goldes
en su propia mano/E.S.P.M. zu Händen von/z. Hd.
en suite Bad, das direkt an ein Schlafzimmer angrenzt, franz., Kombi aus Schlafzimmer und Bad in einem Raum
encanto, el die Anmut, der Charme
encierro, el Einschluss, Abriegelung der Gassen beim Bullenauftrieb der *Sanfermines* in Pamplona
enviado especial, el der Sonderkorrespondent
ESPN *Entertainment and Sports Programming Network,* US-

343

amerikanischer TV-Sender

Faucett ehemalige große peruanische Fluggesellschaft

finca, la das Landgut

First Unit erster Stab für Dreharbeiten bei aufwändigen US-Film-produktionen, engl.

Freelancer freier Journalist, engl.

Fusion hier: Vermischung unterschiedlicher Esskulturen und Koch-traditionen, engl.

galano; (tiburón galano), el der Zitronenhai

Game Fishing Sportangeln, engl. auch: *Big Game Fishing*, Groß-wild-Fischen oder Offshore-Sportfischen

GI Bezeichnung für US-amerikanische Soldaten

gladiador, el der Gladiator, hier: Großfisch, peruan.

***Gloria Cubana*, la** preiswerte Havanna-Zigarre

grace Anmut, Liebreiz, Grazie, engl.

great groß, großartig, Spitze!, engl.

Great Depression große Depression, Weltwirtschaftskrise 1929, engl.

gringo, el abschätzig für: US-Amerikaner, der Weiße

grito, el der Schrei, Aufschrei

he is in bad shape er ist in schlechter Verfassung, engl.

Hola! Hallo!

hombre, el der Mann, Kerl

hombro, el die Schulter

IGFA *International Game Fish Association;* Internationale Sportfisch Vereinigung, USA

Jai Alai eine Variante des baskischen *Pelota*-Spiels

José Josef

junta (militar), la das (Militär-) Regime, der Rat, das Bündnis

Keys Florida *Keys*; tropische Inseln an der US-Südspitze

LB Libras, Abk.; (angelsächsische Gewichts) Pfund

lenguado, el die Seezunge

leprosorio, el die Lepra-Heilanstalt, Leprakolonie

limeño, el; limeña, la der Bewohner (die Bewohnerin) Limas

lo dijimos todo wir haben uns alles gesagt

lomo saltado *Hüpfende Lende*; populäres peruanisches Fleischgericht

Loyalist(en) regierungstreue Kräfte im Spanischen Bürgerkrieg; Gegner des franquistischen Putsches

machismo, el der Männlichkeitswahn in Lateinamerika

maestro, el der (Groß) Meister
malo; mala schlecht
Maniok nahrhafte Wurzelknolle, Yuca
mano, la die Hand
mar, el; auch: la mar das Meer
marciano, el der Marsmensch
marinera, la peruanischer Tanz
Marines United States Marine Corps, US-Marinekorps
más o menos mehr oder weniger
matar töten
matador, el (der tötende) Stierkämpfer
Máximo Líder, el der oberste Führer; Bezeichnung für Fidel Castro
merlín, el der Marlin
merlín negro, el der schwarze Marlin
merlín rayado, el der Streifenmarlin
mero, el der Zackenbarsch
mestizo, el; mestiza, la Mestize, gemischtrassige(r) Mann/Frau
miércoles, el Mittwoch, manchmal auch für *mierda* gebräuchlich
mierda, la der Mist, die Scheiße
mi querido hijo cubano mein lieber kubanischer Sohn, Anrede
Miraflores europäisch geprägter Stadtteil Limas
Montilla, el andalusischer Wein aus der Region Córdoba
morir sterben
mot juste, le das richtige Wort, der passende Ausdruck, franz.
muchacho, el der junge Kerl, Bursche
muerte, la der Tod
muleta, la das rote Tuch des Stierkämpfers
música, la die Musik
música criolla, la die kreolische (peruanische) Musik
muy sehr, arg, ungemein
nada nichts
nadie niemand
Navy Kriegsmarine der USA
Ngàje Ngài *das Haus Gottes*, Metapher in der afrikanischen Massai-Mythologie
niño (Jesús), el; hier: El Niño das (Christus) Kind, hier: Klima-Phänomen
niña, la; hier: La Niña das Mädchen, Gegenklima zu *El Niño*
no hay remedio da kann man nichts machen

noche, la; noches, las die Nacht, die Nächte
norteño, el Bewohner des Nordens
Opener Eröffnung, Einleitungsworte, engl.
Orisha Götter in der Volksreligion der Yoruba
Pablito -ito/ita, Koseform, Verniedlichung bei Vornamen
Palacio de los Gritos, el der Palast der Jubelschreie
pato, el die Ente; bisweilen auch: Bett-Ente = Urinflasche, Urin-Ente (umgangssprachlich)
Pelota *Pelota Vasca* ist ein baskisches Rückschlagspiel, bei dem zwei Spieler/zwei Zweierteams einen Ball gegen eine Prellwand schlagen
Pensión 65 Sozialhilfe für Rentner in Peru
Pepe Koseform für José
pescar fischen, angeln
pesca, la das Fischen, das Angeln
Pescando Marlin Marlin fischen
pesquería, la die Fischerei, das Fischereiwesen
petit, petite klein, franz.
pez espada, el der Schwertfisch
pez sierra, el der Sägefisch
pez vela, el der Segelfisch
picador, el *torero*, der als Reiter auf einem gepanzerten Pferd mit der Lanze den Stier attackiert
picar stechen, beißen, anbeißen
picudo, Adj., spitz, kantig
picudo, el der Großfisch, (peruan.)
pisco, el peruanischer Traubenschnaps
Pisco Sour peruanischer Cocktail aus Pisco, Limette, Zuckersirup und Eiweiß
playa, la der Strand
plaza, la der Platz
plaza de armas, la *Waffen-Platz*; Hauptplatz einer peruanischen Stadt
plaza de toros, la die Stierkampf-Arena
Plot Handlung, Handlungsstrang, engl.
porteño, el; porteña, la Einwohner(in) einer Hafenstadt (puerto), üblicher Begriff für den Bewohner von Buenos Aires
prensa, la die Presse
pueblo, el das Dorf, auch: das Volk
pues also, nun ja, nun denn
puerto, el der Hafen, die Hafenstadt

Quechua (indigene Sprache der) Ureinwohner im Anden-Tiefland

Quedó algo por decirle? Blieb etwas, dass ich ihm sagen sollte? Blieb etwas offen?

recibir empfangen, erhalten

recibiendo, el Technik im Stierkampf, bei der ein Stier ohne Zutun des Matadors in den Degen läuft

róbalo, el der (Wolfs) Barsch

ron, el der Rum

roosterfish *Nematistius pectoralis*, seltener Pazifikfisch, ähnlich der Stachelmakrelen.

S. A. *Sociedad Anónima*; Aktiengesellschaft

salao; auch: **salado** Unglück bringend, kuban.; auch: salar algo, etwas verderben

saludo, el der Gruß

Santería, la populäre afrokubanische Religion mit katholischen Anklängen

Scoop journalistischer Knüller, engl.

Second Unit zweiter Stab für Dreharbeiten bei aufwändigen US-Filmproduktionen, engl.

Sendero Luminoso *Leuchtender Pfad*, maoistische Terrorgruppe in Peru, vor allem in den 1970er- und 1980er Jahren

señor, el; señora, la der Herr, die Frau; auch als Anrede

Short Story (Gattung der) Kurzgeschichte, engl.

sierra, el; pez sierra, el der Sägefisch

simpático, simpática sympathisch

sloppy schlampig, liederlich, engl.

socio, el; socia, la das Mitglied, der (die) Teilhaber(in), Partner(in)

sol, el die Sonne

sombrero, el der (Stroh-) Hut

sordo, sorda taub

Striped Marlin der Streifenmarlin, engl.

Subsistenzwirtschaft (kleinbäuerliche) Selbstversorgung

suicidarse Selbstmord begehen, sich umbringen

Swordfish der Schwertfisch, engl.

tauromaquia, la historisches Regelwerk des spanischen Stierkampfes

tarde, la der Nachmittag, auch: früher Abend

tercio, el das Drittel

tocar el cielo con la mano mit der Hand den Himmel berühren

torero, el der Stierkämpfer; zu den *toreros* zählen: der *matador*, die *banderilleros* und die *picadores*

toro, el der Stier

Track Record Leistungsaufzählung, Erfolgsgeschichte, engl.

Tuna Thunfisch, amerik.

un(o), una ein, eine

UP United Press; US-amerikanische Nachrichtenagentur

Vámonos! Lasst uns gehen!, Auf geht's!

vida, la das Leben

viejo, vieja, Adj., alt

viejo, el Subst., der Alte,

we are all bitched from the start wir alle sind von Anfang an gekniffen, wir alle sind von Anfang an verkorkst/geliefert, engl.

Windfall Profits Glücksgewinne, unverhoffte Einnahmen, Erträge ohne eigenes Zutun, engl.

Wirephoto per Kabel übermitteltes Foto, engl.

ya no puede er kann nicht mehr; es geht nicht mehr

Yearbook Almanach, Jahrbuch, engl.

31. Personen- und Werke-Verzeichnis

Die Personen sind unter ihrem Nachnamen aufgeführt. Ernest Hemingway wird nicht eigens registriert, denn er kommt praktisch auf jeder Seite vor.

Boadas, Miguel 81
Bogart, Humphrey 157, 320, 324
Borges, Jorge Luis 62f
Bosch, Hieronymus 135
Braque, Georges 85
Brennan, Walter 320
Briggs, Ellis 66, 184f, 208, 217ff, 266
Bronson, Charles 72

Cabot, John 222
Cabrea, Francisco 'Pancho' 216
Cabrera Infante, Guillermo 320f
Caín, G. 320
Campoamor, Fernando 225
Cantinflas 96
Capa, Cornell 92
Capa, Robert 92, 199
Carpenter, William 97
Carroll, C. N. 94, 98
Cartwright, Reginald 248
Castillo, José Abel 58
Castillo-Puche, José Luis 247, 249
Castro Maya, Raymundo de 97f
Castro, Ángel 241
Castro, Fidel 213, 241f, 250, 345
Ccosi Salas, Luis 125
Céspedes, Matilde 126
Cézanne, Paul 135f
Chávez Rondoy, Juan Francisco 284
Chávez, Jorge 211
Christiansen, Allan 97
Christiansen, Jack 97
Cicero 343
Cienfuegos, Camilo 241
Classen, William 31, 142f, 165
Clavijo, Eleuterio 126
Coates, Frances Elizabeth 84
Como, Perry 10
Cooper, Gary 324
Cortázar, Julio 309
Córdova, Hilton 126

352

354

Tolstoi, Leo 135
Tong, Santiago 123f
Tracy, Spencer 35, 172, 211, 316ff, 324
Tume, Mercedes 177, 271, 278
Tume, Rufino 111, 117, 184, 271f, 275f, 278, 281ff
Turner, Lana 157
Twain, Mark 135

Uriarte, Oscar 336

Vallejo, César 310f
van Gogh, Vincent 135
Vargas Llosa, Mario 266f, 303, 308f
Velasco Alvarado, Juan 302, 327f
Viertel, Peter 30f, 325
Villarreal, René 229
Villegas, Rodrigo 336
Vite, María 283
von Balás-Piry, László 189, 264
von Balás-Piry, Modeste 255, 257ff
von Kurowsky, Agnes 84, 262, 321
von Unruh, Modeste 186ff, 192, 194, 196, 198, 207, 234, 236,
    238, 240f, 254, 256, 258f, 263f, 281, 295, 361f
von Zahn, Peter 189

Waugh, Evelyn 293
Wayne, John 96
Weeks, John 98
Weller, George 92f, 102
Welles, Orson 158
Welsh, Mary 9f, 21, 26, 34, 45, 48, 60, 84, 86, 89f, 105, 111,
    117f, 120, 125, 142f, 150, 157, 174ff, 180, 182, 184f, 191,
    202, 208, 213, 225, 230, 243, 248, 262, 266, 269, 275, 282,
    284, 289f, 296, 305, 308, 319, 336, 362
Welsh, Thomas 179Williams, Ted 89
Wilson, Woodrow 185
Wiss, Kimberly 74
Woodward, H. L. 106

Zinnemann, Fred 22, 35, 176f, 317

32. Über Wolfgang Stock

Auch wenn Ernest Hemingways Leben bis in kleinste Winkel ausgeleuchtet ist, so weiß man über seine 36 Tage in Peru recht wenig. Das Thema schreit nach einer gründlichen Nachforschung, nicht zuletzt aus diesem Grund bin ich dem Nobelpreisträger nachgereist.

Glücklicherweise habe ich, mehr als 60 Jahre nach den Ereignissen, noch fünf, sechs Zeitzeugen treffen und ausführlich befragen können. Über Tage und Wochen habe ich verstaubte Archive gewälzt, Kontakte zu Fachleuten aufgebaut, nach Zeitungsartikeln, seltenen Fotos und sonstigen nützlichen Informationen gesucht.

Schauplätze in Peru, auf Kuba, in den USA und in Europa habe ich gründlich in Augenschein genommen. Mit dem Bestreben, Ernest Hemingways Wochen in Cabo Blanco so detailgenau wie möglich zu rekonstruieren. Die Personen und Fakten sollen so anschaulich in diese Entdeckungsreise einfliessen, als wären wir dabei gewesen.

Zu mir: geboren im Juli 1955 in einem verträumten Dorf bei Bonn, Gymnasium in Linz am Rhein, Abitur in Bernkastel-Kues an der Mosel, dann Studium der Wirtschafts- und Sozialwissenschaften in Aachen und Barcelona, mit Promotion an der RWTH Aachen. Alumnus des *Stanford Publishing Course* an der Stanford University in Palo Alto/Kalifornien. Beruflich über 30 Jahre in Medienhäusern tätig als Cheflektor, Verlagsleiter und Geschäftsführer. Wohnhaft mit der Familie am Ammersee bei München.

Wenn man diesem Schriftsteller an den Fersen klebt, dann bekommt man über die Jahre überaus Kurioses zu Gesicht. Wanduhren, Kaffeebecher, Spazierstöcke, Sonnenbrillen, Seife, Rum-Sorten und Schnaps-Variationen, wo der Name *Hemingway* draufsteht. Auch wenn der Rummel um den Meister mitunter arg überzogen wirkt, so beweist er doch eines: Dieser Kerl, der sich am Ende selbst erschossen hat, ist einfach nicht kleinzukriegen.

Er hat von der Unsterblichkeit geträumt. Ein wenig hat er sie ja auch bekommen. Weltweit lässt sich wohl kein zweiter Autor finden, dem mehr Denkmäler, Büsten, Plaketten, Briefmarken, Poster und – natürlich – Kneipen gewidmet sind, wie diesem alten Windbeutel aus Oak Park bei Chicago. Man taucht also ein in eine bunte Welt.

Wer zu *Ernest Hemingway in Cabo Blanco* etwas beitragen möchte, dem bin ich für neue Hinweise und Anregungen dankbar.

Gerne stehe ich für Interviews, Lesungen und Vorträge zum Thema zur Verfügung.

Ansonsten: Lob, Schmeicheleien, Korrekturen und Kritik an: wolfgang@stockpress.de

Seit 2013 betreibe ich das Portal *Hemingways Welt* mit über 400 Artikeln aus dem turbulenten Leben des Nobelpreisträgers: www.hemingwayswelt.de

33. Photo Credits

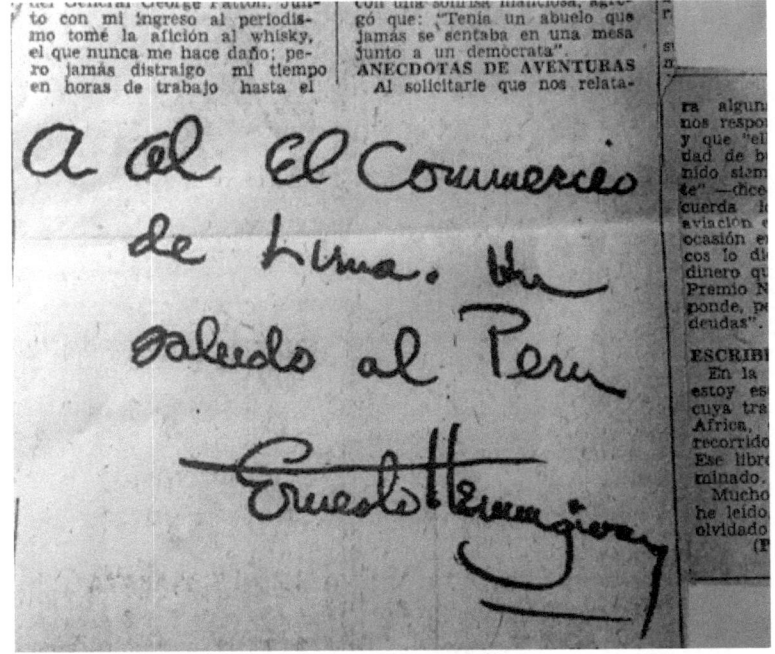

‚Un saludo al Peru': Ernesto Hemingways Gruß an sein Gastland.

Die Bebilderung in diesem Buch *Cabo Blanco – Mit Ernest Hemingway in Peru* stammt von nachfolgend aufgeführten Fotografen:

Buchcover: Ernest Hemingway und Elicio Argüelles mit einem erlegten Schwarzmarlin in Cabo Blanco, April 1956, Foto: Modeste von Unruh. Cover Art by Hans Winkens, Wegberg
Landkarte: Google Maps
Abflug: N.N./Pan American Airlines
Aus heiterem Himmel landet Ernest Hemingway in Talara: Mario Saavedra-Pinón
Hollywood hat einen Plan für Peru: Guillermo Salazar

361

Alles um ihn herum war ein Lächeln: Guillermo Salazar

La mar – **so sanft und so zart fühlt sich das Meer an:** Mario Saavedra-Pinón

Ernesto, sag einfach Ernesto: Guillermo Salazar

Der große Fisch, der das kleine Cabo Blanco berühmt macht: Wolfgang Stock, 2016/ Collection Dr. Stock

An einer Bar trinken und auf die Welt schauen: Mario Saavedra-Pinón

Es stinkt gewaltig im *Cabo Blanco Fishing Club*: Sports Illustrated

Ich werde Eure Tränen trinken: Modeste von Unruh /Collection Dr. Stock

***Para el frio*, gegen die Kälte:** Modeste von Unruh /Collection Dr. Stock

Mit der Hand den Himmel berühren: Mario Saavedra-Pinón

Frei sein, wie ein kleiner Vogel: Modeste von Unruh /Collection Dr. Stock

Tanz mit dem Tod: Guillermo Salazar

Das Meer blutet: Modeste von Unruh

Miss Mary rackert wie eine Ziege: Modeste von Unruh /Collection Dr. Stock

Rote Wimpel vor Cabo Blanco: N.N./Modeste von Unruh

***This Fish was caught by Elicio Argüelles*:** Modeste von Unruh /Collection Dr. Stock

Ein Freund ist mehr als ein Vater: N.N.

Papa geht so langsam das Benzin aus: Modeste von Unruh /Collection Dr. Stock

Wir alle hatten gute Tage: Modeste von Unruh /Collection Dr. Stock

Una vida con la muerte al hombro: Mary Welsh Hemingway/ Ernest Hemingway Collection, John F. Kennedy Presidential Library and Museum, Boston

The good luck – das große Glück: Ernest Hemingway/Collection Dr. Stock

Ich werde zurückkommen: Modeste von Unruh

Ernest Hemingway lebt!: (1) Wolfgang Stock, Cabo Blanco

2016 /Collection Dr. Stock. (2) Wolfgang Stock, Cabo Blanco 2016 /Collection Dr. Stock

Old Man back from the Sea: N.N.

Er konnte so wunderbar erzählen: (1) Guillermo Salazar. (2) Wolfgang Stock, Lima 2016 /Collection Dr. Stock

Ein Plastikfisch im Wassertank: Warner Bros.

Das Paradies liegt in Trümmern: Wolfgang Stock, Cabo Blanco 2016 /Collection Dr. Stock

Über Wolfgang Stock: Daniel Biskup/Collection Dr. Stock

Photo Credits: *El Comercio*/Archive

Rückumschlag: N. N.

Die Welt ist so voll von so vielen Dingen, dass ich sicher bin,
wir sollten alle glücklich sein wie die Könige.

Ernest Hemingway